U0575766

賞強項令
漢光武
董宣
湖陽公主

赏强项令①

【历史背景】

董宣,字少平,陈留圉人,曾任北海相,以打击豪强而闻名,后来调到京师,任洛阳令。董宣把皇帝赏赐的三十万钱,全部分给他的部下,因此人人效力,都一心跟他维护王法,打击豪强不法分子。刘秀赏赐强项令的故事,表面上看是董宣执法取得了胜利;但人们深入剖历史便发现:真正胜利者是汉光武帝刘秀。他不是维护了董宣,而是维护了自己的统治,这才是历史的实质。

汉代光武帝的时候,京都洛阳极其难以治理。因为居住在这里的都是一些皇亲国戚、有功绩的大臣和显贵,这些人常常纵容自家的子弟和奴仆胡作非为。朝廷任用了很多官员来管理,但是因为以上的缘故,都没能控制住这样的局面。最后,光武帝刘秀实在没有任何办法了,得知董宣是一个秉公执法、办事能力很强的人,于是就决定任命当时年已六十九岁的董宣来做洛阳令。董宣到任之后,遇到的第一个难以处理的问题就是惩办湖阳公主的家奴行凶杀人的案件。

湖阳公主是光武帝刘秀的姐姐。这位公主依仗自己的身份,拥有大量的家奴,而这些家奴更因为自己主子的地位和与皇帝的亲缘关系,胡作非为,几乎将天下的坏事都做绝了,而这个湖阳公主即使是知道在自己的家奴做了伤天害理的事情,却还蛮横不讲道理,完全失掉了身为公主的身份,与治理的人纠缠,在京城里,是家喻户晓的蛮横。对于这样一个有背景的人物家奴的犯罪,董宣并没有退缩,而是迎难而上,在街市上遇到了和公主一起出行的这个家奴,当即逮捕并就地正法,完全没有理会公主的无理取闹的蛮横。当这位湖阳公主来到皇帝面前告状的时候,董宣认为自己是正确的,决不肯向公主低头认罪,即使是在皇帝身边的官吏硬生生地按住自己的脖子的情况下也仍然没有认罪。后来皇帝就赦免了他对湖阳公主的所谓不敬。其实光武帝从心眼里喜欢董宣那股子执法如山、宁折不弯的劲头。为了对他的行为表示嘉奖和鼓励,他专门派人给董宣送去了三十万赏钱。董宣并没有把这一笔赏金留在自己的手里,而是全部分给了自己手下的官吏和衙役。从此,"强项令"或者"卧虎令"的威名传遍了全国各地,整个洛阳城的豪强、皇亲贵族们不敢再像以前一样飞扬跋扈了,他们都极其惧怕这位不畏死亡的执法者。京城洛阳的社会秩序终于有了井然有序的转机。

董宣后来又在洛阳做了五年的官,在他七十五岁的时候,因为过度的劳累死在了自己的岗位上,有许多大臣前来他的家里吊唁,却只看见白被覆盖着的尸体,他的妻子和儿子相对而哭、家中拥有的财物也仅仅就是几斗大麦和一辆破车。光武帝知道后感到非常的痛心,他说:"董宣如此廉洁,但我今天才刚刚知道啊。"后来光武帝下令以大夫的葬礼礼节埋葬董宣。

【原文】

汉史纪:光武时,董宣[2]为洛阳令。湖阳公主苍头[3]杀人,匿[4]主家。及主出,以奴骖乘[5]。宣驻车叩马[6],以刀划地,大言数[7]主之失,叱奴下车,格杀之。主还诉帝,帝大怒,召宣欲棰[8]之。宣叩头曰:"陛下圣德中兴,而纵奴杀人,将何以治[9]天下乎?臣不须棰,请自杀!"即以头击楹[10]。帝令人持之,使宣叩头谢主。宣不从,强使顿之。宣两手据地,终不肯俯。帝敕强项[11],令出,赐钱三十万。京师莫不震栗。

【张居正解】

东汉史上记:光武时,有姓董名宣者,做在京洛阳县令,帝姊湖阳公主有家人白日杀人,藏躲在公主家里,官府拿他不得。一日公主出行,此奴在公主车上,董宣于路拦着公主的车,叩着马不放过去,以刀画地,大言数说公主的过失,喝奴下车,亲手击杀之。公主即时还宫,告诉光武。光武大怒,拿得董宣来要打杀他。宣叩头说:"陛下圣德中兴,当以法度治天下。若纵奴杀人,不使偿命,是无法度也。家奴犯法,尚不能治,将何以治天下乎?臣不须箠杖,请自杀便了。"即以头撞柱,光武见他说得有理,令人持定他,不要他撞柱,只着他与公主叩头谢罪,就饶他。宣不肯从,光武强使人将头按下,宣只两手撑定,强直了项,终不肯叩头。光武见他耿直,反因此喜他。传旨着这强项令且出,又赐钱三十万以奖励之。于是京师内外,莫不震慄,无敢倚恃豪强,以犯法者。书曰:"世禄之家,鲜克由礼。”岂其性与人殊哉！良以习见富势之为尊，不知国法之可畏，而奴仆庄佃之人，倚强使势，生事害人，亦有其主不及知者。若不因事裁抑，示以至公，使之知儆，至于骄盈纵肆，身陷刑宪，则朝廷虽欲从宽亦不可得矣。光武之嘉赏董宣，意盖以此。故终光武明章之世，贵戚妃主之家皆知守礼奉法，保其禄位，岂非以贻谋，之善哉！

【注释】

①本则出自《后汉书·董宣传》。本文主要是叙述了洛阳县令董宣不畏豪强，杀死了湖阳公主府上犯罪的家奴，公主不服，向皇帝上告，皇帝要求他向公主赔罪道歉，董宣认为自己无罪不肯低头的故事。

②董宣：字少平，陈留圉（今河南杞县南）人。东汉初任北海相、江夏太守、洛阳令等职。在职不畏强暴，惩治豪族。

③苍头：奴仆。汉代仆隶以深青色布包头，故称苍头。

④匿：隐藏，隐匿。

⑤骖乘：坐在车头陪乘。

⑥宣驻车叩马：董宣拦下了公主的车，扣住车马不让其通过。

⑦数：责备，数落。

⑧棰：用马鞭或刑杖责打。

⑨治：管理、治理。

⑩楹：厅堂里前面的柱子。

⑪强项：硬着脖子，不肯低头的人。多指性格刚强的人。

【译文】

光武帝的时候，有个姓董名宣的人，任京都洛阳做县令，当时的湖阳公主的奴仆杀了人，躲藏在公主家里。有一天公主出行办事，这个奴仆还陪坐在车上。董宣在路上遇到了，当即就拦下了公主的车，扣住车马不让其通过，并且用刀划着地，大声地责备公主的过失，呵斥奴仆下车，然后亲手杀了他。公主回去把这件事情告诉了光武帝，光武帝大发雷霆，召见董宣，要用刑杖责打他，董宣叩头说：“陛下贤明，我国正值中兴汉室的时候，却放纵自己的奴仆去杀人，您这样还怎么治理天下呢？我不用你责打我，我请求自己了断自己的性命！"说完之后就用头去撞旁边大殿上的柱子，被身边的人拦住了。光武帝刘秀急忙叫太监拉住董宣，命令董宣向公主叩头请求原谅，董宣拒不服从，刘秀就命令身边的人强制按住他的脖子，试图让他屈服，但董宣用双手使劲地撑住地面，硬是梗着脖子不肯向公主叩头认罪。光武帝于是就赦免了这强硬的县令，并赐给他钱三十万。京城内外没有不恐惧害怕的。

【评议】

在古代的时候，皇亲国戚以及大臣、显贵们往往利用自己的权力为自己获取私利，其中一个较为突出的表现就是纵容自己的家属或者家奴肆意妄为，无人敢管，以此来显示自己的权力之大。在这个故事当中的湖阳公主就是这样的例子，她袒护家奴在很大的程度上是想要让人们看到她的权势。而董宣偏偏不理睬她所谓的背景与身份，对罪犯执行了判决。在这位蛮横的公主找到皇帝对他治罪的时候，也没有屈服于权势，低头认罪。在这一点上，我们看到一种可贵的坚持维护正义公理的坚强态度与精神。后来，戏剧界为了传播这样的精神将这个故事改编成京剧《强项令》。董宣的美名也被载入史册，得到了世世代代的人们的尊敬。在他曾经做出贡献的洛阳，人们为了纪念这位坚守正义维护公义的清官，就在老城东大街现民主街口的路北为他建了"董公祠"。

【镜鉴】

学学古代为臣之道

（一）忠君爱民

忠君爱民是督抚的根本立场。督抚主政一方，上为帝王当差，下为民众解难，既是帝王意图的执行者，也是民众利益的保护者。西汉先有异姓王之忧，后有同姓王之患，东汉末年群雄逐鹿，三国时候刀光剑影，唐朝后期藩镇割据，历史上所有企图搞独立王国或者

草菅人命的地方大员都无善终。

为君分忧

君主专制下的地方火员，首要的责任就是为帝王着想，给帝王办事。

北宋名臣范仲淹因《岳阳楼记》而垂名后世，其名句“先天下之忧而忧，后天下之乐而乐”成为千古绝唱，他那种“居庙堂之高则忧其民，处江湖之远则忧其君”，以天下为己任的思想境界，成为古代贤臣忠君爱民的典范。

早在担任朝廷谏官时，范仲淹就因敢于为皇帝分忧而闻名。宋仁宗斗三岁即帝位，由刘太后垂帘听政十余年。刘太后临终前，对仁宗不放心，遗诰由杨太妃为皇太后，参决军国大事。范仲淹说：“太后，国母也，自古无因保育而代立者。今一太后崩，又立一太后，天下且疑陛下不可一日无母后之助矣。”以一区区谏官，站在皇帝的立场，反对太后做出的最高人事安排，是需要忠诚、勇气和智慧的。

有一年，江淮一带发生严重蝗灾和旱灾，范仲淹请求派使臣赈灾，皇帝未听。范仲淹问仁宗：“宫掖中半日不食，当如何？”仁宗恻然，派范仲淹安抚江淮，开仓赈济灾民。范仲淹一再坚持，力主赈灾，是冒着触怒龙颜的风险的。宋仁宗之所以最终接受范仲淹的建议，无疑是他体察到了范仲淹为民请命、为江山社稷着想的满腔热忱。

北宋宝元元年（1038 年），党项首领元昊称帝，建西夏围，调集十万大军，侵袭延州，数百里边寨遭洗劫，西北边境面临严重危机，朝廷大臣或主战，或主和，莫衷一是。危急关头，范仲淹再次为君分忧，自告奋勇，请求效命疆场，被任命为户部郎中兼知延州，来到战争前线。

当时，宋朝军队军事思想落后，编制混乱，制度僵硬，战法陈旧，面对凶猛的党项铁骑不堪一击。范仲淹到任后，整训军队，选拔猛将，严明号令，爱抚士卒，怀柔诸羌来者，在宋夏交战的延州至环庆、泾原一线，构筑城堡，控制要隘，并屯兵营田，实施积极的战略防御，寻机出战歼敌，迅速稳住了战场形势，迫使元昊不敢轻犯其境。后来，范仲淹先后出任邠州观察使、陕西路安抚使。一介书生，以其忠勇、胆略和战功，成为镇守一方的统兵大员。

元昊请和以后，范仲淹被任命为陕西宣抚使。尚未就任，又被任命为参知政事，当上了副宰相。遗憾的是，他在这个位置上没有坐稳，主持朝廷改革不到一年，就被守旧势力拉下马。主要原因,是他的明黜陟、抑侥幸、精贡举、择长官、均公田等十大新政,遭到既得利益集团的激烈反对。此外,范仲淹的刚直不阿,也使他缺了些弹性和包容,容易招风树敌。有些小事是可以不计较的。有些矛盾是可以避免,或者说是可以防止激化的。宰相也许更需要海纳百川的肚量和外圆内方的天性。

与民兴利

地方大员最平常的工作,便是为民谋利。孟子说:“民为贵,社稷次之,君为轻。”皮之不存,毛将焉附?作为朝廷命官,地方大员当然应该知道社稷以民为本、帝王因为得人心才得天下的道理,满腔热忱地帮助民众实现他们的切身利益,争取百姓对朝廷的信任、支持与拥戴。

西汉南阳太守召信臣就是一位与民兴利、务在富民的优秀地方官。召信臣其实并没有什么惊天动地的丰功伟绩,干的全是为民造福的实事、小事。为了教民生产,他躬劝农耕,出入田间地头,住宿乡亭,少有安居之时。为了开垦土地,他巡视郡中水源,开通沟渎,以广灌溉,增加良田三万顷,民得其利,蓄积有余。为了移风易俗,他提倡简约,禁止婚丧嫁娶奢靡,严厉惩处富家子弟游手好闲、行为不法者。于是,在召信臣治理之下,南阳郡教化大行,民众莫不耕稼力田,百姓归附,户口倍增,盗贼狱讼也逐渐消失。召信臣的业绩,受到皇帝表彰,被赐四十金。皇帝用四十金,塑造了一个模范太守,鞭策了全国数千郡县长官,也体现了皇帝为民造福的恩德,树立了朝廷真诚亲民的形象,整合了天下人心。

平心而论,范仲淹算不上成功宰相,却是一位杰出的地方长官。范仲淹的一生,辗转各地任地方官三十多年,曾在睦州、苏州、明州、开封府、饶州、润州、越州、延州、邓州等地任知州,他的德政,更多地表现在兴修水利、兴办教育、保境安民等方面。在他主政过的邠、庆二州,士民与属羌,曾经自发地为他立生祠。范仲淹死后,有羌酋数百人,哭之如父,斋三日才肯离去。他在任苏州知州期间,疏五河,平水患,造良田,导太湖水入海,为民谋千秋万代之福。范仲淹为政,特别注重教育及人才培养,北宋著名政治家富弼、军事家狄青、哲学家张载,都是在范仲淹的呵护和帮助下成长起来的。他创办的苏州府学,首开宋以后地方州县办学之先河,是中国教育发展的一个里程碑,培养了许多人才,曾经是进士和状元的摇篮。

北宋包拯是著名清官。但是,《宋史》记载他清廉的只有四句话,"拯性峭直,恶吏苛刻,务敦厚,虽甚嫉恶,而未尝不推以忠恕也。与人不苟合,不伪辞色悦人,平居无私书,故人、亲党皆绝之。虽贵,衣服、器用饮食如布衣时。尝曰:'后世子孙仕宦,有犯赃者,不得放归本家,死不得葬大茔中。不从吾志,非吾子若孙也。'"。《包拯传》用很大的篇幅,记载了他知扬州、庐州、池州、江宁府、开封府期间,为民请命,减赋税、省钱谷、除苛法、通商贩、抑权贵的诸多善举。从本质上说,包拯所做一切,其最终效果都是与民兴利。

替国除弊

古代中国的君主专制史,是一部不停地朝代更替史。从秦到清,二十多个专制王朝,无不沿着兴起——繁盛——衰亡的轨道循环。从政策的角度看,每个朝代从生到灭,都是一个利政逐渐减少,弊政日渐增多,直到不可收拾,最后为新的朝代所取代的过程。专制王朝的生命力,往往取决于它革除积弊、自我更新的能力。兴利除弊,是地方大员义不容辞的责任。

当然,朝政都是特定历史条件的产物,天长日久,随着环境的变化,许多原来的善政,往往演变为弊政。为国除弊,更多的是革除那些变质的、过时的制度。

古代的土司制度,起源于唐宋时期的羁縻州县制。此制度以土官世袭治土民,曾经是维护国家统一、促进少数民族地区发展的一个好办法。但是,日久相习,到清雍正朗,已经演变成一大弊政。不少土司世代相袭,割据一方,为所欲为,恣意虐杀百姓,仇杀械斗,为患边境,甚至武装反抗朝廷,严重影响民众生活和社会秩序,威胁国家统一与朝廷政权。鄂尔泰就是在这一历史关头走上政治舞台,协助雍正皇帝,办成改土归流这件大事的。

鄂尔泰,雍正朝名臣,满族,曾先后任广西巡抚、云贵总督,主持西南少数民族的"改土归流",功绩卓著,深受雍正帝褒奖和重用。后升任军机大臣。主持朝廷军机国务。

鄂尔泰是康熙皇帝无意间为雍正攒下的一个能臣。此人品行端正,富有才略,但是,在康熙朝郁郁不得志,到四十三岁时,还只是内务府一员外郎。雍正还是亲王的时候,曾经要鄂尔泰为他办事,但鄂尔泰以皇子不可结交外臣为由,拒绝了雍亲王。

雍正认定鄂尔泰刚直不阿,是个忠臣,即位不久就召见了他。从此,鄂尔泰时来运转,四年之内,连升五级,历任云南乡试副主考、江苏布政使、广西巡抚(半道上被任命为云南巡抚、管理云贵总督事)、云贵总督加兵部尚书衔。雍正六年(1728年)十二月,鄂尔泰又被任命为云贵广西总督。这些年,他的主要任务就是领导西南地区的改土归流。

对于改土归流,当时朝野意见不一,领导改土归流是一件政治风险极大的事。雍正破格提拔、大胆起用鄂尔泰,除开看中鄂尔泰的忠贞、胆略与才干,还因为鄂尔泰不是那种久居高位、养尊处优的宿宦,少了许多瞻前顾后、患得患欠的顾虑。

鄂尔泰果然没有辜负雍正,成功扮演了改土归流的主角。他的成功,从操作层面看,有三个关键因素。

一是策划周密,部署得当。用兵治其标,改制治其本,稳扎稳打,步步为营。

二是剿抚并举,政治与军事手段兼用。对那些主动缴印归流、可以继续任用的土官,保举他们为流官,并可世袭;对态度较好,但不适宜做流官的,奏请国库开支,拨给土地,建造房屋,妥善安排其基本生活;对顽固抵制改土归流、罪大恶极、血债累累的土司,则坚决镇压,从重治罪。

三是用人得当,善后适宜。慎重挑选德才兼备、清正廉洁的官员任流官;重新分配土地,传播生产技术,由官府资助农民垦荒;兴修水利,疏浚河道,改善交通;开办学堂,移风易俗,严禁械斗仇杀,革除蓄奴、近亲结婚等陋习。

雍正年间改土归流的成功,基本结束了土司制度,解放了千百万少数民族奴隶,促进了少数民族地区的发展,巩固了国家的统一,革除了千年历史积弊。不过,鄂尔泰在改土归流过程中的滥杀行为,也受到了后世谴责。

(二)文韬武略

文韬武略是督抚的基本素养。清朝雍正皇帝说:“巡抚一官原极繁难,非勉能清、慎、勤三字便可谓胜任也。用人虽不求备,惟至督抚必须全才,方不有所贻误。若无包罗通省之襟怀,统御群僚之器量,即不为称厥职。”

统筹全局之大略

督抚作为一省或数省军政长官,器局大小至关重要。当年曾国藩之所以剿灭洪秀全的太平天国,除开太平天国内乱给了湘军可乘之机外,主要是因为曾国藩集团在政略和战略上胜了洪秀全一筹。

太平天国的失败，首先败于自身的腐败。鸦片战争以后，腐败的清朝日益衰弱，科举考试屡试不中的洪秀全高举反清大旗，揭竿而起，短短两年三个月时间，就席卷半个中国，于咸丰三年(1853 年)三月占领南京(改称天京)，形势非常有利。但是，定都天京后，天王洪秀全深居王宫，不问政事，不问军情。东王杨秀清居功自大，专擅朝政，引起诸将不平。于是，杨秀清、洪秀全、北王韦昌辉等人开始内斗，1856 年 9 月，杨秀清、韦昌辉、燕王秦日纲先后被杀；次年，翼王石达开负气出走，独树一帜；洪秀全日益沉湎于享乐、荒诞、怪异与迷信，以自己编造的天父、天兄、天王神话自欺。最后，太平天国陷入了曾国藩、李鸿章、左宗棠、曾国荃等人构成的战略包围之中。

太平天国的失败，也败于政略失误。洪秀全从广西打到南京，却未能在所攻克的地区建立起牢固的地方政权；满怀大同理想，却未能在具占领区有效实施通往大同的政策；高举反清旗帜，却未能有效地把各种反清力量整合在自己的阵营，其骚扰行为反而引起地丰和许多农民的敌意；以自创的拜上帝教为精神纽带，反对传统礼教，捣毁神像和庙宇，引起封建士大夫与众多读书人的强烈反感，也没有得到信奉基督教的外国列强的支持。列强们都在利益的引诱下，被曾国藩、李鸿章拉跑了。

太平天国的失败，直接原因是曾国藩、胡林翼、李鸿章、左宗棠等后起的满清督抚更善于统筹全局。曾国藩在咸丰三年一月，奉旨帮办湖南团练；咸丰四年二月，奉命率领湘军出征；同治三年(1864 年)七月攻陷太平天国首都天京。曾国藩与洪秀全较量了十二年。其实，开始两三年，曾国藩在战场上并未占据明显优势，湘军于咸丰四年败于湖口，次年丢掉武昌，一败再败，损兵折将。曾国藩集团掌握战略主动权，是从胡林翼主政湖北，尤其是曾国藩获得统筹全局的权力之后开始的。

咸丰六年四月，胡林翼署理湖北巡抚时，武昌还在太平军手中。胡林翼提出夺回武汉为东征之师根本，然后顺流直下，逐次攻克江西、安徽，最后合围南京的战略方案。正在此时，太平天国内乱爆发，援兵迟迟未到，坚守武昌的太平军将领信心动摇，放弃武昌。胡林翼乘机抢占并控制重镇武汉，开始经营湖北。

咸丰十年十月，曾国藩奉旨统筹全局，先后署理两江总督、补授两江总督，并被任命为钦差大臣督办江南军务。

十一年九月，湘军攻克安庆，控制了武昌、九江、安庆等战略要点，消灭了太平军大量有生力量，拆掉了南京的上游屏障。

十一月，曾国藩又奉谕统辖江苏、安徽、江西、浙江四省军务。曾同藩推荐他的得意门生李鸿章任江苏巡抚，从上海进攻苏州、常州；推荐好友左宗棠任浙江巡抚，从江西进攻浙江；委派他的弟弟曾国荃做攻打南京的前线总指挥。加上长江以北本来就有清军重兵防守，曾国藩完成了对南京的战略包围，洪秀全陷入四面楚歌之中。

当然，太平军也曾有过一些正确的战略布局，占领南京以后不久的北伐与西征，太平天国后期优秀将领李秀成、陈玉成的左冲右突，也打过一些胜仗。但是，这些努力都因战役部署不当、战场兵力不足、各部配合不力而失败了。

曾国藩算不上军事天才，当初以一介书生投笔从戎，与太平军初战即大败。他羞愧难当，投水自尽，差点淹死。曾国藩的成功首先在政略，他高举礼教大旗，维护传统文化，得到朝野广泛支持。当时还是对孔孟之道顶礼膜拜的时代，打倒孔家店的风潮尚未到来，反孔不得人心，曾国藩拥有了更多的支持者。

另外，曾国藩善治军，他以血缘、地缘、学缘为基础，以宗族观念、乡土观念、师生观念为纽带，以高薪、重赏、严惩为动力，加上曾国藩自己的德高望重，在战火中带出了一支镇得住、管得了、拉得出、打得胜的军队。

驾驭变局之干才

鸦片战争以前，中国基本处于自给自足的小农经济时代，那时的社会相当单纯，地方大员们的职掌也非常简单。浏览史书，不论是汉代的太守、唐代的刺史、宋代的安抚使，还是明朝的承宣布政使，他们的日常工作，二千年来，似乎都未离歼维持秩序、教化百姓、安抚民生、鼓励农耕及吟诗写字那一套。

到道光、咸丰年间，正值清朝政治腐败、国力脆弱的时候，英国人带着鸦片和炮舰来了。从此，中国外受列强侵略，内有民变风起云涌，晚清的总督、巡抚们饱经前所未有的变故，肩负前所未有的责任，驾驭变局成了他们的必修功课。

曾国藩、李鸿章、左宗棠、张之洞等一批汉人重臣，就是在这种状态下登上晚清政治舞台的。

在这几位晚清名臣中，曾国藩、左宗棠以武功见长；李鸿章长期坐镇北洋，遥执中枢，建树不少，骂名更多；尽管后世对张之洞也有微词，但他以变应变，治理湖北的卓著政绩，至今仍为人们津津乐道。

光绪十四年(1888年),五十二岁的张之洞出任湖广总督,开始实施“湖北新政”。张之洞督鄂,前后17年,主要干了四件大事。

一是办实业。武汉的汉阳铁厂成为亚洲第一家集开矿、采煤、炼钢为一体的大型钢铁联合企业。湖北枪炮厂的规模和技术居全国之冠。纺织工业仅次于上海。武汉成为中国重要工业基地和近代工业的摇篮。

二是办交通。取得朝廷支持,修通中国南北交通动脉、全长1200公里的京汉铁路。维护长江航线。汉口港成为当时中同外贸第二大港,武汉被誉为“东方芝加哥”。

三是办教育。创办算学学堂、矿务学堂、自强学堂、武备学堂、师范学堂等等,大力资助留学生赴欧美、日本留学,留学生数量居全国前列。

四是练新军。经过十年努力,包括马、步、炮、工、辎诸兵种的湖北新军成为南方各省新军中最精锐的军队。辛亥革命时,武昌起义就是湖北新军酝酿和发动的。

身处风雨飘摇的动荡年代,作为湖北新政的领导者和晚清改革的实验者,张之洞取得过巨人的成功。张之洞的成功,主要源于他应对变局的能力。其应对变局的能力又依赖于四大支柱。

渊博的学识。张之洞出身官宦之家,四岁入私塾,十一岁师从胡林翼,十三岁入县学,十八岁中举人,二十六岁考中进士,供职翰林院,少年得志,官至内阁学士。张之洞在其《劝学篇》中提出的“中学为体,西学为用”的理论,成为晚清洋务运动的指导思想,对中国历史发展产生过深刻影响。

丰富的经验。张之洞先后担任浙江副考官、湖北学政、四川副考官、四川学政多年,四十五岁任山西巡抚,二年后任两广总督,抗法战争中取得镇南关大捷的老将冯子材,就是他奏请起用的。湖广总督任内,还曾署理两江总督。张之洞从北到南,从西到东,在中国各地为官,有丰富的阅历,经历过政治、军事、教育、经济的多方面历练。他出任湖广总督时,已经是一位满腹经纶、德才出众、声望卓著的成熟政治家。

慈禧的支持。因为慈禧太后的欣赏、信任和支持,张之洞才得以出任山西巡抚、两广总督、湖广总督等要职,并且在湖广总督任上一干就是17年。这样的案例在清朝少见,在历朝历代都不多。张之洞主持修建京汉铁路(开始叫卢汉铁路),大刀阔斧办洋务,也是慈禧支持的结果。当然,慈禧支持张之洞将武汉办成洋务中心和工业基地,也有牵制李鸿章、分北洋之势、巩固清朝统治的权术考虑。但不管慈禧的动机如何,得不到慈禧的支持,张之洞的事业就不可能成功。

精通为官之道。张之洞督鄂17年,朝廷给了他足够的时间做官与做事。在这17年之内,他历经戊戌变法、甲午战争、义和团运动等重大政治风浪而不倒,稳居湖广总督之位,得益于他与时变化,做人八面玲珑,做官外圆内方,做事雄才大略。在那个风云变幻、朝不保夕的年代,张之洞能够把人做好、把官做稳、把事做成,实在不易。

不过,张之洞的湖北新政也存在诸多问题,其官办或官督商办企业,由于不可克服的制度和机制原因,存在投资成本过大、经营管理不善等许多弊端,部分企业经不起市场竞争的残酷考验而被迫转让或改组,后人对此毁誉不一。

收拾残局之能力

太平之世,地方督抚也许无为守成即可交差。危难之时,尤需封疆大吏具备收拾残局的能力。

鸦片战争以后,英、法、德、日、俄诸国,争前恐后,疯狂吞食中国边疆,早就觊觎中国领土的沙皇俄国一再趁火打劫,捞到不少好处。位于中亚东部的中国新疆地区,是英、俄两国垂涎已久、明争暗抢的一块战略要地。

同治三年(1864年)下半年,新疆爆发反清武装起义,库车、和田、伊犁等地自立政权。次年,浩罕国军官阿古柏乘机侵入新疆,先后占领喀什、莎车、和田、阿克苏、库车、吐鲁番、乌鲁木齐等地,并建立了伪政权。同治九年,沙俄武装占领伊犁河谷地区。同治十四年,英国与阿古柏签订和约,非法获得在新疆地区的巨大经济特权和领事裁判权。英俄两国争相拉拢、利用并企图控制阿古柏。新疆危机愈演愈烈。

面对严重的新疆危机,时任陕甘总督的左宗棠独领风骚,表现出收拾残局,力挽狂澜的超人胆略和能力。

当时,清政府内部出现激烈的海防与塞防之争。直隶总督兼北洋大臣李鸿章是海防派的代表,提出:"新疆不复,于肢体元气无伤;海疆不防,则心腹之患愈棘。"主张放弃西北,专注东南。湖南巡抚王文韶是塞防派代表,认为俄国侵吞西北,日甚一日,宜以全力注重西边。左宗棠则提出:"东则海防,西则塞防,二者并重。"引认为新疆不固,蒙古不安,陕甘山西防不胜防,京师永无安宁之日,力主收复新疆。朝廷最终采纳左宗棠意见,任命左宗棠为钦差大臣,督办新疆军务。左宗棠获得了收复新疆的授权。

紧接着，左宗棠进行了将近一年的战争准备。他精心选将，任用能征善战的刘锦棠、张曜、金云昌、刘占彪等人为干将；淘汰冗员，严明纪律，严格练兵，准备了一支2万人的队伍；配备新式武器，筹集粮饷，不惜背着骂名向外国银行高息贷款，补充朝廷军费的严重不足，以解决后勤保障问题；针对阿古柏军事力量布局北弱南强的特点，制定"先北后南、缓进急战"的战略，作了周密战争部署。

同治二年(1863年)六月，刘锦棠一举收复乌鲁木齐，攻克阿古柏在北疆的各个据点，收复北疆，隔断了阿古柏与沙俄的联系；左宗棠亲率大军由北向南，连克达坂、托克逊、吐鲁番，收复东疆；攻克库尔勒、库车、拜城、阿克苏、乌什、叶尔羌、喀什、和田。阿古柏被其部下毒死。左宗棠用一年半时间，收复了伊犁以外被阿古柏侵占了14年的新疆。

阿古柏被消灭后，俄国人还是赖在伊犁不走。清政府与沙俄展开了艰苦谈判。首次谈判失利后，左宗棠建议朝廷改派曾国藩之子曾纪泽为谈判代表。为了给曾纪泽的外交谈判提供武力后盾，光绪元年(1875年)四月，左宗棠携带棺材离开肃州，出关西征，以示他决一死战，抗战到底的决心。曾纪泽与沙俄展开了针锋相对的谈判斗争。左宗棠在新疆积极备战。半年以后，《中俄伊犁条约》签订，中国收回部分国土。经略新疆期间，左宗棠筑路、屯田、植树、兴修水利，提出了建新疆省的主张。

左宗棠的成功绝非偶然，他自幼聪明好学，三考进士不中后，遍览群书，钻研舆地与兵法，养成了雄才大略；先后在两江总督陶澍和湖南巡抚张亮基、骆秉章手下任幕僚多年，又有在东南沿海办洋务的实践，积累了宝贵的政治阅历；在镇压太平军、捻军、回民起义的过程中成长为浙江巡抚、闽浙总督、陕甘总督，拥有丰富的军事经验。

在收复和治理新疆过程中，左宗棠审时度势，维护国家核心利益、捍卫国家主权的鲜明爱国情怀和不妥协、不怕死、不畏难的执着精神，起了决定性作用。

(三)安身定交

安身定交是督抚履职的基本条件。《易》曰："君子安其身而后动，易其心而后语，定其交而后求。"心督抚统辖一方，居高位，握重权，统大众，权力要朝廷给，事情靠属下办，责任由自己担。只有安其身，定其交，才能保其位，求其治。如果得不到帝王的信任、上官的帮助、左右的辅佐及州府县令的拥戴，在一个充满敌意和嫉妒的氛围中做官，在一个上官刁难、下官抵触、左右掣肘的环境里做事，纵有通天本领，也寸步难行。

敌事上官

在君主专制的时代,决定督抚政治命运的关键是帝王及其身边重臣。

曾国藩是一个农家子弟,投身科举,在道光十年(1830 年)二十八岁时考中进士,殿试列三甲第 42 名,朝考列第一等第三名,被道光帝拔置第二名。后又成为军机大臣穆彰阿的得意门生。从此,曾同藩十年七迁,任礼部侍郎,署兵部、工部、刑部、吏部侍郎等职务,升至二品官位,显然与道光皇帝、穆彰阿及其他朝中大臣建立了广泛的人脉关系。太平军起,曾国藩办团练,建湘军,固然是时事所迫,顺势而为,但慈禧太后及朝中重臣的认可足必要条件。剿灭太平军后,曾国藩裁撤数万湘军,既是为了减轻政治包袱,也是为了标榜清白,减少嫌疑,巩固朝廷对自己的信任。

李鸿章处理与上层关系的能力比曾国藩更强。他在道光二十五年入京参加会试,投入曾同藩门下受业。在道光二十七年考中进士,在咸丰八年入曾同藩幕府襄办营务,在咸丰十年统带淮扬水师,被曾国藩奏荐"才可大用"。同治元年,李鸿章编成淮勇五营,被曾同藩派往重镇上海,自成一体,踏上了统帅淮军之路。李鸿章前期的成长,一直在曾同藩的呵护和提携之下。后来,李鸿章先后担任湖广总督、直隶总督兼北洋通商大臣,控制北洋 25 年,参与掌握清政府的外交、军事和经济大权,成为清末封疆大吏中权势最显赫的一个。这时候,李鸿章的庇护者,已经不是曾国藩,而是慈禧太后等朝廷最高决策者了。

相比之下,左宗棠的仕途要坎坷许多。少时的左宗棠尽管聪明绝顶,但科举考场不顺,三次入京参加会试,三次都未考中,失去了成为天子门生和结交朝中大臣的机会。后来,他给人做了多年的幕僚,主人都不是通天人物。由于左宗棠恃才傲物,有一次得罪了永州总兵樊燮,樊燮将左宗棠告到朝廷,成丰皇帝差点下令将左宗棠处决。左宗棠是加入曾国藩集团后才逐渐得到提拔重用的。后来,左宗棠出任闽浙总督、陕甘总督和钦差大臣,督办新疆军务,则是靠慈禧及朝廷的欣赏与信任了。

曾任广东巡抚、清政府首任驻英法公使的郭嵩焘,视野开阔,思想超前,能力超群,可惜一生都未把官做稳。一个重要原因,是他秉性耿直,与官场风气格格不入,不善于处理与上官的关系。他之所以离开广东巡抚职位,就是因为他耿直招怨,与顶头上司、前后两任两广总督都矛盾重重。

善待左右

每一位杰出的督抚，身边都有一批优秀的幕僚，也有一群提供各种保障和服务的办事人员。善待左右，是督抚的基本功。

曾国藩注重网罗人才，非常善于处理与幕僚的关系。郭嵩焘曾任曾国藩幕僚多年，原本丁忧扯家的曾国藩，当初挺身而出，办团练，建湘军，就是郭嵩焘极力促进的结果。李鸿章、左宗棠都是从曾国藩幕僚而成长为巡抚和总督的。

古代地方大员对待身边人员，多用仁恕之道。西汉颍川太守赵广汉，以不畏豪强与和颜接士著称。他的特点是常常推功于下，待吏至诚。结果，属下吏士都对他推心置腹，乐意为他所用，僵仆无所避。

《后汉书》记载了东汉钜鹿太守魏霸以简朴宽恕为政的细节。如果掾吏有过，他总是先行教诲，教而不改者，才予以罢黜。有时候手下人相互毁诉，魏霸则当着告状者的面，称赞被告者之长，始终不言及人短。告状者感到惭愧，谮讼也就自我平息了。

《汉书》则记载了渤海太守龚遂宽待左右、善有善报的故事。龚遂治理渤海，政绩卓著。宣帝征龚遂入朝做官，有个叫王生的议曹要跟从龚遂进京。一个担任太守府功曹的官员提醒龚遂，说王生好酒贪杯，不可重用。但龚遂不好意思驳王生面子，还是把他带到了京师。可是，王生到京师后天天饮酒，与龚遂连面都不见。等到龚遂进宫见宣帝时，醉酒状态中的王生从背后叫住龚遂，建议说："天子既问君何以治渤海，君不可有所陈对，宜曰'皆圣主之德，非小臣之力也'。"来到宫中，宣帝果然问渤海治状，龚遂用王生所教的话回答。宣帝很满意龚遂的谦让，龚遂如实报告是王生所教。宣帝拜龚遂为水衡都尉，议曹王生为水衡丞。

当然，督抚善待左右是有原则的，如果听凭手下人为非作歹，那就变成放纵了。

广简贤能

督抚的功业，不是督抚一个人能够成就的。他们的管辖少者数十县，多则数台县，晚清的督抚还统帅一省或数省军队，属下军政主官，是他们施政的抓手和做官的支柱。只有属下贤能，督抚们才有可能在太平时期坐收垂拱而治之效，在动乱年代进取克敌制胜之功。举荐和建设一支可靠的州府县令队伍，或者将领队伍，是他们成功履职的重要条件。

古代县令以上官员均属朝廷命官,督抚对他们并无直接委任之权。争取朝廷支持,理所当然是督抚们建设干部队伍的前提。曾国藩的成功,也得益于他坚持德才兼备标准,举荐、网络、团结和使用了一大批精英人才,胡林翼、李鸿章、左宗棠、曾国荃、沈葆桢、刘蓉、塔齐布、罗泽南、李续宪、彭玉麟等齐聚麾下,湖南巡抚骆秉章也是他有力的支持者。

《汉书》记载了左冯翊太守薛宣两个生动的故事。

薛宣曾在汉成帝朝担任御史中丞、临淮太守、陈留太守,因政绩突出,又转任畿辅重地左冯翊太守。当时,高阳县令杨湛和栎阳县令谢游是两个贪赃枉法、奸猾不逊之徒,前太守数次查办,都不了了之。薛宣担任太守后,仅仅办了一桌酒席,写了两封信,就解除了这两个人的职务。

薛宣一到任,杨湛和谢游照例到太守府拜谒。薛宣设酒宴,盛情款待,气氛融洽。杨、谢二人没想到,薛宣马上派人秘密取到了他们违法的证据,掌握了制服他们的把柄。最后,薛宣给这两个人各写了一封劝退信。因为杨湛有改过自新的可能和表现,薛宣对他词语温润,劝他先辞现职,以图日后复出。栎阳县令谢游以为自己是知名大儒,有些看不起薛宣。薛宣则措辞严厉,勒令谢游辞职,以免公事公办而耻辱儒士名声。这两个县令见状,都知趣地主动解绶印而去了。

薛宣简贤能,不仅留心去奸猾,给贤能腾位置,也注重因才施用,将不同秉性与特长的人安排到与之相适应的岗位上。

当时,频阳县北邻上郡、西河,是数郡交通中心,多盗贼。但县令薛恭偏偏因举孝廉履新,尽管品行端正,但没有治民经验,不太称职。粟邑县是个小县,位于偏僻山区,民风淳朴,易治。县令尹赏却是举茂才出身,过去长期在郡府为吏,是一个政治经验丰富、能力出众的人。于是,薛宣奏请朝廷,将这两个县令对调,让品行端正但经验不足的薛恭当粟邑县令,让有经验、有能力的尹赏去治理难治的频阳。结果,二人到任数月,两县皆治。

(四)恩威并重

恩威并重是督抚重要的领导手段。孔子说:“道之以政,齐之以刑,民免而无耻;道之以德,齐之以礼,有耻且格。”韩非子则用一个故事来阐述这个道理。他说,中山国的相国乐池带领百乘车队出使赵国,选了一个年轻门客为领队,不料走到半路车队就乱了。乐

池责问为何中道而乱，门客说："公不知治。有威足以服人，而利足以劝之，故能治之。今臣，君之少客也，夫以少正长，以贱治贵，而不得操其利害之柄以治之，此所以乱也。"可见，这个门客深知恩威并重的重要性。督抚施政，也离不开威、利二柄。

怀之以仁

古代中国杰出的政治家，都把行仁政当作政治哲学，或者政治艺术的最高境界。

西汉宣帝时期，渤海郡一带闹饥荒，盗贼并起，太守不能治。宣帝挑选能治者，丞相和御史共同推荐了一个叫龚遂的人，被宣帝任命为渤海太守。

当时龚遂已经七十多岁了，形貌短小，瘦弱枯干。皇帝一见，大失所望，不太耐烦地向龚遂表示了对渤海郡废乱的忧虑，问他有何平息盗贼良策。龚遂回答，渤海偏远，不沾圣化，其民困于饥寒而官吏不加以体恤，故使上皇赤子盗弄皇上兵器起事为乱。不知皇上的目的，显要胜民，还是安民？

宣帝一听，其貌不扬的龚遂果然不同凡响。非常高兴。龚遂接着说，治乱民犹治乱绳，不可急图，唯缓之，然后可治。希望拯相、御史不以文法拘束，给他便宜行事的权力。皇帝满口答应，并加赐黄金，赠送车马，隆重地为龚遂送行。

来到渤海郡界，官吏们听说新太守到任，早已派兵迎候。龚遂把他们统统打发回府，命令各属县一律停止追捕盗贼，还发布告示，宣布所有持鉏钩农具者都是良民，官吏不得过问；只有持兵器者才是盗贼。告示一出，郡中翕然，所有聚众闹事者立时解散。就连一些过去打家劫舍的土匪，听到龚遂的教令，也即时解散，放下兵器，拿起钩鉏，变成良民。于是，境内盗贼悉平，百姓安土乐业。龚遂单车独行，安全抵达郡府。

动乱平息后，龚遂又开仓济贫，选用良吏，改善官民关系，并针对齐俗奢靡、好末技、不田作的特点，以身示范，教民俭约，劝务农桑，劝导持刀带剑的农民，卖剑买牛，卖刀买犊，春夏干农活，秋冬务收获。后来，郡中皆有积蓄，吏民皆富实，狱讼也止息了。

龚遂治渤海，一条根本经验，即怀之以仁，避免官逼民反。龚遂的成功，首先在于他准确判定事变原因，是由于民众饥寒，官吏不恤。其次，龚遂采取抚而不剿的策略，不使矛盾升级、冲突加剧和事态恶化。再次，实行放下兵器、于持农具者不以追究的政策，促进民众自动放下了武器。事态平息后，龚遂又采取了有效的安抚民众的措施，收回了已经开始散乱、对立的人心。

律之以刑

地方大员施政,仅有仁德也是不够的。社会总有作奸犯科之徒。少数偷鸡摸狗的地痞无赖,基本都能由县令们去摆平,无劳督抚亲自动手。那些根深蒂固、势大力雄、为非作歹的地方豪强则要另当别论。

西汉尹翁归为东海郡太守时,采取的就是严惩首恶、杀一儆百的办法。那时候,东海郡豪姓大族横行不法,地方秩序混乱不堪。尹翁归到任后,首先开展周密调查,详尽掌握了郡中吏民贤与不肖的基本情况,让各县都造册登记。然后,出其不意,迅速逮捕黠吏豪民,案治其罪。东海大豪许仲孙为奸猾,乱吏治,郡中皆受其害。前太守想治其罪,但因这个人势大狡诈,无可奈何。尹翁归到任,第一个就拿他开刀,奏请朝廷将许仲孙斩首示众。于是,一郡怖栗,莫敢犯禁,东海郡大治。

西汉赵广汉治颍川,也用了类似手段。

颍川郡有原、褚两大家族恣横,养宾客为盗贼,前太守莫能治。赵广汉担任颍川太守几个月后,先诛原、褚两大家族中的首恶,郡中震栗。从前,颍川豪姓大族有互结姻亲、互为朋党的习惯,官吏难治。赵广汉阴施离间,使之互相告讦,诱导强宗大族家家结仇,一时朋党散落,耳目广布,盗贼因此不发。

不过,赵广汉治豪强朋党的手段有些下作,不够光明正大,遗留的问题,被以后的太守纠正了。

导之以礼

古代中国是个礼治社会,仁也好,刑也罢,古代社会治理的前提,还是风俗的养成和习惯的规范。

在汉代,颍川郡多豪强,向来难治,朝廷不得不为颍川挑选优秀太守。赵广汉当太守时,严刑峻法,打击了几家恶霸,平息了郡内盗贼,但有饮鸩止渴之嫌,留下了人人互相告发的不良习气,民众之间也多结仇怨。韩延寿出任颍川太守后,便反其道而行之,采取了以礼治颍川的策略。

韩延寿欲教民以礼让,恐百姓不从,便请来在乡里享有崇高威望和广泛影响力的郡中长老数十人,设酒具食,亲与相对,详细了解民俗和民所疾苦,讨教和睦邻里、消除积怨之策,与长老们共同议定了一套切实可行的嫁娶丧祭礼仪,并派遣明习礼法的文学校官,

为吏民行婚丧嫁娶之礼,百姓遵从其教。

数年后,韩延寿调任东郡太守,继任太守黄霸继承他的做法,施行教化,广布恩德,安置流民,劝课农桑,颍川因而大治,出现田者让畔、道不拾遗的太平景象。

韩延寿为官,尚礼义,所到之处必聘贤士,以礼待用,听其谋,纳其谏,表彰孝悌有行之人,修治学舍,讲习礼乐射御,使百姓形成相互敬爱的风气。治城郭,收税赋,置正、五长(相当于后世的保甲),不使百姓容留坏人。如果闾里阡陌遇有非常,官吏信息灵通,立即知晓,以至奸人不敢入其界。

(五)清正廉洁

清正廉洁是督抚的立身之本。督抚镇守一方,为万众所瞩目,是否清正廉洁,事关朝廷形象之优劣、一省(郡、州)吏治之好坏以及民心之向背。所有垂名青史的地方大员,都是才能卓越,而且一身正气、两袖清风的好官。

不爱钱

南宋名将岳飞说过,文官不爱钱,武将不怕死,天下太平矣。封疆大吏只有不爱钱,清正廉洁才有可能。

胡林翼是晚清著名督抚,曾在贵州镇压过黄平、台拱、清江、天柱等地苗民起义,镇压过湖南李沅发起义,还镇压过太平天国起义,他一直站在反人民起义的立场上,这是不容否认的。但是,他的确不怕死,而且,还是个不爱钱的清官。

胡林翼出生于湖南益阳农村的地主士绅之家,中进士后做了五年京官,不太得志,道光二十年(1840年)丁父忧回籍。五年后才花钱捐了个知府,分配到贵州,历任安顺、镇远、黎平知府和贵东道。

胡林翼花钱买了个官,但做官从不以捞钱为目的。在他去贵州当官之前,曾到祖坟前立誓,决不以一钱肥家。在贵州为官八年,一直过着清苦的生活,交情绝少,经常以借贷和赊账度日。任黎平知府时,府中经济极为困难,家丁忍受不了,跑掉五六人。

胡林翼认定民乱必由官贪,不仅洁身自好,而且非常重视吏治,坚决罢斥惩处贪污庸劣官员。当时,湖北省共有六十多个州县,在他担任巡抚的前五年,被劾参营私舞弊、破坏漕章、胡作非为的州县官,就有二三十人之多。在他治理之下,湖北吏治为之一变,受到曾国藩和咸丰皇帝的高度赞扬。

不枉法

中国古代地方长官长期兼有行政长官和司法长官的双重身份，到了清朝，又逐渐集地方政权、军权、财权于一身。那时，国家缺乏详备的法律约束、严格的程序规定和有效的监督制约，面对膨胀的权力和巨大的利益，是为国还是为己，是公正还是偏私，往往取决于督抚的境界、良心和自律。

北宋名臣包拯，被艺术作品和民间传说渲染得家喻户晓，成了中国古代清官的代表人物，戏曲中包拯执法如山、大义灭亲、不避权贵的故事，许多都是虚构的，但他在京城开封担任知府一年零三个月，不偏不倚，严惩不法权贵，抑制府吏骄横，打击无赖刁民，把自占难治的首都治理得井井有条，却是历史事实。

胡林翼在贵州残酷镇压过苗民起义，双手沾满人民鲜血。但是，他认为苗民造反是贪官和盗匪欺压的结果，也对苗族同胞报以深切的同情，曾经公正地替苗族着想，为苗族说话，给苗族办事。针对当时苗民饱受贪官差役压榨、会匪盗贼抢夺的深重苦难，胡林翼在安顺、镇远、黎平等地先后制定保护苗民的措施，对练勇、差役、兵丁掳掠良苗财物牲畜者和冒充练勇、差役、兵丁掳掠良苗财物牲畜者，格杀勿论。对擒斩盗匪、解送盗匪到官府的各寨苗民，一律给以重赏。胡林翼的作为，为贵州少数民族地区消除民族歧视、化解民族矛盾发挥了重要的作用。

在清雍正朝担任过直隶总督的李卫也是个不避权贵的人物。雍正十一年(1733年)，雍正最宠信的大功臣、户部尚书兼步军统领鄂尔泰之弟鄂尔奇犯法，李卫不顾鄂尔泰情面，密奏鄂尔奇违法营利等不法行为。后来，李卫又按照雍正皇帝的意思，公开具折奏参。雍正派员审查，将鄂尔奇革职。

李且，雍正皇帝心腹重臣。历任浙江总督、直隶总督等要耻。他极具胆略，勇于任事，不避权贵，深受雍正皇帝赏识。

不谋私

俗话说，天下熙熙，皆为利来；天下攘攘，皆为利往。古人做官，所求不外功名利禄。

以个人品行和能力为标准，古代督抚可分为三类。一类能自治，不能治人，即，个人操守好，但领导水平不高；一类能治人，不能自治，即，领导水平高，但个人操守差；三类像晚清左宗棠那样，既能自治，又能治人，且有雄才大略，这样的督抚向来凤毛麟角。

左宗棠不谋私，首先表现为严格律己。左宗棠认为，民众揭竿而起，主要是因为吏治腐败。振作政风，首先需要上官正躬率属，以身作则。从同治五年(1866年)起，左宗棠先后担任陕甘总督、钦差大臣督办新疆军务，主政西北13年之久，从来不准下属请客送礼。一次，好友胡光墉从上海给左宗棠带回一批礼物，左宗棠将其中的金座珊瑚顶、大参等贵重物品退还，从中挑出一些食品留下，且以甘肃土产回赠。

左宗棠不谋私，其次表现为严格律亲。左宗棠在福州供职期间，夫人从湖南老家前去探亲，路过崇安县，知县按惯例予以接待。以后，左宗棠西征路过崇安，执意将招待费如数奉还。左宗棠反对子侄辈外出做官，他的两个女婿，曾经想投奔他，到他身边谋职，遭到拒绝。左宗棠亲家的儿子贺升运，在宁朔县当知县，牵连到一桩禁种鸦片失察案。主察官是左宗棠好友，打算通融了事。左宗棠却不领情，要求从严查办，使贺升运受到撤职处分。

左宗棠的不谋私，也表现为严格律僚。他的清廉，深深影响到身边助手。刘典跟随左宗棠多年，后来担任帮办甘肃新疆军务，是一个管钱、管物、管事的重要角色。谁也想不到刘典病逝后，家中老小竟然无以为生。左宗棠悲痛不已，拿出自己的六千两俸银，用于赡养刘典87岁的老母，并抚养其子女成人。

纵观中国古代政治史，从汉朝的太守，到唐朝的刺史，再到清朝的巡抚、总督，其成功者，各有成功之道，但也有如下一些共同点：他们因为忠君爱民而占领道德制高点，产生道义力；因为文韬武略而令人景仰，产生公信力；因为安身定交而上下融洽，左右逢源，产生凝聚力；因为恩威并重而令行禁止，产生执行力；因为清正廉洁而使人敬畏，产生威慑力。

但是，北宋名臣范仲淹的忠心耿耿，并未换来当世的认可和国家的强盛。曾国藩、胡林翼、左宗棠、张之洞等人雄才大略，效忠的却是一个昏庸的君主，扶持的是一个腐朽的朝廷，他们纵有补天之心，也无回天之力，终究未能挽回晚清败亡的命运。西汉颍川太守赵广汉不畏强暴，铁腕整治豪强，因政绩突出，做了首都长安的行政长官京兆尹。但是，长安不是颍川，豪强动辄皇亲国戚。赵广汉先得罪了当朝皇后的娘家，即西汉三朝元老、前大司马大将军霍光家族，后又得罪了当朝宰相魏相和重臣萧望之。最终，赵广汉被处以腰斩的酷刑。

君主专制下的督抚，或者太守、刺史，其实也很难。

临雍拜老

临雍拜老①

【历史背景】

中国东汉的皇帝刘庄,字子丽。汉光武帝刘秀的第四个儿子,汉光武帝宠妃阴丽华所生。在位十九年,年号永平,初名为阳,封东海王。建武十九年(公元43年),被立为皇太子。后汉光武帝刘秀寿终正寝,他的第四子刘庄继位,即后来的汉明帝。汉明帝自幼受到系统的儒家教育,史载他十岁能通《春秋》,在位期间注重刑名理法,尊崇儒学,提倡佛教。

汉明帝即位的第二年,便亲临辟雍。行养老之礼,以李躬为"三老",以桓荣为"五更"。李躬是贤臣,桓荣是东汉初的名儒,光武帝称桓荣为"真儒生",并恨得之太晚,明帝以师礼尊之。为了表示尊崇儒学,明帝当场下诏,赐桓荣以"关内侯"的爵位。

光武帝统一中国以后,为了了解当时全国的垦田亩数和人口情况,于是下令重新清查田亩,也就是历史上的度田事件。各个州郡的官员进京汇报调查的结果,光武帝看到陈留吏的牍上写的是"颍川、弘农可问,河南、南阳不可问"。光武帝不知道这是因为什么。这个时候帐幄后面未来的汉皇子刘庄插话说,这是郡里的官吏教他(陈留吏)怎么核查土地。光武又问,那为什么河南与南阳不能问呢?他回答说,河南是帝乡,南阳是帝城,这两个地区的田亩和宅第肯定是逾制的,所以不能认真核查。当时他还只有十二岁。光武下令虎贲将询问陈留吏,陈留吏的回答和这位皇子的回答是一致的。因此,光武帝对自己的这个儿子很是欣赏。

后来,妖人单臣、傅镇等造反。光武派臧宫率兵进行征讨,由于单臣、傅镇他们事前准备充分,粮草充足,所以臧宫虽然包围了他们,但是却牺牲了很多的士兵,也无法取得胜利。光武帝招集大臣们商量对策,大家都提议悬赏攻城。只有这位皇子主张围城时不要过于紧急,而要尽量分散一点,这样贼人突围的时候,就好对付了。事实果真如此,叛贼在分散逃跑的时候很快就被消灭了。

另外汉明帝对于佛教在中国的传播与发展也起到了很大的作用。佛教是一种外来的宗教,刚刚传到中国的时候,因为没有得到皇家的首肯,所以在百姓当中没有得到广泛流传,只是以少数教徒的佛事活动为主。后来汉明帝的弟弟楚王刘英要信奉佛教,得到了汉明帝的允许和鼓励。据记载,汉明帝还专门派人到西域,取回了佛法,还带回了印度高僧摄摩腾和竺法兰,并用白马将佛经佛像驮回京都。为此汉明帝下令修建白马寺。由于汉明帝热衷儒学,而佛经的翻译与儒学相融合,加之皇帝的支持,佛教最终在中国得到了生存与发展。

明帝为了统一思想、巩固统治,规定:自皇太子、诸王侯及大臣子弟、功臣子孙,一律要学习经书,并为外戚樊、郭、阴、马四氏子弟设立学校于南宫,设置五经师傅,挑选高水平的儒生做老师;甚至连宫廷警卫部队也要精通《孝经》章句。由于明帝的崇儒中外闻名,后来连匈奴也派子弟前来学习。

【原文】

汉史纪:明帝幸辟雍[2],初行养老礼[3],以李躬[4]为三老,桓荣[5]为五更[6],礼毕,引桓荣及弟子升堂,上自为辩说,诸儒执经问难于前,冠带搢绅[7]之人,圜桥门而观听者,盖亿万计。

【张居正解】

东汉史上记,明帝初登极时,幸辟雍,行古养老之礼。辟雍即是今之国子监,古来养老,有三老五更名色。三老是年高有德的。五更是更历世事的,明帝举行古礼,以其贤臣李躬为三老,以其师傅桓荣为五更。行礼既毕,乃引桓荣等及辟雍中的生徒弟子,进入堂上,亲与他讲解经义。诸弟子亦手执经书,向帝坐前,问所疑难。其时冠带搢绅之人,罗列在辟雍桥门外,观礼听讲者,有亿万多人,其崇尚教化,而感动人心如此。

【注释】

①此篇出自《后汉书·显宗孝明帝纪》,并见《资治通鉴》卷44,汉纪三十六。记述永

平二年(59),汉明帝刘庄到太学行养老礼、礼贤下士共同讨论经书的故事。汉明帝,光武帝第四子,宠妃阴丽华所生。

②辟雍:本为周代为贵族子弟所设的大学之一,在汉代即为在京师的太学。

③养老礼:古代对老而贤者按时享以酒食,表示尊敬之意,谓之养老礼。汉制养三老五更于辟雍,郡县则行乡饮酒于学校。

④李躬:永平中拜为三老,以二千石禄养终身。

⑤桓荣:东汉沛郡龙亢(今安徽怀远县西)人,光武时为太学博士、太常,辅导太子刘庄读书。明帝即位后拜为五更。

⑥三老五更:古代为年老德高致仕之人设立的称号。选三公之老者为三老,卿大夫中之老者为五更。汉代太学设有三老五更,向天下表示敬老孝悌之意。

⑦冠带搢绅:泛指官吏与士大夫。冠带,指帽子和腰带;搢绅,古代大官吏插笏于腰间。

【译文】

汉代史书上记载:明帝亲到太学,第一次举行养老礼,封李躬为三老,桓荣为五更,行礼完毕,便领桓荣和学生们到厅堂上去。明帝自己分析讲说,儒生们手拿经书,向明帝问所疑难。官绅和士大夫环绕在太学桥门外,观看听讲者,成千上万。

【评议】

古代中国就是一个讲究教育的国家,敬老尊贤是我们古老的优良美德。历代的统治者都会高度提倡这一点,但是能真正在自己的实际行动中做到这个要求的,古今却没有几个。通常他们也只是在口头上尽享宣传而已,实际上只是把这些贤人作为自己统治的工具、一种另类的奴隶,一旦这些人不能够满足统治者的心意,就会受到遗弃。往往是帝王需要了就招来,给予敬重和优厚的待遇;不需要了,就会被忽视甚至杀掉。东汉时期之所以这样重视教育和文化,是与统治者有着极其密切的关系的。我们在上面的故事里看到的汉明帝亲自到太学中去举行养老礼,将自己的老师桓荣拜为"五更",并给予其莫大的荣誉,同时和这里的太学生一起解决经书中难以理解的问题。这对当时东汉的文化繁荣与重视教育的社会风气的形成起到了良好的示范作用。

【拓展阅读】

汉明帝

明帝之世,吏治非常清明,境内安定。加以多次下诏招抚流民,以郡国公田赐贫人、贷种食,并兴修水利。因此,史书记载当时民安其业,户口滋殖。光武帝末年,全国载于户籍的人口为二千一百多万,至明帝末年,在不到二十年的时间里激增至3400多万。明帝以及随后的章帝在位期间,史称"明章之治"。

中国东汉皇帝刘庄(28~75年),字子丽,汉族。汉光武帝刘秀第四子,母光烈阴皇后阴丽华。史称汉明帝,死后谥号"孝明皇帝"。公元57~75年在位,凡十九年。年号永平(58~75年)。初名阳,封东海王。建武十九年(43年),立为皇太子,建武中元二年(57年)二月,即皇帝位。

明帝即位后,一切遵奉光武的制度。明帝及其子章帝(75~88年)在位的三十年间,政治清明,社会经济繁荣,国家相对稳定,史称"明章之治"。汉明帝热心提倡儒学,注重刑名文法,为政苛察,总揽权柄,权不借下。他严令后妃之家不得封侯与政,对贵戚功臣也多方防范。同时,基本上消除了因王莽虐政而引起的周边少数族侵扰的威胁,使汉族和少数民族的友好关系得到了恢复和发展。

永平十六年,命窦固、耿忠征伐北匈奴。汉军进抵天山,击呼衍王,斩首千余级,追至蒲类海(今新疆巴里坤湖),取伊吾卢地。其后,窦固又以班超出使西域,由是西域诸国皆遣子入侍。自王莽始建国元年(9年)至此,西域与中原断绝关系六十五年后又恢复了正常交往。次年,又复置西域都护。此外,随着对外交往的正常发展,佛教已在西汉末年开始传入中国,明帝听说西域有神,其名曰佛,于是派使者赴天竺求得其书及沙门,并于洛阳建立中国第一座佛教庙宇白马寺。

明帝之世,吏治比较清明,境内安定。加以多次下诏招抚流民,以郡国公田赐贫人、贷种食,并兴修水利。因此,史书记载当时民安其业,户口滋殖。光武帝末年,全国载于户籍的人口为二千一百多万,至明帝末年,在不到二十年的时间里激增至三千四百多万。

明帝死后葬于显节陵。

【镜鉴】

低调的为人方式是赢得尊重的基础

群体中威信的树立,并不在于高调展示与锋芒毕露,看透威信背后的责任与能力,看透在关键时刻所发生的作用,必然会将自己的言语行为融入一种低调,获得真正的认可,才能游刃有余地处理工作中所遇到的各项问题。

(一)不夸夸其谈,谨言慎语更能展现领导的自信

"夸夸其谈是软弱的首要标志,而那些能够成就大事的人往往是守口如瓶的",这是古罗马哲学家西塞罗的名言。

人都不免夸夸其谈,它可以满足一个人一时的欲望,在言语的挥洒中,可以得到别人的敬仰,人们因此而感受到满足。但不用多久,人们就会面对最终的结果,也就明白此人的话是多么肤浅而不可信任,一旦形成这一判断,即使这人再花费千百倍的精力,也不能进行再次更改。因为现实中频繁遭遇这一情况,最终对这一词语的使用,也就带有更多的贬义,因此而为人所回避。

有些领导,好于面子,喜欢说大话,在同事、家人面前,总习惯表决心,做判断,以此显示自己的卓越与超然。但越轻易出口的话语,就越经受不住时间的考验,一旦大家丧失掉对你的信任,可能花费再久的时间,再多的精力也不能对此形成弥补。作为一些大部门的领导,作为一个优秀的领导,往往都是惜字如金的,面对情况,他总是做出充分的考虑和谨慎的抉择之后,才会对事情发展做出明确的判断与自己的抉择。

在森林里住着很多很多的鸟儿,一到晚上,就开始叽叽喳喳聊起天来。

有一次,麻雀说:"人家都说凤凰是世界上最漂亮的鸟儿,不过可惜我们都没有见过!"

于是,大家你一言我一语地讨论起来。

鸽子咕咕地说:“我没见过,不过听说凤凰羽毛是火红的颜色。”

猫头鹰睁大着眼睛说:“我也听说,凤凰长着很长很长的尾巴,打开的时候非常的美丽。”

百灵鸟一边梳理羽毛,一边说道:“我还听说它的声音非常响亮,不知道是不是比我的还好听呢?”

云雀飞了过来,无奈地说:“可惜我们没有福气见到它!”

在大家叹息的时候,总喜欢夸耀自己知识广博、学问深厚,并把自己称为“百事通”的喜鹊终于开口了,她神气十足地说:“其实,我见过凤凰。”

其他鸟儿一听,连忙追问凤凰是什么样子。

喜鹊昂起头,环视了四周,然后说:“凤凰嘛!漂亮极了,羽毛是红的,尾巴很长,它的叫声响亮极了!”

鸟儿们又抢问:“凤凰住在哪儿?”

“就住在森林尽头的湖水边,那天遇见它,它正在唱歌,还向我点头打招呼呢!”

鸟儿们纷纷请求喜鹊,带大家去看凤凰。

第二天早晨,喜鹊在前面飞,百鸟跟随在后,飞到了森林的尽头。

当大家顺着喜鹊手指的方向看去的时候,只看到一只在岸边散步的大红公鸡。

大家哄然而笑,“喜鹊,你真是骄傲得连凤凰和公鸡都分辨不清了。”批评完喜鹊,众鸟扫兴地扑啦啦地又飞了回去。

喜鹊有好为人师的习惯,当大家对一个问题进行讨论的时候,它希望自己的发言是最有威信的,并能获得大家的认可,最终自己滔滔不绝地进行讲述,并成功地把大家吸引了的时候,却不知自己讲述的内容已经脱离了现实的根基。这一情况很快就为大家所发现,而自己因此也会遭受大家更为深刻的否定。

我们的性格中,应该舍弃这一份言语的浮躁,要纳入更多稳重与谨慎的内容,不应为一时表达的欲望所掌控,陷入其中,最终遗失自己对自己言语所应承担的责任。经历更多思考与斟酌的言语,必然含有更多的分量,而当自己的性格中呈现出更多的稳重与担当的内涵时,相信大家也必然会对你有更多敬仰与尊重。

语言是我们生活的重要部分,对于我们的工作,显然有着最为重要的作用,我们的交流,我们命令的传达,更多时候都需要借助语言才得以传递。正因为如此重要,我们才必须更加谨慎地去面对生活中的这份内容,谨慎以言语,仔细以行为,以最恰当的方式,表达最恰当的内容,并不断寻求更好的表达方式。

也只有通过这样的方式,才可体现出一个领导应有的涵养和管理水准,以及这个领导的管理是否具有高超的艺术性!

古时候,三个读书人进京赶考,都没有什么把握,半路上来到一座庙里,请老和尚给测测前程。老和尚打量半天,掐算一番,最后冲他们伸出了一个指头,说:"这就是你们赶考的结果。"

读书人走后,小和尚十分不解,问道:"师父,伸出一个手指头是什么意思?"老和尚秘而不宣,说:"一切都在掌握。"

过了一段时间,三个秀才赶考完毕,再次路过庙宇,给老和尚买了很多礼物,并赞扬老和尚是神机妙算。老和尚只是哈哈大笑,并没有询问考试结果。

小和尚仍是不解,求老和尚解释,这时,老和尚说了:"我这一个指头,就已经包括所有的情况。若一个中了或一个也没中,我测对了;若中了两个,一个没中,我所说的是一个不中;如果他们三个全部考中了或全部都没考中,我也测对了,因为这是一起中的意思,反之,就是一起不中。"

老和尚也许太过狡黠,对于秀才的疑问,他并没有提出什么有利的分析和意见,不过对于命运这种疑问,也确实不适合进行什么明确的判断。但在老和尚的这份狡黠中,我们也许可以获取到一点点的提醒,自己谨言慎语,惜字如金,却让对方去揣摩其中的种种可能,尽可能大地扩张了自己话语的模糊性,将所有的可能都包罗其中,最终成就的是个人的威望与认可。

工作之中,领导者经常会遇到许多的选择和判断,这个故事也许会成为一个很好的借鉴,自己也拿不准的事情,用谨慎和包容的态度去对待,谨慎的言语,展现出的是自己自信的性格,也是对当前局势的最好把控。最终结果的发展可能,正是在这份谨慎之中,在这份自信之中,为大家所接受,并以此成就出自己在群体之中的威信与地位。

(二)领导的威信在于言行间的坚守

孔子说:"人而无信,不知其可也。"

人若无信,不去坚守自己的言语,不去信守自己对他人的承诺,不努力使自己的语言与行为保持一致,那也就不会得到大家的认可。大家不再相信他的话语,也不再寄希望于他的行为,失去所有这些内容,就不能在群体中获取有分量的角色,从此也就不能在群体之中立足。

信任,既是如此重要,那又该以何种方式去建立这一内容?

它并不存在于惊天动地的伟业之中,也不依赖于别人所不能及的能力天赋,就在于日常的细节之中,谨慎于自己的言语,明白每句话语之后都有一份责任的守候;严格要求自己的行为,因为行为总是对自己的语言负责,只需做到这些内容,那么无论你能力优劣,无论职位高低,群体都会对你寄托以一份信赖。

领导的威信是如此重要,具备良好的威信,他的意见就会被群体所接纳,他的命令也会得到很好的执行;反之,不具备威信的领导,可能会被员工行以舆论的否定,工作之中也会遭遇消极懈怠。

对于领导威信的维护,更应当注意自己言行间的坚守,要做到从不轻易承诺于人,一旦承诺,则会有如泰山之重一般守候,在自己的这份守候当中,员工与周围的人会看到你身上所具备的如此强大的诚信力量,会油然而生一种敬畏与钦佩。

1870 年 3 月 17 日的夜晚,法国最漂亮的邮轮之一"诺曼底"号,正航行在从南安普敦到格恩西岛的航线上,船上满载了乘客与货物。凌晨 4 点的时候,全船的人员,被一个巨大的声音惊醒,"诺曼底"号被全速行驶的重载大轮船"玛丽"号撞击了侧舷,撞出了个大窟窿,船体开始迅速下沉。

顿时,人们惊慌失措。这时,船长哈尔威显得异常镇静,他站在指挥台上说:"全体安静,注意听命令!放下救生艇,妇女先走,其他乘客随后,船员断后,我们必须保证把至少 60 人救出去!"

威严的声音,稳定了人们的情绪,当大副报告说"再有 20 分钟,船就会沉没"时,他说了一句:"够了!"并再次命令:"如果哪个男人敢抢在女人前头,就开枪打死他!"

最终,没有一个男人抢在女人前面,虽然面对的是一场生命的考验与选择,但一切都进行得井然有序。

在他要救的 60 人中,最终把自己排除在外,因为这是他自己的安排,他没有一个手势,没说一句话,最终随船体一同沉入大洋深处。

威严的作用,在关键的时刻,可以让混乱变成有秩序,比较于混乱而无序的状况,威严作用下的理智，显然可以带来更为有利的结果，毕竟最终这60人是成功被救出了。

威严所产生的作用是如此重要，但这份威严的来源，却是船长对个人言行的坚守。他命令所有船员最后离开，对此，他选择默默承受自己的命运，而没有采取任何其他特殊的行为对自己的利益进行保护。正是由于他对于自己言行的如此坚持，才使得他的言语更加具有威力，所有船员和乘客正是在他的安排之下，才得以有序离开。设想如果这位船长是一位言出而不遵行的人的话，那恐怕最终的结果就会呈现一片混乱。

这个故事的情形也许有些极端，因为生活中我们不会有更多机会去经历生与死的考验，但在我们日常的工作中，却也必然会遭遇需要威严的时刻。面对一个情景，领导的意见能否统领大家的意识，工作中，领导又是否具有足够的威严来驾驭整个团队，这一切又都依赖于领导自身所具有什么样的威信。对于一份威信的维护，必须要依赖于领导自身对自己言行的坚守。

对于言行的坚守，就是一份舍弃，舍弃掉言语的轻浮，从不轻易承诺于人，舍弃掉对待诺言不认真的态度，一份诺言之后，是自己花费更多时间与精力的守候，只有如此的态度，如此的坚持，才可以经过时间之后，为大家所信赖与依靠，在群体中树立起这份崇高的威信。

在山脚下，住着一群蚂蚁。在蚁王领导下，大家都勤奋工作，过着幸福的生活。

一天，蚁王因为衰老死掉了，大家必须选举出新的蚁王来领导大家。

蚂蚁们商量之后，挑选了4只最为强壮的蚂蚁，作为候选者，并且计划以投票的方式来确定最终人选。

就在大选前夜，一场不期而至的暴雨突然袭来，无情地将群蚁家园毁于一旦。

蚂蚁们就像没头的苍蝇一样，四处逃窜。此时，那4只候选的蚂蚁，纷纷自顾自逃命。就在紧急关头，一只弱小的蚂蚁出现了，它站在慌乱的蚁群中，大声喊道："不要乱跑！想活命的都到我身边，听我指挥。"

声音并不响亮，但却有着奇迹般的效果，它周围，迅速聚拢了众多的蚂蚁。

小蚂蚁又大声喊道："手拉手，向不远处的小土堆顶上冲，不管水多大，我们都不要松开手！"

蚂蚁们手拉着手，迎着巨浪向土堆靠近。小蚂蚁冲在了最前面，凶猛的水势无情地打击在它瘦弱的身体上，大家看在眼里，更激起高昂的斗志，施展全身的力气向土堆顶端迸发。

最后，在小蚂蚁的带领下，凭着坚强的毅力和求生本能，到达了安全地带。小蚂蚁这时一阵眩晕，昏厥了过去。

过了好久，小蚂蚁才得以苏醒，睁开眼，看见大家都围绕在它的周围。

这时，一只老蚂蚁说话了："要不是你，我们大家都会葬身暴雨，我们现在开始选蚁王，同意小蚂蚁做蚁王的请举起手来。"

所有的蚂蚁举双手赞同，而那4只候选的蚂蚁头低了下去，但手却高高举在空中。

蚁王选举，就是一个领导的提拔，所有人都跃跃欲试，而候选者更会踊跃呈现自身拥有的实力，而突然的一场暴雨正是对它们一次最好的考验，小蚂蚁也许其貌不扬，但在关键时刻的话语却如此的掷地有声，在对它的寄托之中，蚁群才得以获得生存的希望，而小蚂蚁在自己对言行的坚守中，也造就了自己作为领导的能力与地位。

作为领导者，必须在群体之中树立自己的威信，因为这是自己开展工作的基础，如果不能为大家所认同，那自己的工作开展就会充满阻力。对于威信的确立并不在于高高在上地发号施令，而在于普普通通生活中的言行的一致，如果一个领导者能为大家所信赖，那无论是命令还是决策，相信都会被大家认可而执行。

(三)舍弃一时的张狂，以知识和涵养增添个人魅力

年轻人现在经常会引用但丁的一句名言："走自己的路，让别人说去吧！"

年轻人张扬个性，是来源于年轻气盛的自我表现欲，他们不为世俗的目光所牵绊，能为自己所追求的目标而努力奋斗，这是一种良好的性格，但当这种张狂过度时，就会显得有些不合时宜。过度张扬就会转变成为一种任性，一种意气用事，甚至是对自己的缺陷和陋习的一种放纵，这样的张扬对自己前途肯定没有好处。

在一个领导集体里，每个人都应该保持自己的个性，因为每个人都会拥有一套属于自己的管理方法和理念，正因为思路不同，才得以促成最终有利的结果，但管理者对个性的过分追求，甚至陷入一种绝对的张狂之中，恐怕就背离了这一原始的初衷，并不会再产生任何效率，甚至会形成对事业的阻碍。与此份无所依凭的张狂相比，一份较好的涵养和丰富的知识内涵就显得更为重要。

斯大林是苏联历史上的风云人物，但在家庭生活中，他也许并不是一个成功的人。

斯大林是苏军最高统帅，掌控一个国家的命运，他有钢铁的意志，性格果断、沉静，甚至有些冷漠和专横。但他的妻子娜佳却是一个充满浪漫气质的女人，更多希望得到斯大林的温情与体贴。

双方因为性格不合，经常发生争吵。在庆祝十月革命胜利15周年的宴会上，矛盾达到了顶峰。当时正在克里姆林宫宴请国内外宾客，气氛极为热烈，斯大林兴致很高，当着大家的面喊娜佳："喂，你也来喝一杯。"

在这种场合，斯大林应该称妻子的名字或爱称，否则就被认为失礼。娜佳因为他的粗鲁，感觉受到了莫大的伤害，备感委屈，她大声喊道："我不是你的什么'喂'。"说完就愤怒地离场了。就在这天晚上，娜佳在她的房间里开枪自杀了。

这件事深深震动了斯大林，但一切已无法挽回。

在事业上，斯大林无疑是成功而伟大的，他正是凭借着性格的勇敢与果断，带给人民光明的前途，但当他的这种性格依然被延续到生活中时，却不会产生什么好的影响。因为生活在更多时候，呈现的是平淡而安详的状态，正如娜佳所期望的那样，应该充满更多的温情与浪漫。

在我们的普通工作当中，我们适时地展现我们的性格，但更多时候我们应该将其收敛，以避免对他人造成伤害，对于领导角色的担当，应该更多依靠个人的魅力与丰富的知识内涵来提升个人威信以及对局势判断得准确，对问题分析得到位，来获得人们的信任，这也许是我们开展管理工作最为有效的方式。

在美国南北战争时期，北军格兰特将军和南军李将军率部交锋，最终南军彻底失败，李将军也被送到爱浦麦特城，签订降约。面对失败的李将军，格兰特将军没有表现出太多的炫耀，反而恭维他的对手是一个"值得我们敬佩的人"。李将军虽然战败，但依然穿着全新而完整的军装，维护了自己的尊严。面对一场战争的胜利，格兰特将军并没有被胜利冲昏了头脑，他表现出了谦虚与真诚的品格，也许这才是他取得胜利的根本原因。

一个领导者要培养自身人格魅力，并不是一朝一夕就能完成的，必须有久远的目标，并有坚定的恒心，他要认识到性格张狂的可怕后果，看到沉稳的性格对事业发展的有利作用，他要去更多思考事业发展的趋向与其中的影响因素，并要不断锻炼自己稳重与老练的为人处世方式，最终才能在自身性格中纳入那份不为人眼所见识，但却能从人的言行中所察觉得到的内涵内容。

关于领导的魅力内容，还有一项重要内容便是知识。

凡看过《福尔摩斯探案集》的人，都会被那惊险曲折的故事情节所吸引，并为福尔摩斯的侦探形象所折服。

根据你说话的腔调，他可以判断你是否在撒谎；从裤管上的泥迹，可以判断罪犯的行踪；根据手表的外在特征和痕迹，可判断手表的来历和主人的生活态度；量一下脚印，就能准确推知罪犯的高矮胖瘦以及是否有生理缺陷。

福尔摩斯真是如此神通广大？书中并没有说明，不过在《血字的研究》一文中给我们开出了一张福尔摩斯的知识简表：

历史知识：无；文学知识：无；哲学知识：无；政治学：浅薄；植物学知识：不全面；但对某些毒剂：知之甚详；地质知识：偏重实用；化学知识：精深；解剖学知识：准确但不系统；提琴拉得好；善使棍棒；关于英国法律：有着充分的了解与应用能力。

从这张列表中可以看到福尔摩斯的学识范围，他能够如此神奇地进行断案，都依赖于他广博而又深邃的专业知识。这完全可以给我们今天从事管理工作提供一个很好的借鉴。

现代社会发展如此迅速，工作情况日趋复杂，就对领导者的知识结构提出了越来越高的要求。

一名优秀的领导者，要保持自己知识范围的广博，这样才能保证自己的工作能得到全方位的支持，面对问题的思考，也能提供出更多角度的支持；同时，他又必须有自己的专业方向，因为面对广博的知识海洋，每个人的精力非常有限，只有选择那些与自己工作开展休戚相关的知识加以系统学习，才会对自己工作形成最大的支持。

作为一位领导，他需要面临决策的果断，不过他更需要一份收敛于内的内涵，以及博专结合的知识作为自己性格的坚强后盾，有此内容作为支撑，相信在团队必然会展现出更为强大的魅力，工作开展也必然会更加顺利。

（四）改掉指手画脚的习惯，内敛的方式更易为人所尊重

面对选择，每个人都希望自己有决策的能力，同时，因为管理本身具有权威性，人们总是希望自己是团队中的领导者，而不是一个服从领导的人。作为领导行为的最好证明，就是他可以指挥别人，而不是听人指挥。

这样的认识是非常肤浅的，对于刚刚踏上领导岗位的人，可以有这样的认识，有类似的行为，不过对于一个成熟而老练的领导来说，他的理解绝对不会如此浅薄。如果认识仅仅停留在那一点上，那对于你领导工作的考核，很可能是以否定为终结的，而当岗位引入竞争的时候，自己就有可能因此从领导岗位上下岗。

一名合格的领导，首先应该考虑的是岗位的工作与自己所应承担的职责，而一个优秀的领导，在工作方式上，更多呈现的是性格的内敛，以更为低调的方式去寻求彼此之间的认可，而不是以单一和绝对的方式对彼此关系进行简单而强制的处理。

早上，张科长兴致勃勃地来到单位，精神饱满，准备在今天大干一场。

他先到小陈这里，指点工作，“小陈，收集资料怎么样了？你应该这样……”小陈只好停下工作，仔细听科长示范。然后，他又来到小张身边，看到小张，科长就气不打一处来，指着小张就批评开了：“你昨天给我写的文章，是什么啊，怎么里边还有病句，你看就在这儿，你都是单位的老员工了，以后可不能犯这样的错误啊。”小张的脾气看来不好，他说，“科长，就是一个小毛病，您自己修改了不就行了吗。”“我自己改还用得着你？”科长并没有给小张客气，转过身，又去找别人的毛病去了。

刚开始的时候，大家对科长的命令都言听计从，不过时间一长，大家对他的脾气习以为常，反而没有那么多的敬畏。他对下属指手画脚时，大家都全当耳旁风，说得过分的时候，有人都敢顶撞他几句。

后来，科长威信扫地，感觉再指挥别人，只是自讨没趣。

团队之中，领导必然要树立威信，有了这份威信，才可以保证命令和决策得到有效执行，保障组织集体的统一，在部队的管理中，在政府管理部门中，这种管理的权威性，必然会得到更为充分的强调。但在企业团队的管理中，信息的沟通要通畅，决策的形成要透明，只有这样合作才能取得最为优秀的业绩。如果如这位科长一般，只是简单地将自己的意思以命令的方式去告知每个下属，并总是强调他们的不足，那么相信就不会获得下属的好感，并且带给人一种高高在上的胁迫感，因而只会带给大家负面的情绪，也不会得到大家的尊重。

作为领导，一定要改正自己如此简单的工作方式，舍弃掉此份肤浅，换之以更为深沉的内敛，从而寻求更为有效而可行的工作方式。同时，也正是一份内敛，才可以提高这位领导管理工作的艺术性。

曾国藩对“藏锋”有过精辟的论述:“言多招祸,行多有辱;傲者人之殃,慕者退邪兵;为君藏锋,可以及远;为臣藏锋,可以及大;讷于言,慎于行,乃吉凶安危之关,成败存亡之键也!”正所谓,灵芝与众草为伍,不闻其香而益香;凤凰偕群鸟并飞,不见其高而益高。善藏者,方能立于不败之地!

小王在公司的营业部担任经理职务,一次,他所带领的团队谈到了一张数额非常巨大的单子,公司有规定,超过一定数额的大业务,必须汇报老板,并由老板亲自参与客户洽谈。但小王心想,这可是自己一次难得的表现机会,最终,带领自己的团队,通过大家努力,不仅谈妥了这笔业务,并顺利与客户签单。

小王心想,这件事一定会在公司内部造成不小影响,对自己工作开展非常有利。不过,事实恰恰相反,没过多久,因为其他的小的失误,公司就解聘了小王的经理职务。

事后总结,小王认识到,就是自己锋芒太过惹的祸,因为自己太在意个人表现,最后忽视了公司的规定,这就是他为什么没有在职场获得顺利发展的原因。经过了这件事情,小王开始渐渐学会以内敛的方式为人处世。他知道锋芒太露,会为以后埋下祸根,真正的智者在展露才华后,依然能保身立命,并因此为大家所尊敬和爱戴。

如果观察一下我们周围,就会很容易看到类似的情形,办公室里吆五喝六的主儿,大多是一瓶子不满半瓶子晃荡的职场菜鸟,而那些老谋深算的职场精英,大多把他们的锋芒内敛于内,性格显现毫无棱角。衣着朴素者,谁会想到他们是行业的佼佼者?讷言滞行者,谁知其中颇有能言善辩者?看着个个都无大志,谁知他们胸中的雄才大略?而这些人从不在言语上显露自己的锋芒,在行动上展现自己的敏捷。

“鹰立如睡,虎行似病”,这句话形象地描述了自然界两种最凶猛的动物的内敛之道。有着最为锋利的鹰爪,有着最为凶残的虎口,但它们却并不在自己的身态行为中有所显现,反而,还可以此来麻痹对手的注意。它们一旦出动捕食,几乎从不落空,最终凭此成为鸟中之霸,兽中之王。纵看古今,能成大事者,也多有效法它们的方式而因此取得成功。

不论是同事之间,部门之间,还是单位之间,以一份内敛的态度对待彼此,放低个人的身份,给对方以更多的尊重,以此方式促进信息的有效交流,也就得以促进各项工作的有利开展,这也正是一个领导管理水平的最好体现。

(五)收敛自己的光芒,给员工施展才华的空间

作为领导,适当的时候,收敛自己的光芒,给员工以施展才华的空间,也许会收到意想不到的效果。

这正如做人的道理,要适当给对方留有一定的空间。

话如果自己说尽,可能对方因反感而不愿接受,即使内容完全正确;反之,给对方一些表达的机会时,他不仅会有参与的感触,更会因此而更加投入去思考谈话的内容。

事情不可自己做完,如果对方没有参与,他就不会拥有自我的认同感,他不会认为这项工作与自己有关,即使最终成绩非常优秀,也不会为此感受任何的荣耀;反之,如果分配一定的内容给对方参与,就可唤起他无限的热情,并可使他产生主人翁的意识。

工作当中,领导的作用当然重要,正是因为他的工作,团队才得以拥有目标,并团结一致为目标实现而努力,正是因为他在关键时刻的决策,才使得企业得以经历风险而安然无恙,最终取得优秀业绩。对于领导的地位和作用,我们毫不质疑,但在恰当的时候,领导能否悄然退出,居于幕后,从而为自己员工才华与能力的展现,提供展示的机会和舞台。而这种管理方式的采纳,就是一个领导艺术性的最好体现。

一天,一个人走在街上,看到一家鸟店正在卖鹦鹉,他考虑买一只会讲话的鹦鹉作为礼物送给快要过生日的母亲。

进到店里,这人问店长:"请问,你这里的鹦鹉会说话吗?"

店长自豪回答道:"当然!"他指着一只漂亮的鹦鹉说:"你看这只鹦鹉,售价200美元,它会说汉语和英语两种语言。""再看那只,"他又指向另一只鹦鹉,"售价400美元,价钱虽然贵一些,不过这只鹦鹉会说汉语、英语、法语和德语四种语言。"

这人看到这两只鹦鹉都是毛色光鲜,异常可爱,心里拿不定主意,正在仔细考虑。

突然,他发现门口有一只老掉了牙的鹦鹉,毛色暗淡散乱,但标价竟是800美元。

这人惊讶地问店长道:"这只鹦鹉既老又丑,怎么会值这个数呢?难道它会说八门语言?"

店主平静地回答道:"哦,不是的。事实上,它只会说汉语,不过,另外两只鹦鹉总是叫它老板。"

故事风趣幽默,不过一笑之后,其中内容却可以令我们深思。作为管理者,我们也许

并不需要有专业技术人员的突出才华，我们只是需要看清楚每个员工身上所具备的能力和特质，并把他们合理安排，就已经实现了我们管理的最大价值，并为员工所认可，而心悦诚服地称呼自己为“老板”。并且自身因为这种协调和掌控的能力，因此拥有超越其他所有漂亮而有才华的鹦鹉的价值，最终被标注最高的800美元价格。

每个人都希望他人能认可自己的工作，对自身品性有所肯定，对工作内容有所赞赏，这种动机也成为我们开展工作的一种无尽动力。但在适当时候，我们又是否能够舍弃自己对这份成就感的追求。将自己的光芒，让给自己的员工，将展示的机会，让位于员工，也许在一次机会的给予之后，员工就能发掘到自身所蕴藏的巨大潜能，并对于工作产生更大的热情与更为积极地投入。在自己的一份“禅让”之后，也许会发现自己管理工作也会变得轻松，当思路清晰之后，对全局与细节有效地掌控就成了一种可能。

能够以一份更为通透的境界与眼光去看待工作中的得失，放弃一些个人的追求，给他人以成就的机会，对于工作的开展不仅更为有利，效率也会提高很多，同时还体现出自己较高水平的掌控与完美的管理驾驭能力。

古时，舜品德高尚，尧派他来管理天下。

当时中原到处是洪水，以前尧派鲧去治理洪水，9年后失败了，舜于是就派鲧的儿子禹去治理水患。禹不负众望，13年后平息了洪水。舜和尧一样，对老百姓宽厚，只是多采用一些象征性的惩罚，犯了该割掉鼻子罪的人，让他穿上赤色衣服；应该砍头的人，只许让穿没有领子的布衣。

为了让老百姓懂得乐舞，舜派夔到各地去传播音乐。有人担心夔一个人不能担当重任，舜说：“音乐之本，贵在能和。像夔这样精通音律的人，一个就足够了。”最终，夔果然出色地完成了任务。

孔子赞叹道：“无为而治，说的正是舜啊！他自己需要做的，只要安安静静坐着而已。”

在中国传统思想中，非常强调“无为而治”的概念和相关内容。对此，老子的说法是：我无为而民自化；庄子和韩非的观点是：君无为而臣有为。虽然他们的论述适用的主体和社会环境不同，但基本内涵却是一致的。

当我们的思想可以对改变社会时，或者是作为管理者的君主能够履行管理的职权时，他们大多采取回避掉自己个人的作用，并使社会自主地去呈现这种变化，让臣子主动地实施管理，而最终却能呈现出令人满意的结果。

“无为而治”是中国古代的思想精髓，当领导进行管理活动时，一定要更多体会这一思想的深刻内涵，并能把它有效融合进自己的管理活动当中，在低调的方式之中，给他人机会，也成就自己管理的职责。

一个真正的领导，不一定他的能力有多么强大，但他能够团结比自己更强的力量，这也就最大限度地提升了自己的身价。

（六）放低身段，拉近与员工的距离

身份指人的出身和社会地位，在中国传统伦理中，非常强调一个人在群体中所获取的地位。对于每个身份，都有合乎自己的言语和行为规范，对于每个身份也可以获取群体之内的尊重，每个人也应当追求并维护自己在社会中的身份。在人们的意识之中，身份显得如此重要，它已深深印在人们的头脑之中，进入心理层面而成为一种文化的情结。

但是对于过分追求身份的人，可能结果适得其反，并且自己也会一生劳累。过分对身份进行追逐，忽略了身份背后所代表的职责与品质内容，最终自己只求得了一个身份的形式，而不能对其本质内容进行理解和把控；过分对身份进行追求，时刻维护自己与他人在身份上的差异，时刻保持一种“超然”状态，孤芳自赏最终只能成为一个孤家寡人。放不下“身份”的人，路只会越走越窄，时时刻刻总在顾及自己的所谓身份，就有可能进入死胡同。

俗话说：“骡子马子大了值钱，架子大了不值钱。”适当时候，我们要能放下自己的身份。放下架子，自己会变得轻松，以更为从容的心态，更为充沛的精力去完成自己的工作；放下架子，也就拉近了彼此间的距离，情感上有一份亲近与认同，也就有更多交流的空间与可能，人际交往也就更为顺畅，最终自己的道路就会越走越宽。

从事管理工作，身份显得更为重要，虽然关于“身份”讨论在家庭社会中有很多内容，但谈论最多的还是社会管理背景环境下的讨论。因为这份看重，人们在工作中，也会更加去强调一个人的身份并且对它进行维护。但在当今时代，我们却要能适时放下自己的架子，放下自己高贵身份的架子，只有这样，思考才会富有弹性，而不会陷入刻板陈旧的观念之中，放下自己的架子，与员工之间就能建立一座理解与沟通的桥梁，对于工作开展显然十分有利。放下架子显然也为个人魅力展现提供可能，换去原先的冷漠印象，接触

之中，大家才能了解到你原来也是一个如此热情而充满活力的人。

在秦兵马俑中有一尊尊被称为“镇馆之宝”的跪射俑，它的姿态是弓弩射击的两个基本动作之一，同时也是防守或设伏时比较理想的一种射击姿势。

因为这种姿势射击时重心较稳、有所依靠，比较省力，同时又有助于瞄准，还可以把自己的目标尽力减到最小。这尊跪射俑是秦兵马俑坑中保存最为完整的一具，仔细观看，连衣纹、发丝都清晰可见。

而其他陶俑大多都有不同程度的损坏。这也就昭示出一条做人的道理：低姿态是保全自我的万世之规。

亚里士多德说：“高标准的目标和低姿态的言行的和谐统一是造就厚重而辉煌的人生的必备条件。”

我们都听过世界名曲，或者至少也会经常听流行歌曲。在所有的歌曲中都是以低音起奏的，有过一个舒缓的过门之后，才可以给歌曲的跌宕起伏、荡气回肠提供出充分施展的平台与空间。因此，聪明的人大都会时刻反思自己，无论是为人还是做官，锋芒太盛时，可能会给自己惹来灾祸，适度低调才可为自己生存发展带来最大收益。

作为管理者，应该舍弃这份关于身份内容的过多追逐与维护，从这份桎梏中解脱出来之后，自己才能拥有施展拳脚的空间，如果总是考虑自己的言行是否符合应有的角色，患得患失，恐怕最终会贻误工作开展最有利的时机；同时，这种低姿态也是对个人的一种有效保护，以低姿态与员工、与他人交往，就会有一份亲近，而不会招致他人的反感，在一份内敛之下，自己可以投入更多的思考、更多的精力，去寻找工作有效开展的其他方法。

一位美国阔太太到巴黎旅游，在埃菲尔铁塔下的苗圃里，发现了一个园丁。她看他工作得那么熟练、那样勤恳，而他身后的花园又是如此整齐而美丽，不禁让她心想，也拥有一个这样的花园，也拥有这样的一个园丁。

阔太太走上前，询问那个园丁，是否愿意去美国做她的园丁，并承诺愿意给他高出法国工资3倍的价格。明白阔太太的来意后，老头非常礼貌地回答：“夫人，感谢您的好意，但真不凑巧，我还有别的职务，不能离开巴黎。”

阔太太忙说：“你都辞掉吧，我会给你补偿的。你还有兼职？是送牛奶还是送报纸？”

老头微笑：“都不是，希望下次选举时人们不要投我的票。也许我就可以接受您的美差了！”

阔太太感到很疑惑。

老头解释:“我的名字叫安里,您所看到的这个园丁还兼任着法国总统。”

看完故事,所有人都会钦佩于园丁的气魄,作为总统,他是如此重要的一个管理者,不过他竟然仅仅只把自己作为一个园丁来看待,面对美国阔太太交谈中所呈现出的优越感,他并没有因为对自己的冒犯表现愤怒或是反击,而只是以平淡低调的语气,以幽默的方式去婉转告诉对方自己的身份。相比较那位美国阔太太的高调与张扬,人们反而会觉得有些太过张扬甚至是愚蠢。

也许正是他这样能放低姿态,他才能把一份园丁的工作做得如此仔细,做得如此完整,也许正是这种为人处世的态度,才使他能够赢取人民的尊重被选举为一个国家的总统。相信一个人如果能以同样的方式去开展自己的工作,那么他一定会被自己的同事所认可,他对于工作的计划安排也会更容易为大家所接纳。

舍弃一份对身份的过多在意,获得一份从容,获得一份与员工平等交流,获取彼此的亲近,在舍弃之间,有效把握平衡,营运出自己管理中最具艺术的掌控。

(七)不要将权力等同于权威,威信在于员工的认可

说到命令,人们可能会想到战争中的“军令如山倒”。命令一到,下级必须无条件服从,只有这样,才能保证策略得到最有效的执行。在管理当中,管理者拥有的权威也同样重要,如果上级的命令能很快被下属所理解,并被以高效率的方式执行,那团队的管理是统一并有效率的。

但在今天的管理工作中,却不能过分迷信权威,过多对权威的追求,可能使自己脱离出管理工作的现实,甚至最终脱离管理工作者的角色;反之,要认识到管理工作的根本在于领导与下属的统一合作、有效分工,将自己的威信建立在自己能力与气魄、性格与掌控之中,获得员工的一份认可,才可以最终促使团队目标有效实现。

工作中,一些领导总是习惯颐指气使,有事的时候就大嗓门的命令下属去做。他们认为这样的方式才能产生最佳的效果,而过多的交流和沟通,都只是无意义地浪费时间。当被下属询问细节的时候,总是简单一句“做了再说!”就不再回复。如此久而久之,下属对领导产生了依赖,遇到问题不多加思索,只是认为执行好领导的命令就是工作的唯一标准,最终也就丧失了自己的工作积极性和创造性。今日社会环境瞬息万变,更多时候

需要全体队员的集体参与和思考，才能最大限度地把握机会，展现出集体的力量，如果只是如此的简单粗暴，即使个人能力再优秀，考虑再周全，恐怕也难承受住时间的考验。

在一片森林里，住着许多动物，勇猛的狮子是它们的王，负责对全体成员进行安排和管理。

一次，狮子要出远门，可对事情又放不下心，最后找来了平日关系最为要好的狐狸，请它来帮忙管理一段时间。

狐狸心想，所有的动物都臣服于狮子的管理，大王应该是有无上威严的，它爽快地答应了，并保证好好完成任务。

狮子走后，狐狸仔细揣摩狮子的心理，模仿它的神态，说话的时候提高嗓门，尽量让自己显得威严、庄重。没过多久，聪明的狐狸就把狮子的一切模仿得惟妙惟肖，周围的动物们，似乎也对它十分敬重，狐狸得意地说："做大王真好。"

不过，这样威武的日子，并没有延续多久。原来，野猪欺负了梅花鹿，打不过野猪，梅花鹿只好跑到狐狸面前哭诉，希望大王给自己伸张正义。

狐狸让喜鹊叫来了野猪，野猪看到狐狸，怒目圆睁、气势汹汹，一时就把狐狸吓得瑟瑟发抖，完全没有了往日的神气，不知道该怎么处理。动物们看在眼里，对狐狸感到非常失望。

几天后，狮子回来后，一声长啸，叫来了野猪，一通批评，并让野猪向梅花鹿道了歉，其他动物都拍手叫好。

狐狸坐在大王的位置上，只是学会了表象的权威，动物们因为它的职位对它尊重，但并没有真正认可。当遇到矛盾问题的时候，这样的权威，就显得没有丝毫的作用，野猪没有服从它的管理，动物们对此也感到非常失望。狮子回来之后，对问题进行了及时处理，威慑之中，对野猪进行了批评，以自己的实力维护了领导的权威，并重新获得了森林民众的认可和尊重。

日本松下公司总裁松下幸之助说："不论是企业还是团体的领导者，要使属下高高兴兴，自觉主动地去做事，我认为最重要的是在管理者和被管理者之间，建立起双向的，精神与精神，心与心的契合与沟通，当自己的魅力被下属所接纳的时候，就树立起比任何形式的威严都有力量的权威。"松下幸之助看到了领导与下属沟通的重要性，看到了威信建立的基础是在于下属对你的认可，只有这样的威信才是最为有力，也最能促进成功的。

作为一个优秀的领导,要能看透自己的威信并不来源于外在的形式,而是更多在于团队成员对你的认可。认识于此,才能舍弃形式的高调,放低自己的身段,在平等的交流当中,展现出自身的能力与品性,在彼此的信任中,呈现出自己良好的个人素养与较高的管理素质。

戈登·福布斯是南非成功的企业家,他创立南半球最大的照明工业。

在他的管理当中,刚开始的时候非常严格,发现工人操作不当,比如因为操作失误,出现灯泡残次品,他就会大发雷霆,严加痛斥,"你怎么能把灯丝就那样放在一起?应该是这样做的。"并当场示范。

但后来,他改变了自己的做法,因为他发现这样做,依然不能减少次品率,他开始在车间中寻找劳动模范,并对他们进行表扬和激励,同时又建立起了员工交流和学习的渠道,通过这样的方式,使整体的生产效率得到了有效提高。他说"严厉的批评可以展示一个管理者的权威,但有时,它的作用比不上平等的对待和有效的引导"。

命令的方式,也许必不可少,但在管理当中,如果转换一种方式,采用商量的方式,可能会对工作进展形成更大的推动。现在越来越多的领导开始注重自己与员工之间信任的建立,并把它们看作是成功管理的根本。

管理者会以平易近人的方式与员工进行交往,言语之中,展现的是对对方的尊重与信任,甚至在一些关键时刻,在一些关键问题上,他们都能放下自己的身段,去虚心向一些老员工们请教,他们舍弃自己的面子之后,并没有遗失自己的权威,反而对于威信的建立有了前所未有的帮助,因为人们认识到这是一个懂得交流而开明的管理者。他们最终如此习惯与员工的交流,甚至把绝对的权力看作是阻碍威信建立的魔鬼。

(八)放下领导的面子,勇于承认自己的错误

人的一生中不可能不犯错误,即使圣贤也不可避免。而对错误,有人回避,有人忌讳,有人采取强辩,却也有人能够坦然面对,认真反省。没有人愿意承认自己是错误的,这样的事情对于领导来说,显得更为艰难。承认错误,就意味着自己能力不济,就意味着自己工作开展不利,如果做出这样的承认,一定会给自己的管理工作带来负面的影响,甚至是管理生涯的终止。

但事实恰恰相反。直面错误,是对自己更为客观的认识,是自己心胸豁达的展示,并

且一份调整之后，更可以对工作的开展形成最为有利的促进。反之，如果对于错误只是采取一味地回避态度，对错误内容进行掩盖的话，在表面上还看不出来什么，但本质上只是在贻误时机，实际上已经距离目标越来越远了。

有时候，事物的发展，需要坦承地面对问题，坦承之后，彼此可再建立起信任，策略也得以调整，从而更加符合现实的情形，使得问题最终得以顺利解决。

在加拿大的魁北克镇，有一条南北走向的山谷，山谷非常奇怪，在它的西坡长满松、柏、女贞等树木，但东坡上却只有雪松。这成为当地一个奇异的景观，但却没有人能解开其中的谜团，直到最终一对夫妇来到这里。

1983年的冬天，这对夫妇婚姻处在破裂的边缘，为了重新找回爱情，他们决定进行一次旅行。如果能找回当年爱的感觉，他们就延续他们的生活，如果不能，他们就友好分手。

当他们来到山谷的时候，下着鹅毛大雪，他们支起了帐篷。由于特殊的风向，东坡的雪总是比西坡的雪来得大、来得密，不一会儿，雪松上就落了厚厚一层。当雪积到一定程度的时候，雪松那富有弹性的枝丫就会向下弯曲，直到雪从枝头滑落，又再次弹起。雪反复地下，雪松反复地弯，最终它依然完好。西坡的雪虽然没有这么大，但其中的一些树，如柘树，却已有树枝被压断的情况。他们忽然明白，为什么只有雪松能在东坡生长，并如此繁茂。

妻子说："东坡肯定也长过很多杂树，只是枝条不会弯曲，所以最终它们都被大雪摧毁了。"丈夫点头称是，两人突然明白了什么，紧紧拥抱在了一起。

西方企业提拔主管时，都会考虑一个人的婚姻状况。他们认为，结婚的人一般会比未婚的人更有责任感，并能承受更大的压力。而事实上，结婚的人只是更懂得低头的道理，有时候，弯下腰，顺其自然，就可让压力随时间流去，而自己还可依然保持良好的状态。反之，对于一个从来不肯屈服的人，可能最终因为承托太多内容，直至一天集中爆发，所有内容可能因此戛然而止。

人生要历经千门万坎，幸运的大门不会总向你洞开，所有的人生活内容中都会经历失败与挫折，我们不能总保持雄赳赳、气昂昂的状态，一味地只讲"骨气"，到头来，可能会被命运的选择所拒绝。有时，正如这东坡的雪松一般，只需一份胸怀的坦荡，客观地看待不利的条件，就可如雪松枝头的积雪一般，被轻松卸去，而自身又可依然延续健康的状态。由此看待这些遭遇的失败与挫折，却成为锻炼自己，展现气魄的机会。

成功的领导者总是豁达大度的，绝不会因为自己的面子问题，而太多顾及个人的权威，他们总在考虑，如何才能更好地完成自己的工作，履行自己的职责。他们有直面错误的勇气。当错误发生时，他们总在思考，如何使事情朝着更好的方向转化，所有转变的发生，经常是从承认错误开始的，认识错误，面对错误，才有可能去改正错误。对于错误的坦承，展现出来，并不是一个人能力与决策的失误，而是一个人果断与责任意识的体现，最终，他因此在群体中获取到更为崇高的威信与拥戴。

汉末，辽西、辽东、右北平三郡结合为三郡乌桓，三郡首领蹋顿与袁氏关系一直不是很好，多有侵扰边境，掳掠财物。

建安十二年的时候，曹操决定铲除袁氏残余势力，为彻底解决三郡乌桓问题，曹操决定远征。这一举动十分危险，得到众多将领的劝阻。

曹操大袖一挥，“我意已定”，便率军亲征。

几个月之后，曹操大胜乌桓，阵斩蹋顿，袁尚等人逃奔平州，降者二十余万，基本完成北方统一大业。

归来之后，曹操并没有先庆功，而是调查当时劝阻他北伐的人。

这些人听说后，都非常惊恐，认为曹操要严责怪罪。

不料，曹操哈哈大笑：“北伐胜利了，我不会怪罪你们，相反还要给你们赏赐。”

看着大家疑惑不解，曹操接着解释：“北伐在当时确实危险。感谢各位直言不讳，所以要行奖赏。最终之所以取胜，却有赖各位当初的提醒。”

众臣为之松了一口气，从此以后，更加真心为曹操效劳，遇到问题，也敢于抒发自己的意见，而这对曹操成就霸业，起到了不可忽视的作用。

一个合格的管理者，胜利时绝不能被冲昏头脑，只是得意于自己所取得的功劳，而完全忽略自己的不足，取胜乌桓之后，曹操首先想到的是自己的不足，因为属下的作用，弥补了自己的不足，才取得这样的胜利。面对如此心胸宽广的领袖，所有臣子，只能行以敬仰，对于自己所被寄托的信任，只能更加努力才得以回报。

人无完人，对于自己的不足，与其行以高调的掩饰，不如舍弃如此肤浅的表现，不再顾及所谓的面子，转而降低身份，去探究于内，直接面对，查明其中原因，获取更为有利发展的契机，最终自己不仅不会失去面子，还会以如此低调的方式获取到一份难得的威信。

(九)以身作则,要求下属的自己必须首先做到

“己所不欲,勿施于人”是最早由儒家提出的待人接物的处世之道,它的意思是自己不想要的东西,切勿强加给别人,同时还提出“己欲立而立人,己欲达而达人”等内容。孔子所提倡的“恕”“仁”等理念,构成了封建社会结构的理念根基。他强调人们在社会交往中,无论身份如何,无论角色差异,都应有平等意识,应当以自己作为对待他人的标准参照,在2000多年的历史进程中,这一理念指导着人们的行为,成为管理社会关系的规则基础。

在工作当中,我们要做到“正人先正己”。我们要求属下去做的事情,必须首先自己做到,这样才能使自己的管理工作更具有现实性,通过亲身的实践,使自己对于下属工作能更好地把握;同时,通过自己的表率,也可以对下属进行最好的引导和教化。自己刚正垂范,做事严谨细致,这就是下属学习的榜样,这样的方式,比任何苍白的管理语言都要显得有力量。

螃蟹妈妈走路总是斜着、横着向前进,它自己对此非常不满意,认为这样走路太不美观了。于是,螃蟹妈妈决心让小螃蟹从小开始学走路,一定要走得正、行得端。

可是,小螃蟹非常不争气,走起步子来,还是斜着、横着。就是现在教会了,可不用多久,就又恢复了原样。

螃蟹妈妈急坏了,大声责备说:“你不可以刚开始就斜着走路,不能让肚子整天在岩石上摩擦,刚开始没有养成好习惯,以后就变成坏毛病了。”

小螃蟹非常委屈,说:“妈妈,我不是不想好好学,可是我学不会啊,你给我示范一下吧,我就可以跟着您走了。”

螃蟹妈妈走了几步,小螃蟹不服气了:“妈妈,你先别说我走得不正,你看看你自己,走起路来比我还斜呢,简直是横行霸道!”

螃蟹妈妈一听傻了眼,是啊,我一直都是这样走路,又怎么能怪孩子学我呢!

倘若是自己都讨厌的事物,硬推给他人,最终别人也不能接受,不会产生好的结果,同时,还会让对方产生态度的反感和对自己的否定。这也正是“己所不欲,勿施于人”的道理所在。尊重他人,平等待人,才能将自己的意见为他人所接受,同时也会得到他人的一份尊重。

在企业中，如果领导者能够率先示范，能以身作则地努力工作，那么这种热情和精神就会影响其下属，让大家都形成一种积极向上的工作态度、热情团结的工作氛围。可以说，领导者的榜样作用是具有强大的感染力和影响力的，是一种无声的命令，最好的示范，对部下的行动是一种最强的激励。

在一个动物园进行了一项测验。

饲养员利用狮子皮装成狮子开始进攻黑猩猩群。开始的时候，黑猩猩群觉得害怕并哀号，不久猩猩的首领就拾起了一个树枝，做出一个向狮子挑战的动作，结果其他的猩猩也逐渐停止了哀号，并开始对狮子怒目以对。

虽然这个测验是以动物为对象进行的，但却说明在关键时刻领导者在一个群体组织中所起到的表率作用。

三国时，孙策为平定江东，战斗中每次都冲锋陷阵在最前列。手下人为他担忧，多有劝阻，他却回答说："我不亲冒矢石，那么将士们又有谁会勇猛作战？"他正是以这种勇敢的精神去激励、去影响自己的每一位属下，下属的力量被全部调动之后，自己才拥有所向披靡的力量，迅速平定江东，奠定宏伟霸业的根基。

一般来讲，作为领导，切不可事必躬亲。但在有的时候，特别是一些关键时刻，在一些关键问题上，领导若能身先士卒，却会产生重要的影响。

领导在组织中，一般都有着更高更重要的地位，他们对群体的影响也是最大的。一是领导若能放下架子，和大家一起动手办事，会带给属下更多的信任感；二是领导都在努力干活，所有的员工都会有被激励的感觉，热情高涨，必然会产生更高的效率。

领导若一马当先，与下属一道工作，还能克服一些不容易发现的问题。

有家叫塞克—沃维克的公司，总经理经常会亲身赴一线考察工作。他让管工给自己分配任务，当焊工的时候，他寻找到了一种更节省材料的方法；他与工人一起砌砖时，发觉跪在垫子上不方便，最终设计出一个垫套垫在膝盖下边；做装配工的时候，又发现了一个流水作业的改进方法。正是因为他亲临一线，才找到了许多解决问题的方法，如果没有这种亲身的经历，相信这些问题都还会被掩盖起来，而整体的效率也就失去被提高的机会。

对于这样的领导，他的管理策略也一定会被大家所接纳，并被很好地执行，因为领导者有着丰富的实践经验，他的决策都是从现实出发，因此也就具有了更多的可行性，最终为大家所认可和执行。

领导并不需要高高在上地维护自己的尊严，与员工之间划分出一道不可逾越的鸿沟。适当时候，我们要舍弃这份所谓的面子，放下身段，去亲身实践，去了解员工的具体工作内容和其中细节。正是在这个过程之中，我们才得以对工作每个环节有更为准确的把握；正是在这份低调之中，我们才得以拉近与员工的距离，为对方所信任，而所有这些却能体现出一个领导者管理工作的高超艺术性。

领导的威信，是建立在群众认同的基础之上的，但关于威信的建立，并不需要我们以高调的方式进行，反而放低自己的身段，谨慎自己的言行，坚守一份责任，增长自己的内涵，关键时刻以身作则，寻求员工的认可，只有做到这些，才可能建立并维护好我们的威信。

愛惜郎官

漢明帝

館陶公主

爱惜郎官①

【历史背景】

东汉明帝的姐姐馆陶公主，为她的儿子向明帝求一郎官的官职，明帝没有答应，但因着公主的身份又不好直接拒绝，于是赏赐她铜钱一千万。

【原文】

汉史纪：明帝时，馆陶公主[②]为子求郎，帝不许，而赐钱千万，谓群臣曰："郎官上应列宿[③]，出宰百里，苟非其人，民受其殃，是以难之。"

【张居正解】

东汉史上记，明帝的姊馆陶公主，在明帝上乞恩，要将他的儿子除授[④]郎官，明帝不许，以公主的份上，不好直拒，乃赏赐他铜钱一千万，以见厚他的意思。公主退后，明帝向群臣说："天上有个郎位星，可见这郎官之职，上应列宿，出去为宰，管着百里地方，责任非轻，岂是容易做的，必得其人，方可授之，若错用了一个不才的人，叫那百姓们都受他的害，岂我为民父母之意哉！今公主之子，贤否未知。我之所以不肯容易许之也。"夫朝廷设官分职，本以为民，不是可以做人情滥与人的。明帝于馆陶公主之子，宁可以千万钱赐之，以益其富，不肯轻授一职以贻害于民，诚得圣王重官爵惜名器[⑤]之意，史称当时吏称其官，民安其业，有由然哉！

【注释】

①此篇出自《后汉书·显宗孝明帝纪》。记述馆陶公主向汉明帝为子求一郎官，汉明

帝宁肯赐钱千万而坚不与官。郎官为汉代中央政府之官,秩六百石。

②馆陶公主:名红夫,光武帝之女,明帝之姊,建武十五年(39)封馆陶公主,嫁驸马都尉韩兴。

③列宿:指天上的星宿,太微宫后二十五星即郎位星。

④除授:除旧官,授新官。

⑤名器:等级和名分。

【译文】

汉代史书上记载:明帝时馆陶公主为她的儿子求一郎官,明帝不允许,却赐给铜钱一千万。对群臣说:"郎官与天上的星宿相对应,出去任职就管理百里的地方,若用错了人,老百姓要受祸害,所以不给他官。"

【评议】

慎选官吏,是政治清明的关键。古往今来,一些皇帝,一些官僚,口头上都说自己是为老百姓服务的,但一涉及自身利益时,就把老百姓的利益抛到九霄云外了,好官肥缺都交由自己的亲属、亲信掌管,而老百姓只能任凭他们宰割。汉明帝对亲姐姐的人情都不给,这在封建专制的皇帝中是很不易做到的。今天,那些认为人情大于国法,置国家、民族、人民利益不顾,以权钱做交易的人,对此不感到惭愧吗?

【镜鉴】

不以亲疏用人才能够实现人尽其才

人才是管理的根本,要想获得人才的"助"动,就需要自己舍得更多的投入。要认识人才的重要,尊重人才的作用,有效利用各种"怪才",给人才以充分信任,不为传统规则所限制,提供出充分空间,才能发挥出人才的效用,自己事业发展也会获得最大推动。

(一)领导必须树立以"人"为本的概念

这是一个以人为本的时代,生产力获得空前解放,人们得以在传统生产和生活模式中解脱出来,拥有更多的空间去展示自己的个性与需求,社会文化之中,我们必须接纳个体的性格,社会管理之中,我们必须去尊重每一个个体的需求,只有这样,才能展示现代社会结构与历史的不同,才能符合当今时代最为显著的特征。

在管理之中,必须树立以"人"为本的概念,企业的竞争归根到底就是人才的竞争,人才是企业立足的根本,也是企业最为宝贵的资源。在当代社会中,社会形势日新月异,市场竞争日趋激烈,昨天行业的龙头老大,今天发展处境可能就会一蹶不振,只有那些有着充沛人才资源,并能充分发挥人才效用的团队,才能展现出良好的团队凝聚力,敏锐的分析能力,快捷的应变能力,极强的掌控能力,果断的执行能力,最终得以在激烈的市场竞争中,立于不败之地。也只有那些不为世俗的眼光所限制,能够发现卓越人才的人,那些能突破传统的禁锢,为人才发挥效用提供充足空间的人,才能收获这份最终的结果,也才能被认可为最合格和最优秀的领导者。

"既想马儿跑,又不想给马儿吃草",应该说,这是中国传统农业经济所形成的性格倾向,作为管理者,只在意一时自己付出成本的微量差异,却忽略了马儿可以带给自己宏观的价值区别,在当今社会,变革之中孕育有太多机遇,一个卓越的人才,他所背负的思想与能力,也许可以带给企业翻天覆地的变化。因此,我们一定要重视人才的作用,以自己的收获和付出作为衡量的标准,不仅要给马儿吃草,并且愿意花费大力气、大价钱,去寻找千里马来为企业发展创造飞跃的条件。

作为一个管理者,一定要从传统的管理思维模式中走出来,看到社会发展的环境,分析产生效率的因素,才能使自己的管理方式能够符合一个时代的特点,而不会被历史所淘汰。

印度独立后的第一任总理尼赫鲁是圣雄甘地的追随者。

甘地本人对他十分欣赏,寄予厚望。经常和尼赫鲁交换各种意见,并且多有提拔栽培。

尼赫鲁九次被捕入狱,却从未放弃他的政治抱负和理想。更加可贵的是,尼赫鲁并不盲目信仰,他对欧洲进行了考察,在很多问题上阐述了超越甘地的见解。

他始终走在人民的最前列，提出了“完全独立”的目标，得到印度人民广泛拥护。他继承了甘地的事业，并进一步发扬光大。

圣雄甘地是印度的精神领袖，但在他所领导的运动中，需要各种各样的人才支持他，并且这些人才不是一种简单个人观点的重复，需要对于同一目标阐述出不同的见解，才能对最终事业的成功做出最大的推动。尼赫鲁正是这样一个人，而甘地正是发掘了这样的人，并让他的效能发挥到了最大，也最大限度地推进了自己事业的进展。

曾经有人采访比尔·盖茨问他成功的秘诀，比尔·盖茨说，因为有更多的成功人士在为我工作。从这句话中，我们可以领略到比尔·盖茨作为一个企业成功管理者的胸襟，他并没有居功自傲，把企业的成就归结为自己的创新能力与性格因素，而是归功于自己的团队。同时，这也展示出他卓越的管理才能，正是认识到人才的重要，正是有效地利用人才，才使得企业发展在自己的掌控之下，取得如此优异的成绩。

走过人才的认识课，接下来就是如何吸引人才，如何有效利用人才的问题，希望下面这个小故事，对公司的领导者有所启示。

燕国国君燕昭王一心想招揽人才，但却不为众人所信，求而不得。

有个智者郭隗给燕昭王讲述了一个故事，有国君千两黄金购买千里马，过去三年，却无所得，又过去三个月，好不容易发现了一匹，派手下人带着黄金前去验马时，马却已经死了。最终用五百两黄金买来一匹死马。国君很生气：“我要的是活马，要死马有何用？”

手下说：“舍得花五百两黄金买死马，更何况活马呢？相信天下人士必然为之所动。”果然，没过几天，有人送来三匹千里马。

郭隗说：“你要招揽人才，不如先招纳我郭隗，如果我郭隗这样才疏学浅的人都能被国君所用，比我本事更强的人，必然会闻风而来。”

燕昭王采纳了郭隗的建议，拜郭隗为师，为他建造宫殿，后来引发了“士争凑燕”局面。有魏国的军事家乐毅，有齐国的阴阳家邹衍，还有赵国的游说家剧辛等。燕国储备如此多人才，逐渐成为一个富裕兴旺的强国。最终，燕昭王最终兴兵报仇，将齐国打得只剩下两个小城。

走过了识才的最初阶段，领导者在自己的管理当中就会对人才的作用有充分的认识，接下来，就是如何找到适合自己的人才，并发挥出人才的作用，对自己的事业发展产生推动，这个故事就给了我们一个很好的启示，如果有一个招才纳贤的好名声，相信社会

中的人才必然会蜂拥而至。

在招揽到人才之后，我们还要学会辨识人才，区分庸才，发现奇才，要能看出人才的各自特点，并为他们寻找到发挥各自效用的平台和空间。各为所用，发挥所长，为自己的事业发展，提供强劲支持，有如此强大的推动，相信个人的事业必然会飞黄腾达。

（二）不以貌取人，才能看清员工内在的闪耀品质

在中国传统文化中，非常注重"观人识相"的概念，它所说的是通过对一个人表面的观察来认识这个人内在所隐藏的性格，甚至能对这个人的命运进行预测和描述，它所依靠的是观察者丰富的社会经验与累积，从一个小的方面，可以观测到这个人的思维和认识习惯，并依此对这个人未来的命运进行一定程度的描述。

观人识相本身蕴涵着一定的道理与智慧，但是在现代生活中，却要慎用这一方式，因为这件事情本身具有一定的模糊性，并且渗透有很强的主观判断性，使用不恰当，就会产生负面的影响。生活中我们常常会以貌取人，就是一个很好的例证。因为人的外表，因为人的第一印象，对这个人产生判断，并依此决定所采取的态度，最终经过实践考验之后，却发现情况并不是如自己当初那般想象，此时才后悔当初不应当肤浅地做出简单评判，谨慎而合理的实践考验，才是确定一个人内在品质的最佳方法。

管理中的择才，显得更为重要，人才是团队的根本，而是否选择到恰当的人才，则决定企业是否会拥有最终的实力。在择才的关键环节——领导的眼光就显得尤为重要，因为他是一个企业的最终负责人，他的用人与选人标准，往往会成为企业的贯彻标准。

在选择人才的过程中，一定要抛弃掉自我狭隘的帽子，不能以貌取人，依据自己的偏好对员工进行主观判断，因为这样的片面性，往往会给企业带来非常不利的后果。在甄选人才的过程中，一定要能借助多种考核的方式，多角度对一个人才进行考核，选择最恰当、最适合自己的人才，才能为企业发展做出最大的贡献。

通过相貌和表情来了解人，是识人的一种辅助手段。但是，把它绝对化，把识人变成以貌取人，就会错识人才，乃至失去人才。

《抱朴子·外篇》中记载有这样的话：看人外表无法识察其内在本质，凭一个人相貌不可衡量其能力。有人其貌不扬，甚至是丑陋，却是千古难得的奇才；有人虽是堂堂仪表，却可能是"金玉其外，败絮其中"的一个草包。

三国时，东吴孙权号称是善识人才的明君，却也曾“相马失于瘦，遂遗千里足”。周瑜死后，鲁肃向孙权力荐庞统。孙权先是大喜，但见面之后却心生不悦。庞统生得浓眉掀鼻、黑面短髯，面容极为古怪，并且庞统不推崇孙权所器重的周瑜，孙权便认为庞统只不过是一介狂士，没有什么大的用处。

鲁肃提醒孙权，庞统在赤壁大战时献连环计，曾立下奇功。孙权却依然固执己见，最终庞统被逼走江南。

鲁肃又向刘备举荐庞统，刘备虽是爱才心切，却也犯了同样的错误，但见庞统相貌丑陋，心中不悦，只让他当个小小县令。虽有匡世之才，只因相貌丑陋，竟几次遭遇冷落，不得重用。后来，还是张飞了解到庞统真才，极力举荐，刘备才委以副军师的职务。

若你是庞统，一定会感叹自身命运的悲哀，因为自己天生的容貌，却不能获得施展才华的机会，但从管理者的角度考虑，会发现他们遭受更大的损失。孙权若是重用庞统，也许会给吴国大计带来极大的促进，若刘备仅仅以貌取人，恐怕就要遗失一个重要的人才。三国争霸中，人才何其重要，遗失一个人才，又是对自身实力多大的削弱！

现代企业领导，要真正识别人才，就必须要进行全方位的考察，看他具备怎样的能力，是否有发展前途，自身的性格有什么特点，又适合做什么样的工作。对一个人的判断，应该是学识、智慧、能力、人品、性格等方面的综合考量，若仅凭一个人的相貌来判断，或是自己主观进行判断的话，那么，最终必将导致人才被埋没，事业受损失。这样的工作，正是一个领导者工作的最主要内容，也是一个领导者工作能力最核心的体现。

一般情况，选择优秀人才的标准有以下几个方面：

一、身体状况。身体的健康是一个人的根本，一个精神焕发，充满活力，对前途充满信心的人，也会给团队带来激情与活力。

二、工作能力。一个人在本行业的从业经验，对行业背景知识的熟悉情况，对工作环节的掌控情况，最终会决定他能否胜任这一职位，能否干好这一工作。

三、思维能力。这一能力可能是领导最容易忽略的考核因素，把握外在的能力，却不容易看清他是否有一种思考和把握的能力。只有那些有着良好思维素养的人，才能将工作进行系统看待，并对公司业务开展提出独到而合理的见解，并且这些内容往往对工作的开展显得异常重要。

四、创新观念。企业的成长和发展巨大的机会都源于创新。科技进步使得社会改变日新月异，观念的创新使商场竞争瞬息万变，具有创新观念的人往往会给企业发展带来巨大的机会。

五、求知欲望。求知代表一个人知识增长的可能，企业员工需不断突破自己，紧跟时代，不应故步自封、墨守成规，这样才能为企业发展带来促进。

六、团队精神。企业是以组织的形式去完成一件工作的，因此绝不能一意孤行，即使能力优秀，但没有团队意识，也是不能为企业所用的，必须经过不断的协调、沟通，才能将团队效率发挥到最大程度。

七、适应能力。企业在选择人才时，还必须考核人才的适应能力，在一种环境和工作状态中，能发挥自己的作用，换了一个环境，就会发现无所适从，这样的人才发挥效用的空间也是非常狭小的，因为现在社会所面临的环境，更多是以风云变化来形容。

抛弃掉选择人才方式的单一，从更多层面和更多角度对企业所需要的人才进行考核，借助面试、实践考验、心理测试等各种可行方式，去对人才进行全面的考核，而不是仅仅在意于一个人的容貌，从中甄选出最为优秀的人员，对自身事业发展提供最大的动力支持。

对于人才的判断，是一个领导者眼光的最好考验，在现实中，也经常会根据领导的好恶对人才的选择有所偏向。对于那些有丰富经验的管理者，他们总会看透员工的外表，从本质上看出一个人具备什么样的品质与性格，而这些内容又会对工作形成什么样的促进，并且他们还会更多融入发展的角度去看待一个人的改变与成长，以及在不远的未来能发挥出怎样的作用，只有具备这样的态度之后，才能使人才的选拔更为合理。

（三）不以亲疏用人，才能找到发挥人才效用的最佳位置

李斯在《谏逐客书》中曾说："泰山不让土壤，故能成其大；河海不择细流，故能就其深。"

在生活中，我们应该有一种包容的态度，才能造就自身性格的沉厚与博大，有泰山之高，则不对土壤进行选择，有海河之宽，则能对江河更加包容看待。生活之中，有此种宽容的态度与胸襟，才能成就自己更为广阔的视野，对待生活也就有更为深入的理解与把控。

管理之中，我们更需要借助这种包容的视角，在人才的使用之中，我们要舍弃自我狭

隘的认识，突破局限，才能在自己的管理中对人才寄托以更多信任，才能为人才发挥效用提供更多的平台与空间。

传统之中，我们都有很重的家族观念，大家都认为"血比水浓"，亲人比常人总有一种特殊感情，无论是在工作中或是生活中。对于合作对象，都愿意选择朋友或家人，志同道合、情同手足，这样对于自己事业的开展最为有利。在管理之中，我们还会渗透"一朝天子一朝臣"的用人理念，领导新上任就会抱怨对老员工不满意，于是找种种借口调动以前的下属，似乎只有在这种信任的环境中，才能取得工作开展的局面。

对于这些情况，最终往往不会取得非常有利的进展，或者说不会对企业发展形成极大的促进，家族的管理，可以获得情感的信任，但它却非常不利于矛盾的解决，最终因此而蕴藏了更多的问题；对于新的管理结构，必须要能从新的角度去对自己的管理工作和角色进行看待，如果总是局限于一定范围，那所有人才的工作的开展都会受到束缚。

对于这些情况，我们一定要能舍弃掉自身的狭隘，舍弃掉自己在管理中的亲疏判断，只有这样，才能在更广阔的范围内去思考自己企业的发展和人才的配备，才能最终获得团队内人才的充分发展，人尽其才，才尽其用，企业发展也获得最好的推动。

春秋霸主齐桓公正是不计前仇重用管仲，最终成就自己的一番春秋霸业。

由于襄公乱政，公子小白和公子纠都逃离国外，两人分别由鲍叔牙和管仲辅佐。

襄公被杀后，两公子小白和纠相继回国，以争夺王位。

在途中，管仲率兵埋伏于小白，见到公子小白，张弓射之，小白倒地；管仲以为被射死，便派人回报，不急于赶路，六日后才到达齐国。

而此时，小白已先返回齐国，被封为齐桓公。原来管仲只射中了小白皮带上的金属钩，小白佯死倒地，等到管仲撤走后，迅速返齐，提前得立。

事后，齐桓公欲杀死管仲，鲍叔牙说："臣幸得从君，君竟以立，君之尊，臣无以增君。君将活齐，即高溪与叔牙足也；君且欲霸王，非管仲不可。夷吾所居国国重，不可失也。"桓公并未计较前失，封管仲为大夫。管仲感叹："生我者父母，知我者鲍叔也。"

管仲能被识用，得力于鲍叔力谏，但更重要的是桓公的宽容之心，不记前仇，予以重用，才是一个管理者最为杰出的品质，若桓公只是气量极小之人，世间恐怕就会少了许多故事，而后人恐怕也绝不会记住齐桓公。

"外举不隐仇，内举不避亲"，真要做到，实在不易，要使一个人的判断不为亲仇所束缚，真是非常艰难的事情。但这样做却能给自己带来最大的好处，并且这也在成就一个管理者最大的成就，有这样的认识，也许是对一个管理者最好的帮助，并且古人已经为之，作为现代人，我们又何尝不能对自己进行挑战和尝试呢？

1943年，盟军决定实施代号为“霸王行动”的诺曼底登陆作战计划。这是一个准备周详，并且被高度重视的计划，但在指挥官的选择上，却面临了难题。

当时大家都认为马歇尔是最佳人选，他对世界六大战场上的美军指挥有方，声名显赫，赢得了大家的充分信任，丘吉尔在致罗斯福的电报中说：“如果任命马歇尔为‘霸王行动’的最高统帅，我们一定会同意。”

但出人意料的是，罗斯福最终却选择了一位陆军作战计划处处长艾森豪威尔担任这一职务，在他上面有366位比他职位高的将领都没有被任命。

这样考虑，一方面是罗斯福需要马歇尔在身边出谋划策，更重要的是艾森豪威尔的能力与性格为他赢得了这一职位。他头脑冷静，目光远大，军事战略思想明确而坚定，并敢于果断决策，能够排除各种困难干扰。基于这些原因，罗斯福最终跨越了论资排辈的束缚，对艾森豪威尔委以重任，并且也取得了诺曼底登陆战的伟大胜利。

在人才的使用之中，总会面临有各种企业的文化，总会面临一些规则。但在一定的时机，在一些关键时刻，这些内容会对人才发挥效用，产生限制，束缚了他们的拳脚。作为一个管理者，作为一个优秀而卓越的管理者，一定要从这种困境中解脱出来，舍弃一时的限制，舍弃传统的方式，不拘一格降人才，为人才找到最合适的位置，从更宏观的角度对问题进行分析和看待，并且能调动自己全部的实力去解决自己所遇到的问题。

亲疏远近是人性使然，传统秩序又是历史传承，但在管理之中，我们要能看到企业发展的长远利益，舍弃掉对这份秩序的遵从，要能突破这些限制，去客观看待自己所处的环境，去有效利用自己手中所拥有的人才资源，寻找可能的方式，为他们发挥才能提供最大的可能。只有这样，才能获取企业最有利的发展，才能彰显出一个管理者管理行为最为卓越的艺术性。

（四）对于特殊人才，领导要能特殊对待

俗话说“龙生九种，种种不同”。

嘲讽喜好冒险，人铸其像，置于殿角；囚牛性喜音乐，其形为胡琴琴杆上端的刻像；睚眦平生好杀，喜血腥之气，其形为刀柄上所刻之兽像；赑屃力大，可背负重物，即今刻在石碑下的石龟；此外还有椒图、螭吻、蒲牢、狻猊，都有不同的性格，在现实生活中，人们都赋予适合它们性格的不同职位。

正如人世间没有两片绝对相同的树叶，每个人的性格也不会相同，每个人都有不同的经历，有不同的认识，对于人情世故，都有自己的看法和态度，如果总是苛求统一，否认个体的差异性，对彼此双方都不会产生有利的结果。苛责于自己，无论如何努力，都不能到达自己心中所期望的统一，苛责于对方，感触是过分的苛责和人性的压抑。与其强求统一，不如将所有内容放任开来，展现出自己独特的一面，群体也因此获取更多的活力。

在管理当中，对于人才的管理和利用，更要注重每个员工自身所具备的特点，我们在强调管理的考核和统一的秩序的同时，作为一名有远见的领导者，更要能发现那些卓尔不群的员工身上所具备的潜质，甚至能发现一些普通员工身上所隐藏的内在特点。依据自己所发现的这些特点，要勇于突破框架限制，给他们发挥自己效用的空间，最终，一旦他们寻找到适合自己的角色，就可能发挥出常人所不能及的效用，而所有这一切却依赖于一个领导者的眼光与气魄。

一定要舍弃对员工不同的偏见，一定要舍弃对群体秩序的绝对维护，以包容的态度看待一些员工的个性与偏执内容，从中发现一些更为有利的契机，从而为企业发展寻求更为有力的推动。对于怪才的认识，是管理者的见解与事业眼光的一种展现，对于怪才的有效使用，更是管理者自身高超管理艺术的体现。

日本本田技术研究社，就以招收个性不同“怪才”而出名。

本田的职工一般分为两类，一类是“本田迷”，对本田车喜欢到入迷的程度，他们可以不计较工资待遇，只希望亲手研制、发明或参与制造本田车；另一种是性格古怪的人才，他们爱奇思异想，提不同意见，总有不同于常人思维的见解。

一次，招收人才时，对两名应征者取舍不定，向本田本人求助，本田宗一郎随口就回答道：“录用那个较不正常的人。”

公司用人理念在于，正常人的思维发展有限，“不正常”的人反而有不可限量的力量，往往会有惊人之举。

日本索尼公司也曾以用“怪才”而出名。

索尼计算机在市场非常落后，必须有自己全新的产品，按常规，正常研发至少需要两年时间。索尼公司领导做出出乎大家意料的决定，在企业内部公开招标，最终选择其中三位“怪才”。

尽管有人反映，他们自尊心太强，清高而不合群，点子太多，并不符合实际，但索尼管理者放手让他们“组阁”，课题、经费、时间、设备一切都由他们自己决定。

只用了半年时间，印有“索尼”商标的微型计算机就在市场出现，性价比高于同类产品，很快便占据了市场，取得优异的成绩。

“怪人”一般对问题都有自己的看法，并因此呈现出鲜明个性，因为他们的个性，因为他们对事物追求的过分苛责，显现他们有的爱苛求挑剔；有的是“麦秸火”脾气，有的内向深沉，不爱与人交流，但必须看到，在这些怪人“怪”的一面之后，却能为工作开展拓展出一条新的思路，为工作开展提供一种新的方式，最终能起到出奇制胜的效果。

当自己公司有怪人出现的时候，一定要留意，也许在他们的意识与思维之中，蕴藏着企业一个巨大的发展契机。

管理者要使用这些“怪人”，却必须有更开阔的胸襟与更卓识的远见。在见识上，这些怪人之所以不被人所理解，正是因为他超越了常人的思维与认识模式，要利用他们，首先就要认识到他们“怪”之所在，只有比怪人更“怪”，才能对他们进行完善驾驭。在理解到怪人之后，就要寻找最适合他们的工作机会与角色，给予其自信，发挥其能力，为企业发展提供推动。

韦尔奇一次听朋友说有一位“带人名将”，便前去拜访。

此人以擅长培育人才著名，在他的部门中全是一些被贴上“劣等生”标签的人，经过他再调教之后，大多数都能焕发出巨大的工作热情。

以被贴上“经常迟到”标签的人为例，“我会让那些常迟到的人，负责记录晨会内容。这是个相当重要的会议，无论如何，这能给那些爱迟到的人很大鼓舞。”

他没有忽视，或是惩罚那些爱迟到的人，而是对其寄托以更多重任，这人未必会因此而不迟到，但至少迟到的次数减少了一半，同时，他现在也乐于接纳他人建议。

在公司的管理当中，也许并没有那么多与世不同的怪才，并且他们提供给企业的机会非常有限，作为普通管理者，可能在工作当中会遇到性格各色的员工，对于这些员工的管理，我们一定不能进行绝对的排斥和否定；反之，要如这位“带人名将”一般，尊重员工的个性，在认可的基础上，进行平等的交流与沟通，寻找到改正对方不足的有效方式，并

寻求双方认可与协作的办法，最终取得良好的效果，也呈现自己管理的艺术。

面对不同的员工，对于领导开展管理工作也是一种挑战，作为一名优秀而老练的领导者，必须要以包容的精神来对待员工，对于特殊的人才，让他们在特殊的时刻，在特殊的岗位，发挥特殊的效用，对于那些有不同性格的员工，要能以引导的方式，使得他们的不足得到改善，在团体稳定的基础上，让他们发挥出自己独特的效用，而群体也能获得更好的效率，自身的管理职责也得以完善。

（五）不要忽视小人物，关键时刻也有“大”作用

人们可能总习惯于忽略一些问题的细小方面，投入更多的精力去注意问题的宏观把握与方向的寻找，这种倾向在中国人的性格当中尤其明显。殊不知，在我们日常生活中，需要进行宏观架构和方向选择，却也需要对事物每个细小环节的把握，返回现实之中，踏踏实实做好每一个环节。这是生活最应有的态度，也是做好工作最正确的方式。不过这种方式，对中国人“大气而不拘小节”的性格来说，也许是一个极大的挑战。

分析问题时，人们总会去寻求问题的主要方面，寻找主要矛盾，这也是人之常情，但是在情况没有那么严重，或是在我们的日常工作中，却需要更多将自己的注意力集中在问题的全面考虑和其中的细小环节之中，当考虑问题的环境发生改变，我们也要及时调整自己的思维方式与做事态度，这样才能保障自己的工作最终顺利而有效地完成。

管理之中，我们更不能忽视其中的一些细小工作，工作中的重要方面与重要内容固然关键，但其中细小环节衔接的内容也不可或缺，如果处理不好，就容易发展成为瓶颈问题，对工作开展形成阻碍。在管理当中，我们一定要有团体的意识，我们注重那些大人物的作用，他们的决策与判断可以决定企业生死。但小人物的作用也不可或缺，失去他们的影响，团队运转就会不灵，甚至陷入瘫痪之中，同时，这些小人物，在一些关键时刻，也可以发挥出惊人的能量，对企业发展起到巨大推动作用。

一天，小老鼠偷了猫咪一块奶酪，被猫咪追逐而四处逃窜。情急之下，钻进一个山洞。猫咪追到洞口，一看门牌上有老虎的标记，就主动放弃。

小老鼠躲在山洞里，看猫咪离开，松了一口气，不想一回头，却看见老虎站在身后。

“小老鼠，谁让你跑到我家来的，我要吃了你！”老虎张开了血盆大口。

小老鼠苦苦哀求：“老虎大王，我是无意的，我也是为了逃命，请你放了我吧。”

“看你可怜兮兮的，那么小，根本就不够我吃，快滚吧。”老虎不耐烦地说。

小老鼠离开了山洞，边走边说：“老虎，我以后一定会报答你的。”

老虎哈哈大笑，“一只小老鼠能做什么？我会需要你的帮助吗？”

一天，老虎在外面觅食，不小心落入猎人的猎网，他苦苦哀求其他动物的帮助，但没人理睬它，因为它们谁也不想得罪猎人。

小老鼠听说了，赶紧跑来，帮老虎咬开了网，救出了老虎。

当老虎向小老鼠致谢时，小老虎骄傲地说：“你以前认为我个头小，不会有报恩机会，现在你也许不这么想了吧。”

作为一个领导者，一定要有宽容的胸怀与远见的卓识，他看待员工，应当有一个平衡而全面的角度，他会尊重每一个员工，并认可他们的工作，即使他们力量微小，地位卑微，但他们也同样重要，他们的工作也不可或缺，只要他们都能够在自己岗位上完成自己的工作，并愿意为团队做出自己力所能及的最大贡献，那么企业的发展必然会处在良好的状态。

同时，在一些关键时刻，在一些细小的问题上，这些在我们平常眼里所谓的“小人物”，却能以自己的方式，发挥出关键的作用。

子发是楚国的一位将领，以招揽人才而出名，特别注重那些有一技之长的人。

一天，一个其貌不扬，但擅长偷窃的神偷，来拜访子发，“听说您招揽人才的盛名，虽然我是个小偷，但请您收留，我愿意为您当差。”

子发看到神偷满脸诚意，衣帽不整，就慌忙起身以礼相待，并待为上宾。

很多官员得知这件事后，极为不满，都来劝阻子发，“江山易改，本性难移。我们怎能信任他。”

子发不予辩解，只是说：“你们以后便知。”

适逢齐国进犯楚国，子发率军迎敌。交战三次，楚军三次败北。

这时，神偷来账前求见，“我有一办法，请信任我，让我去试试。”

在夜幕掩护下，神偷悄悄潜入齐营，将齐将首领的帷帐偷了出来，交给了子发。

第二天，子发派使者将睡帐送还给齐军主帅，并说：“我们士兵，在外出时，捡到您的帷帐，特地赶来奉还。”

齐军将领面面相觑，一时目瞪口呆。

接着，神偷又去偷了齐军主帅的枕头，头发簪子。

子发照样派人送还。

齐军心慌起来，纷纷议论："照这样下去的话，下次就怕是我们的人头啊。"

主帅惊骇地对幕僚们说："如果再不撤退，照这样下去，恐怕子发下次送还的就是我们的人头了。"于是，领兵撤退，齐军不战而胜。

子发向神偷致谢时，神偷感慨地说道："当初我来投奔您，您对我那么热情，我为您真心感动。暗中发誓要好好做人，争取为您效力。"

自此，大臣们也明白了子发当初的用意，纷纷表示赞服。

我们必须认识到，团队是一个紧密联系的机器，正是因为大家团结一致，才能有效运转，谁都不可或缺，大脑做出重要决策，但是需要每个肌肉、每个骨骼的支撑才能使决策得以执行。在我们的管理之中，一定要舍弃掉对大人物的片面注重，舍弃掉对小人物的过分忽略，以高超的平衡艺术，使自己的管理活动，在自己的运转之下，获得有效发展。

在团队中，上司一定不要轻视那些普通岗位的员工。天生我才必有用，也许某一天就会为一个人展示自身能力提供一个平台，高明的管理者善于从每个普通的员工身上发现、发掘、发挥他们有价值的一面，适当的时候发挥这些"逊色"员工的一技之长去做适合的事情，也许会取得出人意料的效果。

（六）能力比学历重要，发展又比能力重要

在我们普通人的认识中，一个人受教育的程度，决定一个人的知识素养，因此一个人的学历往往就成为众人对这个人的评断标准。

正是因为这样的认识，有些人具备了学历，就认为是万事大吉，不思上进，不再在自己的知识累积上有所进步，正是这样的认识，使有些人在学历面前，望而却步，不敢有所超越去探求个人知识的获取。最终因为学历的绝对，将社会知识也陷入一种静止的桎梏之中。

在社会之中，我们要能超越学历的限制，看到学历之后还要有能力的展现，这才是衡量一个人的标准，学历只是过往教育的一个证明，今天的环境中，更多需要自己展示出超人的魄力与实力，在实践中有一番作为，才是自己能力最好的证明。我们尊重学历，却从不迷信学历。

当今社会，人们对高学历越来越注重，很多单位在招聘时都以学历进行限制，本科生比比皆是，研究生也越来越多，但是高学历并不代表高能力，知识分子也未必是“能力分子”，因为这样的门槛，将许多优秀的人才拒之门外，企业也遭受无形的损失，因而选拔人才、提拔人才时一定要注重实践能力的考核，特别是对于一些实践操作性强的岗位，更应对员工操作进行全面考核，必要时刻，要能突破学历对员工的限制，只有这样，才能选拔到最为符合职位要求的人才。

作为一个优秀的领导者，在考核人才和选拔人才的过程中，更不应该局限于学历的外在限制，因为领导是要对企业的运营负责，而学历并不能保证所选拔的人才完全符合这样的岗位，在自己的管理工作中，要舍弃对学历的唯一依赖，要舍弃自身狭隘的单一认识。只有这样，才能获得企业所最需要的人才，为企业发展寻求到最为充沛的动力。

索尼公司能取得今天的成就，与创始人盛田昭夫的功劳密不可分。

盛田昭夫曾写过一本总结自己领导经验的书——《让学历见鬼去吧》。他在这本书中这样写道：“我想把公司所有的人事档案都烧毁，这样就可以在公司杜绝学历上产生的歧视。”他并且把这句话付诸实践，最终促使了一大批人才脱颖而出。

西武企业是日本的一个经营铁道、饭店、百货等服务行业的庞大企业组织。

西武创始人堤义明被松下幸之助誉为“日本服务第一人”，他的成功与独特的用人之道密不可分。

西武聘用新职员，大学毕业者和高中学历人员都有同等的竞争机会。他从不迷信一纸文凭的“学历信仰症”，在他手下，很多高层主管都没有很高学历，但却拥有学识、真诚和人格，同时，他并不反对聘用有学历、学识和教养的专家。

在西武，所有考试合格进入公司的职员，头三年都必须派到最普通的岗位上去当小杂工。这是一种最初阶段的考验。西武认为没有三年的基本磨炼，主管人员是不可能发现一大群下属职员中可以胜任艰难工作的好手。

从索尼和西武的用人之道中，我们可以看出它们对学历的一种突破，正是在这份突破之后，才为员工个人施展能力，拓展出一片空间。拥有高学历的人，必须要把自己降低到同一起跑线上，而没有高学历的人，也因此获得与他们进行角逐的机会，在这份平等之后，企业所获取的是员工能力与积极性的充分调动，人们不再静止地依赖学历，而是要靠实践工作去证明自己的能力与才华。

作为领导者，应该用正确的眼光去发现人才，并真正做到发挥人才的全部效用，学历是一个人的基本评判，但并不是衡量的最终标准，管理者不要被学历遮住了选拔人才的视野，更多地考核能力，就能获得更好的效果。

在对员工进行选拔的过程中，我们既要注重员工现在的工作能力，同时还要注重员工能力的不断提高，为员工的长远规划做好打算，只有这样，才能为企业的长远发展打下坚实基础。

一天，柯达公司的经理伊土曼开车经过坦勒公司经理家，他便顺便下车拜访。

不巧的是，经理正在接待两位年轻客人。

伊土曼示意经理不用招呼自己，便在旁边沙发中坐了下来。

一个年轻人对经理说："我们经过大量的试验，有关于改革彩色摄影技术的设想，这在以后肯定会收到很好的效益。"

经理显然并不在意，淡淡地说："这和我有什么关系呢？能告诉我今天来的目的吗？"

这个年轻人继续说道："是这样，我们计划进行深度研究，需要大量资金支持，希望贵公司有兴趣参与，帮我们提供资金。"

经理婉拒了他们，两个年轻人无奈摇头，只能起身离开。

伊土曼却急忙跟随他们到了屋外，"请留步，我是柯达公司经理伊土曼，对于你们刚才所说的研究非常感兴趣，不知道我们有没有机会合作？"

两个年轻人感到非常意外，便将相关情况进行详细介绍。

最后，伊土曼与他们签订了合约。3 年后，他们制造出了两色冲晒感光彩色底片，使彩色摄影技术取得关键性突破。不久后，柯达公司的五色感光彩色底片也问世了。

凭借着技术性的专利，柯达公司迅速占领了国内外市场，成为彩色底片市场的佼佼者。

对于企业的管理而言，卓越的人才，总是蕴藏有巨大的契机，而一个领导者是否具有这样的远见，又具有这样的把控，就成为对一个领导者管理水平评判的重要标准。

我们在人才的选拔当中不仅要注重员工今日的能力，还要能动态地去看待员工的发展，今日普通的员工，也许明日就会给企业带来巨大的推动，听听他们的意见，并提供给他们实现想法的空间，也许就会给企业带来意想不到的发展。

(七)舍弃疑虑,给人才充分施展的空间

人和人之间的信任,是最难获取的东西,要以阅历和经历才能铸就,人们谨慎地维护这份信任,经历磨炼与考验,才能更加牢固,最终这份细心呵护的信任,在关键时刻却能发挥出无穷效用。

今日社会形势多变,文化发生转变,生活方式不同于前,传统的人际关系也得到了极大的挑战,在这一变革的背景之下,总有许多恩怨发生于人们生活之中。人们曾经寄托以一份信任,人们今日又颠覆这一份信任,为这份信任感受失望,又希望能有新的所得。人们之间有更多的怀疑,离去了传统,人们又在逐步去建立全新的信任模式与方式。

管理之中,要获取一份信任显得更为艰难。因为双方有着更多的利益纠缠,如果选择不恰当,盲目对人寄托以信任,最后就会因为错信他人而给自己带来巨大损失,因此在选择寄托一份信任时,就应该有更多的甄选与考核,对于那些能力和人品都确定无疑的人选才是自己的最佳选择,他们也会给企业发展带来最大的推动。

对于人才的选择要谨慎,但是对于人才的使用,我们却一定要寄托以信任,并给其充分施展才华的空间。舍弃自身的疑虑,舍弃自身的狭隘,让对方在宽松的环境之中,充分发挥自己的才能,特别是对于那些有开创性工作的开展,这份信任与空间显得更为重要,一份期待之后,也许会带来惊人的效果。

1860年林肯入主白宫当选总统,决定任命萨蒙·蔡斯为财政部长。

当林肯公布这一想法,遭到许多人的反对,都认为林肯不应该这样。

林肯有些疑惑:"萨蒙·蔡斯是一个非常优秀的人,为什么要反对我接纳他呢?"

他们回答:"在私底下,他总认为他要比你伟大。"

林肯笑了,"哦,你们还知道有谁认为自己比我伟大,如果知道,都告诉我,我要把他们都收入内阁。"

事实证明,蔡斯是一个大能人,但也狂态十足,他想当总统,想当国务卿,都没有如愿。他时刻准备着把林肯"挤"下台。

林肯的朋友都劝说林肯,应该免去蔡斯的职务。

林肯笑着说:"我给你们讲一个关于马蝇的故事吧。"

有一次,我和我兄弟在老家犁玉米地,我吆马,他扶犁。这匹马很懒,但有一段时间它却跑得飞快，我都差点跟不上。

到了地头，我发现它身上叮有一只很大的马蝇，我随手打落。我兄弟责问我，为什么要打落它，就是这家伙才使马跑得快。

林肯这时意味深长地说："有一只叫'总统欲'的马蝇正叮着蔡斯，就让蔡斯和他的部下不停地跑，这样无论对他还是对我都是最好的！"

在大多数的情况下，一个领导者要是面对一个不懂得尊重自己的下属，还知道他在背后说自己的坏话，内心一定会想这是一个靠不住的家伙，我一定要想办法把他清除出自己的队伍，这样我们的团队才能在自己的领导之下，拥有统一秩序，而产生出更高的效率。

但是林肯并没有这样做，他所看重的是萨蒙·蔡斯身上所具备的才华，并且充分信任他，给予他充分施展才华的空间，结果也证明，他这样做都是值得的。而这也是林肯作为一个伟大管理者，拥有超人气魄与胆识的最好见证。

作为领导者，要从传统的方式与认识中解脱出来，从效益的角度对自己的管理工作进行衡量，而不能再局限于传统的秩序性维护。从企业效率这一角度出发，去真诚地寻找自己所需要的人才，尊重这些人才，并为这些人才发挥效用提供充足的空间，舍弃一些自我的顾虑，从更高角度去通盘看待管理工作，相信最终对于自己的工作无疑是巨大的推动。

公元前238年，秦始皇称秦王，实力充足，已准备消灭六国，一统天下。这时各国纷纷派间谍到秦国去做宾客。

秦国的大臣忧虑国家稳定，便对秦始皇进谏："来秦的各国客人，多数是为了他们自己国家的利益。请陛下发令，驱逐一切来客。"

于是，秦始皇下达了驱逐各国客人的逐客令。

李斯知道后，向秦始皇进书说："听说陛下发布逐客令，虽然是维护秦国利益，但这是错误的。"

"为什么呢？"秦始皇疑问。

"秦穆公求取贤人，从西方戎人请来了由余，从东方楚国请来百里奚，从宋国请来蹇叔，从晋国请来丕豹、公孙友。秦穆公重用五人，兼并二十余国，最终称霸。"李斯说道。

秦始皇点了点头，李斯接着说："秦孝公重用商鞅，实行新法；秦惠王利用张仪计谋，拆散六国联合;秦昭王得到范雎,蚕食诸侯,确立一番帝业。”

“陛下,四代先王都是任用客卿才得以使秦国能展宏图霸业。这些人大多不是秦国的人,但却有着不可替代的贡献,他们也都愿忠于秦国。现在陛下下了逐客令,这些客卿们也就不得不离开秦国,这正是把武器借给敌人,把粮食送给他国,长久之后,国家肯定危险。”

最终,秦始皇听从李斯意见,废除了逐客令,广纳贤才,历史上著名的尉缭、王绾、王翦、王贲、蒙武、蒙恬、顿弱、姚贯等人都会聚到秦国,为秦始皇消灭六国、一统天下立下了汗马功劳。

秦始皇起初的怀疑是合情合理的,作为自己即将征伐国家的百姓,不能进行信任,这正是正常人的考虑方式,但正如李斯所考虑的一样,在逐客令所驱逐的客人中,必然会有很多对自己有利的人。在自己的怀疑中,可能会遗失很多人才,会让他们发挥不到这份效用。李斯正是认识到问题的这一方面,所以提出废除逐客令的建议,并且最终为秦始皇所采纳。设想,如果秦始皇没有废除逐客令的话,那么可能就没有后来会聚而来的人才,也就不会有一统天下霸业的实现。

作为一个优秀的领导者,他考虑问题必须是全面而细致的,也许对于一个问题的忽略,就可能丧失自身发展的有利机会,对于人才的使用,我们要能看到他们发挥效用给自身带来的有利影响,并尽可能去寻找这些人才,发挥他们的效用,为自己事业开展提供支持,这也才是一个领导者自身职责最好的承担。

(八)善任能免,才能算管理人才策略完整

正如人生有相遇与离别一般,我们欢喜于彼此的偶然相遇,却总是悲伤明日不可回避的离别,因为这种不舍,我们久久怀念,我们尽力挽留,但最终明白所有的强求已经没有最初的效用。我们相遇,我们也会离别,我们欢喜,却也会感受悲伤,正如生死才能构成人生最完整的过程,一切平常看待,才能使我们的人生更为完美。

在管理之中,作为一个领导者,必须要有任用人才的魄力。

对于卓越的人才,我们要尽力挽留,对于挽留的人才,我们要能提供给其充分施展才华的空间,要突破吸引人才和任用人才的限制,不能按部就班,局限于论资排辈的传统模式,要敢于以自己的方式去寻找人才并使用人才,为企业发展提供最强大的动力,也以此

体现出一个领导者所应有的果断与气魄。

在管理之中,我们同时还要有免职的果断。

传统文化之中,人们总是讲求面子,认为一个人的离去是不可接受的,无论是对个人还是集体,这种情况在传统国有企业中表现得更为明显。正是这种对于免职的缺乏,却可以产生消极的工作情绪,最终企业内部缺少生命力,而不得不走上破产的边缘。作为一名果断的领导者,一定要看到这一做法的消极影响,有效引入竞争机制,优胜劣汰,激发员工发挥出最为有效的作用,也为企业挽留下最为合格的人才。

在人才的任用中,我们要舍弃牵绊,不为世俗的眼光所限制,在人才的免职中,我们又舍弃自己的优柔寡断,展现出一种果断,只有这样,才能寻找到最合理的人才,并挽留他们,只有这样才能使我们人才使用策略得到完善,也彰显出自己极高的驾驭人才的能力。

忽必烈是一位杰出帝王,他在用人上就能慧眼识才,唯才是用,不为世俗所限。他让18岁的安童担任丞相就是一个最好的例证。

安童,是元初"开国四杰"之首木华黎的孙子,虽为名门,却从不倚靠祖辈荫庇,同其他孩子一样勤奋学习,并且展现出与众不同的成熟和稳重。

安童16岁时,元世祖与阿里不哥争夺王位得胜,拘捕了党羽千余人,世祖问安童:"我想将这些人杀掉,以绝后患,你认为怎样?"

安童说:"各为其主,跟随阿里不哥也是身不由己,陛下现在刚刚登上王位,这样做只是泄私愤,又怎能让天下人诚心归附?"

元世祖非常惊讶:"你这么小年纪,就知道这道理,实为不易,其实,我也只是随便说说。"

过了两年,安童18岁,元世祖认为安童处世练达,办事果断,为人稳重,足智多谋,决定破格提拔为右丞相。

安童知道后推辞道:"大元现在已安定三方,但江南尚未归顺,臣年少资轻。还请陛下另请高明。"

元世祖主意已定,毫不动摇。

用一个18的年轻人为丞相,在大一统的王朝中,是绝无仅有的,也招来朝廷上下的一片非议。

元世祖回复这些人说："如果按资论辈，要等到安童三四十岁，甚至更老，才能任用他，让他为我效力。那时安童必定锐气全无，才思迟钝，这是对人才的扼杀，更使大元伟业失去了一个强有力支柱。"

元五年，有几位权臣想削夺安童的实权，元世祖把这件事交给大臣讨论，最后说："安童是国之柱石，若为三公，实际上是夺了实权，这样的做法我不同意。"

最终，安童一直身居要职，直到49岁因病去世，为元世祖效力31年，为元初国家的稳定和繁荣做出了巨大贡献。

能够成就伟业的人，必然有着超乎常人的眼光和魄力，他们对人才的选拔与任用，必然有超乎常人的规则，而那些所谓的人才选拔与任用的秩序与规则，其实本身也只是历史上用人制度的一个重复。对于那些有开创性的工作而言，它们是没有效用的，这一套僵化的东西必然会被那些最有气魄的领导者所颠覆。作为一个优秀而卓越的领导者，要能对时事进行最为敏锐地看待和把握，这样才能促使自己去寻找最为合理的管理方式。

麦科马克是美国管理公司的老板，他对解聘员工就有自己独到的见解。

有一次，他无意中发现一个员工打算跳槽，并且计划将客户档案、情报等东西全部带走。

麦科马克想解雇他，但担心会遭受报复。

最后，麦科马克派这名员工到外地出差。

当员工离开后，公司将所有的锁通通换新，档案和记录全部拿走。

当这个员工出差回来后，麦科马克请他走人。

有些人对麦科马克说："你的办法，有些残酷。"

麦科马克严肃地回答："一个苹果坏了，会很容易感染到其他苹果。我清除掉坏苹果，是为了保住更多苹果。"

故事的情形有些绝对，不过却能反映现实的真实情况，企业里总会有一些害群之马，就像烂苹果一样，能将恶性扩散出去，作为领导者，我们应该及时发现这种趋向，并寻找方式，制止这一趋势的恶化。我们也许不需要像故事中讲述的这样绝对，但我们必须思考，企业应该有效引入竞争，实现优胜劣汰，对于那些能力卓越的人进行认可和奖励，对那些能力不足的人要施加改进和学习的压力，这样才能不断进步，企业也获得最好发展。最终，对于那些确实不符合职位的那些员工，我们可能最后只能请他们离开。

人才是企业的根本，是企业中最有竞争力，并且不可复制的宝贵资源，对人才的寻找和任用，则可以彰显出一个领导者所具有的水准和驾驭能力。在人才的使用中，我们必须认识到他们的重要性，舍弃表象，看到内在的品质，舍弃自己的亲疏判断，为人才发挥寻找到最适合的位置，能够从全面的角度去看待人才，考核人才，并给他们工作开展提供最大的支持与信任，最终通过优胜劣汰，还要请那些不合格的人才退场。只有这样才能保证企业能够有效获取人才，并充分发挥其作用，企业才能获得最为有利的发展。

君臣魚水
諸葛亮
關羽
張飛
漢昭烈

君臣鱼水①

【历史背景】

诸葛亮，字孔明，琅邪阳都人，后至荆州隐居于隆中，常自比管仲、乐毅，躬耕于陇亩之上。他虽有安邦定国之才，却不肯轻易走入仕途，因而被称为“卧龙”。建安十二年，寄居在刘表辖境内的刘备，正在思贤若渴、网罗人才的时候，有人向他推荐诸葛亮，刘的谋士徐庶也说诸葛亮是个了不起的人才。刘备一听很高兴，说：“你把他带来见我。”徐庶说：“此人只能你去见他，他不会来见你。将军你还是屈驾去见他吧。”

后来，刘备“三顾茅庐”才见到诸葛亮。为了请教诸葛亮，刘备屏退随从，说：“汉朝已经衰落瓦解，现在奸臣专权窃命，皇上蒙难出奔。我不度德量力，想伸张大义于天下。但我才智短浅，以致一败涂地，弄到今天如此地步。然而我的志气尚未消沉，希望有所作为，可是下一步怎么走才好呢？”

诸葛亮听完刘备的话，加上他认为刘备三顾茅庐，有礼贤下士的诚意，因此便将自己对时局的精辟分析和盘托出。他首先为刘备分析了敌、友、我三方的形势。敌人——曹操，知人善任，兵多将广，挟天子以令诸侯，占有绝对优势，暂时不能与他抗衡。盟友——孙权，割据江东已历三代，地理位置险要，民心归附，贤才也多为孙氏效力，这股势力可以暂时结为盟友而不能图取。在上述两大势力之外，有两个薄弱环节——刘表、刘璋，他们占据地势险要、物产丰富的荆州、益州，却因自己的昏庸懦弱而不能好好地利用这些条件，那里的贤才正希望英明的君主去接管。这是上天赐给将军的良机，你如果能据有这两块地方，扼守险要关口，西和诸戎，南抚夷越，东联孙权，内修政理，当天下有变时，命令一个上将领荆州之军指向宛、洛，将军亲自统率益州军队出击秦岭以北，老百姓肯定会箪食壶浆迎接您。诚能如此，则霸业可成，汉朝也就可以复兴了。

诸葛亮也用事实证明了自己是一个非凡的人物。刘备只有找到他，才找到了自己的出路。仅仅一年时间，刘备便与孙权联军，在赤壁大破曹操，先后取得荆州、益州，形成了三国鼎立的局面。

刘备为帝业而能屈驾三顾茅庐，并排除来自亲密战友的离间、反对，把自己同诸葛亮的关系比作鱼与水的关系，这表明他自己——这位蜀汉政权的建立者确实是一个难得的君主。

【原文】

三国史纪：诸葛亮[2]隐于襄阳隆中，有王霸大略，刘先主[3]闻其名，亲驾顾之，凡三往，乃得见。亮因说先主以拒曹操[4]，取荆州[5]，据巴蜀[6]之策。先主深纳其言，情好日密，关羽、张飞[7]不悦，先主解之曰："孤之有孔明，犹鱼之有水也，愿诸君勿复言。"

【张居正解】

三国史上记，诸葛亮初隐居于襄阳之隆中地方，有兴王定霸的才略，不肯出仕，人称他为卧龙。蜀先主刘备闻其名，乃亲自枉驾去见他，凡去三次，才得相见。亮以道自重，本不求仕进，见先王屈尊重道，诚意恳切如此，心怀感激，遂委质为臣，因说先主以拒曹操、取荆州、据巴蜀的计策，先主以这计策甚善，深纳其言，与他相处，情好日益亲密。当时先主有两个结义的兄弟，叫作关羽、张飞，见先主一旦与亮这等亲密，心中不喜，先主劝解说："孤之有孔明，如鱼之有水一般，鱼非水，无以遂其生，我非孔明，无以成帝业，诸君既与我同心要兴复汉室，不可不亲厚此人也。愿诸君勿再以为言。"夫先主信任孔明，虽平日极相厚如关、张，亦离间他不得如此，故孔明得展其才，结吴拒魏取蜀，当汉祚衰微之时，成三分鼎立之势，其后又于白帝托孤[8]辅佐后主。观其前后出师表[9]，千古读之，使人垂涕。盖其心诚感激先主之恩遇，故鞠躬尽瘁而不辞也。后世称君臣之间相亲相信者，必以鱼水为比，盖本诸此云。

【注释】

①此篇出自《三国志·蜀书·诸葛亮传》。记述刘备三顾茅庐，得诸葛亮后事业有很大发展。君臣互相信任、如鱼得水的故事。

②诸葛亮（181～234），字孔明，三国琅邪阳郡（今山东沂南南）人，隐居于襄阳隆中（今湖北襄阳西北），号称卧龙。刘备聘请后，帮助刘备建立了蜀汉政权。

③刘先主：即刘备（161～223），字玄德，河北涿郡（今河北涿州市）人，三国蜀汉的创立者。刘备死后，臣下称其为先主。

④曹操（155～220）：字孟德，沛国谯人（今安徽亳县）。魏的创立者，建安十三年（208）赤壁之战被孙权与刘备击败。死后被其子曹丕谥为武帝。

⑤荆州：东汉十二州之一。刘表为荆州牧，治所在今湖北襄阳。

⑥巴蜀：巴郡与蜀郡，今四川全境，东汉时称益州。东汉末年，刘璋为益州牧，治所在今成都。

⑦关羽（？～219）、张飞（？～221）：蜀汉大将。关羽，字云长，河东解县（今山西临猗西南）人；张飞，字翼德，涿郡（今河北涿州市）人：均随刘备起兵，感情至密，亲如兄弟。

⑧白帝托孤：彰武三年（223）刘备在白帝城（今四川奉节县东北）临死时，以遗子刘禅托付诸葛亮辅佐。

⑨前后出师表：指诸葛亮于建兴五年（227）出兵汉中北伐曹魏时的《前出师表》与建兴六年（228）的《后出师表》两文。为诸葛亮出师前对后主刘禅的谏言。

【译文】

三国史书上记载：诸葛亮隐居于襄阳隆中时，有兴王定霸的才略，先主刘备听到他的名声，亲自去见他，凡去三次，才见到他。诸葛亮便对刘备讲述了抗拒曹操、夺取荆州、进据四川的策略，刘备完全听从了他的意见，感情日益亲密，关羽、张飞对此很不高兴，刘备解释说："我之有孔明，好像鱼得了水一样，希望诸位以后不要再这样讲。"

【评议】

历史上刘备三顾茅庐求取优秀人才诸葛亮的故事可谓是家喻户晓，也正是因为刘备听从并且信任诸葛亮，从而在东汉末年那样一个群雄争霸的时代建立强大的蜀国，令天下形成三国鼎立的局面。刘备求贤若渴、尊重人才才最终成就了自己的事业。刘备和诸葛亮可以说是古代君臣关系良好的楷模。诸葛亮作为臣下富有远见，一直为刘备的事业做着长远的打算，真正做到了自己所说的“鞠躬尽瘁，死而后已”；刘备作为君主能够礼贤下士，对诸葛亮委以重任，而且极其信任，敬重有加，凡事都要与军师诸葛亮商议，甚至逝世之前托孤于他，诸葛亮在刘备那里得到的是坚定不移的信任。历史上的关羽和张飞都是一代名将，同时也是忠义的代表，但是在这个故事当中，我们却看到了这两位将军的“小气”，他们只看到了自己与刘备的手足之情，而认为刘备亲近了诸葛亮，就会疏远他们。显然，在这里他们的眼界与想法是狭隘的，所以才多次在刘备面前非难诸葛亮。但是刘备不愧为一代明主，明辨是非，不但没有接受他们的说法，还批评了他们，化解了其中产生的误会，为以后他们与诸葛亮的关系改善进行了很好的铺垫，也为诸葛亮施展自己的才华打开了广阔的空间。

【拓展阅读】

汉昭烈帝

章武元年(221年)，刘备追谥刘协为孝愍皇帝，乃于成都继承汉室称帝，立国号为“汉”(史称蜀汉)，年号“章武”，任诸葛亮为丞相，许靖为司徒。设置百官，建立宗庙祭祀汉高祖等先帝，蜀汉政权正式建立。

桃园结义

刘备，涿县(今河北省涿州市)人，汉中山靖王刘胜的后代。父亲早死，家境贫寒，与母亲依赖贩草鞋、织草席度日。他不喜欢读书，爱养狗、养马，喜欢音乐和修饰外表，又喜欢结交豪杰。他在当地富户的资助下，趁军阀混战之机招兵买马，结识了前来应募的两个壮士关羽、张飞。刘备见两人武艺高强，又和他志同道合，就引为心腹。三人亲如同胞手足，还在桃园结拜为异姓兄弟，发誓要同生共死，干一番事业。

三顾茅庐

刘备起兵后，因参与镇压黄巾起义有功，被封为安喜尉。不久投靠公孙瓒，代领豫、徐两州牧。由于力量弱小,先后依附于曹操、袁绍、刘表,辗转寄人篱下。他感到要独树一帜,打开局面,必须聘用人才。他打听到南阳卧龙岗(今河南省南阳市西南)有位杰出的人才,叫诸葛亮,时隐居在隆中(今湖北襄樊市襄阳区西),十分高兴,带着关、张两人去请他出山辅佐。诸葛亮起初不想出山,闻知刘备要来,一再躲避。刘备连着扑空两次,并不泄气,第三次再登门拜访,诸葛亮终于被他感动,接待了他。

刘备向诸葛亮陈述了自己的志向,恳切地表示自己无能力开创局面,请他指教。诸葛亮就侃侃而谈,分析天下大势,认为北方已被曹操统一,曹操正在准备南下;江东又已被孙权占据,立足已稳;只有物产丰富的军事重地荆州和益州因为它们的割据者无能,可以去占领。然后联合孙权,整顿内政,巩固地盘,伺机出兵,攻击曹操。这才有可能争夺天下,复兴汉朝。刘备听了这一番精辟的分析,十分高兴,恳请诸葛亮帮助他争夺天下。诸葛亮见他如此热情诚恳,就随刘备出山,这就是历史上有名的"三顾茅庐"故事,诸葛亮的那番见解,被称为"隆中对",成为日后刘备争夺天下的基本战略方针。

刘备称帝

刘备在诸葛亮的谋划下,主动结好孙权,合力于赤壁击败曹操,并乘机进占荆州。不久又引兵夺取益州和汉中,自立为汉中王。公元220年四月,曹丕称帝。221年,刘备也称帝,国号"汉",定都成都,建年号为"章武"。史称蜀汉或蜀。刘备称帝后,依照诸葛亮的主张,着力整顿内政,实行法治,使蜀中初步安定。公元219年,关羽被东吴攻杀后,刘备不听诸葛亮的劝阻,执意亲自率领大军进攻东吴。在夷陵(今湖北省宜昌市境内)之战中,被东吴统帅陆逊用火攻击败,逃到白帝城(今重庆市奉节县东),蜀军几乎全军覆没。刘备又悔又恨而病倒。公元223年四月,刘备病重,忙命诏丞相诸葛亮、尚书令李严等赶来白帝城,嘱托后事。他对诸葛亮说:"你的才能高过曹丕十倍,一定能安邦定国,成就大业。我的儿子阿斗,你如果认为可以辅助,就辅助他;如果认为不能辅助,你就自己称帝吧!"

诸葛亮听了,急忙哭拜在地,表示一定忠于刘氏父子。刘备便命令李严起草遗诏,传位于刘禅。然后将刘禅兄弟叫进卧室,叮咛说:"我死以后,你们一定要像伺候父亲一样伺候丞相。"又叮嘱翊军将军赵云尽心辅佐嗣君。说完,他又长叹了一声。癸巳日,刘备病死于白帝城。

【镜鉴】

一、贤如管鲍最倾心

——重情重义

真正的朋友，应该是志同道合、情投意合、不谋而合，有管鲍之情，桃园之义，更要有伯牙子期之相知。话不一定投机，不一定都是"英雄所见略同"，却心心相印。行不一定同步，不一定"常合吾意"，却志同道合。

古往今来，人们视"高朋满座""胜友如云"为极大的盛事、无上的荣耀和永恒的瞬间。"悲莫悲兮生别离，乐莫乐兮新相知"，——屈原把离别视为最大的悲伤，把结识知心朋友视为最大的快乐。

友谊是感情的凝结，是心音的交流，是经过岁月洗礼的真金，是精神世界的财富。古希腊诗人荷马说："真正的朋友是一个灵魂寓于两个身体，两个灵魂只有一个思想，两颗心的跳动是一致的。"

从历史到今天，称得上真正的朋友并不多，至于知己就更少了，如同沙里淘金。管仲与鲍叔牙的友情建立在互相了解、互相信任基础之上，穷达不移，感人至深，可谓朋友之交的典范！

管仲感慨地说："我曾经3次出仕，3次遭罢免，鲍叔牙并不认为我无才，知道我时运还没到。我曾经3次参加战斗，3次开了小差，鲍叔牙不认为我是胆小鬼，知道我怕老母亲老来无依无靠。公子纠在政治斗争中失败，召忽为此自杀，我被囚禁受辱，鲍叔牙不认为我没有廉耻，知道我不羞小节而以功名未成为大耻。——生我的人是父母，了解我个人的是您鲍叔牙啊！"

《史记·管晏列传》对管仲的传记，主要笔墨写管仲与鲍叔牙的友谊。鲍叔牙宽容管仲的缺点，理解管仲的难处，深信管仲的才能，关键时刻鼎力相助，力荐管仲为宰相，自己甘居其下，体现了无私的友谊和爱才让贤的品德。管仲为相，鲍叔牙反而在下位，这种以国家利益为重的精神，表现了鲍叔牙是一位纯粹的人，没有一点私心，甚至牺牲自己来成全管仲。故管仲叹服道："生我者父母，知我者鲍子。"柳亚子诗曰："最难鲍叔能知管，倘用夷吾定霸齐。”

感慨于斯，本书作者诗曰：

今古建功多苦辛，人生难得遇真诚。
直钩渭水识姜尚，贤圣鲍叔荐管公。
伯乐从来择骏马，忠良总有报国情。
常思祖逖勤起舞，热盼故园更兴隆。

多与贤能之友交往，犹如进入芝兰芬芳的房室，时间久了反而闻不到其香味，是因为自己与花香融为一体了，可谓同室芝兰日自芳。友人的一言一笑，一举一动，天长日久，就产生了潜移默化、耳濡目染的效应。多交贤能之友，就会受到良好的道德熏陶和知识启迪。正如《颜氏家训》所言，交了好友，“久而自芳”，交了坏友，“久而自臭”。

《墨子》一书中说：“染于苍则苍，染于黄则黄，所入者变，其色亦变。”如果经常与品行恶劣的人接触，就会受到感染，意志便开始消沉，生活便开始堕落。许多人正是葬送在这些“朋友”之手。

“益者三友，损者三友。友直，友谅，友多闻，益矣。友便辟，友善柔，友便佞，损矣”（《论语·季氏》）。——有益的朋友有3种，有害的朋友也有3种。同正直的人交友，同信实的人交友，同见识广博的人交友，会有益处的。结交脾气暴躁的人，结交优柔寡断的人，结交谄媚逢迎的人，会受到损害的。

交友必须“精选”，选择那些真诚宽厚、知识渊博的人，能互相帮助，共同提高；“筛”掉那些带有某种功利目的的人，如以权势相交、以利益相交的人。如果以为在一起饮酒吃饭，就视为好朋友，往往靠不住。隋代王通说：“君子先择而后交，故寡忧；小人先交而后择，故多怨。”

明代名人杨继盛训谕他的两个儿子：“拣着老成忠厚、肯读书、肯学好的人，你就与他肝胆相交，语言必相逐，日与他相处，你自然成个好人，不入下流也。”

曾国藩对儿子纪泽说：“择交是第一要事，须择志趣远大者。”他说：“交友贵专一，宁缺毋滥。”一生之成败，皆关乎朋友之贤否，不可不慎也。

交朋友之前，必须先了解了解，考查对方的品德。克雷洛夫曾经告诫人们：“选择朋友一定要谨慎！地道的自私自利，会戴上友谊的假面具，却又设好陷阱来坑你。”交上坏朋友，犹如雪入墨池，虽融为水，其色愈污。

交朋友要慎重,“泛交不如寡交”。邓小平说:“朋友要交,但心中要有数。”对所交往的人要有判断力,谁是真正的朋友,谁不是真正的朋友,心里应当有杆秤。千万不可什么人都敢交,什么愿都敢许,什么事都敢做。

交友太广,来之不拒,不分良莠,不仅浪费精力,往往多生是非。品德高尚的人交朋友,先加选择,然后再交往;小人却不同,一见如故,显得异常亲热,然后才去选择自己所需要的人。

领导干部在工作圈、生活圈、社交圈中,也食人间烟火,但由于身份不同,交际面宽,尤其须谨慎交友。和什么人交往,怎么交往,交往到什么程度,一定要把握“度”。有的领导干部还没有摒弃庸俗之气、市侩之气,还没有净化自己的“生活圈”“社交圈”,哥们义气超过了党的原则,傍大款、靠老板,最终吃了大亏。

所谓“傍大款”,其实质就是权钱交易,一方看中的是大款口袋里的钱,另一方看中的是领导干部手中的权,互相利用。如果交友不慎重,一些别有用心的人就会用“友情”这张牌,拉关系、套近乎、请客送礼、称兄道弟,进而靠近你、拉拢你、腐蚀你,把你拖下水。

由此观之,领导干部交友必须有一定的政治标准和道德标准,有所选择,择善而交。不能不分对象,不辨良莠,什么人都交,什么人都敢交(包括交不法商人)。有的喜欢听好话,喜欢别人吹捧,与溜须拍马的人交朋友;有的贪图享乐,与大款交朋友;有的喜欢所谓的“江湖义气”,与混混交朋友;有的沉溺于灯红酒绿,流连于声色犬马,与风尘女子交朋友。交上坏的朋友,那种庸俗、低级的关系,轻者使你意志消沉、精神萎靡,重者使你违法乱纪,最终栽倒在“朋友”设置的陷阱里。

沈阳市财政局一名领导干部入狱后懊悔道:“总结来总结去总结出一句话,就是铁哥们儿把铁哥们儿送进铁笼子。”因此交友要交往有度,保持距离,不忘原则,不靠权术交友。如果志不同,道不合,情不诚,算不得朋友,不如不交。

“天广地阔择洁而居,人海茫茫择善而交,众说纷纭择理而从”。清代著名学者包世臣自题:“喜有两眼明,多交益友;恨无十年暇,尽读奇书。”周恩来说过:“与有肝胆人共事,从无字句处读书。”当今社会,交友已成为工作生活中不可或缺的内容。领导干部交友,不是个人交际范畴的小事,必须谨慎对待,自觉做到门无杂宾。应多同普通群众交朋友,多同基层干部交朋友,多同先进模范交朋友,多同专家学者交朋友。那些与己志向相投、道义相同、敢于直言、善于提出批评意见的同志是值得交往、可以信赖的朋友。

许多事实反复提醒我们，那些想方设法巴结你、讨好你、满足你，不断用恩惠拉拢、腐蚀你的人，根本就不是你的朋友。在交友问题上，领导干部一定要有警惕性。如果交友不慎，被表面现象所蒙蔽，为各种诱惑所动摇，就会带来不良后果。

交友是给人以好处，而不是从别人那里得到好处。"只交上而不交下"，攀龙附凤，"眼皮只顾往上翻"，是市侩的交友法，与做人、处世的起码道德格格不入。

王安石有个好朋友叫孙少述，素来交情很深。王安石曾以诗相赠："应须一曲千回首，西去论心更几人？"引为知己。但当王安石当了宰相后，孙少述却一直不与他往来。后来，王安石变法失败，丢掉了宰相职务，到地方做小官，这时孙少述又对他热情相待，彼此畅谈经学，直到暮色苍茫，方才依依惜别。

交友不宜交"可以共荣华、不能共患难"的人；也不宜交那种口头上说"苟富贵，勿相忘"，但真的富贵了，升官了，就发生"突变"的人。不宜交谄媚拍马的人，酒肉朋友也不是真朋友。《增广贤文》说："有茶有酒多兄弟，急难何曾见一人！"

《伊索寓言》中有一则"旅人与熊"的故事：两个朋友在旅途中遇到一只熊，一个抢先爬到一棵树上躲起来；另一个无路可走，倒在地上装死。因为熊是不吃死尸的，熊嗅了嗅走开了。树上那个人下来问，熊在他耳边讲了什么。树下的人回答："熊给我一个忠告：'对于在危险面前把你抛弃了的朋友，决不可与他一同旅行！'"

同朋友相处，须有宽厚、慈爱、甘做人梯等美德，如此，友情的源泉必然生生不息。交友需要一颗"清纯"的心，宽厚、和气、大度。有道是：金钱容易得，知己却难求。不要因自己一时疏忽，让好友变成陌生人。

至清的水没有鱼鳖，求全的人没有朋友。《母训诫子》说："汝与朋友相处，只取其长，勿计其短。如遇刚鲠人，须耐他戾气；遇俊逸人，须耐他罔气；遇朴厚人，须耐他滞气；遇佻达人，须耐他浮气。"

对对方应表示自己的兴趣和关心，肯定对方的优点和成绩，学习人家的长处，重视人家的自尊，并尽量帮助他们，没有过分的要求。"投之以桃，报之以李"。那些总为对方着想、甘愿自己吃亏、不扫人家的兴、谦让而豁达的人，总能赢得很多朋友，常常门庭若市，高朋满座。

与人相识相处，本来就是一种难得的缘分，只要能合得来，在一起很开心，就不必计较自己付出太多而得到太少，宁可人负我，而我不能负人！一个人如果只顾自己，处世圆滑，心机过多，心房封闭，如果妄自尊大，总是咬尖，小看别人，哪会有吸引他人的磁力呢？怎么会受到朋友的欢迎呢？怎么能交下朋友呢？

歌德比席勒年长10岁，先于席勒名扬天下。席勒21岁时以剧作《强盗》一举成名，接着又写出《阴谋与爱情》，成为名气很大的青年悲剧作家。文人难免相轻，两人相处不如从前那样自如了。不过，歌德毕竟有胸怀，钦佩席勒的长处，决心追上年轻人。5年之后，他与席勒重新相会，并以诚挚的心灵开始深交。他对席勒说："你给了我第二次青春，使我作为诗人复活了。"以后，两人多次在写作上亲密合作，成为终身好友，死后还同葬在一起。

"交贤方汲汲，友直每偲偲"。（白居易）交友需要用真诚去播种，用热情去灌溉，用原则去培养，用谅解去护理。这样做，"连最爱嘲笑人生的人，都会像阳光下的花朵一样吐露芬芳"。（戴尔·卡耐基）

朋友之间要保持一定距离。距离产生魅力，距离提高威信，倒是一个"相对真理"。人们都希望自己能和上司走近一点，但又不想看到别人也走近或者比自己走得更近。其实，太近了并不好，太近了会出现"碰撞"，得不到尊重，甚至彼此伤害；也容易让别人说闲话，容易让上司误解，认定你在搞小圈子。

如果在单位形成一个无形的圈子，圈内的人会觉得自己受宠，于是忠心耿耿为上司工作，但圈外多数人就会觉得自己被疏远，心情不愉悦，就会觉得公司的好坏与自己无关，只是"打工"而已。

有的领导干部不善于调整距离，与部属交往失度失控，不讲原则，不讲是非，热衷于交得"铁"哥们儿义气，结果形成"小圈子""小宗派"，甚至权钱交易、权色交易，做出蠢事来，落得不好的名声。

英国谚语说："朋友间保持一定距离，能使友谊长青。"美学家说："距离产生美"。距离凝聚了力，升华了爱，彰显出"变短暂为永恒"的神奇。距离美是永恒的美。"与朋友交，久而敬之"。敬也有保持一点距离之意。

上下级关系的亲密、融洽要有个"度"。美国心理学家爱德华·赫尔对于人际关系的距离，提出"距离法则"，是根据每个人具有的生理和心理界限总结出来的：父子、夫妇、亲友等距离为"紧连距离"=15~45cm；熟悉的人们之间的距离为"个体距离"=45~120era；没有个人关系，但有业务关系的距离为"社会距离"=120~360cm；与陌生人的距离为"公众距离”=360cm以上。

这种生理、心理之间的距离产生魅力。如果距离太近，看得太清，容易被看轻，出现互相不尊重，有时很被动。上下级关系的距离应该属于个体距离或者社会距离，最好是个体距离。这就是上下级关系的亲密“度”。

有一个寓言故事——《豪猪的哲学》，说的是一群豪猪，身上长满尖利的刺，大家挤在一起取暖过冬。一旦凑近了尖利的刺就彼此扎着身体，于是开始疏离；离得远了，大家又觉得寒冷。经过多次磨合，豪猪们找到一个恰到好处的距离：在彼此不伤害的前提下，保持着群体的温暖。

等距外交，就是不偏不倚、不远不近、不亲不疏、不友不敌，尽量与别人保持一定的距离，不盲目建立超乎工作的友谊，不给人留下厚此薄彼的印象，使自己保持在一种灵活机动的位置上。

等距外交可以使你避免陷入帮派争斗，免受其害；使你具有灵活性。你可以根据自己的目标要求随时调整自己与他人的交际距离。

在通常情况下，若即若离，似亲似疏，保持一定距离的交往，会使人与人之间彼此尊重，增进友谊，会使人际关系正常发展。

与朋友交谈，也不可无话不说，语言要有分寸，多传好话，不传坏话，不陷入是非之中。该花费一点时，要慷慨些，不要像葛朗台那样吝啬哟！

“人生结交在终始，莫为升沉中路分”。能做到这一点，毕竟不太多。朋友不像父子兄弟是无可选择的永久关系，往往是有聚有散、可合可分的。由于种种原因，当友谊无法继续维持的时候，要好合好散，互相道一声：珍重！

二、多交一些良师益友，可以让你少走弯路

良师益友在你的生命中会发挥很大的作用。良师益友可以向你传授毕生所学的知识和智慧，可以锻造你的人格，可以帮你指点错误，改正缺点，使你少走弯路，进步得更快。在现实生活中，你会发现，那些真正成功的大部分人会将他们的成功归功于某位良师或益友。每个人的智慧和知识结构都是不一样的，每个人身上都有你可以学习的地方。

(一)用真心换来真人脉——四两拨千斤的“情感投资”

如今的社会,人脉对一个人的成功起着至关重要的作用。人脉即财脉,拥有更广的人脉,意味着你拥有更多的机会,拥有更多的信息资源,拥有更多的选择。所以,想要成功,就必须积累人脉。而人脉,都是需要用真心去换取和维持的。

人脉是需要逐渐积累的,并不能一蹴而就。茫茫人海,与你擦肩而过的人很多。这些擦肩而过的人中,也许有与你志趣相投的知己,也许有能帮助你的贵人,也许有能指点你让你的人生境界提升的良师……所以,不要错过任何一个能结识朋友、积累人脉的机会。

人脉是需要用真心来换取的。许多人只是看到眼前的一点利益,用到别人时就处处巴结逢迎,用不到时就把人家摆到一边不理不睬。这样的人永远得不到真正的朋友,他所谓的人脉也只是一些经不起考验的酒肉朋友,不过互相利用而已。当没有利用价值后,别人会将他弃之如敝屣。每个人都不傻,别人如何对待自己,自己心中都是有数的。不要以为你很高明,能骗得了别人,你若对别人虚情假意,别人也会将你列入拒绝深交之列。

任何经得起考验的关系都是需要以真心为基础的。互相利用的关系必不会长久,正所谓日久见人心,朋友是需要经过时间的检验的,人脉也是需要经过岁月的沉淀的。如果你认为一个人值得深交,就要付出自己的真心。人的关系都是相互的,你付出真心,必然收获真正的朋友。因为,回应你的真心者,就是你真正的朋友。辜负你的真心者,是你必须舍弃的。在真诚的来来往往中,清者自清,浊者自浊。真正的朋友就是这样越积越多,人脉就是这样越积越广。

在一个风雨交加的夜晚,一对老夫妇互相搀扶着蹒跚而行,终于,他们费力地走到了一家旅店。“我们想要一间客房。”他们满怀期待地看着服务生,但是让他们失望的是,服务生摇了摇头,说:“很抱歉,今天已经没有房间了。”老夫妇很为难,因为这是他们找到的第三家旅店了,都是住满了人,没有房间。这时,服务生微笑着说:“要是在平时,我可以给你们叫车送你们去别的旅店看看有没有房间,但是现在天气这么恶劣,我不忍心让二老再次置身于狂风暴雨中。这样吧,我今晚要值夜班,可以睡在办公室里。如果你们不嫌弃的话,可以住在我的房间里,它虽然谈不上豪华,但是也是很干净舒适的。”看着诚恳的服务生,老夫妇欣然接受了他的建议。

第二天早晨老夫妇去服务台结账时,接待他们的仍然是前一天晚上的服务生。他微笑着说:“昨天您二位住的是我的房间,而不是酒店的客房,是不收取费用的。希望您和夫人有个好心情!”老先生对这个服务生表达了深深的谢意,并问了他的名字:“你真是每个老板都梦寐以求的优秀员工,或许以后我会为你盖一家酒店。”

这个名叫乔治的年轻人听了只是微微一笑,并没有把它放在心上,他认为这个老先生只是随口一说来表达谢意。没想到几年后,乔治意外地收到一封信,这封信里讲述了风雨之夜的事情,并附有一张机票邀请他去纽约。到达纽约后,乔治在一栋新建的大楼前又跟那位老先生见面了,老先生指着新楼说:“年轻人,我实现了诺言,这是为你盖的酒店,你来负责经营它吧。”乔治简直不敢相信,他结结巴巴地问老先生为什么会对他委以如此重任。老先生说:“我说过的,只是因为你是每个老板都梦寐以求的优秀员工。”

这家酒店就是纽约最豪华的华尔道夫酒店,它是旅客们尊贵身份的象征。而当年的服务生乔治也因为经营这家酒店而成了著名的企业家。乔治正是用他的真心换来了他生命中的贵人。

世上从来没有免费的午餐,也没有不劳而获的友谊。只有你付出真心,真诚待人,才能换来知己。或许你会因此而更加忙碌和操心,失去了很多休闲时光,但是你的收获会远远大于这些付出。其实,只要用心,就不必计较是不是付出的多得到的少,因为很多时候并没有一个精确的标准去衡量一件事是值得还是不值得。朋友间最珍贵的就是交心,只要有心,一切付出都是值得的。恩德相结者,谓之知己;腹心相照者,谓之知心。只有以真心去换取知己知心者,才能让自己的人脉越拓越广。

不妨把自己的真心当作一种投资——情感投资。任何事情都需要先付出后收获,情感也是一样。其实情感投资是一个一本万利的“好生意”,它只需要你去付出真心,用真诚待人,就会回报给你肝胆相照的朋友,祝你成功的人脉。学着用真心待人,不用怕血本无归。你用真心不一定能换来真心,不用真心却一定不会换来真心。用真心即使换不来真心,却能让你看清真相,早日去除自己身边的假朋友和真小人。如果不用真心,你只会成为别人眼中的酒肉之交,被别人排斥在外。

坚持用真心去对待别人,用这个最简单也最有效的资本,可以为自己换来广阔的人脉,换来更为光明的前途。这种四两拨千斤的好本领,能助你拥有一个更加美好的人生。

(二)交友必择,取友必端——曾国藩的“八交九不交”

要想更为舒适地活着,要想在事业上有所作为,广泛的人际关系是必不可少的。但是交友须谨慎,并不是任何人都可以引为知己。因为,有的人不适合做朋友。他做了你的朋友,可能会是你人生路上的绊脚石。这样的朋友,不要也罢。

曾国藩是我国历史上的一个传奇人物,他的智慧和思想深深影响了几代中国人。直到今天,他的智慧结晶仍然可以给我们很大的启发。对于交友,曾国藩有著名的“八交九不交”理论,即:八交:胜己者;盛德者;趣味者;肯吃亏者;直言者;志趣广大者;惠在当厄者;体人者。九不交:志不同者;谀人者;恩怨颠倒者;好占便宜者;全无性情者;不孝不悌者;愚人者;落井下石者;德薄者。

所谓八交,就是以下八种人要结交:一是比自己强的人;二是有很好品德的人;三是趣味相投的人;四是肯吃亏的人;五是敢于直言说真话的人;六是有远大理想的人;七是在别人落魄困难时给予别人帮助的人;八是能体谅别人的人。

比自己强的人,能让自己看到自己的不足,时刻不忘提醒自己要不断学习,提高自己才不至于落后。而从比自己强的人身上,又能学到很多经验,得到他的指点,让自己少走弯路,快速地成长,这样的人必然要结交。品德高尚的人,做人坦坦荡荡,行事光明磊落,是古人提倡的“圣人”。我们与这样的人结交,能让自己的品德也日渐高尚。与自己趣味相投的人,双方有共同的爱好、共同的人生观价值观,能互相理解互相交流,是容易成为知己的人。肯吃亏的人,懂得退一步海阔天空,这样的人有宽广的胸怀,凡事不斤斤计较,与这样的人做朋友,不用担心他会算计你。敢于直言说真话的人,也是心怀坦荡之人,好就是好,不好就是不好。即使不好也会当面说清楚,不会当面一套背后一套。这样,他对你有不满也会直接说出来,可以避免不必要的误会。你有缺点他敢于给你提出来,这样你可以知道自己的不足从而加以改进。这样的朋友或许性格直率,说话不懂得委婉,却是真正可以结交的人。有远大理想的人,一定是个积极上进的人,与这样的人相处,可以避免自己故步自封裹足不前,能让自己更加有前进的动力。在别人落魄困难时还给予别人帮助的人,才是真正善良的人,真正讲义气的人。所谓患难见真情,锦上添花的人到处都是,雪中送炭的人才最难能可贵。能体谅别人的人是宽容的人,会换位思考的人,所谓将心比心就是如此。凡事不以自己为出发点,肯为别人多考虑的人,也是值得深交的人。

曾国藩的这八交,可谓囊括了朋友的各种类型。如果我们交的朋友都能在这八种类型之中,那么恭喜你,你的朋友都是真朋友,都是能让你进步、给你帮助的人。你可以从他们身上学到各种优点,让自己各方面的素质都不断提高,从而让人生的境界得到提高。

所谓九不交,就是以下九种人千万不可以结为朋友:一是志趣不相投的人;二是喜欢阿谀奉承的人;三是不知好歹恩怨颠倒的人;四是好占便宜的人;五是全然没有真性情的人;六是不孝顺、不尊敬长辈的人;七是喜欢愚弄别人的人;八是落井下石的人;九是没有品德的人。

志趣不相投的人观点不一样、理念不一样、思维不一样,所以不能互相理解,正所谓话不投机半句多。这样的人在一起每天只有唇枪舌剑,谁也说服不了谁,当然不能做朋友。喜欢阿谀奉承、溜须拍马的人,往往是一些言不由衷、见风使舵的小人,这种人属于墙头草,不可信任。不知道好歹恩怨颠倒甚至恩将仇报的人,要么是没有是非观念,要么是心狠手辣、自私自利、不讲恩情,这样的人还是远离的好。好占便宜的人总是斤斤计较,为一点小便宜可以出卖任何人,绝对不能结交。全然没有真性情的人,要么特别虚伪,要么隐藏得特别深,你根本不知道他内心是什么想法,你也不知道他的哪一句话是真的哪一句话是假的。这种人过于圆滑世故,跟他在一起,倒霉的永远是你。不孝顺不尊敬长辈的人,简言之就是没有人性的人,如果对自己的父母都不念养育之恩,对长辈都不知道尊敬,他还能对谁付出真心呢?对于这样没有人性的人,也是离他们越远越好。喜欢愚弄别人的人,总觉得自己是聪明人而别人都是傻子,想把别人玩弄于股掌之间,这种人也不能用来做朋友。落井下石的人更可恨,别人已经倒霉了,他还在那里幸灾乐祸、煽风点火、添油加醋,这种没有同情心的人太冷酷,不可结交。没有品德的人什么事都能做得出来,他没有道德底线,不知道什么时候就会被这样的人在背后捅一刀,真是太可怕了,所以这样的人也不能结交。

交友必择,取友必端。交朋友要结交品行端正的人,双方用真心换真心,这样的朋友才是你的良师益友。所以,朋友是宁缺毋滥的,假如身边围的人很多,却都各怀鬼胎,还不如远离他们。交友的时候,要牢记曾国藩的"八交九不交"原则,擦亮眼睛,交友必交真朋友。

(三)投资人脉必须有所选择——刘邦的“吸星大法”

人脉也需要投资，既然是投资，就说明有风险。结交朋友也需要有所选择，如果不能慧眼识人，交友不慎，就只能等着自己被套牢，血本无归。投资得当，则会一本万利，让自己的人生上升到一个新的境界。

在人脉投资方面，刘邦可谓是一个极其成功的例子。他喜欢结交朋友，并且最终也是在这些朋友的帮助下“造反”成功，从一个人人眼中游手好闲的小混混鱼跃龙门登上九五之尊的宝座，创立了汉朝，在中国历史上写下了浓墨重彩的一笔。刘邦在结交朋友方面的做法，特别值得我们去学习。

刘邦结交朋友的经验可以总结为四个字：吸星大法。他生性喜欢广交朋友，并且他的朋友形形色色，各种人都有，上自朝廷命官，下至贩夫走卒。只要他觉得此人可深交，便想方设法与之搭上话。

一开始，刘邦只是一个小小的亭长，任务就是负责迎来送往，招待来往的官员们吃饭住宿。他的分内工作并不繁忙，并且他的工作做得游刃有余，这就让他有机会有时间有闲心去结交朋友。他身份低微，家境也不富裕，却经常带众多朋友回家大吃大喝。家人对他这种做法深恶痛绝，他却不以为然我行我素。可见，刘邦交友舍得投资，在没钱的情况下依然舍得花钱请朋友喝酒吃肉。当然，刘邦并不盲目花钱，他的投资都是花在了值得投资的人身上。并不是任何一个人都值得你去为他下功夫，要交朋友，就要懂得分辨。

懂得分辨并不是让你看他是否位高权重，家财万贯，交朋友交的不是权，也不是钱，而是人。要看他的人是否有特长，是否知恩图报，是否有品德。能做大事的人必定有头脑、有心计、有眼力，并且心胸广阔不计前嫌。只要看准的人，就一门心思对他好，他即使有什么小错误、有对不起自己的地方也都是一笑了之不放在心上，长此以往，这个朋友就会对你忠心耿耿以至拿鞭子都赶不走。刘邦结交的大部分人，在外人眼里只是一些乌合之众而已。一帮小混混聚在一起，最大限度也就是个小黑社会，谁能想到这些不受人待见的人有朝一日会振臂一呼揭竿而起，做出了一番惊天动地的大事业。可见，刘邦并不是在随意地结交朋友，而是有选择的。刘邦懂得运用各种力量，来让自己攀爬高升。

刘邦一开始所认识的最高级别的官员，应该就是萧何了。萧何在刘邦的家乡沛地任职，写得一手好公文，在当地也是有头有脸的人物，却对刘邦照顾有加，引为知己。可见，刘邦在结交朋友上还是很有方法的。萧何对刘邦处处照顾,刘邦也通过这个朋友认识了更多有头有脸的人物,提高了他的影响力,也为他的各种活动疏通了关系。萧何后来追随刘邦起兵打天下,起到了至关重要的作用。

刘邦的才能并不是最好的,却能让比他有才能的人心甘情愿地为他打天下。用现在的话说,那是因为刘邦的个人魅力大,能把一票人等紧紧地拢在自己周围。他有识人的眼光,有用人的魄力,并且对朋友一向是肝胆相照,为自己赢得了一大批生死至交。

让我们看看刘邦还有什么朋友吧:曹参,是沛地管理刑狱的下级官吏;樊哙,是在沛地杀狗卖肉的;周勃,是在沛地卖席子的,偶尔还会去办丧事的人家吹箫挣点儿外快;夏侯婴是沛地掌管牲口的小官吏。周昌,是沛地的一个小小的泗水卒吏。就是这些人,后来帮助刘邦夺得天下,并且在治理国家中也发挥了重大作用。曹参日后官拜宰相,樊哙在鸿门宴上冒死闯入帐中解救刘邦,周勃成为朝中重臣,夏侯婴在刘邦慌于逃命把自己的儿子和女儿推下车时誓死保护两个孩子,并且立下赫赫战功。周昌为人正直敢于直言,在刘邦想废太子立宠妾戚夫人的儿子为太子时据理力争,最终使刘邦放弃了这个不理智的决定。当然,刘邦的朋友还有很多,并不能在此一一列举。这只是刘邦“吸星大法”的一个缩影,他结交朋友不分贵贱,善于吸收一切对自己有利的人,编织了一张强大的关系网,最后使自己走向成功。

我们交友也要学习刘邦,练就一身“吸星大法”的本领。在交友时不盲目,用投资的眼光看准潜力股,积极下手,让自己的关系网越织越密,越织越牢靠。人脉投资需要有所选择,要找准自己的位置,清楚什么是自己想要的,把一切有利于自己的人都吸到自己的身边。认准了人就要舍得投资,投资并不是指钱,朋友不是拿钱砸出来的。投资指的是付出自己的真心,用真心换真心,用肝胆相照维持友谊,那么回收的利润绝对是很可观的。

俗话说朋友多了路好走,话是不错,多条朋友多条路。但还是要看,所谓的朋友是什么朋友。如果投资不当,多个假朋友,就多了一条死路。广交朋友没有错,但是要全面撒网重点捕鱼。所以,要知人、识人,而后再全心相交,才是人脉投资的必胜法宝。

(四)押对牌赢一局,跟对人赢一生——攀龙附凤才能成龙成风

你与什么样的人交往,决定着你将成为什么样的人。所谓“近朱者赤,近墨者黑”就是这个道理。所以,如果你想取得更好的成就,做出更辉煌的成绩,就要寻求机会结识有实力有能力的人,让自己的人生上升到一个新境界。跟着老鼠只能学会打洞,攀龙附凤才有可能成龙成凤。

攀龙附凤一说来源于汉·扬雄的《法言·渊骞》:“攀龙鳞,附凤翼。”原意是依附帝王来成就功业,也引申为依附有声望的人以立名。后来《汉书.叙传下》亦有云:“舞阳鼓刀,滕公厩驺,颍阴商贩,曲周庸夫,攀龙附凤,并乘天衢。”这几句话列举了跟随刘邦打天下的几员大将。舞阳指的是樊哙,一开始是在刘邦的家乡沛地以杀狗卖肉为生的,后来被刘邦封为舞阳侯。滕公指的是夏侯婴,他也是刘邦的老乡,原本只是一个低贱的马夫,后来被刘邦封为滕公。颍阴商贩指的是灌婴,原是睢阳的商人,跟随刘邦起事,后被封为颍阳侯。曲周庸夫指的是郦商,原来跟随陈胜起事,后站到刘邦的队伍中,后来被封为曲周侯。这四个人,原来都只是一些很普通甚至社会地位很低的人,却因为跟随刘邦夺得天下,最后都位高权重,留名青史。如果他们不跟随刘邦,或许早就死于战乱,或是平淡终老,不会有扬眉吐气的一天。

在古代,有成王败寇一说。皇位的争夺总是步步惊心,胜利的一方可以夺得天下大权,享尽荣华富贵;败的一方只能作为俎上鱼肉,任人宰割。落败的一方并不是没有有才的人,只是站错了队伍。胜的一方也并不全然都是人才,只是站对了队伍。成功与失败,有时候就是这么简单。如今虽然各种争战没有那么直接和惨烈,但是为了自己的前程,还是要谨慎选择,站对队伍。

一个人的成功绝不是靠单打独斗就能得来的,他需要很多人与他一起并肩战斗,也需要有贵人指点提拔行方便,也或者他根本就是选对了团队跟对了人,在整个团队创造辉煌的同时自己的人生也达到了顶峰。领导者是极少数的,古代皇帝只有一个,一个公司董事长也只有一个,大多数人坐不到最高的位置。大多数人都需要跟着别人打天下,来成就自己的事业。这种情况下就要有智慧地选择,为自己的人生下一个赌注。是的,这就像赌博,总要做出一个选择,不是胜就是败,各有一半机会。押对了牌,你可以赢一局;跟对了人,赢的是一生。所以,面对人生的棋局,我们一定要谨慎再谨慎。

我们要为自己列一个人生规划和目标,然后按着自己的目标去寻找方向和出路。让自己达成目标的最佳途径就是加入一个好的团队,跟对一个开拓者,让自己在跟随团队打拼的过程中得到提高,最后在团队成功时让自己也得到成功。我们所说的攀龙附凤,并不是让你盲目地去找最成功的企业家,或是找最有钱的人去跟随。但如果有机会接触到你所从事行业的最成功的企业家,进入到最优秀的公司工作,当然是最好不过。你可以在优秀的公司中学会很多东西,在短时间内迅速成长起来。人人都渴望去世界五百强企业工作就是这个道理,但是这样的公司往往门槛过高,也只有少数人才能进得去。

如果你没有足够的资历进入一家顶级公司,也不用泄气。你还有选择的机会,那就是选择新成立的小型公司。当然这个选择的风险稍微大一些,你要仔细了解公司的领导人,看他们是否是值得信赖值得依托的人。领导人的性格决定了公司的性格,也间接地决定了公司的前途。这需要你用智慧仔细衡量,因为这个时候你要跟随的人还不是人中龙凤。如果决定选择跟随,就要坚定不移地去奋斗,在并肩作战的过程中学习他人的长处,不断提高自己的能力,学会用最新的理念思考,让自己成为追随者的得力助手,成为团队成功过程中的功臣。这样,你的人生也会获得成功。

在你认识的人中,也许你认为有人各方面素质并不是很好,总的说起来还不如你,但是他有一份比你成功的事业。这时,你不用嫉妒,也不用觉得不解,他的成功并不是偶然的。你可以观察一下,他是不是跟对了人,他是不是很得领导器重。能力是可以培养的,机会却不是人人都能抓住的。站到正确的队伍里,你就已经成功了一半。大家都知道《西游记》里的故事,猪八戒好吃懒做又好色,沙僧老实木讷,两个人都没有过人的本领,也没有出众的特点,但是由于他们加入了唐僧的团队,最后也终于能重归天庭,得道成仙。如果不跟随唐僧,他们一个要在高老庄做上门女婿,一个要在流沙河做小小的妖怪,也只能平淡地过完一生。

只有站得更高,才能看得更远。如果你只与平淡的人交往,你也只能做一个平淡的人。只有学会攀龙附凤,学着结交优秀的人物,选择加入优秀的团队,你才能在人生的棋局上得到胜利。

焚裘示儉
晋武帝

焚裘示俭①

【历史背景】

晋武帝司马炎(公元256年—公元290年),字安世。晋朝的开国君主,谥号武皇帝,庙号世祖。晋武帝即位之初,鉴于曹魏之刻薄奢侈,曾一度注重节俭。在追尊司马懿等先祖的太庙祭礼上,依旧制要用青丝来做牛鼻的牵绳,他下诏改用价廉的青麻来代替。

公元278年,太医司马程据为讨好晋武帝,向他献上一件雉头裘,这是一件用野鸡头上的毛编织的裘袄。不料程据拍马屁不逢时,晋武帝在金殿上当着满朝文武的面把这件衣服烧了。并严肃地宣布:"今后内外官不得进献奇技异服!"以此来表示他要一反曹魏统治者腐朽奢侈作风的决心。

晋武帝时期,社会上奢侈腐化的风气越来越重。其中最具代表性的史实就是石崇和王恺的斗富。石崇是渤海南皮(即现在河北南皮)人,官职升到了侍中,后来又出任荆州刺史,在此过程当中,他利用职权,通过盘剥过往的客商而致富。王恺是司马炎的妻舅,也非常富有。据说石崇的屋子装饰得很华丽,全部是用饰有翠玉的缎带来装饰的。王恺知道石崇的房子如此漂亮奢侈,也不肯认输,于是就用紫丝布做了大概四十里长的帷帐来炫耀,石崇当然也没有示弱,就用有彩色花纹的丝织品——锦做了长为五十里的帷帐来和他相比。

王恺是司马炎的妻舅,司马炎经常帮助他攀比,并赏赐给他一个高度达到二尺的珊瑚树,这样的物品在当时极为珍贵。王恺为了向石崇显耀,就请来石崇观看自己的这个珍宝。没想到石崇却用铁如意将这个珊瑚打得粉碎,王恺看到之后可以说是痛心疾首,心疼得不得了。说石崇是在嫉妒自己,石崇却说我马上赔你,不就是一个珊瑚树吗,没什么了不起的,说完就命令手下人回去拿自己家的珊瑚树,没想到在石崇家里,比自己的还要漂亮、上乘的珊瑚树高三四尺的就有六七个。王恺顿时感觉脸上很无光。

后来,这两个人斗得离了谱,石崇开始用造假的办法来骗王恺。比如他说自己的牛车跑得就像空中的飞鸟，原来他故意把车辕弄歪，牛被卡得疼痛难忍，自然就跑得快了。之所以这样做就是想占点上风。后来王恺知道了石崇的作假方法，就按照这样的办法去做，牛车竟跑得比石崇的还快。石崇知道有人向王恺泄密之后就便将这个泄密的人杀死了。可见，当时这些富豪的生活是何等的奢侈、无聊。

石崇为了显示自己的好客，实际上也是在显耀自己的富有。在请客吃饭的时候，往往派美女来劝酒，如果客人喝不完酒，他就立即下令杀掉这个劝酒的美女。有次王导和王敦(司马炎的女婿)兄弟俩到他那里吃饭喝酒，王敦总是故意不喝完，石紫竟然为这件事情连杀了三人，一直尽量喝干的王导就埋怨王敦不通人情，王敦却只是大笑着说石崇是在杀自已人。这没什么好着急的。

据说石崇最让人吃惊的，是为了显示自己的富有竟然把自己家的厕所也建得极为华丽，甚至都胜过了正式的寝室。有的大臣到他家做客，去厕所的时候，看见里边有几个侍女，室内用绫罗绸缎装饰得异常豪华，还以为自己误入了人家的内室，赶忙退出来，给石崇赔礼道歉。石崇却笑着说那就是厕所。

【原文】

晋史纪：武帝时，太医司马程据献雉裘[②]。命[③]焚之于殿前，诏中外[④]：自今毋献奇技异服。

【张居正解】

晋史上记：武帝初即位时，有太医司马程据者，以雉头羽毛织成裘袄来献。帝见其过于华丽，恐长奢靡之风，命人以火焚之于殿前，以示己之不贵异物，不尚服肴也。又诏中外：自今以后，再不许将奇异技巧之物及华美异样的衣服来献。盖人主之好尚，乃天下观法所系，不可不慎也。晋武禅位之初，承魏氏奢侈之后，欲矫以节俭，故不焚于他所，而焚于殿前，要令众庶共见之耳。然其意不出于至诚，故未久即变，孽后乱政，五王僭侈，而晋室南迁。矣。孟子说："恭俭岂可以声音笑貌为哉！"正此之谓也。

【注释】

①本则故事出自《晋书·武帝纪》。本文主要是记述了晋武帝的时候,有一次司马程据向皇帝进献的雉头裘。因为这件衣服过于奢侈,晋武帝将它当面焚烧,以表示节俭的故事。

②雉头裘:用野鸡头上的羽毛制成的裘袄。

③命:下令。

④诏中外:在朝中宣布。

【译文】

武帝当初登上皇位的时候,有太医司马程据进献了一件裘袄,那件裘袄完全是用野鸡头上的羽毛制成的,十分的精致美丽。然而,武帝却命令把它在殿前烧掉,并向朝廷中的大臣们宣布:从今以后,不许再进献用特殊技艺制作而成的精巧之物了。

【评议】

做事情的时候一定要做到表里如一,如果只是表面上做给别人看,那么最后只会害了自己。在这个故事当中的司马炎,就是一个例子。尽管他的初衷是好的,想要遏制一下当时流行的奢靡的社会风气。之所以要把这样珍贵的雉头裘在殿前烧毁,就是要告诉人们要节俭,同时也是为了警告别人不要进献这样的奇异珍贵的东西。但是,他这样做,却不是出自自己的真心,只不过是做个样子给大家看看而已。所以,这样的举动只是加剧了奢侈之风的扩大与蔓延,因为连君主都只是虚伪地做做样子来警戒,事实上却是对这种恶劣行为的变相的鼓励。这样的统治势必会加重腐败现象的进一步滋生与发展。在这样一位皇帝死后不久,其王朝的政权就被颠覆了,西晋的统治也最终结束了。所以在这则故事里,我们得到的借鉴就是做人就要表里如一,做事也是一样。尤其是作为统治者或是管理者,一定要对自己的行为负责,不要只是敷衍,做表面文章,不要认为自己高高在上就可以任意行事,进行欺骗,因为下面会有千千万万双眼睛看着你,虚伪只能增加他人对你的不信任，也将最终导致自己事业的失败。

【拓展阅读】

晋武帝

晋武帝司马炎，河内温县（今河南省温县西南）人，其祖父司马懿、伯父司马师、父亲司马昭，相继专断曹魏国政，时曹魏已经名存实亡。司马昭死后，司马炎袭晋王位，控制朝政。公元265年，他废黜魏元帝曹奂，自立为帝。建国号为晋，建都洛阳，改年号为“泰始”；后改为“太康”。史称西晋。

武帝登基

265年，司马昭病死，享年55岁。司马炎继承相国位，掌握全国军政大权。经过精心准备，同年十二月，仿效曹丕代汉的故事，为自己登基做准备。在司马炎接任相国后，就有一些人受司马炎指使劝说魏帝曹奂早点让位。不久，曹奂下诏书说：“晋王，你家世代辅佐皇帝，功勋高过上天，四海蒙受司马家族的恩泽，上天要我把皇帝之位让给你，请顺应天命，不要推辞！”司马炎却假意多次推让。司马炎的心腹太尉何曾、卫将军贾充等人，带领满朝文武官员再三劝谏。司马炎多次推让后，才接受魏帝曹奂禅让，封曹奂为陈留王。司马炎于公元265年，登上帝位，改国号为晋，史称为西晋，晋王司马炎成了晋武帝。

奢侈之风

西晋王朝建国后就浸润在奢侈腐败的气氛之中，不能自拔。晋武帝本人一当上皇帝，就极尽奢靡挥霍之能，西晋大臣也大多是汉魏以来的世家大族、元勋子弟，他们习于骄奢淫乐，从不以国事为重。整个统治集团奢侈腐化，荒淫奢华，聚敛了大量财产，互相争豪比富，如著名的石崇和外戚王恺斗富之事，就是典型写照，武帝不但不加以阻止，反而推波助澜。使得朝廷上下竟以骄奢为荣，贪赃枉法，贿赂风行，政风十分黑暗腐败，各种危机隐藏在表面的繁荣之后。

好色之徒

司马炎于公元273年禁止全国婚姻,以便挑选宫女;灭亡孙吴之后又将孙皓后宫的五千名宫女纳入后宫,于是司马炎的后宫便有万人的规模。司马炎为临幸方便,便自己乘坐羊车在后宫内逡巡,羊车停在哪个宫女门前便前往临幸;而宫女为求皇帝临幸,便在住处前洒盐巴、插竹叶以引诱羊车前往。晋武帝因荒淫过度,于公元290年晋武帝死于含章殿,葬于峻阳陵。

虎头蛇尾

三国魏咸熙二年(265年),司马炎逼魏帝曹奂让位,自己临朝称帝,改魏为晋,改元泰始,这就是西晋的开国皇帝晋武帝。武帝即位之初,制止奢华之俗,纠正浮薄之风,使民风世俗归于俭约淳朴。他还宽容大度,从谏如流,任用贤才,使国家出现了"民和俗静,家给人足"的大治景象。然而在其后,他却沉迷于游宴的生活,疏于政事。尤其是在接班人的问题上,他犯下了致命的错误。

泰始三年(267年),武帝立九岁的次子司马衷为太子。司马衷长大后,缺心眼。比如他后来称帝后曾闹过两个笑话,一是他听到华林园中的蛤蟆叫,居然问左右蛤蟆叫是为官还是为私;另一是当天下饥荒百姓多有饿死时,他却糊涂地问:"百姓为什么不喝肉粥?"知其子者莫如父,武帝当然知道儿子难以堪当大任,到了晚年,他开始为继承人一事担忧起来。太子虽然糊涂,但毕竟是亲生儿子,废掉太子,武帝于心有些不忍。于是,他决定再测试一下儿子的智力。他把儿子东宫的官员都集中在一起后,另封一函政事命太子处理。等他看到太子的回奏思路清晰、判断得当后,大为高兴,觉得儿子有这种程度当皇帝足够了。他怎么知道太子的奏章是太子妃贾氏找人代为拟好的。武帝还曾命宠臣荀勖去观察太子,荀勖回来报告时,竟昧着良心大夸特夸太子的品德如何高尚。武帝听了,越发倾向不废太子,再加上皇孙聪颖超群,儿子去世后有皇孙接班,司马氏的江山不会出问题。因此,他决定就让儿子仍为太子。

但是,皇孙并非太子妃贾氏的亲生儿子,难保将来他会不会被贾氏废掉。想到这一点,武帝又动摇起来。他找来心腹,再次商议后事,可说者纷然,久而不定,弄得他举棋不定,不知所从。最后没法,只得采纳王佑的计谋,不废太子,但让太子的同母弟秦王司马柬都督关中,让太子的异母弟楚王司马玮、淮南王司马允共同镇守要害地区,以便巩固帝室;为防止外戚杨氏威胁帝室,又命王佑统帅禁军。武帝做此安排后,不久卧病以至垂危。此时开国元勋均已故去,剩下的群臣惶恐不安,不知如何是好。幸亏武帝又缓过来一阵儿,他诏命汝南王司马亮辅佐太子,又想命朝中有名望且年轻的大臣共同佐政,然而,外戚杨骏都压下来不宣布。杨皇后乘武帝再次昏迷之机,下诏命杨骏辅政,并催促汝南王司马亮离开京师。结果武帝直到死去也未见到司马亮。

晋武帝在立嗣问题上"心屡移于众口,事不定于己图","惠帝可废而不废,终使倾覆洪基"。

宽宏海量

刘毅,字仲雄,东莱掖人,为人刚直不阿,王公贵人对他非常畏惧。他应邀在平阳太守杜恕手下任功曹时,曾淘汰了不称职的郡吏一百余人,三魏一带的民众对他很称道,常言"但闻刘功曹,不闻杜府君。"太常郑袤以其"方正亮直,挺然不群,言不苟合,行不苟容",举荐他为博士。晋文帝司马昭闻知他的声名,想请他任相国掾,可他推托有病而不就。有人说他忠于曹魏,不想当司马家的官。司马昭非常生气,想治以重罪,他没办法才接受了司马昭的邀请。

司马炎逼魏帝曹奂禅让,登极为晋武帝后,任命刘毅为尚书郎等职,后又升其为散骑常侍、国子祭酒。由于他忠诚正直,武帝又让他专管谏官,累迁至尚书。咸宁(275 年至 280 年)初,他一度免官后,复任司隶校尉。他为官专门惩治不法的豪强,天子脚下的京城为之肃然,许多贪官污吏闻风弃印去职。一次,皇太子入朝时,带着乐队要进东掖门。刘毅认为他们有失恭敬并拒之门外,还弹劾太子的师傅失职。得到武帝下诏赦免皇太子的不敬之罪,刘毅才准许他通过东掖门。

晋武帝非常欣赏刘毅的品质,即使他的话有时不中听也不加怪罪。有一回,武帝在南郊举行完祭祀典礼,感慨油然而生,便问刘毅道:"你觉得我比得上汉朝的哪一位皇帝呀?"刘毅不假思索地答道:"可以比得上汉桓帝、汉灵帝。"武帝有些惊讶,说道:"我虽然德行赶不上古人,但尚能约束自己,尽心政事。而且我又平定了东吴,统一了天下。你仅仅把我比作汉桓帝、汉灵帝,不是有些太过分了吗?"刘毅客气地说道:"汉桓帝、汉灵帝卖

官鬻爵,得的钱都归入了府库,陛下卖官的收入却装进了私人的腰包。因此,只怕陛下还不及他们啊!”武帝不由得大笑起来,说道:“桓、灵在世,听不到你这种话。如今我有直臣,所以才与桓、灵之世不一样啊!”一旁的群臣开始听刘毅的回话时,都有些瞠目结舌,心中都暗自为刘毅捏了一把汗,最后听到武帝非但没有发脾气,反而称赞了刘毅,才都松了一口气。

其实,晋武帝的确善于处理君臣关系。他平素喜欢臣子直言不讳,能够容得下反面意见,直臣如刘毅的一番谠言也不是唯一的例子。因此,史家曾评论他道:“雅好直言,留心采擢。刘毅、裴楷以质直见容;嵇绍、许奇虽仇雠不弃。仁以御物,宽而得众,宏略大度,有帝王之量焉。”

【镜鉴】

在全社会兴起勤俭之风

要在全社会畅行勤俭节约、杜绝奢侈浪费的风气,要从四个方面入手。一是领导干部要带头;二是推动道德教化和国民教育;三是要建立长效机制;四是要禁作末作文巧。

(一)领导干部要带头

在过去封建社会,因为是君主制,君主一个人如果能够做好勤俭节约的榜样,往往能够带动全国人民。现在是民主社会,但领导人的一举一动,也是能够影响全国人民的。所以,要想能够落实勤俭节约这种良好的社会风尚,最重要的是领导者从自身做起。

在《群书治要·六韬》里面就曾经记载姜太公和周文王的对话。有一次,文王问太公:“贤君治国何如?”就是贤德的君主,他们是如何治国的。太公就讲到:“贤君之治国,其政平,其吏不苛,其赋敛节,其自奉薄,不以私善害公法,赏赐不加于无功,刑罚不施于无罪,不因喜以赏,不因怒以诛,害民者有罪,进贤者有赏。”这是讲贤德的君主治国,其政平,平是和平,君民能够和睦相处,天下才能够安定。所以政令一定要宽和、公平。官员不能够实施苛政。赋是赋税,税收要节制,要能够减轻百姓的负担。“自奉薄”就是个人生活俭朴、不奢侈。“不以私善害公法”,也就是说不会因为自己的个人利益、需要违背国家的法令。对有功的人进行奖赏。没有罪的人,绝对不施行刑罚,这是讲赏罚公平。“不因喜以赏、不因怒以诛。”不会因为这个人讨我欢心、让我高兴,就给他奖赏;也不会因为发怒就会诛杀大臣、给人加罪。“害民者有罪、进贤者有赏”这是说选贤任能,残害百姓的人会加以罪罚,举荐贤能的人给予奖赏。这是讲如何治理天下。

太公继续讲到:“后宫不荒,女谒不听;上无淫慝,下无阴害;不供宫室以费财,不多游观台池以罢民,不雕文刻镂以逞耳目;官无腐蠹之藏,国无流饿之民也。”这是讲没有后宫乱政的事情,君主不会听妇人之言。这就要求君主不能重美色。历史上乱世的君主,往往都是重美色、放纵自己的欲望,最后导致国家灭亡。“上无淫慝”,在上位的人没有见不得人的事情;“下无阴害”,下面的人也不会做见不得人的事情。“不供宫室以费财”,自己的宫殿要简单、俭朴,不能够为建设宫殿耗费钱财。“不多游观台池以罢民”自己不多出去游玩,影响民众。“不雕文刻镂以逞耳目”,就是宫殿不雕各种纹饰、刻各种花纹,不追求这些赏心悦目的外在事物,现在来讲就是不搞豪华的装饰。这样的话,国家就没有“腐蠹之藏”。腐蠹是蛀虫,也就没有这种腐败蛀虫之类的人隐藏。凡是铺张浪费、大兴土木就容易滋生腐败,腐败之风盛行,国家就会危亡。所以这样一来,“国无流饿之民”,国家就没有这种流离饥饿的百姓。

这一段话是文王和太公的对话。核心就是讲为君者要能够勤俭节约,节制自己的欲望。为什么要这么做?《老子》里面讲得非常好。《群书治要》节录的《老子》是汉朝河上公的注本。里面就讲到:“人多伎巧,奇物滋起;法物滋彰,盗贼多有。”这里的人是讲君主、国君。如果这个国君喜欢这种美的物品,喜欢雕刻、绘画、宫殿、楼台,喜欢漂亮的衣服,这样一来,百姓就会效法君主,社会的奢华风气就会一天一天滋长起来。一旦滋长起来之后,奢华之风一起,最终的结局就是国家走向败亡。所以讲:“法物滋彰,盗贼多有。”其他版本的《老子》是“法令滋彰”,这个版本不一样,意思也不一样。根据河上公的注解,法物是珍好之物,就是我们现在讲的奢侈品、名贵的东西。这种东西越多,盗贼就兴起来了。为什么呢?珍贵的器物越多、越精制,从事工商业的人就会越来越多,奢华之物越来越多、很多人就会放下农事,去从事浮而不实的工商之业。如果荒废农业,一旦出现不好的年景,饥寒并至,盗贼就多起来了。所以《群书治要》里面,很多地方都讲到要重视农业,重视农民,不仅仅是生产粮食让人有吃的,更重要的是稳定人的心,止住人的贪心,不让人们贪心和欲望日益增长。如果工商业发达,尤其是奢侈之风一盛行,那么百姓就都追求奢靡的生活。这样好象是带动了经济的发展,但是这背后有非常大的隐患。最大一个隐患是什么?就是资源的匮乏,而且人的欲望日益增大。要知道欲壑难填,想要好的,得到了之后又想要更好的。这种追求物欲是无穷无尽的。所以古人反复劝谏我们,要贵而不骄、富而不奢。

《管子》里面讲到:"贵而不骄、富而不奢,故能长守富贵、久有天下而不失也。"处在高贵的位置、不会有骄慢的心,物质很富有了,但是决不会奢侈浪费。这样才能够长守富贵、久有天下。盛世的君王大多是勤俭的。盛世物质非常发达,尤其是君王,广有天下,为什么还要勤俭?历史上汉文帝,是汉朝开创"文景之治"的帝王。他就非常俭朴,前面我们已经有讲他的例子。在《史记》里面,司马迁曾经记载,汉文帝在位23年,他的生活用品、宫室、衣服都没有增加。可见他节俭至极。正是因为有这种勤俭,所以才有了后来的"文景之治"。古人曾记载,"文景之治"时期,国库钱多得数不清。穿钱的绳子都烂了,粮仓粮食一年比一年多,年年往上堆,都堆到粮仓外。但是汉文帝自己依然非常节俭,吃的、穿的,他都舍不得花钱。后来他去世以后,他要求他的陵墓要非常俭朴,不许厚葬。这是一个有智慧的人。后来赤眉军攻打长安,把西汉所有皇帝的陵墓都挖了,就是没挖汉文帝的陵墓。因为大家都知道,他非常节俭、里面没有什么东西。相反那些奢侈的帝王,最后九泉之下也不得安宁。

历史上,成就"康乾盛世"的康熙皇帝也是如此,特别节俭。康熙皇帝是清朝入关的第二位皇帝。他做了61年的帝王,被誉为"千古一帝",非常有作为。做了帝王之后,念念不忘明朝末代的君主奢侈亡国的历史教训。所以对勤俭节约、尚俭去奢特别重视,并把这条作为治国的一个基本的原则。康熙除掉鳌拜是在他即位第九年,这一年他真正掌握政权。在第十年,他发布了一个重要的治国纲领,叫作《圣谕十六条》。这在清朝历史上影响非常大。后来清朝历代帝王都把这十六条作为治国的准则,在全国宣扬。十六条里面其中一条就讲到:"尚节俭以惜财用",就是要崇尚节俭。要求全国人民都节俭,珍惜财用。而且他自己带头处处勤俭,效法过去的大禹、文王。首先他把宫中日常费用给减少了。相关的记载讲到,当初明朝宫中一天的费用就足够康熙用一个月,可见他的费用俭省非常大。差不多比明末时期宫中的费用要减少90%,这是首先从自己做起。其次是严格控制土木修建的费用。"土木之费"是历朝历代宫廷最大的开支,康熙他自己不这样做,特别反对搞这种享乐排场。他在位60多年,对这方面是非常的注意,尽量地控制、减少土木修建的费用开支。宫中即使盖房子也都是用普通的砖瓦,不用名贵的木头。第三是不搞隆重的宫廷庆贺仪式。历史上,很多帝王都特别看重搞各种庆典、搞各种排场。但是康熙从即位的时候开始,就特别注意,不搞这些庆贺活动、特别反对。比如生日,过去历代帝王都把这一天看作重大的喜庆日子,往往会搞很隆重的庆贺活动,康熙不是这样。他那一天到皇太后宫中行礼,然后回到自己的宫中,接受百官对他的行礼,没有别的大型的、浪费钱财的庆贺活动。第四点,就是外出巡行的时候,严禁扰民。外出尽量不打扰老百姓。清朝的"康乾盛世"之所以能够兴起,和康熙从勤俭治国做起有很大的关系。因为他能够勤俭节约,也带动全国人,才有了后来乾隆时期的鼎盛。康熙曾经做过一篇《勤俭论》,主要的就是讲勤俭对于治国、对于改善百姓生活、移风易俗的作用。我们也特别把此文附在后文中,供大家参考。

我们现在讲防治贪污腐败,贪污腐败不仅仅要通过法制建设来预防和惩治,还应该通过大力提倡勤俭,改变领导干部的生活作风来实现。《群书治要》上讲得好,"法能够刑人,但不能使人廉。"法律能够惩罚人,但是不能够使人有羞耻之心。唯有提倡节俭,人能够节制自己的欲望,他欲望节制了,自然就可以养廉。所以古人有讲:"唯俭可以养廉"。官员廉洁,政事必然就会清明,最终就能实现政通人和。

古代的帝王如此,再看我们过去的老一辈革命家也同样是如此。过去毛泽东主席就特别强调勤俭节约、反对浪费。在1934年的时候,毛泽东在第二次全国的工农代表大会上做过一个《我们的经济政策》的报告。他就特别讲到:"强调财政的支出应该根据节省的方针,应该使一切工作人员明白,贪污和浪费是极大的犯罪。"毛泽东告诉我们,要为人民服务,为人民服务首先要什么?反对贪污浪费。贪污我们都知道是犯罪,但是浪费也是极大的犯罪。后来在抗日战争的时候,1945年1月10日,毛泽东又在《必须学会做经济工作》这篇文章中提出,"任何地方必须十分爱惜人力、物力,绝不可只顾一时、滥用、浪费。"这还是强调要节俭、不能够浪费。到解放战争时期,在1948年4月1日,毛泽东在晋绥干部会议上讲话,又特别谈到这一点,"要采取办法,坚决的反对任何人对于生产资料和生活资料的破坏和浪费,反对大吃大喝、注意节约。"可见,毛泽东很早并一直对这个问题看得非常清楚,明白"成由勤俭败由奢"这个道理。新中国成立以后,百废待兴,这时毛泽东更是强调勤俭节约。在1956年,他写的一个按语里面就讲到"勤俭办工厂、勤俭办商店、勤俭办一切国营事业和合作社的事业，勤俭办一切其他事业。什么事情都应当执行勤俭的原则。这就是节约的原则，节约是社会主义经济的基本原则之一”。毛泽东这句话非常重要——节约是社会主义经济的基本原则之一。他讲出来了，社会主义经济和资本主义经济的区别所在。资本主义是什么？人人追逐利益。为了追逐利益，极大地放大人的贪欲，人的欲望一起，就不会节制欲望了。不节制欲望、自然就会奢侈浪费。节约是社会主义经济的基本原则，那么奢侈就是社会主义经济应该杜绝的。现在我们国家要建设中国特色的社会主义，这个特色体现在哪里？毛泽东这句话值得我们学习、值得我们牢记。应当要把节约作为我们办经济的基本原则。

1957 年，很多干部从农村进入城市，在灯红酒绿的资产阶级生活方式影响下，有一些工作人员，好逸恶劳，不愿意跟群众同甘共苦，斤斤计较自己的名利得失，贪图享受，脱离群众。这个事情、这种现象在我们今天同样也有。毛泽东 1957 年 2 月 27 日在《关于正确处理人民内部矛盾的问题》这篇文章中，就讲到，“在我们许多工作人员中间，现在滋长着一种不愿意和群众同甘苦、喜欢计较个人名利的危险倾向，这是很不好的。我们在增产节约运动中，要求精简机关、下放干部，使相当大的一批干部回到生产中去，就是克服这种危险倾向的一个方法。”当时，党中央根据毛泽东的意见实施精简机关和干部下放劳动锻炼的方法，这样做不仅精简了机关，而且让干部和群众同吃同住，受到教育，而且提高了这种觉悟。要知道，人的智慧从哪里来？不是想出来的，一定是从劳动中来的。一个人四体不勤，往往就产生欲望，追求嗜欲，最后的结果就是利令智昏。你看现在多少人，为了求利，不惜一切代价，最后东窗事发，就是利令智昏。毛泽东在这篇文章里面，他还特别强调，“要使我国富强起来，需要几十年艰苦奋斗的时间。其中包括执行厉行节约、反对浪费这样一个勤俭建国的方针。”这一条在我们今天同样适用。毛泽东关于勤俭的讲话特别多，他自己也带头做起。他的一件睡衣整整用了 20 年，破了又补、补了又破，一共补了 73 个补丁。老一辈革命家给我们做出了勤俭的榜样。

《大学》上讲，“国之将兴，必有祯祥”。新一届党中央也是大力提倡勤俭节约，习近平总书记在多次批示和讲话都提出要在全党、全国厉行勤俭节约、杜绝奢侈浪费的风气。他本人也带头给我们做出勤俭的榜样。比如在 2012 年，他去广东视察，住的是三星级宾馆一间很普通的套房。吃饭也不是山珍海味，而是普通的自助餐。“一粥一饭当思来之不易，半丝半缕，恒念物力维艰”。一个家要勤俭才能兴；一个国也要勤俭才能兴。所以，

要想社会兴盛、国家富强,一定要节俭持国。节俭持国,不仅国家领导人要做出表率,各级领导干部也应该要做出表率。因为百姓看领导的,如果各级领导能够养成节俭的习惯、自觉抵制奢靡之风,努力躬行勤俭节约,那么在全国上下,人民都会勤俭起来。我们大家能够勤俭节约,一年下来,全国十几亿人口能够节约下来的费用,数量都是非常惊人的。反过来讲,如果领导者崇尚奢侈浪费,就会导致社会矛盾不断地激化。比如现代人的仇富心理。这种仇富心态之所以能够滋长,应是富人们奢侈浪费所带来的。如果有钱人拿钱去帮助人,谁还会仇富呢?但是,富人如果"为富不仁",富裕之后,过上骄奢淫逸的生活,就会对民风产生不好的影响。所以一个国家,一旦有这种奢侈浪费的作风形成,必然破败。

《荀子》里讲到:"四方之国,有侈离之德,则必灭。"就是说国家一旦奢侈之风兴起、民心离散,就离灭亡不远了。所以在上位的领导,一定要懂得节制自己的私欲。

在《淮南子》里还讲到:"上求材,臣残木;上求鱼,臣干谷;上求楫,而下致船。上言若丝,下言若纶;上有一善,下有二誉;上有三衰,下有九杀。"就是讲君主如果要用木料,臣子就会毁坏林木;君主要吃鱼,臣下就会放干河水;君王要船桨,臣下就会去造船;君王的话像细丝,臣下的言就像丝带。如果君主有一个优点,臣下就会有更多优点;如果君主的奢欲减少三分,臣下的奢欲就会减少九分。那可见在上位的人影响的作用之大。如果在上位奢侈,最终就会带动全民奢侈。如果在上位节制欲望,全民都会节制欲望。

所以,要推动勤俭节约,首先是领导干部要从自身做起,节制自己的欲望。古人曾讲"吴王好剑客,百姓多创瘢;楚王好细腰,宫中多饿死"。过去吴王喜欢剑客,百姓就都练剑,身上都有各种伤疤;楚王喜欢腰细的女子,宫女就很多人不吃饭,不吃饭之后饿死了。也就是说,领导者一旦有不良的嗜好,百姓他就会受到影响。《说文解字》解释"教"说:"上所施、下所效也。"在上位怎么做,在下位的就会怎么样效仿。在上位的奢侈,在下位的也会奢侈;在上位的节俭,在下位的也会节俭。所以,我们要在全社会兴起勤俭节约的风尚,一定要靠领导干部带头。

(二)推动国民教育

《礼记》上讲到,"建国君民,教学为先"。也就是说,建立国家政权,治理民众,首要的事情就是教学。也就是国民教育。教育首先是要身教。我们前面讲到领导者节制欲望，本身就是身教。这里讲的教育，不仅仅是要身教，而且还要制订相关的措施，推动国民教育。

在《群书治要·申鉴》里面就讲到，有人问《申鉴》的作者荀悦说，在尧舜的时候，民风非常醇厚、政治非常清明，是不是天生如此？荀悦回答说："尧舜的时候，民心淳厚；秦朝的时候，民心浇薄，这是时代不同。山区的百姓往往比较纯朴；城市的百姓往往就刁顽，这是地域不同。夏桀商纣的时候，百姓还是那些百姓，但是天下大乱。到了商汤周武王的时候，百姓还是原来的百姓，但是天下大治。这是因为治国之道不同啊。"

尧舜的时候，尧舜以身作则，勤俭节约，百姓私欲很少，人没有私心，讲求道义，所以这个时候民风淳厚、政治清明。《申鉴》上讲到："唯信不求无益之物。不蓄难得之货。节华丽之饰。退利进之路。则民俗清矣。"这是讲如何让民风变好。根本在于，不奢求身外之物，不积聚贵重之货物，节制华丽的衣服，断绝这种牟利求官的途径，当然民风就会淳朴。要想社会民风好，并不难，要改变社会的道德风气也不难，从哪里开始？就从节制欲望、重视教化开始。首先领导做出样子，做出表率，崇尚节俭，大力提倡勤俭节约。这样国家就会富裕起来。

《汉书》上还讲到："民见俭则归本，本立而未成。"我们现在提倡勤俭节约，这是找到了治国的根本。真正把勤俭节约能够落实，不要认为提倡勤俭节约，一时间很多高档场所消费的人少了，导致个别领域的萧条，影响经济的增长。我们要看长远。长远来看，百姓能够勤俭就愿意回归本业。一个国家的本业得到巩固，经济才能够健康发展、否则这个国家的经济是虚热的。就好象一个人虚胖，身体未必健康。一个虚胖的人，他调养身体的时候，可能会瘦下去、但是反而会更健康、更长寿。

同时，要倡导勤俭之风，还要大力推动伦理道德的教育。中国人历来就重视道德教育，几千年来形成了以"五伦""五常""四维""八德"为核心的道德教育方针。党的十八大把"全面提高公民道德素质"专门作了一章来论述，提出了"要坚持依法治国和以德治国相结合，加强社会公德、职业道德、家庭美德、个人品德教育，弘扬中华传统美德，弘扬时代新风。"

2012 年 12 月 7~11 日，习近平总书记在广东考察工作时的讲话中曾经讲到：我们决不可抛弃中华民族的优秀文化传统，恰恰相反，我们要很好传承和弘扬，因为这是我们民族的"根"和"魂"，丢了这个"根"和"魂"，就没有根基了。

在经济高速发展的今天，道德教化比任何时候都显得更加重要。唯有人的道德水平提升了，不再追求低级趣味，才能够将勤俭节约的作风落到实处。

（三）建立长效机制

要能够长期做到勤俭节约，杜绝奢侈浪费，还要建立长效的机制。

在《周易》里面就讲到“君子以制数度，议德行”。这是《周易》节卦象传，节卦的卦象是“泽上有水，节”，君子看到这个卦象，应该效法节卦的义理，制订典章制度和必要的礼仪法度，来作为行事的准则，以此来节制人的各种行为。

《周易》上讲，“天地节而四时成节以制度，不伤财、不害民。”天地的运行有节制，所以四季才能够形成。国家推行政事也要有节制，这个节制要以典章制度作为准则，要做到既不浪费财物、又不伤害百姓。

在春秋的时候，子产治理郑国，把郑国治理得很好。他推行了一个制度，就是在全国实行尊卑制度，公卿大夫有不同的衣服，田地都有疆界和沟渠，居民五家组成一组。这些公卿大夫，俭朴的就给予奖励；骄横奢侈的就依法处置。第一年很多人怨声载道，都说子产把我们的衣服、衣帽都收起来了，把我们的田地也都划分了，把我们这些居民都编制起来。谁要去杀这子产呢，我愿意帮助。可见百姓对他深恶痛绝。但是这个制度实行3年后，百姓就赞叹说：“我有孩子，要交给子产去教诲，我有田地，是因为子产，我们田地才茂盛，子产要是死了，谁来继他的位啊？”

这是讲通过制度来促进人们勤俭节约，节俭的给他奖励；奢侈的给他处罚，通过制度来推进勤俭节约，确实能够起到很好的效果。

我们在网上曾经看到一篇文章讲到，有几位中国人去德国的餐厅吃饭，在德国餐馆为了讲排场，就点了很多，结果吃不完，剩在桌上了。刚结完账离开餐馆，这个餐馆的人就把他们叫回去了。跟他们讲，你们剩的东西太多了。去吃饭的几位都不知道怎么回事，特别生气，钱都给了，你们凭什么罚我们款？后来那个餐馆的人就打电话，可能是给专门负责、处置吃剩东西的一个机构报警。后来就来了一个穿制服的工作人员，开了一个罚单，罚了这些吃饭的人50马克。这个穿制服的人就跟他们讲，你需要吃多少就点多少，钱是你们的，但是资源是全社会的。现在世界上还有很多人缺少资源，你们没有理由，也没有权利浪费。

这是一个发生在德国的真实故事。德国人比我们富有，但是在德国，人们都有这种节约意识。所以我们自己要好好反省，我们国家资源不是很丰富，而且人口多。我们不少人请客吃饭，浪费的非常多。如果有处罚的制度，来限制人们的铺张浪费，确实也能够让人们的行为有所收敛，他被罚了一次，以后也许就不会继续这样了。所以，制定相关的限制浪费的制度也非常有必要。

在古代，国家制礼，尤其是对穿衣、车马都有节制。古人穿衣服、用的车马，都因地位的尊卑有区别，都有不同的标准。这种做法的目的是什么？就是让有德行的人得到尊重，而且可以止息人的竞争攀比之心。这样一来，人和人之间不是攀比生活的奢华，而是看你是不是守礼守节。这样就不会人人争利。如果人穿的衣服、使用的器具，跟自己的身份不相称，那就分不出贵贱等级，这样一来的结果就是富有的人超越他的等级享用；贫寒的人还达不到他应该享用的标准，小人使用了君子才能够使用的器具，商人穿官员才能穿的衣服；有钱的人就荣耀、没钱的人就卑下。这样一来，整个社会都崇尚金钱。外在的这些东西如果没有节制，人人都追求。这样，谁有钱谁就受尊重、谁没有钱就得不到尊重。人的价值观不是讲道义而变成了讲利益。人人都追逐利益，国家就危险。

在《群书治要·崔寔政论》里面就专门讲到："夫人之情，莫不乐富贵荣华、美服丽饰、铿锵炫耀、芬芳嘉味者也。昼则思之，夜则梦焉，唯斯之务，无须臾不存于心，犹急水之归下、下川之赴壑。不厚为之制度，则皆侯服王食，僭至尊，逾天制矣。是故先王之御世也，必明法度，以闭民欲，崇堤防以御水害。法度替而民散乱，堤防堕而水泛溢。顷者，法度颇不稽古，而旧号网漏吞舟。故庸夫设藻棁之饰，匹竖享方丈之馔，下僭其上，尊卑无别，礼坏而莫救，法堕而不恒。斯盖有识之士所为于邑而增叹者也。律令虽有舆服制度，然断之不自其源，禁之又不密。今使列肆卖侈功、商贾鬻僭服、百工作淫器，民见可欲，不能不买，贾人之列，户蹈逾侈矣。故王政一倾，普天率土，莫不奢僭者，非家至人告，乃时势驱之使然。此则天下之患一也。且世奢服僭，则无用之器贵，本务之业贱矣。农桑勤而利薄，工商逸而入厚，故农夫辍耒而雕镂，工女投杼而刺文。躬耕者少，末作者众，生土虽皆垦乂，故地功不致，苟无力穑，焉得有年？财郁蓄而不尽出，百姓穷匮而为奸寇，是以仓廪空而囹圄实。一谷不登，则饥饿流死，上下俱匮，无以相济。国以民为根，民以谷为命。命尽则根拔，根拔则本颠。此最国家之毒忧，可为热心者也。斯则天下之患二也。"

也就是说，人都喜欢荣华富贵，喜欢华丽的衣服、漂亮的首饰，天天吃美味佳肴。日思夜想都是这样。现在也有不少人天天想的是财色名食睡，想要过骄奢淫逸的生活。要知道，追求物欲，欲望一放大，最终结果就是道义之心没有了。人的道义之心没有了，就会你争我夺，先是竞争，进而是斗争，斗争再升级，就变成战争。所以真正有智慧的君主，首先是要确定法度。在过去是制礼作乐，制礼作乐目的就是节制人的欲望，让人的心回归到道德伦理上来，而不是追求奢靡的生活。如果人人追求奢侈的生活，社会风气奢华，没有实用价值的东西就昂贵，比如各种奢侈品，没有实用价值，反而很贵。有实用价值的，比如粮食、蔬菜反而价格低廉，农民的利益就会被侵蚀。这样一来，务农的人很辛苦，但得到的利益却少。而从事工商业非常安逸，不用每天晒太阳、淋雨，反而收入多。这样农民就不愿意种地了，都愿意进城打工了，耕地的人越来越少，从事农业的人越来越少，而从事工商业的人越来越多。农民少，收成就会减少，反过来讲，社会财富就会集中在少数人的手里。一旦财富集中在少数人手里，如果百姓穷困，就会做违法之事，最终导致社会不安。另一方面，种田的人少，粮食收成一旦不好，就会有饿死、流亡的人。在中国古代历史上，每一个朝代末期社会动乱的根源，往往就是社会盛行奢侈之风，百姓没有饭吃，所以起义动乱。我们一定要看到这一点。"国以人为本，人以食为命，命尽则根拔。"如果出现粮食的危险，国家就非常危险。所以我们每个人对这一点要真正认识，不要追求这些没用的东西。

在《群书治要·新语》里面就讲到："国不兴不事之功。家不藏不用之器。"国家不要去做那些无用的工程，现在来讲，就是这种劳民伤财的工程不能够做；对百姓来讲，就是家里不要去珍藏那些没有用的器具。现在所谓的奢侈品，实际都是无用之具，不要以为这些能提高我们的品位，让我们得到他人的尊重。要知道，一个人能否受人尊重，不是外在的这些东西。人如果靠外在的东西去赢得人的尊重，那就说明我们的人格越来越不值钱，真是可悲啊。

在《群书治要·傅子》里面还讲到："上不征非常之物，下不供非常之求；君不索无用之宝，民不欲无用之货。"在上位不征那种奇巧的物品，下民也不供奉额外的所求；君主不索取无用的珍宝，百姓也不出卖无用的货物，人人都能够务本，这个国家、这个社会，才能够安定，才不会兴起奢靡之风。

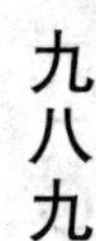

（四）禁作末作文巧

要推动勤俭之风，还有重要的一点，就是要禁作末作文巧。末作文巧也称“奇技淫巧”，现代话来讲就是过于奇巧、没有实际价值的事物。现在人往往喜欢追求奢侈品，比如手提包，它的作用也就是提一点东西而已，有的人一个包花几千块、几万块，包里的东西可能也不值多少钱，这就是“奇技淫巧”。

在《群书治要·管子》里面讲到：“凡为国之急者，必先禁末作文巧。末作文巧禁，则民无所游食，民无所游食则必农。民事农则富。”这是讲治国当务之急，一定要禁止生产“末作文巧”，生产“末作文巧”的行业被禁止，百姓就不可能去到处游荡求食了。回家务农的人就会增加，多一些人回家安心务农，安心从事农业生产。只有从事农业才是利用天时地利，创造物质资源。

孔老夫子在《孔子家语》里面讲到：“设奇伎奇器，以荡上心者，杀。”对于制作奇技淫巧，迷惑君上的人，要判处死罪。现在是民主社会，现代人制作奇技淫巧是迷惑全社会的人。因此，我们在发展经济的同时，一定要认识到这种“奇技淫巧”的危害。

现在有不少这样的新闻，有人为了买一个手袋、买一个手机，闹出家庭矛盾；还有青少年为了买手机而卖肾的；有青少年为买手机而导致死人的事件发生。这就是“奇技淫巧”给社会带来的严重危害。

可见“奇技淫巧”，对社会奢靡之风影响之大。奢华之风的根源，就是因为崇尚这种“奇技淫巧”的人增多。对这些制作“奇技淫巧”的人，如果我们没有足够的智慧辨识，甚至会把他们当成技术英雄来崇拜。意识不到这种人给社会带来的危害，导致人们的欲望无限放大，最终将社会人心导向浮华，越来越崇尚奢侈。

（五）勤俭节约，从我做起

勤俭节约要从我们每一个人自己做起，不管我们在什么样的地位、做什么样的工作，在生活中我们处处都可以勤俭节约。

生活中很多小事我们都能够做到节约、不浪费。

第一，顺手关掉水龙头。要知道淡水的资源非常珍贵，我们常常不知道珍惜、节约用水。很多水就白白浪费了;水也可以一次多用,比如洗衣服、淘米、洗菜的水,你可以用来擦地、可以用来冲厕所。

第二,少用一次性餐具。现在很多一次性筷子都是用木头做的。一次性筷子是日本人发明的。日本的森林覆盖率高达65%,但是,他们的一次性筷子全是进口的。我们国家森林覆盖率不到14%,但是,我们国家是出口一次性筷子大户。我们现在说要建设“美丽中国”,要从哪里做起?要少砍伐树木,每个人要少用一次性餐具。

第三,每次要把饭吃得干干净净。在学校里面、在餐馆里面我们经常看到,很多人的饭都没吃干净,很多粮食白白倒掉了。我们国家一年浪费的粮食,可以养活几千万人。我们要懂得节约、惜福,首先要从把饭吃干净开始,哪怕一个米粒也要把它吃掉。

第四,外出就餐点菜别过量,餐馆里面很多浪费的现象,都是我们好面子,点很多菜,最后吃不完,而且也不愿意打包带走,觉得有伤面子。

第五,充分利用白纸。纸是要靠砍伐木头才能生产出来,非常不容易。所以用纸要节约,尽量发挥纸的作用。

……

这些虽然看似都是小事,但是我们不能够忽视,如果全社会人人都这么做,就能为国家节约大量的财富。

《周易》上讲“君子以俭德辟难。”你能够勤俭、能够节约,最大的好处就是你能够远离灾祸。因为勤俭就是惜福。《老子》讲:“金玉满堂,莫之能守。富贵而骄,自遗其咎。”你家里财富很多,你守不住,一个人不要积财,积财丧德、积财伤道啊。你处在富贵之中一旦骄慢,就会给自己带来灾祸。所以有智慧的人,他一定会懂得勤俭节约。

留衲戒奢

殿

宋高祖

會稽公主

留衲戒奢①

【历史背景】

刘裕，字德舆，小名寄奴，史称宋高祖、宋武帝。他虽然由镇压农民起义起家，在政治斗争中耍阴谋、施残暴无所不用其极，但他两次北伐，开拓疆土，也在一定程度上减轻了人民负担，缓和了阶级矛盾，促进了南方经济发展。刘裕青少年时代家境贫寒，曾从事砍柴、打鱼等劳动，后来又以卖草鞋为生，饱尝了贫困的苦痛。这段人生经历在他心灵中留下了永不磨灭的记忆。所以，他掌权和称帝后禁止奢靡作风，自己的享受也很有节制。史称他“清简寡欲，严整有法度，未尝视珠玉舆马之饰，后庭无纨绮丝竹之音”。他入宫后的住处，依旧用土屏风、布灯笼。女儿出嫁也只给些钱，而不赠锦绣金玉。他的孙子甚至讥笑他是土包子、乡巴佬。他虽然贵为天子，却还珍藏着当年使用过的农具，以及砍柴时穿的那件补了又补的破袄，这是他妻子臧氏亲手缝制的。创业之君大多亲历艰苦，深知民间衣食之难，因此生活也有节制，对人民的剥削也尚不重。但后世子孙，则因生长于富贵中，对百姓的疾苦又所知甚少，大多是挥金如土、奢靡无度。因此国库日虚，对人民的压榨也日益残酷。最终，必然是官逼民反，天下大乱。历史上的改朝换代，有不少都是天灾人祸的结果。所以，守业的统治者如能保持创业君主的优良传统，经常警惕腐化，其政权就能稳固。然而，能做到的人并不多，因而刘裕“留衲戒奢”的故事也就越发显得有价值。

宋高祖刘裕经过多年的征战和精心的谋划，才最终取得了皇位，他知道建业的艰难，所以在他当了皇帝以后，采取了积极的措施来巩固国家的统治。刘裕在用人方面与其他的皇帝有一个明显的不同之处，那就是大多任用那些出身寒门的人，因为同样出身的刘裕深深知道这样的人具有的优点是一般人不能具备的，所以在用人的时候主要擢寒门之士，这就是宋代历史上所谓的“网罗幽滞”。刘裕对百姓的生活十分关注，为了减轻百姓的负担，多次下令减免税役，而对于那些因为作战征伐来的奴隶，后来也一律放还了。刘

裕在底层社会的经历让他知道官吏人员的庞大对国家和百姓造成的巨大的不利影响，所以在吏治上，刘裕规定“荆州府置将不得过二千人，吏不得过一万人；州置将不得过五百人，吏不得过五千人。兵士不在此限”。对于深受战乱之苦的百姓，刘裕的这些措施都是最为切实和及时的，在很大的程度上对百姓的生活起到了有利作用。

刘裕虽然身为皇帝，但从来没有忘记节俭，生活方面也总是很简朴。史书说他“清简寡欲，严整有法度，未尝视珠玉舆马之饰，后庭无纨绮丝竹之音”。“财帛皆在外府，内无私藏”，这是对刘裕政绩与生活的最好的概括。历史上有这样的一件事情，刘裕在征伐后秦的时候，宁州人献琥珀枕给他，这的确是一件罕见的珍宝。但刘裕得知琥珀能够治伤后，就让手下的人将琥珀枕捣碎分给作战受伤的将士。后来刘裕在与后秦的作战中大获全胜，得到了姚兴从女，刘裕非常宠爱她，差点就为了这个女人而荒废了政事。谢晦进谏陈说这件事情的利害，刘裕悔悟到了自己的过失，马上把这个女人赶走了。宋台建好后，有人上书说要把东西堂施局脚床，钉上银钉，刘裕听了之后认为这是一种浪费，只是下令用直脚床，钉铁钉。刘裕贵为天子但始终衣着简朴，常拖着连齿木屐，在神虎门散步，跟随他的下人也不过十几个而已。史书中记载他的儿子按照礼节每天早晨都要向他请安，但是决不被那些繁琐的礼节规定所限制，更无须穿着华丽的衣服，只要穿着平常的衣服就可以了。

【原文】

宋史纪：高祖微时，尝[2]自于新洲[3]伐荻[4]。有衲[5]布衫袄，臧皇后手所作也。既[6]贵，以付[7]其长女会稽公主，曰：“后世有骄奢不节者，可以此衣示之[8]。”

【张居正解】

六朝宋史上记：高祖刘裕起初微贱时，其家甚贫，常亲自在新洲上砍斫芦荻。那时穿一件碎补的衲袄，乃其妻皇后臧氏亲手缝成的。及高祖登了帝位，思想平生受了许多艰苦，创下基业，恐子孙不知，不能保守，乃将这衲袄付与他的长女会稽公主收藏，嘱咐他说：“后来我的子孙，若有骄恣奢侈，不知节俭的，你可把这衣与他看，使他知我平素曾穿这等衣服，不得过求华美也。”大抵创业之君，亲历艰苦，知民间衣食之难。爱惜撙节，人又瞒他不得。是以取于民者有制，而用常有余。后来子孙，生长富贵，若非聪明特达者，易流于奢靡。轻用财帛，而人又欺瞒得他，冒破侵尅取于民者日多，而用反不足。至于横征暴敛，民穷盗起，危其国家，此宋高祖示戒之意也。继体之君，若能取法祖宗自服御之近，以至一应费用必考求创业时旧规，要见当初每年进出几多，后来每年进出几多，在前为何有余？后来为何不足？把那日渐加增之费一一革去，则财用自然充积，赋敛可以简省，民皆安生乐业，爱戴其上，而太平可长保矣。

【注释】

①本则出自《宋书·徐湛之传》。本文记述了宋高祖刘裕留下自己当年微贱的时候所穿的打着补丁的衣服，以告诫后人不要奢侈的故事。

②尝：曾经。

③新洲：在今南京北大江中，与幕府山相对，又名萍家洲。

④伐获：割芦荻。

⑤衲：补丁。

⑥既：等到，表示已经完成。

⑦付：交给。

⑧可以此衣示之：可以把这件衣服拿给他们看。

【译文】

高祖刘裕以前卑贱的时候，家里极其贫穷，曾经在新洲割芦荻为生，那个时候他经常穿着一件碎补的衲袄，这是他的妻子也就是后来的臧皇后亲手为其缝成的。等到高祖登了帝位后，就将这衲袄交给他的长女会稽公主收藏，并且告诉她说："如果我后代的子孙有骄恣奢侈，不知道节俭的，你就把这件衣服拿给他们看，让他们知道当初的先祖我是怎么生活的。"

【评议】

节俭，是中华民族的传统美德之一。刘裕出身贫苦，在他做了皇帝之后，仍然没有忘记自己曾经有过的贫贱生活,将自己当年打柴时候穿着的一件破衣服拿出来,传给后代子孙,目的就是要告诫他们一定要节俭,千万不要奢侈。宋高祖刘裕在贫苦的底层生活过,对老百姓的艰辛有深刻的体会,所以在做了皇帝以后,特别注重爱惜民众所创造的财富。作为一个明智的君主就会注意到以往的历史教训,东晋的灭亡,很大程度上是因为统治者为满足自己的奢侈肆意搜刮民财而导致的。很多皇帝都知道这样的教训,但在自己的行动之中,却很少去执行。在故事中的宋高祖以自己的实际经历来告诫自己的后代子孙,实在是难能可贵。

【拓展阅读】

宋武帝

刘裕当政位时期,吸取了前朝土族豪强挟主专横的教训,抑制豪强兼并,并采取了很多措施,巩固帝位,这也显示了这位创业之君的治国才能。

初露锋芒

刘裕初为北府旧将孙无终的司马,事迹不显。安帝隆安三年(399 年)十一月,孙恩从会稽(今浙江绍兴)起兵反晋,东南八郡纷起响应,朝野震惊。晋廷忙派谢琰、刘牢之前往镇压。谢琰是著名的陈郡谢氏家族中的人物,刘牢之则为淝水战役中大破前秦苻坚的北府名将。大概因为孙无终的荐举,刘裕转入刘牢之的麾下,当了一名参军。在转战三吴的几年中,刘裕屡充先锋,每战挫敌,其军事才干得到初步显露。他不仅作战勇猛,披坚执锐,冲锋陷阵,且指挥有方,富有智谋,善于以少胜多。因讨乱有功,刘裕被封为建武将军,领下邳太守。

平定桓玄之乱

晋安帝时期,兵力严重不足,因此京城防护空虚,这给盘踞长江上游军事重镇荆州、虎视三吴、伺机而动的桓玄以可乘之机。元兴元年(402 年),桓玄举兵东下,攻入建康,杀司马元显，收夺刘牢之兵权，以其堂兄桓修代之。刘裕审时度势，暂投桓玄以行韬晦。由于刘裕屡建军功，于北府旧部中颇有声望，故桓玄也不敢小视他。次年十二月，桓玄篡位，更对刘裕款待备至，恩宠有加。桓玄的妻子刘氏颇能识人。她多次对其夫说："刘裕行止有龙势虎志，看问题不同凡响，不会久居人下，宜尽早除之。"桓玄却说："我欲荡平中原，非此人不行，怎好杀他？等关陇平定，再作计议。"正在桓玄盘算之际，刘裕也在暗中图谋桓玄了。刘裕以打猎为名，聚集百余人首先在京都发难，杀死桓修。接着，众人推刘裕为盟主，传檄四方，各地纷起响应。桓玄见情势不妙，挟持晋安帝，轻舟逃逸江陵。三月，刘裕率兵进入建康，坐镇京师，指挥各路人马乘胜西进。经过一个多月的激战，桓玄被逼逃往西川，为益州都护冯迁所杀。

称帝

赫赫的战功，使刘裕在朝廷的地位显赫无比。他先后受封相国、宋公，加九锡，位在诸侯王之上。义熙十四年(418 年)十二月，刘裕令心腹鸩弑安帝，立司马德文为傀儡皇帝。元熙二年(420 年)，刘裕逼迫司马德文禅让帝位，自己即皇帝位，国号宋，改元永初，是为武帝。

【镜鉴】

永葆共产党人艰苦奋斗的政治本色

艰苦奋斗，既是中华民族的传统美德，又是我们党的传家宝，是我们党为实现革命理想和美好事业的强大精神动力。中华民族依靠艰苦奋斗的精神，在五千年的漫长岁月中创造了辉煌的历史。在新时期新形势走向伟大复兴的进程中，同样要依靠艰苦奋斗的精神去创造历史的辉煌。艰苦奋斗，是我们共产党人的政治本色，党员领导干部应当永葆这种本色。

(一)准确理解艰苦奋斗精神的内涵

所谓艰苦奋斗，就其本质意义上讲，是一种迎难而上、坚韧不拔、克勤克俭、顽强拼

搏、不怕牺牲、不达目的誓不罢休的精神风貌。这种精神什么时候也不会过时。但艰苦奋斗的内涵是随着历史的发展而不断变化的，在不同的历史时期和不同的现实条件下，艰苦奋斗有着不同的内容和表现形式，艰苦奋斗精神在改革开放和市场经济新的历史时期被赋予新的科学的时代内涵。

1.解放思想、实事求是是艰苦奋斗精神的核心

新时期艰苦奋斗精神具有丰富的内涵，而解放思想、实事求是则是其核心。解放思想、实事求是，是马克思主义的精髓，是我们党坚持先进性和增强创造力的决定性因素，也是艰苦奋斗精神的本质要求。

时代在前进，艰苦奋斗精神也具有明显的时代特征。为了创业应该不怕吃苦、不怕流汗，但不能只是把吃大苦流大汗作为衡量是否具有艰苦创业精神的标准，吃苦流汗不是目的，创辉煌的业绩才是目的。不解放思想，所谓的实事求是就是僵化、保守，对我们的事业是有害的；不实事求是，所谓的解放思想就是蛮干、乱干，对我们的事业是极其有害的。这两种做法都不符合艰苦奋斗精神。无论干什么工作都应尽力而为和量力而行，既解放思想，又实事求是，始终保持锐意进取的势头，在现有条件基础上，充分发挥主观能动性，创造出最佳的业绩。

2.艰苦朴素、勤俭节约是艰苦奋斗精神的基本原则

艰苦奋斗以节俭为本。我们民族历来有崇尚节俭朴素、反对铺张浪费的传统美德，艰苦朴素也是我们党的光荣传统。艰苦朴素，勤俭节约，其实质在于尊重劳动、尊重人民、珍惜劳动成果，要根据经济实力确定相应的消费水平，量入而出，把消费控制在合理的范围内。反对大吃大喝、比富摆阔等任何形式的奢侈浪费。当然，我们今天所提倡的艰苦朴素，不是片面地要求人们勒紧裤带充当“苦行僧”，更不是主张人们去挖野菜、吃草根、啃树皮，回到“红米饭、南瓜汤”“小米加步枪”的革命年代生活中去。艰苦朴素的概念是相对的，不同时期有不同的要求。随着市场经济的发展，人们物质生活水平的不断提高，“吃饭讲营养、穿衣讲样式、住房讲宽敞”，不能说就不是艰苦奋斗了，更不能说是享乐主义的表现。因为在经济发展、社会进步的前提下不断提高人民的物质生活水平，这与不断满足人民群众日益增长的物质文化生活需要的社会主义生产目的是完全一致的。“历览前贤国与家，成由勤俭败由奢。”一般说来，一个国家、民族或政党，在它处于上升时期、条件艰苦的情况下，大都能振奋精神、艰苦朴素；但随着事业的成功、条件的改善，再

讲艰苦奋斗就不那么容易了。如果抛弃艰苦朴素、勤俭节约的优良作风,任凭奢侈享乐之风盛行,政亡人息的结局也就为期不远了。毛泽东曾经指出:"要使全体干部和全体人民经常想到我国是一个社会主义的大国,但又是一个经济落后的穷国,这是一个很大的矛盾。要使我国富强起来,需要几十年艰苦奋斗的时间,其中包括执行厉行节约、反对浪费这样一个勤俭建国的方针。"在全面建设小康社会的今天,提倡艰苦朴素、勤俭节约显得更加必要。因此,我们的党员干部决不能把经济发展作为放弃俭朴的理由,而是任何时候都必须珍惜国家和人民的钱财,坚持勤俭节约,勤俭建国,勤俭办一切事情。

3.知难而进、坚韧不拔是艰苦奋斗精神的基本要求

艰苦奋斗是一种积极的人生态度。艰苦奋斗意味着在艰苦的环境中,敢于挑战困难和风险,不怕失败,百折不挠,具有最终战胜艰难险阻的信心和毅力。切忌意志薄弱,逃避困难。艰苦奋斗作为一种不畏艰难、锐意进取、奋发有为的精神状态和行为品质,一直是创业者的座右铭。在社会的发展中,艰难是客观存在的。即使在改革开放和发展市场经济的今天,在探索和创新的过程中,没有现成的路可走,挫折和失误在所难免。古人曰:"艰难困苦,玉汝于成。"艰难是人生的导师,是成功的阶梯。只有正确对待困难,迎难而上,敢于和善于同困难做斗争,才能苦尽甘来。因此,今天我们要以乐观的态度直面新形势下的困难和风险,以不达目标誓不休的英雄气概,为社会主义事业义无反顾,勇往直前,并在实践中不断增强心理承受能力。

4.乐于进取、开拓创新是艰苦奋斗精神的关键

艰苦奋斗的重点是"奋斗"。乐于进取、开拓创新,就是要居安思危,脚踏实地,埋头苦干,拼搏奋进,有所创造,有所发明,不断开拓新领域,达到新境界。要克服贪图安逸、不思进取、官僚主义、形式主义等思想。古人云:"忧劳兴国,逸豫亡身";"生于忧患,死于安乐"。历史经验告诉我们,缺乏进取精神的国家是没有前途的国家,没有进取精神的民族是没有希望的民族。李自成进京后的失败,古罗马帝国的分崩离析,历史上因骄奢淫逸而招致亡党亡国的事例不胜枚举。创新是奋斗的出发点和归宿,也是奋斗的核心;奋斗又是创新的前提。江泽民提出,创新是一个民族进步的灵魂,是国家兴旺发达的不竭动力,也是一个政党永葆生机的源泉。缺乏创新精神的艰苦奋斗,则难以超越前人,则难以有大的作为。同时,"实干兴邦,空谈误国"。我们讲艰苦奋斗,就是要求打破四平八稳的工作态度,不断进取,勇于探索创新。大力倡导讲实话、办实事、求实效的好作风,坚决

反对搞花架子、沽名钓誉、不务实际的坏作风。

5.克己奉公、淡泊名利是艰苦奋斗精神的思想基础

古人云:“非淡泊无以明志,非宁静无以致远。”“名节重于泰山,利欲轻于鸿毛。”说的就是在功名利禄面前,要保持沉心静气,甘于恬静寡欲。事实一再表明,许多干部的贪污受贿、以权谋私等腐败现象,都是从追求享乐开始的。作为我们各级党员干部,就要像焦裕禄、孔繁森、沈浩等先进模范那样,正确对待名利,正确对待得失,不汲汲于浮华,不戚戚于名利,真正把心思和精力用在勤奋敬业上;正确对待自己,善于辩证地看待自己的长与短、得与失,自信而不自负,淡然而不浮躁,谦虚而不自傲;正确对待组织,处理好个人愿望和组织需要的关系,讲党性、顾大局;正确对待名利,不为名所累,不为利所缚,不为欲所惑,实践中不断加强党性锻炼,提高品德修养。

(二)艰苦奋斗精神,是中华民族的优良传统,是我们党的政治本色

中华民族是一个伟大的民族,在五千年发展的历史长河中,形成了很多的优良传统,艰苦奋斗的精神就是其中之一。中国共产党继承和发扬了中华民族的优良传统,发扬了艰苦奋斗的精神。艰苦奋斗精神是我们党在长期的革命斗争和建设实践中形成的优良传统。因此,毛泽东把艰苦奋斗上升到党的建设的高度,指出“艰苦奋斗是我们的政治本色”。党以艰苦奋斗而兴,国以艰苦奋斗而强。历史和现实都表明:一个没有艰苦奋斗精神作支撑的民族,是难以自立自强的;一个没有艰苦奋斗精神作支撑的国家,是难以发展进步的;一个没有艰苦奋斗精神作支撑的政党,是难以兴旺发达的;同样,一个没有艰苦奋斗精神作支撑的党员,是难以有什么作为的。

中国共产党成立八十九年的历史,就是一部艰苦奋斗的创业史。抗日战争时期,美国记者斯诺正是从毛泽东住简陋窑洞,周恩来睡土炕,彭德怀穿用缴获的降落伞缝制的背心等平凡小事上,洞察出共产党人艰苦奋斗的伟大力量,感慨地称之为“东方魔力”,并以此推断这种力量是“兴国之光”。

淮海战役中,12 万装备精良的黄维兵团被歼,被俘后的黄维拒不认输。但当他被带到我军前委指挥所的破草房里,看到刘伯承、邓小平、陈毅这些“布衣将军”时,才恍然大悟,不得不服气地说:“在下不光败在战场上,更败在作风和精神上。”这种政治本色,如奔流不息的长江黄河,贯穿于我们党八十九年的奋斗历史。

新中国成立前夕，毛泽东深刻分析全国胜利后党面临的新形势新考验，高瞻远瞩地向全党同志特别是高级干部敲响了警钟，要求全党同志务必继续保持谦虚、谨慎、不骄、不躁的作风，务必保持艰苦奋斗的作风。

2002年12月，胡锦涛和中央书记处的同志来到革命圣地西柏坡学习考察。胡锦涛说："不论我们党取得什么样的成就，都必须长期艰苦奋斗，始终坚持马克思主义政党的本色和宗旨，不断维护和实现最广大人民的根本利益，这样我们党才能始终保持同人民群众的血肉联系，始终得到广大人民群众的拥护和支持，始终立于不败之地。""我们一定要牢记毛泽东同志倡导的'两个务必'，首先要从自身做起，从每一位领导干部做起！"

正是靠着艰苦奋斗的精神，我们党的队伍才由小到大，我们的国家才逐步强盛起来。没有艰苦奋斗，就没有党的今天、国家的今天、人民的今天。艰苦奋斗作为我们党的优良传统和作风，作为马克思主义的政治本色，是凝聚党心、民心，激励全党和全体人民为实现国家富强，民族振兴奋斗目标的强大精神动力，是我们党始终保持同人民群众血肉联系的一个重要法宝，是我们党区别于其他政党的显著标志之一。

毋庸置疑，改革开放以来，随着经济的发展和生活水平的提高，一部分党员干部淡忘了党艰苦奋斗的优良传统，滋长了奢侈享乐之风，认为现在生活富裕了，没有必要再艰苦奋斗了。在有些党员干部的心目中多了些个人意识，少了些宗旨意识；多了些个人利益，少了些群众利益；多了些个人享乐，少了些艰苦奋斗。有的经不起权力、金钱、美色的诱惑，以权谋私，贪污受贿，买官卖官，大搞权钱交易、权色交易，追求花天酒地、纸醉金迷、腐朽糜烂的生活方式，甚至走上违法犯罪的道路。王宝森、胡长清、成克杰、刘方仁、王怀忠、何闽旭、刘志华等高官之所以成为腐败分子，与他们丢掉艰苦奋斗精神是密不可分的。对于共产党员特别是党的高级领导干部来说，能否自觉发扬艰苦奋斗精神，是坚持不坚持党的政治本色的重大问题。

(三)自觉保持和发扬艰苦奋斗精神.永葆共产党人艰苦奋斗的政治本色

保持和发扬艰苦奋斗精神，最根本的是要解决世界观、人生观和价值观的问题。胡锦涛说："对于共产党员和领导干部来说，保持和弘扬艰苦奋斗的精神，说到底就是牢固树立和坚持马克思主义的世界观、人生观、价值观的问题。"只有从根本上解决世界观、人生观、价值观问题，党的艰苦奋斗的精神才能在自己的思想上和作风上真正扎根。改革开放以来,一些党员干部之所以精神空虚,不思进取,错误地把勤俭朴素看作寒酸,视吃苦耐劳为迂腐,将艰苦创业当傻帽,最根本的一条就是,他们放松了世界观的改造,丢掉了艰苦奋斗的优良作风,思想深处滋长了利己主义、极端个人主义以及金钱至上、见利忘义等违背社会主义道德原则的腐朽观念。党员干部一定要树立正确的人生观、价值观,把全心全意为人民服务作为终身的人生追求及价值追求;树立正确的权力观,要为人民掌好权、用好权,不以权谋私;树立正确的得失观,为了国家和人民的利益甘愿牺牲自己的利益;树立正确的群众观,要依靠群众,关心群众,服务群众,始终保持与人民群众的血肉联系。有了正确的世界观、人生观和价值观的指导,在复杂的政治斗争中就不会迷失方向,在改革开放新的社会环境中,就能够做到"富贵不能淫,贫贱不能移,威武不能屈",经受住各种考验。

保持和发扬艰苦奋斗精神,最关键的是要不断加强自身修养,增强自我约束力。俗话说:"德从俭出,恶从奢始。"党员干部只有坚持以俭养德,以俭戒奢,以俭防腐,才能增强自身免疫力,才能在思想上筑起崇俭戒奢的防线,永葆艰苦奋斗的政治本色。加强自身修养,要自觉反省自己的言行,经常自我提醒,不断激励自己,尤其应坚持做到在无人监督、无人知晓的情况下,也要恪守信念,砥砺名节,严格自律。要自觉地增强自我约束力,把好防微杜渐的关口。要从严要求自己,时刻对照检查自己是否身正行直,对自己的缺点和错误不隐瞒,不文过饰非,勇于开展批评与自我批评,并认真加以改正;要善于见微知著、未雨绸缪、洞烛毫发,及时察觉并判断那些起于青蘋之末的问题,力争对各种问题见之于未萌、防之于未发、防患于未然。这样经年累月地磨炼自己,就能练就坚强的自我约束力,养成浩然正气,具备高尚的人格和美好操守,在艰苦创业、奋发进取中展现出共产党人的政治本色。

保持和发扬艰苦奋斗的精神,最紧要的是领导干部率先垂范,起模范带头作用。正如胡锦涛在西柏坡学习考察时所提出的,大力弘扬艰苦奋斗的精神,关键是领导干部要以身作则。领导干部在实施领导的过程中,离不开"发号施令",但要保证政令畅通,不仅靠来自权力的强制性,更靠来自群众的信任和人心所向。在艰苦奋斗方面,毛泽东等老一辈无产阶级革命家亲手培育了我党艰苦奋斗的优良传统,他们的伟大实践为全党全军和全国人民树立了光辉的典范,影响了几代人。新时期能否让艰苦奋斗精神蔚然成风,群众看党员,党员看领导。这已是一条被实践反复证明了的真理。领导干部要得到群众的信赖，真正有权威，有感召力，也必须事事处处给群众做出榜样，正所谓“其身正，不令而行；其身不正，虽令不从”。领导干部只有以身作则，严于律己，发挥艰苦奋斗的表率作用，才能把艰苦创业的好作风树起来，才能得到群众的拥护和爱戴。“玩物可以丧志，奢侈足以堕德”，实践证明，党员干部想享受多了，想党的事业就少了；吃喝玩乐花去的时间多了，工作和学习的时间就少了；离“灯红酒绿”近了，离人民群众就远了。因此，各级领导干部在市场经济条件下，一定要保持清醒头脑，正确对待权力，用好手中的权力，在权力面前不放纵，在“香风”前面不软身，在金钱面前不移志。始终与人民同甘苦，共患难，为群众树立好样子，用自己的行动带动和影响广大党员和人民群众，真正成为党的艰苦奋斗精神的传人。

保持和发扬艰苦奋斗精神，最牢靠的是通过改革建立促使党员干部艰苦奋斗的机制。一方面，要通过建立起与弘扬艰苦奋斗精神相适应的竞争机制，促使党员干部艰苦奋斗，不断进取；另一方面，要建立完善刚性的监督制约机制，从体制上堵住淫逸奢侈之风。同时加大舆论宣传力度，对奢侈浪费的坏典型要曝光，对艰苦奋斗的好典型要大力树立表彰和推广。

艰苦奋斗作为一种精神，它不仅是勤俭节约、吃苦耐劳的生活态度，更是一种奋发有为、开拓进取的精神状态，一种不怕困难、百折不挠为真理而斗争的坚强意志，一种知难而进、拼搏奉献的精神风采，一种打不烂、摧不垮、永远保持旺盛的战斗精神的英雄气概。显而易见，艰苦奋斗精神不仅没有过时，反而更具有时代意义。因此，我们应大力地加以发扬光大，永葆共产党人艰苦奋斗的政治本色。

弘文開館

弘文館

唐太宗

弘文开馆[1]

【历史背景】

唐太宗李世民(599~649年)。在位23年(627~649年)。唐朝第二位皇帝，祖籍陇西成纪人(今甘肃静宁成纪乡人)，伟大的军事家，卓越的政治家，著名的理论家、书法家和诗人。堪称“千古一帝”。太宗皇帝在唐朝建立过程中出生入死，运筹帷幄，统一中国。即位后，抗击外来侵略，同时执行夷汉一家的政策，是历史上民族关系最为良好的时期，在促进民族团结和融合中做出了巨大的贡献，是中国古代一位伟大的皇帝！在位23年，其间国泰民安，社会安定，经济发展繁荣。通过主动消灭各地割据势力，并虚心纳谏、厉行节约、休养生息，社会出现了国泰民安的局面。此举为后来的开元盛世奠定了重要的基础，将中国封建社会推向鼎盛时期。后人称他在贞观年间的统治为“贞观之治”。太宗的飞草非常著名，开创了行书写碑。他的诗歌在中国诗歌史上占有重要地位，编写了著名的秦王破阵乐。

【原文】

唐史纪：太宗于弘文殿，聚四部书二十余万卷，置弘文馆[2]于殿侧。精选天下文学之士虞世南[3]、褚亮[4]、姚思廉[5]、欧阳询[6]、蔡允恭[7]、萧德言[8]等，以本官兼学士，令更日宿直，听朝之隙，引入内殿，讲论前言往行，商榷政事，或至夜分乃罢。

【张居正解】

唐史上记，太宗于弘文殿内，聚经史子集书四部，有二十余万卷，又于殿旁开设一馆，就叫作弘文馆，精选天下文学之士虞世南、褚亮、姚思廉、欧阳询、蔡允恭、萧德言等，各以原官兼弘文馆学士，处之馆中，还教他轮番宿直，每朝罢，便引世南等到内殿，与他讲论那

书中的言语,古人的行事,或商量那时的政事该如何处,常至夜半才罢。夫太宗以武定天下而好文如此,盖战乱用武,致治以文,太宗有见于此,故能身致太平,而为一代之英主也。

【注释】

①此篇出自《旧唐书·儒学传》并《资治通鉴》卷192,唐纪八,武德九年。记唐太宗重视文学讨论政事的故事。

②弘文馆:唐高祖武德四年(621)门下省设修文馆。武德九年(626)唐太宗即位后改为弘文馆。

③虞世南(558~638):字伯施,唐越州余姚(今浙江余姚)人,在隋官秘书郎、起居舍人,入唐后官至秘书监、弘文馆学士。长于文学,并善书法,与欧阳询并称欧虞。

④褚亮:字希明,杭州钱塘(今浙江杭州)人,褚遂良父,隋时为东宫学士、太常博士。入唐后授秦王府文学馆学士。与杜如晦、房玄龄、于志宁、薛收、姚思廉、陆德明、孔颖达等十八人俱为文学馆学士。贞观初为弘文馆学士。

⑤姚思廉(557~637):字简之,雍州万年(今陕西西安)人。唐初史学家。隋时为代王侑侍读,入唐为秦王府文学馆学士。贞观初为著作郎,弘文馆学士。著《梁书》50卷,《陈书》30卷。

⑥欧阳询(557~641):唐潭州临湘(今湖南长沙)人,隋为太常博士,贞观初为太子率更令,弘文馆学士。善书,为唐代大书法家。

⑦蔡允恭:荆州江陵(今湖北江陵县)人,工诗,隋时任著作佐郎,起居舍人,入唐后先为秦王府参军兼文学馆学士,贞观初为太子洗马,弘文馆学士。

⑧萧德言(?~654):字文行,雍州长安(今陕西西安)人。父、祖皆官梁、陈,有名于时。贞观时任著作郎、弘文馆学士、秘书监少监。

【译文】

唐代史书上记载:唐太宗在弘文殿聚集经史子集四部书二十多万卷,又在殿旁设立弘文馆,精选天下专长于文学的学者虞世南、褚亮、姚思廉、欧阳询、蔡允恭、萧德言等,以原官兼任弘文馆学士，按日轮流值班。每天朝廷议事之余，即令进入内殿，共同讲论古人的言论与行事，商量处理政事，有时到夜半才停止。

【评议】

史载，唐太宗在弘文殿内广征书籍，经、史、子、集无所不备，共收集了二十余万卷，并在殿旁开设弘文馆，精选天下专长于文学的虞世南、褚亮、姚思廉、欧阳询、蔡允恭、萧德言等，让他们在保留原职的同时去兼任弘文馆的学士，按日轮流值班。每天朝廷议事之余，即令众学者进入弘文馆，共同研习古书中的道理，探讨古人的言行。商量处理政务，有时到深夜才停止。

唐太宗招纳文人学士在弘文馆讲经说法、谈古论今，与汉光武帝"夜分讲经"的行为前后契合，都是为了在古往经典中找寻治世安邦的经验与教训，所谓的"以古为镜，可以知兴替"就是这个道理。

【拓展阅读】

唐太宗

唐太宗开创了历史上的"贞观之治"，经过主动消灭各地割据势力，虚心纳谏、在国内厉行节约、使百姓休养生息，终于使社会出现了国泰民安的局面，为后来全盛的开元盛世奠定了重要的基础，将中国传统农业社会推向鼎盛时期。

玄武门之变

公元617年，李渊在李世民的支持下在太原起兵反隋并很快占领长安。公元618年，李渊建立唐朝，并立世子李建成为太子。太原起兵是李世民的谋略，李渊曾答应他事成之后立他为太子。但天下平定后，李世民功名日盛，李渊却犹豫不决。李建成随即联合四弟齐王李元吉，排挤李世民。李渊的优柔寡断，也使朝中政令相互冲突，加速了诸子的兵戎相见。是年，李建成向李渊建议由李元吉做统帅出征突厥，借此要把握住秦王的兵

马，以防止李世民篡夺皇太子之位。李世民在危急时刻决定背水一战，先发制人，抢先一步杀死大哥李建成和四弟李元吉，这就是历史上有名的玄武门之变。玄武门之变后仅仅三天李世民便被立为皇太子，从他父亲手里接过唐朝的实际最高权力。八月初九，唐高祖被迫退位，李世民便成了唐王朝的第二任皇帝。次年改元贞观。

李世民的功绩

善于纳谏，也就善于听取臣下的不同意见，明辨是非，然后采纳正确的意见。谏臣中最突出的是魏征，他经常进谏，提出过许多很好的建议，常常与李世民当面争执，即使李世民大怒，他也还是神色不变，坚持己见。

一天，李世民正在逗弄一只小鹞（即雀鹰，比鹰小，可帮助打猎），见魏征进来，怕他责怪，忙将它藏在怀中，魏征装作没看见，向太宗奏事，又故意拖延时间。等他离开，小鹞已经闷死了。有一次，太宗退朝回到宫中，怒气冲冲地说：“总有一天，我要杀死这个乡下佬。”长孙皇后忙问杀谁。太宗说：“魏征常常当面顶撞我，使我难堪。”长孙皇后就退出去穿上礼服再进来，向李世民道贺道：“君主圣明，臣下才敢直言进谏，魏征敢于当面顶撞陛下，说明陛下是圣明之君，臣妾怎能不向陛下祝贺呢？”李世民听了皇后委婉的批评和规劝，怒气顿消，清醒地认识到虚心纳谏对于天下兴亡的重要性。以民为本的思想，广开言路，虚怀纳谏的胸襟；重用人才，唯才是任的准则；铁面无私，依法办事的气度；构成了贞观之治的基本特色，成为封建治世最好的榜样。使唐朝在当时与西方国家相比，无论是在政治、经济上，还是在文化上都走在世界的最前列。

知人善用

太宗在一个分崩离析的社会基础上，尽使“天下英雄，入吾彀中”，形成一个团结、坚强的统治核心。他最倚重的猛将尉迟敬德，原来是他的敌人刘武周手下的偏将，刘武周被李世民战败，尉迟敬德与隋将寻相一起降唐。不久，寻相叛唐，李世民的部将就把尉迟敬德也抓起来准备杀掉，以免留下后患。李世民却将他释放，更是请他到自己府上，和他推心置腹地长谈，说：“大丈夫意气相投，就竭尽忠心，这些小事不必计较了，我决不会听信谗言，随便怀疑好人的。”说完，还送给他许多金银财帛，尉迟敬德十分感动，从此忠心耿耿。无论李建成用重金收买他，或派刺客行刺他，他都毫不动心，始终追随李世民，成为他的得力助手，在玄武门之变中立下大功，被封为吴国公。公元643年，为了褒彰功臣，李世民命人将长孙无忌、杜如晦、魏征、房玄龄等24位功臣的像画在凌烟阁上，史称凌烟阁画像。他还常去观赏，以示对功臣的赞赏和纪念。

大唐盛世

中国封建王朝历来的经济特征是“重农抑商”，商业在国民经济中所占的比重相当低。再有“士农工商”之传统，商人的地位也因之比农人要低好几个档次。这是中国的封建经济一直得不到实质性发展的主要原因。

贞观王朝是中国历史上少有的不歧视商业的封建王朝，不但不歧视，而且还给商业发展提供了许多便利条件，这进一步地体现了李世民将眼光放得很远。在李世民的倡导下，贞观王朝的商业经济有了迅速和长足的进展，新兴的商业城市像雨后春笋般地兴起。当时世界出名的商业城市，有一半以上集中在中国。除了沿海的交州、广州、明州、福州外，还有内陆的洪州（江西南昌）、扬州、益州（成都）和西北的沙州、凉州。首都长安和陪都洛阳则是世界性的大都会。

自汉开辟的“丝绸之路”一直是联系东西方物质文明的纽带，唐朝疆域辽阔，在西域设立了安西四镇，西部边界直达中亚的石国（今属哈萨克斯坦），为东西方往来的商旅提供了安定的社会秩序和有效的安全保障，使丝绸之路上的商旅不绝于途，品种繁多的大宗货物在东西方世界往来传递，使丝绸之路成了整个世界的黄金走廊。

【镜鉴】

一、善于学习

古今中外有非凡成就的人，都注重后天的勤奋学习、善于学习，积累了深厚的知识和丰富的实践经验。马克思是一位伟大的无产阶级革命家，也是一位功绩卓著的思想家，学识广博的经济学家，出类拔萃的科学巨匠。马克思坚持数十年研究经济理论，为的是

识破资本主义社会的奥秘，锻造降服资本主义的武器，论证实现共产主义的必然性。毛泽东同志不仅勤奋读书的目的十分明确，而且是珍惜时间博览群书的光辉典范。党的十一届六中全会对毛泽东同志的评价是非常恰当的："毛泽东同志是伟大的马克思主义者，是伟大的无产阶级革命家、战略家和理论家。""他为我们党和中国人民解放军的创立和发展，为中国各族人民解放事业的胜利，为中华人民共和国的缔造和我国社会主义事业的发展，建立了永远不可磨灭的功勋。"毛泽东同志的思想和智慧，来源于对中国的历史和现实的调查研究，来源于中国革命和建设的丰富实践，也来源于他对古今中外的文明成果孜孜不倦的吸收和扬弃。毛泽东同志并非出身于书香门第，他对读书的酷爱完全出于对社会、对人生、对真理的探索和思考。在他一生的风云行程中，读书是工作和生活不可或缺的重要部分。他的博览和广学，赋予他观察和认识主客观世界的科学方法，赋予他治党、治国、治军的政治智慧，赋予他独具魅力的语言风格。可以说，迄今为止，中外历史上的领袖人物，很少有人像毛泽东同志那样在博览群书的过程中不仅达到融会贯通，而且有独到的见解。毛泽东同志称得上终身与书为伴。

当前，在领导干部队伍中，没有形成一个勤奋学习、坚持学习、善于学习的良好氛围。究其原因：一是缺乏坚持学习的自觉性和紧迫感。现在的许多主要领导干部，上台讲话或向上级领导汇报工作，都有秘书起好稿子，只要把稿子念好就行了。他们认为自己的理论水平和综合分析能力好坏无关紧要，过得去就行了。一些领导干部认为在基层工作主要靠经验、资历和魄力，高深的理论派不上用场，学习也就无关紧要。有的领导干部甚至片面地把学理论看成是耍笔杆子、卖嘴皮的事，是虚功，因而等闲视之。因此，他们对勤奋学习的重要性认识不足，缺乏刻苦学习的动力和压力，胸无大志，无所作为，当一天和尚撞一天钟，得过且过。二是不善于安排时间和挤出时间加强学习。不可否认，主要领导干部工作十分繁忙，在八小时内，审批不完的请示报告，参加不完的各种会议，应对不完的各种督查、调研和突发事件；在八小时之外，还要经常进行公务接待和各种应酬，回到家里还要一个个打发上门拜访、请求帮忙的亲戚、朋友、同事。他们认为整天日理万机，繁忙劳累，哪来时间和精力看书学习？三是对党委理论中心组的学习，有些领导干部也是马虎应付，做点表面文章，学习效果欠佳。一些领导干部学习理论不是为了学懂弄通，指导实践，而是搞形式主义、镀金包装。他们如蜻蜓点水，鲤鱼打花，看报看标题，看书看书皮，学习笔记摘录几个观点，交流心得抄袭几篇文章，应付检查，交差了事。许多领导在报刊上署名的官样文章,有多少是自己亲手动笔写的?大多数都是秘书们的“贡品”。这些从政为官者不加强学习、不善于学习,不管他们怎样刻意包装,都始终是难以潇洒得起来的。唯有加强学习、善于学习的人,才有可能超越自我、丰富自我、辉煌自我。

古人云:“玉不琢,不成器;人不学,不知义。”“吾尝终日不食,终夜不寝,以思,无益,不如学也。”古人提倡的“学而优则仕”与“仕而优则学”是告诉人们一个完整的道理:不好好读书,就做不了官;要想做好官,更要多读书。因此,古时官员耕读,是每日必修之课。要懂得,书是人生前进的灯塔,书是人类进步的阶梯,书是开启智慧的钥匙,书是终身相随的伴侣。读书是一种向伟人、名人求教的方法。别的享受都有尽头,读书却是永久的。学习启迪心智,学习净化思想,学习陶冶情操,学习升华境界。一生酷爱读书的毛泽东同志,始终从政治和战略的高度强调学习的重要性,他在《中国共产党在民族战争中的地位》一文中强调党员领导干部一定要加强学习,指出:“指导一个伟大的革命运动的政党,如果没有革命理论,没有历史知识,没有对于实际运动的深刻的了解,要取得胜利是不可能的。”“我们的任务,是领导一个几万万人口的大民族,进行空前的伟大的斗争。所以,普遍地深入地研究马克思列宁主义的理论的任务,对于我们,是一个亟待解决并必须着重地致力才能解决的大问题。”1978 年 12 月,党中央决定把全党工作重点转移到经济建设上来,邓小平同志明确指出:“全党必须再重新进行一次学习。”“学习好,才可能领导好高速度、高水平的社会主义现代化建设。”他还提醒全党同志:“要把学习搞好,认真建立学习制度。”形势逼人,不进则退;形势逼人,不学则退。胡锦涛总书记在中共中央政治局第一次集体学习时强调指出:“各级领导干部必须明白,现在社会各方面的发展日新月异,人民群众的实践创造丰富多彩,不学习、不坚持学习、不刻苦学习,势必会落伍,势必难以胜任我们所肩负的重大职责,要做合格的领导者和管理者,必须大力加强学习,努力用人类社会创造的丰富知识来充实自己。”领导者应该是精神上、知识上先富起来的人。领导者要尽量积累指导工作全过程的系统的知识、经验、才能,成为内行的领导。领导干部如果不加强学习,就无以掌握马克思主义理论,无以理解党的方针政策,无以通揽领导工作方法,无法挑起领导干部的重担。特别是在当前,我国改革发展进入了关键时期,面对新情况、新问题、新机遇和新挑战,作为一个合格的领导干部,必须不断提高自身的领导水平和执政能力。只有马克思主义理论基础扎实了,各方面知识丰富了,政治敏锐性和政治鉴别力提高了,才能掌握领导工作的主动权,全面地认识和把握各种复杂的矛盾和问题，敏锐地识别各种错误观点和思潮，科学地决策和制定政策措施，驾驭各种复杂的局势，应对各种新的挑战，化解各类复杂的矛盾，取得新的工作成效。同时，一些领导干部在党性党风方面发生问题，大都是轻视理论学习，缺乏了坚实的理论根基，缺乏了做官的底气和涵养，从而导致理想信念动摇，思想蜕化变质，成了阶下囚，这几乎成了官场一大定律。正如贵州省委原书记刘方仁（因犯受贿罪被依法判处无期徒刑）在检查材料中陈述的："我这次犯错误的一个很重要的原因就是自己没有很好地学习，没有认真改造自己的人生观、价值观、世界观，结果使自己在革命了大半辈子之后犯了严重的错误。"因此，领导干部一定要从政治、全局和战略的高度，从对党的事业和人民的利益负责的高度，从巩固党的执政之基与提高执政能力和执政水平的高度，从不断提高自身修养的高度，来看待新时期的加强学习、善于学习问题，提高对加强学习问题重要性、必要性、紧迫性的认识，既要把加强学习当作一种神圣职责，一种精神境界，一种终身追求；又要把加强学习当作一个民族进步的灵魂，一个国家兴旺发达的不竭动力，一个政党永葆生机的源泉。领导干部一定要提高学习的自觉性，无论工作怎么忙、任务怎么重、压力怎么大，都要减少应酬，挤出时间，静下心来读点书，认真进行理论思考，提高自己的政治理论素质，增强解决实际问题的能力，提高科学决策水平。

要善于学习，必须广纳博采，扩大知识面，增加知识积累。古人云："博学之，审问之，慎思之，明辨之，笃行之。""博学切问，所以广知。"天才来自勤奋，知识在于积累。领导干部不仅要学习马克思主义、毛泽东思想、邓小平理论、"三个代表"重要思想和中国特色社会主义理论体系，用马克思主义中国化最新成果武装头脑，始终保持立党为公、执政为民的政治本色，而且还要学习历史、经济、科技、法律知识，做到懂理论、懂经济、懂业务、懂法律，能干、能写、能讲，头脑中有政治、胸怀中有全局。要努力成为政治上靠得住、工作上有本事、作风上过得硬、人民群众信得过和想干事、会干事、能干事同时又能共事、不出事的领导干部。当今是信息化时代，高新技术日新月异，知识更新周期越来越短，马克思主义理论在不断继承、发展和创新，领导干部的知识丰富了，知识面开阔了，讲起话来才能旁征博引，妙趣横生；写起文章才能生动活泼，新意迭出；干起工作才能得心应手，卓有成效。

要善于学习，必须独立思考、勤于思考、善于思考。古人云："学源于思。""学而不思则罔，思而不学则殆。"学习，学习，再学习；实践，实践，再实践；思考，思考，再思考。这是一个人适应万变形势的不变之策，是一个领导者必备的素质，是实现自身价值的必经之路。读书而不思考，等于吃饭而不消化。读书多的人不一定是善于思考的人，只读书而不善于思考的人，是很难有真知灼见的。对领导干部来说，只有加强学习，独立思考，善于思考，勤于思考，才能保持高度的政治敏感度和政治鉴别力，时刻保持清醒的头脑，不浮躁，不迷惑，不盲从，能服从全局、大局考虑问题，有驾驭复杂局面、解决复杂问题的能力。在学习中，要抓住重点，紧紧围绕解放思想、改革开放、科学发展、社会和谐、全面建设小康社会和加强党的思想、组织、作风建设面临的重大理论和现实问题，进行理论思考，思想与时俱进，不断推进理论创新、体制创新、科技创新，不断提高领导能力和执政水平，用新的理念转变领导方式和领导方法，凝聚党心、民心，调动各种积极因素，解决新的难点、热点问题，经受各种困难和风险的考验，更好地为夺取全面建设小康社会新胜利、开创中国特色社会主义事业新局面做出新的贡献。要善于把平时工作积累的经验，把调查研究之所得上升为理论，又用理论指导自己的实际工作。

要善于学习，必须勤于实践，用理论指导实践。古人云："学者贵于行之，而不贵于知之。"俗话讲，实践出真知。坚持理论联系实际是我们党的优良作风之一。领导干部要坚持理论联系实际，着眼于马克思主义理论的运用，着眼于对实际问题的理论思考，着眼于新的实践和新的发展。学习的目的全在于运用。领导干部不能仅仅满足于了解书本上的东西，而应把学习和实践结合起来，善于运用学到的知识解决实际工作中的问题，努力做到学以致用、用以促学、学用相长，做到学习工作化、工作学习化、知识系统化，不断提高科学判断形势能力、驾驭市场经济能力、应对复杂局面能力，不断提高科学执政能力、民主执政能力和依法执政能力，不断提高推进党的执政能力建设和先进性建设的能力，进一步推进科学发展和促进社会和谐。

要善于学习，必须深入实际，调查研究，不断总结提高综合素质。毛泽东同志有一句名言："没有调查研究，就没有发言权。"他还谆谆告诫领导干部："我们应该走到群众中间去，向群众学习，把他们的经验综合起来，成为更好的有条理的道理和办法，然而再告诉群众，并号召群众实行起来，解决群众的问题，使群众得到解放和幸福。"调研是谋事之基，调研是求是之本，调研是成事之道，调研是为政之要。通过调查研究，对占有材料去粗取精、去伪存真、由此及彼、由表及里地分析，然后做出正确的判断，确定决策，处理问题，才是一个好领导。因此，领导干部只有深入基层，深入群众，深入实际，调查研究，虚心倾听来自不同阶层、不同人群的利益诉求，真切地感知和把握人民群众的所思所想、喜怒哀乐，更广泛地体察民情，知民意，听善言，才能耳聪目明，才能扬长避短，才能明得知失。

要善于学习，必须在学习中借鉴。古人云："三人行，必有我师焉。择其善者而从之，其不善者而改之。""善学者借人之长以补其短。"古今中外一切事业有成的人，无一不是通过善于学习，在学习中借鉴，在借鉴中实践而取得成功的。领导干部既要虚心学习别人的好经验好做法，并不断创新，又要吸取别人犯错的教训，引心为戒。领导者不如别人高明，又比别人高明，彼有千家，皆为我用。从实践中获得经验与不断地进学求教相结合，是领导者自我提高、自我更新的最好途径。在领导工作中，无论工作思路的开阔、工作难点的突破，还是工作局面的打开，都 离不开学习借鉴别人的经验、总结历史的经验。许多地方在落实科学发展观、坚持改革开放、推动科学发展、促进社会和谐、全面建设小康社会等方面取得了明显的成效，探索出新的路子，总结了好的经验，我们要虚心学习，取长补短，在借鉴中用实践来不断创新和取得成功。同时，以人为镜可以明进退得失。一个政治家的成功经验不是人人都能学会的，但一个政治家的失败教训却是人人都可以吸取的。聪明的人能使他人的教训变成自己的经验，愚蠢的人能使他人的经验变成自己的教训。善于从别人的灾难身上吸取教训，作为自己的人生借鉴，可以避免自己走别人走过的一些弯路。重复别人犯过的错误，这是仕途上最大的失败。因此，领导干部只要认真透视贪官落马的人生轨迹，把他们的惨痛教训三省吾身，引以为戒，警钟长鸣，就会在人生的旅途中少跌倒、少碰钉。

要善于学习，必须减少应酬、挤出时间、坚持学习。我国伟大的思想家和文学家鲁迅，非常珍惜时间。他有一句至理名言："时间就是生命，无端的空耗别人的时间，其实无异于谋财害命。"他在《朝花夕拾》中写道："第当夜间疲倦，正想偷懒时，仰面在灯光中瞥见老师要说出抑扬顿挫的话来，便使我忽又良心发现，而且增加勇气了。于是点上一支烟，继续写些为'正人君子'之流所深恶痛疾的文字。"毛泽东同志早在50年代就有针对性地指出："我们现在许多同志不下苦功，有些同志把工作以外的剩余精力主要放在打纸牌、打麻将、跳舞这些方面，我看不好。应当把工作以外的剩余精力主要放在学习上，养成学习的习惯。"要懂得，领导干部的思想水平应高人一等，决策能力应胜人一筹。这样的本事不是一天两天能形成的。需要坚持学习，刻苦锻炼，长期积累。要把学习当作生存发展的第一需要，把学习当作一种政治责任，把学习当作终生的任务和事业，牢固树立终身学习的思想。对领导干部来说，学习是一件非常辛苦的事情。党政领导干部特别是主要领导干部，虽然时时处于矛盾的集合点，处于社会漩涡的中心，客观上大脑被刺激的兴奋点较一般常人为多，决策的沉重压力又使其大脑运动量较常人为大，但是只要注意用新思路武装自己，用新知识充实自己，不断自我超越，充分调动自己的潜能，就可以成为知识的多面手，世为工作需要的"通才"，成为驾驭复杂局面的能手。工作忙要"挤"，看不懂要"钻"，用这两个法子对付它，持之以恒地学习，就一定有所收获。"挤"就是锲而不舍，挤时以学。领导干部都比较忙，这在情理之中。领导干部应酬多，有时也身不由己。然而仔细想想，除了繁杂的日常公务外，还有多少是忙在了"文山会海"、迎来送往中？还有多少是忙在推杯换盏、觥筹交错中？还有多少是可以免掉的"请吃""吃请"？要懂得，时间就像海绵里的水，只要愿挤，就能挤出时间的。与其忙于一些不必要的交际应酬，为寒暄和"面子"殚精竭虑，还不如静下心来，读点书，既利于身心健康，又利于事业发展，更利于领导作风和工作作风的转变。这也是建设学习型政党和学习型社会的应有之义。因此，领导干部要始终保持浓厚的学习兴趣，不断接纳新鲜知识，开阔科学文化视野，完善任职知识结构。特别是党政主要领导干部，除了积极参加党委理论中心组的专题学习外，还要减少应酬，从"八小时之外"挤出时间，静下心来读点书。要系统地学习马克思主义、毛泽东思想、邓小平理论和"三个代表"重要思想，学习中国特色社会主义理论体系，并认真进行理论思考，夯实自己的理论功底，用马克思主义中国化最新成果武装头脑，不断提高政治理论素质。

"学海无涯苦作舟"；"梅花香自苦寒来"。知识在积累中增长，科学在传承中创新，真理在实践中发展，历史在曲折中前进。只要坚持不懈地加强学习、坚持学习和善于学习，并下真功夫、苦功夫，就将永远站在成功的彼岸。

二、作"真学真懂真信真用"的表率

我们党历来是一个重视学习、善于学习的党，是一个始终站在时代高峰、走在时代前列的马克思主义政党。党的先进性的一个重要体现就是不断接受新事物、研究新问题、学习新知识、吸收新营养。面对世界的新变化、形势的新发展，党中央又把建设马克思主义学习型政党的重大任务提到全党面前，这充分体现了我们党强烈的进取精神和高度的政治责任感。

对于领导干部来说，学习既是修身立德之本，关系自身的健康成长；又是干事创业之基，关系工作成效和事业成败。真学真懂真信真用是一个相互联系、相辅相成、不可分割、辩证统一的有机整体，涵盖着学习的全过程。真学是基础，真懂是前提，真信是关键，真用是目的。如果不能真学，潜下心来，静心思考，就不可能真懂，真信、真用就是空话；如果学习中做不到真懂，囫囵吞枣，不能融会贯通，那只能是一个传声筒，就不可能做到真信、真用。

（一）"真学真懂真信真用"的内涵

所谓真学，是指学习态度要老实认真，坚持不断学习、深入学习。领导干部的学习问题，事关党的先进性，事关国家民族的兴衰，事关中国特色社会主义事业的成败。领导干部要自觉把学习作为提高素质、增长本领、做好领导工作的根本途径，以高度的政治责任感、强烈的求知欲和积极的进取精神，学得更深一些，掌握的理论和知识更丰富一些，切实做到不断学习、善于学习。要着眼提高理论素养，深入学习马克思主义理论特别是马克思主义中国化最新成果，不断提高运用科学理论分析解决实际问题的能力。要着眼做好本职工作，学习党的路线方针政策和国家的法律法规，学习党的历史，广泛学习现代化建设所需要的经济、政治、文化、科技、社会和国际等各方面知识，努力成为本领域本行业的行家里手。

所谓真懂，是指钻研问题要勇于较真，力求精益求精、融会贯通。要通过加强理论武装，把中国特色社会主义理论体系内化于头脑之中，在形成科学的世界观和方法论上下功夫，正确把握其认识问题和解决问题的立场、观点和方法。就中国特色社会主义理论体系来说，要深刻理解关于国际国内大局的科学判断；深刻理解党的基本理论、基本路线、基本纲领和基本经验；深刻理解解放思想、实事求是、与时俱进的思想路线等重大基本问题。

所谓真信，是指理想信念要真诚笃信，务求态度坚决，行动自觉。思想是行动的先导。领导干部只有让科学理论入脑入心，才能从思想深处解决好信仰、信念和信心的问题。只有这样，党员领导干部才能增强党的意识、宗旨意识、执政意识、大局意识、责任意识，在世情国情党情深刻变化的形势下，不为任何干扰所惑、不为任何困难所惧，经得起执政考验、改革开放考验、市场经济考验、外部环境考验，真正成为党的事业的骨干力量，做到为党分忧、为国尽责、为民奉献，凝聚和带领广大党员和人民群众开创发展中国特色社会主义伟大事业新局面。

所谓真用，是指付诸实践要务实求真，做到学以致用、用有所成。真用，就是把科学理论和先进思想真正转化为实践成果，转化为每个党员干部的自觉行动。要善于运用马克思主义的立场、观点、方法，观察事物，分析形势，把握大局，始终保持政治上的清醒和坚定。要把学习化为工作的动力，敬业尽责，以锲而不舍的精神抓好以经济建设为中心的各项工作，不辜负党的期望和人民的重托。

(二)如何做到“真学真懂真信真用”

各级党组织要加强对学习的管理，建立健全符合实际、行之有效的长效机制。

1.要坚持把理论素养和学习能力作为选拔任用干部的重要依据

选拔任用什么样的党员干部，对党员干部的努力方向具有重要的导向作用。把理论素养、学习能力作为选拔任用领导干部重要依据，有利于引导党员干部始终把学习作为自觉追求，有利于培养造就一支真学真懂真信真用党的创新理论的高素质领导干部队伍，有利于在全党营造崇尚学习、追求真理的浓厚氛围。理论素养、学习能力是衡量领导干部综合素质和能力水平的重要指标。只有大力选拔任用那些爱学习、肯钻研、业务精的党员干部，才能真正激发党员干部参加学习的内在动力，变“要我学”为“我要学”，才能真正培养起一支高素质的学习型党员干部队伍。制定领导干部的德才考察标准，应把领导干部的理论素养和学习能力纳入考察视野，与考察领导干部的政治品格和道德品行相结合，与考察领导干部的履行岗位职责能力相结合，与考察领导班子的整体理论素养和学习能力相结合。同时，切实加强对领导干部学习的管理和服务，建立完善领导干部学习考核制度，形成促进领导干部勤奋学习、终身学习的长效机制。

2.要加强学习管理，推进学习的制度化、规范化

要重点完善和落实党委(党组)中心组学习制度，建立领导班子定期务虚制度，办好领导干部理论学习专题研讨班，规范干部在职自学制度。要加强督促检查和考核激励，健全落实述学、考学、评学制度等，并建立健全学习考勤、学习档案、学习通报等各项制度，努力使党员、干部的学习形成长效机制。要制定符合实际的学习计划，有针对性的确

定学习内容,列出必读书目,明确具体要求,保证时间、提高质量。要进一步探索完善各种学习形式,加强日常学习、脱产学习、短期集中培训等,不断增强学习的针对性和实效性。要加强对学习过程的管理,强化督促检查和考核,把考核结果纳入领导干部综合评价体系和领导班子建设目标管理体系,作为考核领导班子和选拔任用领导干部的重要依据。

3.要努力端正学风,大力弘扬理论联系实际的学风

学风问题是一个重大的政治问题。对于马克思主义政党来说,树立正确的学风至关重要。当前党员干部的学习状况主流是好的,党的学风也是比较端正的。但经验主义、形式主义、实用主义、教条主义等问题在一些领导干部中仍然存在。因此,必须在全党中大力弘扬理论联系实际的马克思主义学风,要按照十七届四中全会精神要求,引导党员、干部把学习理论同研究解决人民群众最关心、最直接、最现实的利益问题,本地区本部门改革发展稳定的重大问题,党的建设突出问题结合起来,切实增强工作的原则性、系统性、预见性和创造性。当前,如何解决收入分配差距扩大所引发的矛盾和问题、如何解决深化改革过程中因利益冲突引发的人民内部矛盾和问题、如何应对和处理各种突发性和群体性事件等,是检验我们学习成效的重要标准。

上書黏壁
唐太宗
裴寂

上书粘壁①

【历史背景】

唐太宗对司空裴寂说道:"……如何才有利于民,如何才不病于国。思想起来夜不能寐,或到深夜时分才去安歇,朕不敢有丝毫的怠慢呀。天下之广,兆民之众,如果不是君主勤政谨慎,主治于上,大臣殚精竭虑,分治于下,想要达致天下大治太平,怎么可能呢?"从太宗对裴寂说的一番话中可以看出贞观君臣能相互告诫,所以他们共创贞观太平盛世,也就是必然的了。

【原文】

唐史纪:太宗谓裴寂②曰:"比多上书言事者,朕皆粘之屋壁,得出入省览,数思治道,或深夜方寝,公辈亦当恪勤职业,副朕此意。"

【张居正解】

唐史上记:太宗一日向司空裴寂说道:"近日以来,上书奏事者条件甚多,朕将各衙门条陈的章奏,取其言之当理者,都粘在墙壁上,庶一出一入常接于目,便于朝夕省览。每思天下至大,治之甚难,如何才有利于民?如何才不病于国?思想起来至不能寐,或到夜深时分才去安歇。此朕一念不敢怠荒之心也。公等为国大臣,分理庶政,亦当夙夜罔解,恪供职事,以副朕惓惓图治之意可也。"昔孔子说:"为君难,为臣不易。"古语说:"尧兢兢,舜业业。"夫以天下之广,兆民之众,若非为君者忧勤惕厉,主治于上;为臣者竭忠尽力,分治于下,欲求治平,岂可得哉?观唐太宗告裴寂之言,即虞庭君臣交相儆戒之意也。其致贞观太平之盛也,宜哉!

【注释】

①此篇出自《贞观政要·求谏第四》。

②裴寂:字玄真(570~632年),蒲州桑泉(今山西临晋)人,隋朝时任左亲卫、侍御史、晋阳宫副监,与唐高祖李渊有旧,李渊起兵后任将军府长史,李渊称帝后拜尚书右仆射、左仆射,晋州道行军总管等职。

【译文】

唐史载:一天,唐太宗对司空裴寂说:"近日以来,我接到的上书陈述事情、提建议的奏章不断增多。我从中挑选了一些较好的重要的贴在墙上,以便随时都能看到并思考。每每想到天下之大,治理起来十分艰难,如何有利于百姓,如何不伤害国家,这些问题常常让我夜不能寐。你们身为国家重臣,管理百姓政务,也要有这种勤政思治的敬业精神,才能不辜负我对你们的期望。"

【评议】

史载,唐太宗李世民对老臣裴寂说:"近来上书禀奏的事情有很多,我把这些奏书都贴在墙壁上,为了能及时了解臣下反映的问题,避免疏忽,贻误朝政,也方便出入的时候能够随时参看,一日千遍地反复思考那些能够使国家得到大治的方法,每每拖延到深夜方才就寝。你们大家也应当恪尽职守,勤于政事,才能深入体会领悟到我的良苦用意啊!"

从这里我们不难看出,"贞观之治"的出现,的确不是偶然,而是与唐太宗广开言路、善于纳谏和他兢兢业业、勤劳不怠地对待政事密不可分的。

【镜鉴】

一、身在其位，少抱怨、多做事

俗话说："在其位谋其政，任其职尽其责"，对个人而言就是要求做好自己的本职工作。看似简单的一句话，其实却是为人立世的基石之一。简单来源于复杂，升华于博大精深。

在其位，必须谋其政，在什么岗位就必须做什么事。

工作中必然包含着责任，普通人在工作中需做到尽职尽责，否则会给企业带来不良的影响，亦可能导致利益受到损失。可官民有别，作为管理者的领导干部们，代表的是社会的形象、行使的是国家的权利，所以要做的事情比普通人要多得多，相对应的责任也要比普通人重。

毛泽东曾经说过："我们的权力是人民给予的，人民对于权力拥有毋庸置疑的法定所有权。谁授权，就要为谁服务、对谁负责。"这是政治学里的一条普遍原理，亦是权力运行的一条基本法则。背离这一基本法则，权力就会有被滥用、被私有化的危险。而履行义务更多体现的是一种责任，要求强化的是一种责任意识。

因此，权力就是为人民服务的责任，权力运用得正确与否关键看领导干部的责任意识。从这个层面上讲，职务就意味着责任，领导就意味着服务，权力就意味着奉献。权力、责任、义务是相互关联的整体：拥有一定权力，就必须履行一定义务、承担一定责任；多一份权力，就要多一份义务、多一份责任。只有把握好权力、责任、义务相互之间的关系，才是树立正确权力观的前提。

李源潮同志曾于2010年对组工干部提出过"三不"要求，即有功劳时不伸手、有苦劳时不计较、有疲劳时不抱怨。这对官员来讲不仅仅是在倡导一种做法，更是在要求一种素质。

"有功劳时不伸手"就是要求领导干部不仅要体现廉洁奉公，而且要身先士卒，做好廉洁表率，要抛开个人私利，树立正确的权利观和价值观，淡泊名利、谦虚谨慎，耐得住寂寞，守得住清贫，挡得住诱惑，经得住考验，始终保持领导干部的浩然正气。

“有苦劳时不计较”是要让领导干部多干实事少张扬,为群众多办好事实事。领导干部不仅要体现艰苦奋斗的作风,而且要率先垂范,继承和发扬艰苦奋斗的精神。“广厦千间,夜卧六尺;家财万贯,日食三餐。”领导干部不妨把名利看得淡一些,让心灵超脱一些,才能过好权力关、名利关、金钱关、人情关、美人关,才能正确履行责任。

“有疲劳时不抱怨”是要求领导干部发扬特别能吃苦、特别能战斗、特别能奉献、特别能忍耐的精神,摆正位置,热爱岗位,牢固树立“甘当绿叶、甘为人梯”的思想,时刻保持着一个良好的心态,不急功近利,不计较得失,始终体现出甘于奉献的无私品质。

这“三不”要求给所有官员起到了抱表寝绳的作用。如何正确对待工作、如何正确对待得失,这是每一位干部都要面对的重要问题。应该说,在这个问题上,大多数干部做得不错,他们兢兢业业、认真负责地努力工作,有功不争功;面对辛苦和劳累,不患得患失、发牢骚讲怪话,但也有一些干部尚未能做到这一点,工作中做出了成绩有了功劳,就开始向上伸手要这要那;还有的斤斤计较,抱怨不止,说“没功劳有苦劳,没苦劳也有疲劳”等等。

德国行政学鼻祖奥托·麦耶的“特别权力理论”似乎可以给我们一些启示:在一定范围内,当你享有比其他人更多权力的时候,就要同时具有高度服从义务的关系,主要适用于公务员、军人等。

比如,我们说加班,一般人加班要付酬,而官员加班则是一种义务;比如,一般人是男女问题,官员就是作风问题。

享受着非一般的待遇,就要承担非一般的遭遇。这才是真平等。

因此,领导干部要时刻谨记吃苦在前,享受在后的艰苦奋斗精神,人民给予的权利,应是全心全意为人民服务的动力。官民有别,官员与普通民众是有所差别的,但这种差别并不在于地位的高低,身份的贵贱,而是在于在付出、奉献的角度上来审度这种官民之别。既然行使着国家的特别权力,相对应着就要负担起特别的义务。这种特别的义务正是显示了领导干部高尚的精神追求,体现了纯洁的道德情操。在各种困难的考验面前,要做到勇于面对、战而胜之,而不是抱怨不休,絮絮不止。如此表现,才符合一名合格领导干部的基本要求。

“既然选择了远方,便只顾风雨兼程。”领导干部应该怀有这样的心态来面对前方未知的工作。从接受干部身份那天起,就应该有把今生献给人民的决心和勇气。身在其位，必谋其政。从实际出发，少抱怨，多做事，才是一个合格的领导干部应具有的素质。

二、大兴求真务实之风

（一）求真务实是共产党人应有的政治品格

求真务实是对马克思主义哲学，特别是对其认识论的精神实质的精辟概括。它体现了马克思主义所要求的理论和实践、知和行的具体的历史的统一，体现了认识真理、实践真理与发展真理的辩证统一。所谓“求真”，就是坚持一切从客观存在着的实际出发，不断地认识事物存在的本质，把握事物发展的规律。所谓“务实”，则是要在这种规律性认识的指导下，去行动、去实践。“求真”和“务实”是紧密联系的辩证统一体，二者互为前提和基础，相互影响和促进。

求真务实是我们党思想路线的核心内容，是辩证唯物主义和历史唯物主义一以贯之的科学精神。始终坚持求真务实，对于推进党和国家的各项工作，包括推进党风廉政建设和反腐败斗争，具有基础性、根本性意义。我们党是马克思主义武装起来的无产阶级政党，坚持一切从实际出发，理论联系实际，实事求是，在实践中检验真理和发展真理，是党的思想路线。党章要求，全党必须坚持这条思想路线，弘扬求真务实精神，积极探索，大胆试验，开拓创新，创造性地开展工作，不断研究新情况，总结新经验，解决新问题，在实践中丰富和发展马克思主义，推进马克思主义中国化。

我们党一贯倡导求真务实。早在民主革命时期，毛泽东同志就号召全党要把革命气概和实际精神结合起来，告诫全党同志要老老实实地办事，在世界上要办成几件事没有老实的态度是根本不行的。进入改革开放新时期后，邓小平同志精辟指出，世界上的事都是干出来的，不干，半点马克思主义都没有，要坚决制止追求表面文章，不讲实际效果、实际效率、实际速度、实际质量、实际成本的形式主义，杜绝说空话、说大话、说假话的恶习。党的十三届四中全会以后，江泽民同志再三强调，形式主义、官僚主义是一大祸害，必须狠刹形式主义、官僚主义的歪风，大力发扬脚踏实地、埋头苦干的工作作风。党的十六大以来，胡锦涛同志多次指出，求真务实是党的活力之所在，也是党和人民事业兴旺发达的关键之所在。什么时候求真务实坚持得好，党的组织和党员干部队伍就充满朝气和活力，党和人民的事业就能顺利发展；什么时候求真务实坚持得不好，党的组织和党员干部就缺乏朝气和活力，党和人民的事业就受到挫折。

领导干部是党员的表率，求真务实理应成为政治追求和自觉行动，在弘扬求真务实精神方面理应发挥带头作用。在全面建设小康社会的现阶段，尤其要认真贯彻胡锦涛同志提出的“四求四务”的要求。即：求我国社会主义初级阶段基本国情之真，务坚持长期艰苦奋斗之实；求社会主义建设规律和人类社会发展规律之真，务抓好发展这个党执政兴国的第一要务之实；求人民群众的历史地位和作用之真，务发展最广大人民根本利益之实；求共产党执政规律之真，务全面加强和改进党的建设之实，在求真务实中开拓奋进，不断为党和人民事业建立新的业绩。

（二）不断提高求真务实的自觉性

在改革开放和现代化建设的实践中，绝大多数党员干部在求真务实上做得是好的。他们认真贯彻党的路线方针政策，牢记全心全意为人民服务的宗旨，解放思想、实事求是，兢兢业业、艰苦奋斗，以自己的实干精神和优良作风赢得了人民群众的赞誉，充分展示了当代共产党人的精神风貌。但也必须看到，在坚持求真务实这个问题上，党员干部队伍中也存在一些亟待解决的突出问题。必须在思想上深刻认识坚持求真务实的极端重要性，打牢求真务实的思想基础，大力弘扬求真务实精神、大兴求真务实之风。

坚持求真务实，必须正确认识世情国情党情。从世情来看，和平、发展、合作的时代潮流没有变，但世界和平与发展面临诸多挑战。世界经济形势不确定性仍然较大，国际金融危机深层次影响依然存在。各级领导干部必须居安思危，增强忧患意识，全面认识和把握国际局势深刻变化给我国经济发展、国家安全和社会稳定带来的影响，积极应对、妥善处理、赢得主动。从国情来看，尽管改革开放30多年来我国社会生产力以前所未有的速度发展起来，综合国力、人民生活水平、国际地位大幅度提升，但我国发展中不平衡、不协调、不可持续问题突出，制约科学发展的体制机制障碍躲不开、绕不过，各级领导干部必须更好地把握历史大势，勇立时代潮头、引领社会进步，坚持不懈地把改革创新精神贯彻到治国理政各个环节，奋力把中国特色社会主义伟大事业推向前进。从党情来看，改革开放以来，我们党不断推进党的建设实践创新、理论创新、制度创新，党的建设取得巨大成就。但在新的形势下仍面临许多前所未有的新情况新问题新挑战。这就要求党员干部特别是领导干部常怀忧党之心、恪尽兴党之责，以更加奋发有为的精神状态推进党的建设。

坚持求真务实，必须认识规律、把握规律、遵循和运用规律。客观规律是不以人的主观意志为转移的。大兴求真务实之风，就是要以创新的精神和科学的态度去认识、把握和遵循事物发展的客观规律，抓住时代的本质、主流和基本趋势，不断回答时代提出的重大问题，并与变化了的客观事物和变化着的社会一起前进。当前，重要的是从实际出发，认真研究和掌握人类社会发展规律、社会主义建设规律和共产党执政规律，树立科学的发展观、正确的政绩观，更加自觉地推动科学发展、促进社会和谐。

媒体点击

南方某地不产“龙虾”，却耗资600余万元大张旗鼓地办起了“龙虾节”，结果想“造势”却“肇事”，200多人参加“龙虾宴”导致急性肠胃炎入院治疗，百姓怨声载道。这种好大喜功、劳民伤财、不顾客观规律的做法，影响很坏，教训深刻。

坚持求真务实，必须弘扬言行一致的作风。马克思指出：“一步实际行动比一打纲领更重要。”列宁说过：“吹牛撒谎是道义上的灭亡，它势必引向政治上的灭亡。”言行一致的核心问题是坚持实事求是，它建立在把握客观规律和民主、科学决策基础之上，而不是简单的“一言堂”“霸王决策”。人民群众对我们党不仅要看党的路线方针政策是否正确，更要看党是否给最广大人民带来最实际的利益；不仅要看党员干部是怎么说的，更要看党员干部在实际工作中是怎么做的，是否发挥了先锋模范作用。领导干部的一言一行，不仅关系到领导干部个人的社会诚信，也关系到党在人民群众中的威信，对党的事业兴衰成败有着至关重要的影响。如果领导干部言行不一、言而无信或轻诺寡信，虽然有可能哗众取宠于一时，但终将失去人民群众的信任。领导干部应站在对党和人民的事业负责的高度，坚持诚实做人、诚恳做事、诚信履职，自觉作忠诚老实的表率、实事求是的表率、表里如一的表率、身体力行的表率，以自己的行动为党“争分”，提高人民群众对党的满意度。

（三）真正做到真抓实干、开拓创新

大兴求真务实之风，最重要的是付诸实践、见诸行动、取得实效。共产党人不是空谈家，而是知和行的统一论者，是科学理论指导下的实践者。对于共产党人来说，求真务实就是要实事求是、严谨扎实、一丝不苟地干实事、求实效。如果只在座谈会、讨论会上讲一讲，只在文件、书本、报刊上写一写，那就会与马克思主义的本质要求、科学精神和求实作风背道而驰，与我们党的优良传统背道而驰。领导干部必须克服浮躁情绪，摒弃私心杂念，下决心从文山会海中摆脱出来，把心思用在干事业上，把精力投入到谋发展中，创造实实在在的业绩。

真正做到真抓实干、开拓创新，必须要有不尚空谈、狠抓落实的干劲。真抓实干关键在"干"、在抓落实。就领导干部而言，就是抓党和国家各项方针政策、工作部署和措施要求的落实，把党的路线方针政策落实到实践中，落实到基层中，落实到群众中，使之成为广大党员、干部、群众的自觉行动。抓而不紧等于不抓，抓而不实等于白抓。对敲定的项目、议定的工作、确定的目标，要一以贯之，一鼓作气，一抓到底。要坚持以实干为荣、以实干为责、以实干为重，带着对人民的炽热感情、对历史的崇高责任、对发展的不懈追求，努力在平凡的岗位上干出不平凡的事业。

真正做到真抓实干、开拓创新，必须具有知难而进、锲而不舍的韧劲。任何事业都不会一帆风顺，都不能一蹴而就，总会经历一番风雨、走过一路坎坷。面对困难与挑战，肯不肯实干、是不是实干不仅仅是一个态度问题，更是对精神意志的考验。领导干部干事业、抓工作要有坚韧不拔的意志。挑战严峻不回避，机遇在前不错过。不能抓抓停停、忽紧忽松，而要反复抓、抓反复，持之以恒，常抓不懈。只要是有利于党的建设、有利于经济社会发展、有利于人民群众的利益，就要有持久作战的决心、不怕失败的勇气、敢为人先的精神，以"咬定青山不放松"的毅力，去抓、去管、去奋斗！

真正做到真抓实干、开拓创新，必须具备大胆开拓、勇于实践的闯劲。在真抓实干的过程中，必然会遇到许多矛盾和问题，尤其是当前，改革发展稳定任务十分艰巨，情况异常复杂，要做许多艰苦卓绝的工作，解决许多新的矛盾和问题，战胜许多新的困难和风险。这就要求领导干部在真抓实干的同时，大力提高开拓创新能力，努力适应国内外形势的新变化，把握经济社会发展的趋势和规律，在改革创新中解决前进中的困难。要秉持创造精神，敢于直面矛盾、敢于正视困难、敢于接受挑战。要敢想他人未曾想，敢谋他人未曾谋，敢干他人未曾干，不受限于惯性思维，不停留于常规套路，不依赖于传统方法，克服怕负责任的思想观念，不断开创工作新局面。

納箴賜帛
唐太宗
張蘊古

纳箴赐帛[1]

【历史背景】

唐太宗初登基时，有一位书记官张蕴古上奏一篇《大宝箴》。“大宝”指人君所居的宝位，“箴”乃警戒之辞。人臣不敢直说这是箴规天子，故以大宝名之，“箴”中的言语，字字真切，句句有味，从之则为尧舜，反之则为桀纣，人君尊临大宝，须把这段话常常在目，做个箴规，方可以长保此位，所以名“大宝箴”。太宗览卷之后，深以张蕴古之言为善，赐他束帛，升他做大理寺丞。

【原文】

唐史纪：太宗即位，张蕴古[2]上《大宝箴》，其略曰：“今来古往，俯察仰观，惟辟作福[3]，为君实难。圣人受命，拯溺亨屯[4]，归罪于己，因心于民。大明[5]无私照，至公无私亲，故以一人治天下，不以天下奉一人。勿谓无知，居高听卑；勿谓何害，积小就大。乐不可极，乐极生哀；欲不可纵，纵欲成灾。壮九重于内，所居不过容膝，彼昏不知，瑶其台而琼其室；罗八珍于前，所食不过适口，惟狂罔念，丘其糟而池其酒。勿内荒于色，勿外荒于禽，勿贵难得货，勿听亡国音，勿谓我尊而傲贤慢士，勿谓我智而拒谏矜己。安彼反侧，如春阳秋露，巍巍荡荡，恢汉高大度；抚兹庶事，如履薄临深，战战栗栗，用周文小心[6]。诗云：‘不识不知。’[7]书曰：‘无偏无党。[8]’众弃而后加刑，众悦而后行赏。勿浑浑而浊，勿皎皎而清，勿汶汶[9]而暗，勿察察而明。虽冕旒蔽目，而视于无形；虽黈纩[10]塞耳，而听于无声。”上嘉之，赐以束帛，除大理丞。

【张居正解】

唐史上记，太宗初登极时，有一书记官张蕴古上《大宝箴》一篇。大宝是人君所居的宝位，箴是儆戒之辞，人臣不敢直说是箴规天子，故以大宝名箴。这箴中的言语，字字真切，句句有味，从之则为尧舜，反之则为桀纣。人君尊临大宝，须把这段说话常常在目，做个箴规，方可以长保此位，所以名大宝箴。太宗深以蕴古之言为善，赐他束帛，升他做大理寺丞。观太宗纳善之速如此，其所以为唐之令主而成贞观之治者，盖得于是箴为多。

【注释】

①此篇出自《旧唐书·张蕴古传》。记述张蕴古给唐太宗上《大宝箴》而得到赏赐的故事。

②张蕴古：唐相州洹水(今山西黎城)人，博涉书传，为州郡所称，由幽州总管府记室兼值中书省。上《大宝箴》后升任大理寺丞。

③惟辟作福：出自《尚书·洪范》，意为只有天子造福。辟，天子、诸侯的通称。

④亨屯：亨，通“顺”；屯，艰难。亨屯，谓解救危难。

⑤大明：指太阳，或日月兼称。

⑥周文小心：《诗·大雅·大明》篇：“维此文王，小心翼翼。”指周文王处理政事特别小心谨慎。

⑦不识不知：《诗·大雅·皇矣》篇：“不识不知，顺帝之则。”意为不知不觉地顺从上帝的法则。

⑧无偏无党：《尚书·洪范》：“无偏无党，王道荡荡。”不偏不倚，王道宽广无边。

⑨汶汶：昏愚不明。

⑩黈纩：黄色丝绵。古代帝王戴冕，两旁各挂一小团黄绵，以示不听无益之言。

【译文】

唐代史书上记载：太宗即位之后，张蕴古上奏了一篇《大宝箴》，大略说：“从古到今，上观下察，只有国君可以造福，做一个君主也实在很难，圣人接受上天的命令，拯危救难，有罪归于自己，施恩及于人民。太阳没有私心不会有照不到的地方，最公正的人不会有私心于自己的亲近，所以用一人来治天下，但不是以天下人来侍奉一人，不要以为上天无知，它可以居高而听下；不要以为小事没有什么害处，积小害可以变成大害；享乐不可太甚，过分享乐就会产生悲哀；私欲不可放纵，放纵私欲必定成灾。宫室修得再壮大，所居住的地方不过只能容下膝盖，那些昏庸无知的君主，用美玉砌成楼台，用琼玉装饰宫室，桌前摆着各种山珍海味，所吃不过只到腹饱为止，由于狂妄的念头，把酒糟堆成山，把酒注成池。不要在内迷恋酒色，不要在外迷恋于游猎，不要看重那些难得的货物，不要听那亡国的邪音，不要认为自己尊贵而看不起和慢待贤能之士，不要认为自己聪明而拒绝规劝以维持自己的尊严。安抚那些不顺从人的心，有如春天的阳光和秋天的雨露，既高大而且宽广，发扬汉高祖的宽怀大度；处理各种政事，好像踩着薄冰和面临深渊，战战兢兢，应当像周文王那样小心谨慎。《诗经》上说：'不识古、不知今，顺天道行事。'《书经》上说：'不要偏不要倚。'众人都反对而后加以刑罚，众人都赞扬而后给以赏赐，不要糊里糊涂而是非不清，不要过分洁净而示清明，不要乱七八糟而蒙受玷污，不要过分苛察而表示自己精明。虽然王冠上的冕旒挡住目光，也可以看到还没有发生的事情；虽然绵丸塞着耳朵，也可以听到没有发出的声音。"太宗很赞赏这些意见，赏赐给他许多布帛，授以大理寺丞。

【评议】

史载，唐太宗李世民即位不久，中书省张蕴古进《大宝箴》一篇，言及古往治乱兴废的道理，此文大意说："古往今来，俯仰天地之间，帝王肩负着为天下万民筹划衣食保暖的重任，帝王之责，大莫甚焉！当好一国之君真的是如此的艰难啊！圣人承受天命去拯危救困、广行善事，将罪过归于自己，造福施于百姓。太阳无私地将光热遍施大地，最秉承公理的人不致以私心惠泽于近亲。这就是奉三无私中'天无私覆'、'地无私载'、'日月无私照'所衍生的道理。所以，是一人治理天下，而不是让天下人来侍奉一人。不要因为别人地位的卑微，而忽略他们的想法；不要因为小事不成祸害，而忘记了因小失大的教训。享乐不能过分，要戒骄戒躁，因为乐极必会生悲；私欲不可放纵，要时时收敛，因为放纵必引灾祸。宫殿修建得再宏大，所居住的地方不过容身即可。那些昏庸无道的君主，用美玉修砌楼台，用琼玉装饰宫殿，他们的餐桌上摆满山珍海味，所吃的不过适口而已。桀纣一样的昏君，狂悖至极地把酒糟堆成山丘，把美酒注成池水。既然是帝王，在内不要迷恋声色，在外不要迷恋游猎。不要看重那些珍玩宝物，不要听那些亡国的靡靡之音。不要认为只有自己尊贵，而慢待贤能之士；不要自作聪明，而听不进别人的劝谏。安抚那些心怀不满的人,要像春天的阳光和秋日的雨露一样,坦坦荡荡,大度犹如刘邦。处理各种政事,时时如履薄冰、如临深渊一样的谨慎小心;战战兢兢行事,要像周文王那样的顾虑周全。《诗经》说:‘不知古,不识今,顺应天道而行事。’《书经》说:‘不偏不倚,王道宽广而无边。’国君要平等待人,抛弃个人好恶。众人都厌恶的才施行,众人都赞扬的才奖赏。不可浑浑噩噩甘愿沉沦,不可明明白白妄自清高;不可昏聩而致阴暗,不可妄察而致精明。虽然冕旒遮住视线,仍要明察于无形;虽然黈纩堵塞耳道,仍要听闻于无声。”如此,这篇《大宝箴》得到了唐太宗大大的嘉许,命人赏赐张蕴古以绢帛,并任命他为大理寺丞。

【镜鉴】

一、当干部为什么、比什么、留什么

江泽民曾语重心长地指出:“每一个领导干部都应好好想一想,参加革命是为什么?在领导岗位上应该做什么?将来身后应该留点什么?把这些问题想清楚了,想正确了,我们就能做到一身正气,堂堂正正。”

这“三问”,语重心长,肯切中理,的确值得领导干部好好思索一番。各级领导干部应当把这番话当作警世钟、座右铭,常念百姓疾苦,常思贪欲之害,常修为官之德,恪守为民之责,善谋富民之策,多办利民之事,真正做到立党为公、执政为民。

因此,每个党员干部应该经常想一想:“当干部为什么?现在比什么?将来身后留什么?”这个问题没有弄明白,有的干部可能日后会痛苦,会有失落感;有的干部可能走不好人生之路,堕入罪恶的泥潭,留下千夫所指的恶名,还有那迟来的悔恨与哀叹。

(一)当干部“为什么、比什么、留什么”的问题是新形势下每个干部必须正确回答和实践的重大现实课题

这“三问”其实就是一个人的世界观、人生观、价值观问题,对于每一个干部的成长进步,关系重大。“三问”其实应该是每一个领导干部的全部思考。

世界观的问题是一个根本性的问题,作风问题的根本在于世界观问题。世界观正确,工作指导思想就会端正;世界观发生了扭曲或者偏移,思想作风和工作作风就必然出

现偏差。思想、工作和生活中出现了问题，表现形式各不相同，但实质上都是“当干部为什么”的问题没有解决好。古人讲：“求名之心过盛必作伪，利欲之心过强多偏执。”因此，必须从世界观的高度来认识“当干部为什么”的重要性。

“三问”集中反映了为官做人的基本规律和根本态度。“当干部为什么”，讲的是革命初衷；“当干部比什么”，讲的是现实作为；“身后留什么”，讲的是历史评价。贯穿“三问”的主线是我们党的宗旨，即为什么人服务的问题。中国共产党从诞生之日起，就明确宣布其宗旨是为绝大多数人谋利益。这就决定了我们在为什么人问题的选择上，只能把为人民服务作为为人处事、当官用权的根本出发点和落脚点。为人民服务是我们共产党人的“道德经”。老一辈靠她经受了风风雨雨，新一代靠她成长进步，许多先进典型就是在这个“道德经”的哺育下涌现出来的。实践告诉我们，谁在这个问题上想得深、解决得好，思想根子扎得牢，谁就能在生与死、得与失、荣与辱的考验面前站稳脚跟；谁对这个问题疏于思考、解决不好，就会淡忘党的宗旨，背离革命初衷，以致丧失党性和人格。

“三问”抓住了领导干部思想道德建设亟须解决的突出问题。这些年来，面对社会变革和体制转型所带来的种种考验，面对权力、金钱、“酒绿灯红”的种种诱惑，绝大多数领导干部在保持政治上清醒坚定和道德作风正派方面做得比较好，但也有一部分同志存在一些突出问题。一是理想信念有所动摇。主要是政治观念有所淡化，思想深处存有疑虑，追求品位不够高尚，革命斗志有所减退。有些领导干部在理想信念上，表态与心态不一致，理论认可与实践认同不一致，顺境时与逆境时不一致。有的甚至会上讲真理、会下讲歪理，人前人后两副面孔。二是享乐主义、奢侈之风有所抬头。少数干部没有把心思和精力用到工作上，学习不刻苦，工作不勤奋，下去怕艰苦，光长“肚子”不长“脑子”。三是工作作风不够深入扎实。有些干部作风漂浮，深不下去，蹲不住，不能及时、全面、准确地了解掌握基层的实际情况，面对不断出现的新矛盾新问题，拿不出有效对策，一定程度上影响了工作的落实。透过这些问题可以清楚地看到，“三问”切中了当前领导干部思想道德和作风建设的要害，具有很强的现实针对性和指导意义。回答和解决“三问”，不能空对空，要抓住这些问题，认真加以解决。

(二)回答好当干部“为什么、比什么、留什么”，要紧密联系实际、抓住关键

“三问”实质上是领导干部能动地审视自我、反省自我的过程，是自觉加强党性锻炼、

改造主观世界的过程。这就要求我们注重联系实际,抓住关键,把突出问题解决好。

1.当干部“为什么”

“为什么”的问题其实就是一个当干部的目的和心态问题。在现实生活中,有时急着穿衣服的时候,扣子老是系不好、对不准,衣襟是斜的,一检查才发现是第一颗纽扣扣错了。因此在社会学上,被称为“第一颗纽扣效应”。我们对自己的工作目标、生活态度,到底放在一个什么样的基点上,首先是基于我们对人对事的心态,这就是“第一颗纽扣”。不解决好“第一颗纽扣”问题,下面的扣子永远都系不好,对不齐。大家当干部的动机就是一粒新纽扣,如何扣好这粒“纽扣”,心态是关键。成功学的始祖拿破仑·希尔说“一个人能否成功,关键在于他的心态”。心态变,态度就变,态度变,行为就变,行为变,习惯就变,习惯变,人格就变,人格变,命运就变,命运变,人生就变。所以,当干部的目的是什么,心态是什么,解决这第一步是最为重要的。

当干部为什么?每个人都会不假思索地朗声回答:为人民服务。会说这句话并不稀罕,关键是内心是怎样想的,真实动机是什么。平心而论,许多人当干部的动机是很复杂的,有的人是为实现个人人生价值找出路的;有的人是想有安定的工作和生活,混口饭吃;不排除还有的想通过当干部指望升官发财的。应该说,通过党的教育和熏陶,大多数同志都能把当干部的动机校正到正确的轨道上来,较好地解决“为什么”的问题,从而兢兢业业地为党的事业而奋斗。然而,也有些人,或者从来就没有端正过当干部的动机,或者淡忘了自己在党旗下的庄严宣誓,被灯红酒绿、香风迷雾冲昏了头脑,忘记了党的宗旨。有的党员干部甚至公开宣称“做官不发财,请我都不来”,于是贪污受贿,以权谋私,买官卖官,成了人民的罪人。他们所犯错误表现形式固然多种多样,但其思想根源却是一致的,就是首先忘掉了自己当干部为什么。

当干部,首先要树立正确的世界观、人生观、价值观,把干事创业当作人生的一种追求,一种享受,埋头苦干,不计较个人得失,不计较付出多少,扎扎实实,干出成绩来,得到大家的认可,才能实现自我人生价值的升华。就像全国道德模范、全国劳动模范、全国优秀共产党员、全国“人民满意的公务员”“新中国成立以来一百位感动中国人物”张云泉所说的那样:什么是幸福观?他认为“有一个好的身体、能劳动就是幸福,能时刻为社会做贡献就是实现自己人生的价值”。

2.当干部“比什么”

爱比,是人的天性。比什么,能反映出一个人的内心世界。比是一门学问,不光是普通群众,党员干部跟谁比、怎样比、比什么,也有很深的层次和内涵。比什么反映了干部的世界观,反映了干部的人生追求,反映了干部的精神境界。

应当看到,我们有少数党员干部,甚至个别领导干部,没有树立起正确的比较观,喜欢和别人比职务高低、比名利多少、比物质享受。一些人能力平平,却牢骚满腹,总觉得组织“亏待”了他;有的刚一提拔,就想要“更上一层楼”,不安分坚守岗位和责任;有的干工作挑肥拣瘦,拈轻怕重,稍有委屈就叫苦不迭;有的只看到权力,没看到责任,把党和人民赋予的权力用在“歪道”……

不同的比较,反映出不同的境界。比贡献、比群众口碑、比心灵和谐,这是党员干部党性修养的题中之义,是共产党人追求的精神境界。而比职务高低、比名利多少、比物质享受,说到底还是党性不纯、境界不高、修养不够,没有真正树立正确的权力观、地位观、利益观,思想深处没有解决“当干部为什么”的问题。

比较的不同,往往会导致不同的结果。如果我们比贡献、比群众口碑、比心灵和谐,就会对党的事业、对群众充满感情,对肩上沉甸甸的责任有使命感,对提升个人素质和能力有危机感,对党的要求和群众的期待有只争朝夕的紧迫感,就会自警自律,勤政廉政,努力在个人贡献、群众口碑、内心和谐上进行积累和提升,将使命感、危机感、责任感转化为个人勤奋工作的动力,将有限的生命投入到无限的为党工作、为人民服务中,不断创造出新的业绩。相反,那些看重权力、名利、地位和待遇的人,必定会为名所累、为利所缚、为欲所惑,丧失共产党人应有的高尚情操和理想追求,甚至会滑向危险的边缘,毁了个人的前程。

“德比于天、欲比于下”。不良的攀比心理最容易腐蚀干部的思想堡垒,破坏干部队伍的纯洁性。广大干部只有树立了正确的比较观和政绩观,才能在名利待遇上不计较、不攀比、不失衡,在能力水平上不自满、不懈怠、不停滞,才能在纷繁复杂的环境中不致迷失自己,始终保持坚定崇高的信仰,为党和人民的事业奋斗不息,勇往直前。

“信念上要与革命先烈比,工作上要与模范人物比,生活上要与困难群众比”,是张云泉为官做人的真实写照,是他赢得群众信赖和拥护的根本原因。张云泉的“三比”值得我们各级干部好好学习,积极实践。

那么,作为干部应该如何学会比较呢?我认为:

首先要学会正确地比较。人与人之间总离不开“比”字。尽管相比之心人皆有之,但比什么、怎样比又是一门学问。由于比的出发点不同,方法不同,效果也就大不一样。如果一来就跟人比职称、比职位、比学历、比待遇,先是心里感到不平衡,接着就是“他们能享受这些,我为什么不能?”这样就容易怨天尤人、牢骚满腹,就不会安心工作。由于比的内容、方法不正确,错误的欲望那么强烈,这样比下去自然不会有好效果,就会越比目光越短浅,越比越消沉,越比精神越颓废。作为一名干部,应该摒弃不正确的攀比心理。如果说比,应该比艰苦奋斗,比奋发向上,比敬业奉献,比谦虚谨慎,比谁的工作干得更好,比谁的知识更丰富,比谁的贡献更大,等等。不正确的攀比源于思想上的片面性,总觉得自己出力多、收获少,别人占了便宜。其实,是自己看问题的角度不对,也就是比的方法不正确。雷锋有一句名言:“生活上,要向最朴素的人看齐;工作上,要向最勤奋的人看齐。”张云泉认为:“做人必须像人,做官不可像官。”多一些奉献精神,少一点斤斤计较,把自己的位置摆正,工作以高标准为目标,生活以低标准为尺度,像张云泉那样“思想上有一个高境界,行动上有一个高姿态,放得下架子,蹲得下身子,做别人不愿做的难事、傻事”,才是我们应有的比的心态。用这种心态去比才能比出正气、比出勇气、比出豪气!才能催人奋进,使情操越来越高尚。

其次要学会如何比较。要比就要比学习、比责任、比敬业、比谦虚、比贡献。

一要比学习。做好工作首先要从学习做起,把学习的基础夯实,把学习的功底打牢。所谓“打铁先要自身硬”,没有硬功夫、真本事,谈何干事创业?这是作为一名干部的立足点。一个不重视学习、不善于学习、学习力不强的人,那么可以肯定,不能成为一个优秀的干部,甚至连称职都很困难。越学就越觉得自己知识少,这就像一个圆圈,知识圈越大,未知的东西就越多。不重视学习,在学习方面自以为是,自我感觉良好,就恰恰说明你素质低下。

学习无止境。学习力是干部核心竞争力的一个方面,为什么同样大学毕业,同样的起步,许多人后来却会有这样那样的差距,其中有一项就是学习的差距。

学习对每个人都是极其重要的,是每个人成长、成才、成功的基础。对于学习,谁也不能抛弃。所以,1928 年胡适在清华大学一次毕业典礼说了一句话:“不要抛弃学问。”许多大学生同时走向社会,在同一起跑线,但过 10 多年、20 年以后,再回首时,就会发现他们的差距会越来越大。这个差距的根源就是是否坚持学习。坚持了学习,就会成功。

在当今时代，人类知识总量翻一番的时间在20世纪中期需要50年，而到2020年前后只需要73天。现在我们掌握的知识隔3~5年就有一半老化了。所以，一定要学会读书。不会读书的人，是不会工作的人，不会学习的人，是不会进步的人。有多高的学历并不重要，重要的是是否还在坚持学习。

知道了要学什么后，那么就要弄清楚怎么学的问题。学习的途径很多，一是要从书本学，就是多看书；二是向同事学，就是相互学；三是从实践中学，就是边干边学；四是注重总结，就是从实践中总结出规律。希望大家都能在工作中摸索出有效的学习办法，在工作中考出好成绩。

二要比责任。每个干部都要明确自己的责任所在。"责任"是最基本的职业精神，它可以让一个人脱颖而出。一个人的成功来自他们追求卓越的精神和不断超越自身的努力。责任胜于能力，没有做不好的工作，只有不负责任的人。责任承载着能力，一个充满责任感的人才有机会充分展现自己的能力。

责任是一种使命。爱默生说："责任具有至高无上的价值，它是一种伟大的品格，在所有价值中它处于最高的位置。"事实上，只有那些能够勇于承担责任的人，才有可能被赋予更多的使命，才有资格获得更大的荣誉。一个缺乏责任感的人，或者一个不负责任的人，首先失去的是社会对自己的基本认可，其次失去了别人对自己的信任与尊重，甚至也失去了自身的立命之本——信誉和尊严。

任何一名干部在任何时候都要记住自己的责任，无论在什么岗位都对自己的工作负责。不管你愿意还是不愿意，只要组织上安排你在做这项工作，你就应该毫无理由地、满腔热情地、认真负责地做好所在岗位的工作。做不好本职工作的人永远找不到人生的归属感，永远找不到工作的成就感，永远找不到生活的愉悦感。

三要比敬业。荀子说："百事之成也，必在敬之；其败也，必在慢之。"爱岗敬业是每一个公民的基本职业道德和基本准则。大家的岗位都是平凡的，但是在平凡的岗位上做出不平凡的业绩，才是最光荣最伟大的。孔子说："知之者不如好之者，好之者不如乐之者。"意思就是说，知道某一件事情的人，不如爱好一件事情的人；爱好一件事情的人，不如以这件事为乐的人。热爱是最好的老师。小舞台能演出大戏，更能反映出一个人的水平和能力。无论哪个岗位，总得有人去干；无论哪个职业，都有它的价值所在。千万不要轻视自己的事业，不要轻视自己的岗位。当大官挣大钱，是人们所希望的。但是大多数人当不了大官,也挣不了大钱,只能在自己的行业、自己的岗位上默默无闻地奉献,这些人才是中华民族的脊梁。大家进入公务员的队伍,不一定能当大官,但是作为一个公务员来讲,一定要尽本分,守本职,爱岗敬业。张思德是为烧炭而牺牲的,他在平凡的岗位上创造了不朽的人生价值,毛泽东称他的死比泰山还重。张云泉在当信访局长之前,曾经当过海军、干过门卫、搓澡工,但是他无论干什么事业都非常敬业,干得非常出色,受到群众敬重。作为有文化、有知识、有学历的年轻人,应该在平凡的岗位上做出不平凡的事业,实现人生的价值。人生没有彩排,每时都在现场直播。只有把握每一天、每一刻、每一件、每一事,才能无怨无悔,实实在在谱写出精彩的人生。

四要比谦虚。"谦受益、满招损"的道理人人皆知,但要做到谦虚谨慎却不容易。学历和学位高一点,只能说明专业书读得多一点;考试能力强一点,只能代表过去。学历不等于能力,工作能不能打开局面,这才是关键的。把姿态放低一点,恰当的礼貌往往会赢得好感。因此,学会谦虚,保持低调,多看别人的长处,无论对领导还是同事,无论喜欢还是讨厌,都要彬彬有礼。即便学历、职称、职务比你低的同事,也要尊重,因为他们有很多工作经验值得你学习。遇到不懂的问题要多向别人请教,不要不懂装懂,或放在一边不管;要尽量地向同事学习。

五要比贡献。比贡献要求党员干部增强事业心和责任感,形成良好的职业道德和价值观念,真正把奉献精神融入扎实推进新一轮跨越式发展的实践中去,在任务面前勇于承担,在困难面前勇于进取,在矛盾面前勇于开拓,在平凡的岗位上力求贡献更大,成果更多,效率更高,服务更好,努力做出优异的业绩。

3.当干部"留什么"

人们经常提到的两句话,可谓名言警句。一句是文天祥的"留取丹心照汗青",一句是于谦的"只留清白在人间"。

身前事,身后名。俗话说:"人过留踪,雁过留声。""政声人去后,民意闲谈时。"每一位干部都有一个届满换位、升迁免降以及年高退休直至生老病死的过程。从政的人更需要有高尚的品质和情操,才能赢得人们发自内心的尊敬。可以这么说,谁能让人们在他身后掌声依然不断,这样,做人做官才是成功的。莎士比亚说得好:"无瑕的名誉是世间最纯粹的珍珠。"人们的赞美如同延长了生命的音响和光华。所以,我国历代的官员都十分看重"人去后"留下的美好"政声",特别是"生则天下歌,死则天下哭"的民心民意。

老一辈无产阶级革命家给我们留下立德、立功、立言“三不朽”的高风亮节。马克思留下宝贵思想财富,周恩来留下博大胸怀、高风亮节。还有焦裕禄、孔繁森、沈浩等许许多多新时代优秀共产党人,一生殚精竭虑为民谋利,就为“身后留什么”做出了鲜明的诠释。雷锋的日记、焦裕禄的破藤椅、孔繁森的献血袋虽然不值钱,但却被人们摆进了博物馆,成为人们世代相传的宝物;雷锋、焦裕禄、孔繁森虽然已经死了,但是他们永远活在人们心中。胡长清留下的书法虽然“值钱”,但却没有保存多久就被人们争先恐后地铲去。

还有些领导干部,为亲情人情所困所累,一心只想在身后为子孙留下钱财,因而不惜铤而走险,处处为亲属子女捞取好处提供便利,甚至自己贪污受贿,最终付出沉重的代价。这些人之所以出事,关键还是没有把握好“身后留什么”的问题。近代民族英雄林则徐曾说:“子孙若如我,留钱做什么?贤而多财则损其志;子孙不如我,留钱做什么?愚而多财益增其过。”

我们每一位党员干部都要经常想想将来身后应该留点什么?这是党员干部追求高尚的“动力源”,是拒绝诱惑的“抗菌素”,是确保美誉的“清醒剂”。这就要求我们每个干部在自己有限的生涯里,为人民、为历史、也为子孙留下点值得称赞的、闪光的东西,留下点让人怀念的东西。具体来说,就是要留勤奋、留事业、留精神、留清誉、留怀念。

1.留勤奋,不留堕落

古人云:学成于思而流于嬉,业精于勤而毁于随。这就是说,只要勤奋,就会成就学问、成就事业;如果懒惰,就会学无成就、业无成就。共产党员的一生,就应该是为了党的事业、为了人民的利益而兢兢业业、勤勉奋斗一生,而不是懒惰成性、贪图享受、不思进取的一生。作为一名干部,只有勤奋,才能出成绩、出成就;如果浑浑噩噩过日子,则必然一事无成。

2.留事业,不留名利

生活中每一天都在发生着一些事情,我们活着的价值就是将每天发生的事情进行分类,按轻重缓急逐一地办好,这样才使自己的每一天都很充实,日积月累,年复一年,使自己的一生也很充实。作为一名党员干部,我们不仅能干大事,也必须能干小事。干大事是为了成就党和人民的事业,干小事同样是为了成就党和人民的事业。因此,党员干部切莫因事大而争为、因事小而怨为,一定要在自己的一生中为党和人民干出点业绩来,一定要想干事、能干事、会干事、干成事、不出事,以工作业绩来铸就一生的辉煌,切莫为追逐名利而累及自己的一生。而社会上那些贪官污吏,拼命捞钱,本想给子女留下万贯家产,但往往身败名裂,留下耻辱,留下笑柄,留下反面教材,留下千秋骂名。作为一名干部,只有干出点事业来,才能对得起父母、对得起家人、对得起这份工资。

3.留精神,不留躯体

毛泽东说过:人是要有一点精神的。人活于世,若失去了精神支柱,则空有皮囊、形同走尸。这不是党员干部所取的处世之道。汉代司马迁也说过:"人固有一死,或重于泰山,或轻于鸿毛。"人的生命是短暂的,要想长命百岁、千岁万岁是不可能的,人的躯体长留人间是绝对不可能的,但人的精神、思想、道德与情操则可流芳百世、长留人间。无数革命先烈留给后世的只有崇高的精神、革命的情怀与高尚的情操。革命先烈正是我们学习的光辉榜样,我们的思想、精神、情操,我们的行动都必须向他们看齐,保持工作的激情与理性相结合,发扬伟大的井冈山精神,做井冈山精神的传承者与践行者。

4.留清誉,不留毁誉

宋代民族英雄文天祥有诗云:"人生自古谁无死,留取丹心照汗青。"明代诗人于谦在12岁时曾作《石灰吟》一诗:"千锤万凿出深山,烈火焚烧若等闲。粉骨碎身浑不怕,要留清白在人间。"方志敏在狱中写下了千古不朽的名篇《清贫》,文章的结束语为:"清贫,洁白朴素的生活,正是我们革命者能够战胜许多困难的地方!"这些闪光的诗句、闪光的语言,都告诉我们:人一定要把清白留给人间。作为一名干部,一定要向革命先烈学习,不怕苦、不怕累,甘于清贫,乐于奉献,切莫奢侈腐化,贪图享乐,走向党和人民的反面。身后一定要留清誉,不能留毁誉。

5.留怀念,不留骂名

那些为了中华民族的独立、中国人民的自由、全中国人民的解放而英勇献身的革命志士仁人,忠贞报国,虽死犹荣,永远活在人民的心中,人民永远怀念他们。而那些为了一己私利,陷害忠良,贪赃枉法的贪官污吏,则留下了千古骂名。如胡长清之流,经不住金钱美色的诱惑,滑向罪恶的深渊。这就是一个不仅不值得人们怀念之人,而且是一个在人民心中留下了千古"骂名"与"恶名"之人。有些人天天无所作为自然不留败笔,无所用心自然没有骂名,无所企求自然谈不上"遗憾",但是他们也什么都没有留下,人民远离了他,历史遗忘了他,"不留痕迹"的人必然如过眼烟云;他没有"留"下什么,似乎也"不留"下什么。作为一名干部,一定要在其位、谋其政、勤其政、成其政,真心实意地办实事、办好事、办成事,将来真正地给后来人留下无尽的怀念。

"为什么、比什么、留什么"是每个干部必须经常性思考的问题,三者相互影响,互相促进。"为什么"主要是考察动机问题,有了端正的动机,才能有好的工作作风和敬业精神,也才能实现留清名、留政绩;"比什么"反映了我们的精神状态;"留什么"是在计量我们的工作业绩,是问题的落脚点。

"为什么、比什么、留什么"是人生在世应唱好三部曲,而对于干部则尤其重要。这三部曲紧密相连环环相扣,需要一以贯之,有始有终。唱好了这三部曲,就会心正身直,有所作为;唱不好这三部曲,就会写下人生败笔,酿成人生缺憾。每个同志都必须解决当干部为什么、比什么、留什么的问题。捧一颗真心,出一身透汗,干出一番自己的事业,做一个合格的干部,一身正气,堂堂正正。

(三)当干部回答好"为什么、比什么、留什么",贵在自觉,重在实践

回答好"三问"的实质在于树立正确的世界观、人生观、价值观,贵在自觉,重在实践。

1.靠学习修养

理论是世界观的基石。有了较高的理论修养和知识素养,精神境界才能不断升华。领导干部爱不爱学习、是不是真学真信马克思主义,不单纯是个知识积累问题,而是严肃的政治问题,是够不够领导资格的大问题。领导干部的一生,应是不断追求知识的一生,不断用知识武装自己、升华自己的一生,必须始终保持不竭的学习动力。切实通过汲取先进的思想理论成果和丰富的知识营养,使自己的思维层次和道德修养水平有一个新的提高。

2.靠实践锻炼

改造世界观,离不开群众实践这个广阔天地,离不开艰苦工作和生活的磨炼。实践是最生动的课堂,群众是最好的老师,基层是最明亮的镜子。领导干部改造世界观,就是要老老实实向群众学习,就是要以实践为课堂,在深入调查研究、指导改革与建设的过程中,不断洗刷头脑中的私心杂念。经常以基层为镜子,透过问题反思自身,大量地、经常地经受现实生活中各种"关卡"的考验。

3.靠自重自律

一个人最难认识的是自我,最难战胜的是自我。领导干部大都受党教育十几年、几

十年，对一些是非界限、政策界限、法律界限是清楚的，但为什么会出现明知故犯、知错犯错的问题？重要原因是经不起种种诱惑，缺乏一种内在的"定力"，正像有人讲的，是"眼里看得破、肚里忍不过"。社会环境对每个人都是一种客观存在，脚步向哪里迈，关键靠自己。领导干部应当非常珍惜组织的信任和个人的政治生命，做到"自重、自省、自警、自励"，把多年接受的教育熏陶化为内在的信念力量和约束力量。确实做到稳得住神、管得住身、抗得住诱惑，牢牢守住党性原则的防线、思想道德的防线和法规纪律的防线。

4.靠教育监督

从严治党，教育是基础、制度是保证、监督是关键。没有监督的权力容易变质，失去监督的干部容易越轨。因此，回答和解决"三问"，也要注意把启发自觉和强化监督结合起来，自己要主动"想"，组织要督促"想"，还要发动群众帮着"想"。对党员领导干部的组织监督和制度约束要落到实处，不能流于形式。现在党纪法规越来越完备，领导干部不仅要带头学习好，而且要切实把这些法规作为不可触犯的"高压线"，始终绷紧党纪党规这根弦。

二、金钱是最直接的激励方式

团队成员为组织做出贡献，基本目的就是取得薪资报酬，以维持和改善日常生活。采取适当的物质奖励激励，这对于强化企业管理，调动员工积极性是十分必要的，而且这往往是激励员工的起点和基础。

(一)物质奖励最能起到立竿见影的激励效果

米勒先生对石油行业很在行，而且经验丰富，对于这样的优秀人才，保罗·盖蒂自然委以重任，派他去管理洛杉矶郊外的油田。在米勒到岗后一个星期，盖蒂前来视察，结果却发现米勒正坐在办公室看报，那里的面貌没有多大变化，如员工和机器有闲置现象，工作进度慢，油田的利润也没有获得提高。

针对这些状况，盖蒂要求米勒提出改进的措施，米勒答允。可是一个月后，当盖蒂再来检查时，发现油田利润还是没有什么改进，便严厉地批评了米勒。谁知，米勒慢悠悠地说："先生，我每天都尽心安排好手下的工作，保证所有的工作可以照常进行，这已经算是尽职了,正符合您给我的薪酬。"

米勒的回答,让盖蒂大为震撼,他默默地走开了。经过一段时间的思考,盖蒂直截了当地对米勒说:"从今天起我,你的薪酬会翻三倍,希望你能够在两个月之内把石油的产量提上去。如果你能够做好甚至做得更好的话,薪酬还会增加的"。米勒思索了一下,欣然接受了这样的安排。

接下来,米勒改变了过去那种长期坐在办公室看报表的管理办法,他几乎每天都到工地上检查和督促工作,对一切工作都进行了一环扣一环的安排和调整,减少了整个油田人力和物力的浪费。米勒积极的工作态度,还带动了其他人的工作积极性。渐渐地,洛杉矶郊外油田的面貌一天天地改观了。

在许多管理者认为,给员工低薪酬可以降低成本支出,提高公司的利润。事实上,这是一个严重的误区。因为当员工没有达到相对满足的物质水平时,他们是不可能全力以赴工作的。在这种情况下,就会出现消极怠工、工作质量下降等问题,大大提高了成本,如此就得不偿失了。

事例中,米勒的薪酬后来翻了三倍,这对于盖蒂来说,诚然是一种经济上的损失。但是正是这种金钱上的鼓励,使得米勒开始更认真、更负责地投入到工作中的,进而他的潜能得以充分的发挥,油田的产量和利润都大幅度增长了,盖蒂的收入更是呈几何级数增长,最终实现了一种双赢的效果。

《史记·货殖列传》说:"天下熙熙,皆为利来;天下攘攘,皆为利往",是说人们忙忙碌碌所追求的就是一个"利"字。的确,物质是人类生存的基础和基本条件,物质利益对于人类具有永恒的意义。有句话说"金钱不是万能的,没有金钱是万万不能的",可见金钱是员工最根本的需求之一。无论对谁而言,更高的收入总是很有诱惑力的。

所以,管理者在对员工的激励当中,万万不能忽视或低估物质激励,而且首要任务就是满足员工的物质需求。薪酬作为金钱的直接体现,是激励员工的起点和基础。只有满足了员工最基本的生存需求,其他更高层次的激励才有发挥作用的空间。对于"拼命往上"的人、"赚钱狂"和追求成就者,"薪酬激励"就更为有效。

拿破仑虽然说过"金钱并不能购买勇敢",但为了激发和保持部队的高昂士气,他也总是及时慷慨地奖赏立下战功的官兵们。比如,在征服了普鲁士、打败了沙俄,签订了《提尔西特和约》后,拿破仑一次就奖给达乌元帅30万金法郎,其他的将官和参战士兵也

都得到了不同的物质奖赏。

最好的管理者总是在员工要求增加工资前做好充分的考虑,他们会积极主动地调查市场,及时地给员工支付相应的报酬,并且尽量保证自己员工的报酬比其他公司要高,这样就可以让员工将个人利益与公司利益结合起来,将宝贵精力和智慧用于实现最好的结果,而不是计较个人的报酬。

星巴克公司创建于1987年,仅仅二十多年的时间,它就从小作坊变成在五大洲有5000多家连锁店的企业。如此飞快地成长得益于星巴克董事长霍华德·舒尔兹,出身贫穷的他总是把员工放在首位,坚信把员工利益放在第一位,自然会有良好的财务业绩,对员工进行了大量的物质上的投资。

与零售业其他同行相比,星巴克雇员的工资都是十分优厚的。星巴克每年都会在同业间做一个薪资调查,经过比较分析后,每年会有固定的调薪,保证自己的薪资不低于其他公司。舒尔茨还给那些每周工作超过20小时、家境比较困难的员工发奖金,可能钱不是很多,但会力争使员工家里的长辈、小孩得到足够的照顾,这让员工感到公司对他们非常关心,他们对此心存感激,对顾客的服务也就越周到。

20世纪90年代中期,星巴克的员工跳槽率仅为6%,远远低于快餐行业钟点工的14%到30%的跳槽率,曾有媒体说:"如果舒尔茨是这个咖啡帝国的国王,那么员工们就是他忠实的臣民。"多年来,星巴克公司连续被美国《财富》杂志评为"最受尊敬的企业""最受员工喜爱的企业",这可以说是实至名归。

除了给予员工合理的薪酬外,管理者还要及时发现在工作上做得正确或者做得优秀的人,并且尽量在第一时间内给予物质奖励。由于工作努力而受到物质奖励,这会使员工认识到领导在注意他的表现,他会有被承认的满足感和被重视的激励感,进而保持高昂的工作热情和责任心。

美国福克斯公司刚成立时,急需一项性命攸关的技术改造。一天深夜,一位科学家想出了一个能解决问题的方案并闯进了总裁的办公室。总裁听后觉得这个主意非常妙,想马上奖励这位科学家,但是环视四周,发现手边没什么有价值的东西,他弯下腰翻遍了办公桌的所有抽屉,终于找到了一样东西。

总裁抱歉地笑了笑,躬身对那位科学家说:"为了感谢你的贡献,我把这个奖给你,这是我现在能拿得出的唯一奖酬了。"科学家一看,总裁手上拿的竟是一只香蕉,不过他还是很高兴地接受了这个特殊的奖酬。

从此以后，美国福克斯公司将香蕉演化成小小的“金香蕉”形别针，作为公司对做出重大科学成就的员工的最高奖赏。

由此可见，员工做对了或者做好了工作，即使只是一个很小的成功，管理者如果能够立刻给予奖赏，而且明确地指出他做对了什么。这样一来，即使是很小的数额也会给他们带来一种极大的荣誉感和自豪感，这就可以有效地鼓励员工像以前一样甚至比以前更加勤奋地工作，保证和累计更大的成功。

记住，管理者对员工进行物质奖励的主要目的是使员工的努力有所得、有所获，使员工感到自己的价值得到了领导的认可和赞赏，要尽量使报酬支付的形式简单化，过程简洁化，让人一目了然，因为事情弄得越复杂，越容易招致员工的不满和争议，这样一来激励的效果就大打折扣了。

举一个例子：得悉物质奖励的重要性后，一位总裁开始随身携带一沓百元的钞票，遇到有杰出表现的员工就给予奖励，结果这几百元的奖励时常引发嫉妒和愤恨，会有员工跑来说：“为什么他得到100块？我做得比他好多了”，后来这位总裁干脆改用五元的钞票作为奖励所用，没有人会对五元说三道四，那实在是不值得。但即使只是五元，它的意义也很重要，因为这是钱，更是一种奖励。五元既是褒奖，又让接受它的人能够享受一顿午餐，谁也不会拒绝，而且谁也不会再抱怨什么。

（二）对有功的员工不要吝惜重赏

1941年6月22日，德军坦克师和步兵师如潮水般悍然入侵苏联，迫使苏军各条战线丧失阵地。截止到同年7月份，苏军损失65万余人，8月损失69万余人，9月损失49万余人。希特勒狂言灭亡苏联指日可待，但是最后苏军将德军全部逐出国土并进入东南欧作战，与全世界反法西斯国家和人民一起迫使德国投降。

是什么原因，让苏军力量大爆发呢？原因众多，但其中一个重要原因是：苏联卫国战争期间为鼓舞士气，苏军高层明令对在各种战斗和后勤保障中表现特别突出的官兵进行一系列物质奖励。1943年6月24日，《关于鼓励士兵和指挥员消灭敌军坦克》的命令规定，反坦克枪班组击毁或烧毁敌人一辆坦克，瞄准手奖500卢布，弹药手奖250卢布；我方坦克摧毁敌人一辆坦克，车长、机械师和炮长各奖500卢布……

原苏军歼击机飞行员、现退休空军少将布琴科夫说:"是的,摧毁敌人装备确实会有金钱奖赏。整个战争期间,我一人击落了敌人5架飞机,与人配合击落3架敌机。到1945年5月,我的账本上约有1.2万卢布。不过,请相信,我们不仅仅是为钱而战,我们最主要的还是为了祖国而战。"

古人曰"重赏之下,必有勇夫",意指在丰厚赏赐的刺激之下,一定会有勇敢的人接受任务或者挑战。换句话说,用大量金钱、财物作鼓励手段,也能极大地调动起员工的积极性,诱导其工作热情,为企业效力。

从战时奖赏命令来看,卫国战争期间苏军官兵金钱奖励数目很大。"重赏之下必有勇夫",无疑,这种奖励政策有效地鼓舞了士气,使得他们全力以赴、不顾一切的勇敢作战,以致战时评论家这样说:"当你站在一大批的苏联红军面前,你将会感到他们钢铁般的团结和惊人的战斗力,这就是苏维埃的精神。"

如今,物质奖励已经成为一种重要激励机制。当有员工做出一些令企业受益匪浅、引以为荣的事情时,管理者应该懂得及时地给他以重奖,给他实实在在的好处,让他意识到你对他的努力是看在眼里、记在心里、落实在行动上的,以调动他的积极性,促使他更加努力干好工作。

而且,常常"立功"的人大多是一些工作中的拔尖人物,他们才智出众,工作勤奋,成绩喜人,他们的效率是衡量工作效率的一个标杆,他们是众多员工的一个榜样力量。如果有功者的努力得不到管理者的肯定,那么其他员工还会努力地为你工作吗?干劲不足的员工看到立大功的人都没有得到什么,自然不会产生羡慕心理,更不会有什么干劲了,这就形成了一种恶性循环,很难发挥激励作用。反之,对他们进行重赏,可以创造一个"先进光荣,落后可耻"的气氛,这样才能在企业中形成榜样效应,有利于提高企业内部的整体效率,保证企业立于不败之地。

玛丽·凯是一个被报刊称为"娇小女人""像木兰花一样好看可爱的女人",但她同时也是一位成功的女老板、化妆品业中的女强人。玛丽·凯的成功和重视对员工的重赏是分不开的,在这一点上她也堪称典范。

为了激励公司推销员搞好推销,玛丽·凯规定:凡连续三个月推销3000美元产品的推销员,可以获得一辆乳白色的"奥兹莫比尔"轿车。诸如此类的奖品随着推销产量的增加而逐级增加,一直到一等奖是一辆粉红色的"凯迪拉克"轿车,头奖则是一个镶着钻石的黄金制作的黄蜂，并且在隆重的"美国小姐"加冕仪式上颁发。这些奖励是真正的重奖。它们不但是价值连城，而且与崇高的荣誉连在一起，这无疑大大刺激了推销员的积极性，玛丽·凯化妆品公司的销量与日俱增。

玛丽·凯之所以推出这种重赏奖励，来自她在史丹利公司工作时的一段经历，那时有些女推销员工作非常出色，因此获得"推销皇后"的奖励。玛丽·凯借了 12 美元前往达拉斯参加年会，去向当年的"推销皇后"请教她的推销之道。她发誓第二年也要赢得奖赏，后来这个目的真的达到了，可是玛丽·凯得到的奖品却只是一个诱鱼用的水中手电筒，这让她觉得失望极了，哭笑不得。

由此。玛丽·凯深刻地认识到，在公司里，奖励员工的时候绝对不能马虎了事，必须要能舍得下"血本"，要真心体现出优秀推销员的价值。她是个富有想象力的人，于是就有了粉红色"凯迪拉克"和金黄蜂的出现。

奥兹莫比尔、凯迪拉克和金黄蜂……一个公司能如此豪爽地犒劳自己的员工，令人震撼。如此行事，员工又怎能不用心做事，怎能吝啬付出？这就会形成人人力争上游、争先恐后去立功的良好局面，制造出一批又一批而不是一个或几个立功者，企业兴旺发达也就不是什么难事。

你呢？舍得对员工"下血本"吗？

（三）让奖金与业绩接轨

在爱立信公司，业绩与员工工资没有特别的关系，但与员工的奖金却有很大关系。爱立信员工的奖金与公司的业绩成一定比例，但并非正比例。他们的奖金一般可达到员工工资的 60%，对于成绩显著的员工，还有其他补偿办法。

员工在爱立信得到提薪的机会一般有几个，职务提升、考核优秀或有突出贡献。被评为公司最佳员工者和有突出贡献的员工都有相应的奖金，突出贡献奖、最佳员工奖、突出改进奖的奖金额度一般不超过其年薪的 20%。

爱立信每年要进行绩效评估，员工队伍的工作也分为几个档级。一般员工按照公司的目标应达到良好，可能有 5%~10%的员工工作不太好，通过调整还是可以接受的；还有不到 5%的员工确实达不到目标。对这两组人员可能采用激励程序，经理会告诉这些员工：你的工作表现不好，要马上改进。对于做得非常好或者有突出贡献的员工，如果还有潜能的话,可能会提升他们去担任更高的职务。对大部分做得不错的人,公司会保留他们在原岗位上继续工作。

爱立信对公司里每个职务的薪金都设立一个最低标准,即下限。当然,规定下限并非为了限制上限,而是为了保证该职务在市场上的竞争力。据介绍,一般职务上下限的差异为80%左右,比较特殊的职务可能会达到100%,而比较容易招聘的职务可能只有40%的差异,总之有确切的数字可以证明你的成绩。

奖金是员工绩效和薪酬管理中最为重要的手段,在传统的企业管理中,奖金一般都是平均分配的,人人有份或者轮流“坐庄”。在这种情况下,向员工们发放奖金虽然也是一种物质激励方法,但是实际效果却往往不够理想。在工作中,你是否有这样的经历?得到了奖金,你很高兴,但是你发现那些工作不如你勤奋的人也得到了相同的奖金,你会怎么想?是不是会觉得自己所做的和所得到毫无关系,很快就会不在意自己的工作是否努力?

事实上,一套奖金计划能否成功的要素之一便是:使员工相信经过自己的努力可以获得相应的奖励。因此,只有为员工提供有竞争力的工资,并将员工的奖金与业务目标挂钩,才能发挥金钱激励的最大效果。电讯业巨头爱立信公司正是这么做的,所以他们的员工才会具备那么强大的生产力和忠诚度。

的确,建立和完善“奖金与工效挂钩”的绩效管理机制,通过这种机制合理分配员工奖金,充分体现了“各尽所能、按贡献分配”的原则,也就意味着对企业的贡献越大就能拿到越多的奖金,这种激励方法定会使员工的工作积极性空前高涨,企业效益明显增长,企业凝聚力大大增强。

“凡事预则立不预则废”,如果你已经下定决心运用奖金的办法来激励员工,下一步你就需要建立一套有效的奖金计划,以更好地发挥奖金制的激励作用。以下一些要点,可以使你的奖励计划更加有效:

1.奖励标准要科学合理

奖金计划的奖励标准必须根据员工的实际状况来制定,而且必须制定得科学而合理,使员工通过努力可以完成,如果太难实现,就很难发挥激励作用;太容易实现,奖金的分量又会降低;另一方面,员工对于整个工作过程可以控制,自己的努力程度越高,工作绩效也相应提高,从而增加报酬。

2.计划要明了且易于计算

奖金计划要明了且易于计算,这一方面可以使员工心知肚明,减少疑惑,增加对企业的信任。对于管理者而言,也清楚明确,便于管理。

例如,对于一个工厂里的工人来说,这一天超额生产了多少产品,他马上可以算出来会得到多少奖金,如果已经超过了定额,他会加快进度,提高效率,以便拿到更多的奖金。对于管理者而言,也可以通过计算快速得知员工可以拿到多少奖金,及时给予鼓励,这样的奖金计划再有效不过了。

3.设立有效的依据标准

奖金计划所依据的标准必须固定,要规定什么情况下这样的标准有效。一旦确定了标准,管理者便不能随意提高标准或者降低;奖金标准还必须明确具体,给出一个明确的衡量指标,绝对不能含含糊糊,比如要求属下"尽你的所能",这样即使有奖金计划,也难以发挥有效的激励作用,还有可能引发与员工之间的矛盾。

4.不断完善规章制度

哲学上说:世间没有不变的事物。在公司发展的道路上,在实施奖金计划的实践中,新问题、新情况必然层出不穷,旧的规则可能会因此而出现各种各样的漏洞。作为管理者应该加以合理性的补充或是大胆进行改革,让制度随着公司的发展而发展,而不应该是一成不变的,否则激励效果会大打折扣,影响公司的发展。

(四)给员工一个意外惊喜

马强是某一私营企业的职员,他平时工作非常勤奋努力,一心想多拿一些奖金,但是公司经理为了照顾全体员工的情绪,实行轮流得奖的政策。这使得马强不由得产生了厌职情绪,在工作中经常烦躁不安,甚至有了跳槽的想法。

正当马强处于苦苦挣扎状态时,经理把他叫到办公室,对他近期的工作进行了一番赞赏,然后给了他一个大红包:"我知道轮流得奖的政策有失公平,为此我给你特意准备了一个红包。拿着吧,这是你该得的。"

马强手里拿着红包,心情一下子就好多了:"原来这些日子以来我的努力没有白费,经理都看在眼里了,而且工作成绩也受到了他的认可。"这件事情之后,马强又怀着愉快的心情努力工作了。

很多企业大多实行“大家评奖，当众发奖”的办法奖励员工，这样做可以树立榜样，激发大多数人的上进心。但它也有不足，由于大家评奖，面子上过不去，于是最后轮流得奖，奖金也成了“大锅饭”了，失去了原有的激励效果。为了避免这种明奖带来的弊端，管理者不妨学学事例中的这位经理在必要时暗地里给员工一个意外惊喜。员工表现得好，就会得到惊喜。

暗地里给员工一个惊喜，可以给员工一个表示，他的工作表现领导的心里是非常清楚的，得到惊喜的员工在感激之余自然会加倍努力。而且，这种隐蔽的奖励方式不会对其他人产生不良刺激，不会引起其他员工的不满。即使有时候你给每个员工都暗地里送了惊喜，可是每个人都认为只有自己受了特殊的奖励，结果下个月大家都很努力，争取下个月的奖金，这岂不是一件难得的乐事吗？

暗地里送惊喜是一种不错的激励手段，而没有规则可循的、偶然的奖金更能让员工喜出望外、刻骨铭心，它可以用来酬谢员工特别的成就或特殊的努力，也可以在一些重要的节日或重要的活动中调动气氛。

国外一些管理者就擅长此方，奖励的理由是各种各样，有奖励个性特点的：如员工工作认真而勤奋，踏踏实实，热爱本职工作，有能力，富有创造精神，等等；也有奖励工作业绩的：超额完成任务，本月无残次品，质量检查认真负责任，等等。也可以根据一次、偶然的事情实施奖励，如：某员工提出一项合理化建议，检修工细心避免了一个小事故，某员工表现出了可谓爱公司如家的行为，等等，不一而足。

其中，信治郎就是这样的管理高手。信治郎是日本桑得利公司的董事长，他是一个善于激励员工的企业家，他经常会在一些特别时刻奖赏员工，而且他发奖金的方式也很特别，这些出人意料的方式常常让员工感到十分惊喜。

一名销售人员取得了不俗的销售业绩，信治郎决定奖励他一笔钱。年终时，他把对方单独叫到了办公室，对他说：“由于本年度你工作业绩突出，公司决定奖励你，这是给你的红包，请你收下！”

该员工非常高兴，谢过信治郎后拉门要走，信治郎突然说道：“回来，我问你件事。今年你有几天在公司，陪了你妻子多少天？”该员工回答说：“今年我在家不超过十天。”信治郎惊叹之余，从抽屉里拿出了一个红包递给该员工，对他说：“这是奖给你妻子的，感谢她对你的工作无怨无悔地支持。”

该员工谢过信治郎之后，正要退出办公室，信治郎又问：“你儿子多大了，你今年陪了他几天？”该员工回答说；“我儿子不到六岁，今年我没好好陪过他。”信治郎又拿出一个红包，递给该员工，说：“这是奖给你儿子的，告诉他，他有一个伟大的爸爸。”

该员工热泪盈眶，千恩万谢之后刚准备走，信治郎又问道：“今年你和父母见过几次面，尽到当儿子的孝心了吗？”该员工难过地说：“一次面也没见过，只是打了几个电话。”信治郎感慨地说：“我要和你一块儿去拜见伯父、伯母，感谢他们为公司培养了如此优秀的人才，并代表公司送给他们一个红包。”

这名员工此时再也控制不住自己的感情，哽咽着对信治郎说：“多谢公司对我的奖励，我今后一定会更加努力。”正是因为信治郎给予的这种惊喜，桑得利公司的诸多员工们大受感动，并努力工作以回报公司。

不过，信治郎给员工发奖的方式还不只是这样。有一次，桑得利总务处的一名员工把一个写错了价格和数量的商品邮件寄了出去，信治郎知道后，马上命令员工把它取回来。这位员工立刻前往船场邮局，把邮件取了回来。看到邮件，信治郎露出了欣喜的笑容，他并没有批评那个员工，而是真诚地说：“你辛苦了！”接着，又拿出一件礼物，说道“这是奖赏给你的。”

虽然信治郎的做法有点让人感觉虚情假意，可是还是值得管理者借鉴的。每个员工都希望自己所做的事被领导认可，希望自己点滴的努力和进步能够被领导肯定。时常关注自己手下的员工，不时地给他们一个意外惊喜。能够出人意料的话，一定会起到更强烈的激励作用，他们工作起来会更加卖力。

不过，什么时候送惊喜是灵活多样的，可以是临时或定时的，每周、每月、季度奖等都可以，支配资金的数量也可以灵活掌握，数量可多可少。一般说来，平时奖金数目要小一些；季度、年终奖金数目要大一些；偶然做的好事数额要少一些；好的工作作风，给公司带来巨大收益，数额可以大一些。

当然，用暗地里送惊喜的方式，并不排斥明奖的作用。明奖和暗奖各有优劣，应两者兼用，各取所长。比较好的办法是大奖用明奖，小奖用暗奖。例如年终奖金、发明建议奖等用明奖方式。因为这不宜轮流得奖，而且发明建议有据可查，无法吃“大锅饭”。月奖、季奖等宜用暗奖，可以更好地发挥激励作用。

(五)福利与薪水同样重要

有一份《日资企业薪资福利调研报告》,报告显示如下:

在休假制度的设置上,欧美企业按员工服务年限设置的占69.2%,参照职位设置的占7.7%。而在日资企业中,82.3%的日企参照服务年限设置休假制度。显然,日企员工为公司服务年限越久,无论是在什么职位上,都能得到足够的休假时间。

在住房福利项目设置方面,日企表现更为突出,在所有接受调查的企业中,有17.6%的日企为员工设立了补充住房公积金,而仅有7.9%的欧美企业设置了这个项目。在住房津贴的设置上,两者分别占35.3%和31.6%。此外,约有23.5%的日企为员工提供宿舍,而欧美企业的相关数据为13.2%。

近年来,日本企业更是想出不少特色福利措施。"失恋休假""免费酒吧"就是其中的典型例子,其中一家女性市场调研公司三年前开始实施"失恋休假":因失恋造成难以从事工作的未婚职员每年可以给予一次有薪假期。对此,相关人士表示:"与其无法集中精神导致工作出现失误,还不如干脆让她放假休息"。

福利是薪酬体系的重要组成部分,高薪只是短期内人才资源市场供求关系的体现,而福利则反映了企业对员工的长期承诺。完善的福利系统对吸引和保留员工非常重要,它也是公司人力资源系统是否健全的一个重要标志。福利项目设计得好,能给员工带来方便,解除员工的后顾之忧,提升员工对公司的忠诚度,比高薪更能有效地激励员工。

很显然,相对于其他国家的企业而言,日本企业在用极大地诚意为自己的员工谋取福利,这种独特的福利管理模式也确实吸引了、留下了大量的优秀人才,提高了在职员工们的工作干劲和对公司的忠诚。正是因为这样,日本有很多创业后经历过漫长岁月的企业,即我们所说的长寿企业。

现如今,众多在企业里追求长期发展的员工,更认同福利而非高薪。留心观察一下,我们会发现,有一些公司的工资在同类性质的企业中虽然处于中等偏下的水平,但是由于其时时能为员工创造良好的福利仍然吸引了很多优秀人才。相反,一些薪资高而福利一般的企业,尽管初期靠高薪吸引了一些优秀人才,但由于福利水平不到位,这些优秀人才还是连续选择了离开。

因此,作为一名管理者,你若想激发员工的工作热情,除了给员工提供一定的物质奖励、让奖金与业绩接轨、不时给员工一个意外惊喜之外，还要加大在福利方面的资金投入，充分发挥福利的激励功能。

大体来说，员工的福利项目可以分成两类：一类是强制性福利，企业必须按政府规定的标准执行，比如养老保险、失业保险、医疗保险、工伤保险、住房公积金等。另一类是企业自行设计的福利项目，常见的如人身意外保险、家庭财产保险、旅游、服装、误餐补助或免费工作餐、健康检查、俱乐部会费、提供住房或购房支持计划、提供公车或报销一定的交通费、特殊津贴、带薪假期等。

随着员工们对福利的需求日增，福利在整个报酬体系中的比重越来越大，甚至成为企业一项庞大的支出，在外企中能占到工资总额的30%以上。但一个越来越突出的问题是：对员工而言，福利的激励性不大，有的员工甚至还不领情，福利计划无法发挥必要的成效——留住并激励员工。

企业从巨额的福利投资中得到很少甚至得不到回报，福利失去激励作用，原因何在呢？事实上，应当归责于我们的管理者没有深刻地认识福利的功能，没有下功夫去研究福利如何管理，或者没有随着环境形势的变化，及时地去改善我们在福利管理上存在的不合理的现象。

那么，管理者应该如何强化福利的激励作用呢？

1.以员工的贡献为基础

企业采取福利措施，目标是使员工行为与企业行为保持高度一致，有效地将广大员工团结在一起，齐心协力，实现企业利润最大化。福利从本质上讲又是一种补充性报酬，既然是报酬，应当以员工支付合理劳动为对价，以员工的贡献为基础。因此，管理者可以将福利设定不同的等级层次，规定什么样的福利属于保障性福利，是全体员工都应享有的；什么样的福利属于绩效性福利，只有工作绩效达到时才能享有，而且达到不同的绩效，享受不同的绩效福利。

2.对福利政策进行适当宣传

对于某些员工来说，福利似乎是看不见、摸不着或者想当然的东西，这种观念势必会削弱福利的激励效能。为此，企业应当采取恰当的宣传渠道，将企业的福利政策告诉所有员工。比如，把福利政策明明白白写进员工手册，让员工都清楚企业有什么福利，不同的福利对自己的要求是什么，明确自己应该朝什么方向去努力。这是企业应尽的义务，也是尊重员工知情权的需要。

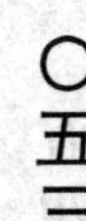

3.适当采取自助式分配

由企业管理者为员工确定安排福利的传统时代已经过去了，不同的人有不同的需要，员工需要的是能够满足需要、适合他们自己的福利。因此，管理者在福利分配上应当充分尊重员工的需要，令员工发挥主动性，适当采取“自助餐”式的福利分配方式，最大程度地满足不同员工的差异性福利需要，如此激励效果才会显著。不过，这种方式需要企业有能力提供可选择的多样化方案，而且要本着“人无我有、人有我精”的原则，尽量搞出富有自己特色的福利，有特色才有吸引力。

4.适时增减福利项目

一般来说，企业绩效随着市场环境变化会有起落，企业的福利一定要及时反映企业绩效的变化。企业绩效转好，应当适时地增加一些新的福利项目；企业绩效下降了，也要相应地暂时性裁减部分福利项目。通过员工福利变化，要让员工感知企业生存的变化，取得员工对企业的认同感，如此也就能够激发员工的主动性和积极性。

5.福利要公正兑现

这里所谓的公正兑现，一方面是指，企业管理者要说到做到，言行一致，对员工做出的福利承诺，在时机成熟时一定要兑现，否则就有失信于人，弄巧成拙；另一方面是指，给某些员工发放特别福利时要依据政策而言，要让其他员工心服口服，让他们了解该项福利确确实实是该人应当享有的。

（六）用高薪“挖”优秀人才

一个人因下海经商一夜之间暴富，他出门做生意总是感到不踏实，有时觉得有人要抢他钱，有时又担心别人骗他。为此，他不惜花重金请来一位既身材魁梧，又足智多谋的名士做他的保镖。

虽然这位名士尽职尽责，帮了商人不少的忙，但是商人觉得他的薪水太高了，便准备换用三个普通的保镖，这三人加起来的薪水还不如那位名士的多。得知自己被解雇后，名士并不难过，一言不发地离开了。

结果没一会，一群人前来抢商人的钱，三个普通保镖三下五下就被打倒了，眼看商人的钱包就被洗劫一空了。这时那位名士跑了过来，一番搏斗后将那群人打跑了。商人的银子保住了，他决定把名士留在身边，不惜高薪。

这个故事虽然短小，却告诉我们一个深刻的道理：兵不在多，而在精！用人时与其找一堆花费不高却才能平庸的人，还不如找一个薪水要求高，但是能力强的人来。换句话说，一个人若真能力出众，高薪聘用未尝不可，毕竟寻找到一次就把事做对的人，这是最便宜的投资，也是最简捷的管理。

在工作之中，不管你使用多么美妙的言辞表示感激，不管你提供多么良好的工作环境，员工最终期望的是得到自己应得的报酬，以及让自己的价值得到充分体现。高薪聘用人才，彻底解决他们物质方面的后顾之忧，这样才能留住最好的员工，激励员工更加出色地工作。

对此，鲁思·布力拉姆桑颇有感触，她是波士顿 SHAW 超级市场人力资源部的高级副总裁，她曾奉劝所有的公司注意，现在竞争非常激烈，争夺人才的战争正在不断升级。她的忠告是："首先在薪酬方面必须与竞争者保持平衡，而且要更有竞争力，说白了这就是，要给真正的人才提供高薪。只有做到这一点，才能稳固激励人才的基础。"

爱尚是一家新创办的家电生产公司，他们一直渴望在家电市场上大展拳脚，可是由于其产品的磁粉技术过不了关，所以该产品一直无法上市。该公司决定公开招聘这方面的专家进行攻关以解决问题，但是茫茫人海懂得磁粉技术的人才却寥寥无几，能够帮助他们攻克难关的人才更是不见踪迹。

正在进退两难之际，该公司听说另一家家电生产公司的总工程师海峰对此项技术有相关研究经验，或许能够帮助他们解决磁粉的问题，于是公司总裁就派公司内的高层人员去游说海峰，让他跳槽过来，并许诺工资比他在原公司高出三倍。然而，海峰所在公司为了留住海峰这个台柱子，也许诺加薪。

那位前去游说的高层人员回来汇报了此情况，总裁想了一下，说："告诉海峰，无论那家公司给多少薪酬，再乘以二，这就是我们的薪酬。"公司其他人纷纷劝说总裁要三思而后行，毕竟对方公司的薪酬已经很高了，再乘以二后更是一笔很大的开支，但是总裁心意已决，坚持不惜代价挖过这个人才。

最后，爱尚家电生产公司终于把海峰挖到了手，磁粉问题很快就解决了。新产品上市后以其技术新、质量高、价格适中的优势，迅速占领了市场，给这家曾在人才争夺战中付出很大代价的公司带来了丰厚利润。

一般来说，在一家公司身居要职，曾参与公司的经营决策，了解公司的商业模式，甚至可能直接决定公司的生存与发展，这种人是最值得高薪"挖掘"的人才，尤其是那家公

司还是同行的对头，那么这种人才手上往往掌握着你急需的一些商业资料、客户资源等，若能“挖”到可免不少弯路。

用重金将自己需要的人才“挖”到手，这也符合人的本性。因为，人都是讲求利益的，这一点是不能否认的。用重金“买”人才虽然只是用利益来引诱人才流动，但更重要的是这能让人才感到自己被重视，他由此也会从利益的另一端出发思考问题，会对重视他的公司产生趋近的意识。只要领导在以后的日子里继续注重尊重人才、爱护人才，那这种重金“买”来的人才同样是很可靠的。

当然，在决定以高薪聘用优秀人才时，要注意以下几个问题：

1.衡量实力，量力而行

管理者应该清楚，聘用优秀人才将大大增加公司的人工成本，使公司利润下降，而且公司经营状况的好转、赢利的增加需要经历一个较长的过程，如果在这个过程未结束时公司已经无法负担人工成本，那么高薪聘用人才将加重公司的负担，使公司的状况变得更坏，而推迟或降低薪酬水平，更会引起员工的不满，使士气降低。因此，在决定以高薪聘用人才时要先衡量一下公司的资金情况，量力而行。

2.急需急用。方能出手

倘若公司支付重金聘到的员工能力不足，无法为公司发展贡献力量，难以胜任所担任的职位，那么公司将会为此付出沉重的代价，员工自身也很难充分发挥自身能力，很可能会为此萎靡不振。因此，管理者在高薪聘之前一定要考虑清楚，公司需要哪方面的人才，所聘用的人员是否具备这方面的素质，是否是公司真正急需的高级人才。通过认真考察、对比分析，急需急用，方能出手。

3.给予信任。展其才华

作为一名优秀的管理者，要慧眼识人才，舍得投入大笔的资金引进人才，并懂得让人才尽其才。高薪聘得人才后，还要注意给予员工充分的信任，并为其提供足够的用武之地。只有这样，对方才能真正地感受到被重视、被信任，进而尽情地施展自己的才华，为公司的发展开拓更广阔的天地。

(七)用股权“锁死”员工

微软公司 1975 年创办之时，只有 3 名人员。如今，微软公司拥有 3 万名员工，市值达

2000亿美元,名列全球第二。在当今这个跳槽普遍盛行的时代,为什么微软能够"生产"数以千计的百万富翁,且对公司忠心耿耿?原因只有一个,那就是微软利用股权策略网罗并留住了众多顶尖人才。

微软公司职员的主要经济来源并非薪水,股票升值是主要的收益补偿。公司故意把薪水压得比竞争对手还低,创立了一个"低工资高股份"的典范,微软公司雇员拥有股票的比率比其他任何上市公司都要高。一个员工工作18个月后,可以获得认股权中25%的股票,此后每6个月可以获得其中12.5%的股票,10年内的任何时间兑现全部认购权,每2年还配发新的认购权。不仅如此,员工还可以用不超过10%的工资以8.5折的优惠价格购买公司股票,还可以通过贷款购买公司股票。

对于微软公司的每一个人来说,奋斗目标非常明确,就是在激烈的市场竞争中脱颖而出,让市场接受公司,让公司股票上市并且不断增值,最后员工持有的股票会自然增值,劳动就会得到充分补偿。这里的人,无论精力、才干还是热情,都是从未见过的,拼命工作蔚然成风,以致有时盖茨反过来要劝说人们悠着点劲儿。

在这些年里,微软公司通过股份参与的方式吸引和留住了众多有才能的员工,并且有效地激发了员工的工作积极性和创造性。微软不断成长为全球高科技巨人,被称为"迄今为止致力于PC软件开发的世界上最大、最富有的公司",有超过2000名的员工凭借股票期权成了百万富翁。

以调动人的积极性为主旨的激励政策,现在已经成为管理的基本途径和重要手段,员工持股计划正是这样一种新的激励方式。微软公司职员的主要经济来源并非薪水,股票升值才是主要的收益补偿。当微软公司股票价格持续上涨时,员工的个人财富就会水涨船高。正因为如此,在微软工作更富有挑战性,也更吸引人才。

员工持股计划是指企业员工通过投资购买、贷款购买或红利转让、无偿分配等方式认购本公司部分股权。实施员工持股计划的目的,是通过让员工享有剩余利润的分配权,让员工拥有劳动者和所有者的双重身份,以激励员工为公司价值提升多做贡献。这是一种特殊的报酬计划,是企业激励机制的一种形式。

为了方便理解,我们可以举一个简单的例子。例如,一位员工加入公司时被告知,在5年之内允许以每股10元人民币的价格购买公司的股票,即使是那时公司的股票已经涨到了20元人民币或者更多。在兑现期权的同时,这位员工就可以获得收益,随后他可以操作自己的股票。

由此可见,员工持股计划的奥妙就在于将员工的收益与其对企业的股权投资相联系,可以将员工个人利益同企业的效益、管理和员工自身的努力等因素结合起来,使大家的行为与利益都高度统一在公司的经营目标上,从而极大地激发员工对公司的关切度和参与工作的热情,这是一种明显的激励方法。

对此,有些人也许还不太理解,那么我们不妨再打一个形象的比喻:采取员工持股权计划,使公司和员工的关系就好比一艘行驶在茫茫大海上的小船,公司和员工就是船长和船员,那么,他们之间不论有多么深的矛盾和冲突,此刻他们唯一应该做的,就是齐心协力使小船安全抵达目的地。

在我国,劳动力的流动日益频繁,人力资源的配置存在着很大的自发性和无序性,而且劳动力技术水平越高,人才的流动性也越大。而购股选择权和其他建立在股份基础上的鼓励措施,使员工的长期利益与公司的长远发展紧密结合在一起,对于激励人才、留住人才是非常有效的,尤其是不安心工作的人才。

另一方面,社会的不断进步使人们的观念也不断转变。高薪不再是人才追求的唯一目标。公司通过员工持股可以构造出崭新的利益激励机制,真正实现员工当家做主。员工持股后也成为公司的主人,而不仅仅是打工者,他们会把公司当成自己的家,而不仅仅是打工挣钱的地方,员工感觉到是为自己在工作,是为自己家添砖加瓦,无疑公司内部的凝聚力会得到极大的提高。

从产权主体多元化角度来说,持股员工作为股东享有经营决策的监督权,这种监督是从关心自身利益出发的,因而是自发的、持续的,不需外部激励的。在员工的监督下,管理层的决策将更加科学和准确,特别是随着董事会成分的变化,将使企业的产权更加明晰、权责更加清楚、政企得以分开、管理更加科学。

总之,员工持股计划是一种有效的激励计划,管理者可以借鉴微软的做法,让高级管理人员、业务和技术骨干等多持股,通过股权"锁死"他们,实现利益共享、效益共创、风险共担、责任共负,进而形成有效的激励机制,调动员工的积极性和主动性,增强企业的凝聚力和向心力。

纵鹊毁巢

纵鹊毁巢[1]

【历史背景】

天地之间草木鸟兽，形态各异，这是大自然的造化，而有些君王不去考察，固执地认为这是祥瑞之兆，于是就会有小人乘机献谄，取悦上司，以致有以孔雀为鸾凤而诬上行私的人。唐太宗纵鹊毁巢，诚然有超世之见，他将得贤视为祥瑞实为后世君王的借鉴。

【原文】

唐史纪：太宗时，尝有白鹊构巢于寝殿之上，合欢如腰鼓，左右称贺。上曰："我常笑隋帝[2]好祥瑞，瑞在得贤，此何足贺。"命毁其巢，纵鹊于野外。

【张居正解】

唐史上记：太宗时，尝有白鹊结窝于寝殿之上，其巢两个合而为一，有合欢之形，又两头大，中腰小，恰似那乐器中腰鼓的模样，左右侍臣都说道："凡物相并，则不能相容，今两鹊为巢，合而为一，形状殊常，实为稀有，此盖天地和气所钟，主上圣德所感，理当称贺。"太宗说："不然。昔隋帝不好贤人而好祥瑞，至于亡国，我尝笑他。以我看来，只是得贤臣、理政事、安百姓，使天下太平，这才是真正的祥瑞，至于珍禽奇兽，不过一物之异耳。何足为瑞而称贺哉！"遂令人毁其窝巢，而纵放白鹊于野外。夫天地之间草木鸟兽，形质间有殊异者，皆气化偶然，不足为奇，人主不察，遂以为瑞，于是小人乘机献谄，取悦于上，至有以孔雀为鸾凤[3]而诬上行私者矣。人主好尚，可不谨哉！唐太宗纵鹊毁巢，诚为超世之见，而瑞在得贤，尤万世人君之龟鉴[4]也。

【注释】

①此篇出自《旧唐书·五行志》。并见《资治通鉴》卷193唐纪九,贞观二年。记述唐太宗不信祥瑞的故事。

②隋帝:指隋炀帝。

③鸾凤:传说中的一种鸟,本无其物,有以孔雀指为鸾凤者。

④龟鉴:龟可作占卜,鉴为镜子。比喻借鉴。

【译文】

唐代史书上记载:唐太宗时,曾有白鹊筑巢于皇帝的寝殿之上,两个互相拥抱像个腰鼓,左右大臣便向太宗祝贺。太宗说:"我常嘲笑隋炀帝喜好祥瑞,真正的祥瑞在于得到贤人,这有什么值得道贺的?"便命令把巢毁掉,放鹊于野外。

【评议】

迷信祥瑞,这是封建帝王欺骗自己和愚弄人民的手段之一,因为古人对自然现象没有科学的认识,往往按自己的意图附会出某些神的暗示。一些阿谀奉承之辈,便借此讨好君主,以求取宠。唐太宗,作为一代贤明君主,看到了这一点,当众予以拒绝,并说:"真正的祥瑞在于得到贤人。"因为他深知贤人可以使国家得到有效的治理。民族得以振兴,造福于人民。唐太宗把人们认为祥瑞的鹊巢毁掉,纵鹊于野外,以此否定人们妄谈祥瑞的错误观点,表现了一个英明帝王的求实图治本色。

【镜鉴】

官场风气影响盛衰

官场风气是指为官者的执政倾向性。是执政为民还是掌权谋私,关系到国家的存亡。风清气正的官场就是天下百姓之福,歪风邪气的官场就会让天下人心背离。有几句俗话说得好:一是“打铁还需自身硬”。良好的官场风气总是由为官者洁身自好树立起来的。二是“上行下效”。过去有句童谣:村看乡,乡看县,一直看到国务院。也就是说,官场风气是自上而下形成的。在中国历史上,皇帝清正,臣子自然无人敢胡作非为,官场自然也就清正;皇帝昏庸,官场浑浊,蛇鼠之辈横行,官场自然污浊黑暗,百姓难以为生。

(一)昭侯醉酒权责分明　官场原则不害认错

据《韩非子》记载:韩昭侯酒醉睡着了,典衣(专门管衣服的人)不在,典冠(专门管帽子的人)怕昭侯着凉,拿衣服盖在昭侯身上。昭侯醒来,十分高兴部属对他如此关心,问是谁盖的?左右答:典冠。昭侯因典冠越权而处死典冠,因典衣失责而处罚典衣。韩昭侯并不是不担心受凉,只是认为越权和失职这事比着凉更厉害。韩昭侯是过了点,似乎有些不近人情,但仔细想想,也绝不是那么简单,他是在向职责不清的工作方式说不。工作秩序比善意的行为更重要。

昭侯酒醉的故事看起来很简单,实际上却包含了很多深层的问题。韩昭侯酒醒后本来很高兴有人为自己盖了衣服,但是一知道这件事是负责管帽子的官员做的,马上就转喜为怒。最终,他以越权之罪将其处死,同时也处罚了失职的管衣服的官员。

无论古今,在一个组织中,任何人一不小心就可能失职或者越权。典冠不盖,就是不关心;一盖,便成越权。越权可怕,还是失责可怕?

权力历来都是敏感而重要的问题,侵犯了上面的权力叫越权,侵犯了平行的权力也是越权。对于职务高的人来说,越权更可怕;而对职务低的人来说,失职当然比越权更可怕。所以,二者哪一种更可怕,要根据当事人的实际情况而论。

按照法家的学说,法律是神圣不可侵犯的,设官分职,就是要人们各尽其职,各守其责,既不能失职,也不能越权。韩国是奉行法治的国家,韩昭侯这样做,并不是小题大做,而是防微杜渐,要人们各尽职守。在他看来,这就是原则问题。

中国历来是讲究人情的国度,也讲究处事的原则性与灵活性的统一。孔子在《论语》中也说:“男女授受不亲。嫂溺不援,是豺狼也。”孔子指的是要将具体情况加以区分,但这种灵活性恰恰成为人们有时败坏法纪的借口与理由,甚至于根据自己的需要而援引对自己有利的法律,使法律具有了较大的随意解释的空间,造成了种种徇情枉法的弊端,使很多人知法犯法,任意上下其手。

韩昭侯任用申不害为相国,使韩国兵强国治。申不害原来本是郑国的一个地位很卑微的小官,由于他学习和掌握了黄老刑名的学说,就向韩昭侯讲说“刑名之学”,请求昭侯任用他。韩昭侯很欣赏申不害的才学,就任命他为韩国的相国。在昭侯的支持下,申不害对内整治政教,对外应付各国,治理韩国十五年,使韩国一直保持着强国的地位。申不害著书一部,名为《申子》。

有一次申不害为他的叔叔和哥哥请求官职,韩昭侯却不答应。为此,申不害一脸的不高兴。昭侯对他说:“我向你学习的目的,是打算用来治理国家的。现在是听从你的请求而废弃你的学说呢?还是实行你的学说而废弃你的请求呢,你不是曾经教导我修治功劳记录,必须审视功劳大小来任用人,而今你却在法外另有私求,那我听哪个话才对呢?”申不害知道自己错了,赶紧向昭侯请罪。

从这两件事情看来,韩昭侯的确是一个法家政策的认真实践者,宁肯不近人情,也要维护法律的权威性。太讲人情的国家,缺乏的正是严守法制、不徇私情的正直官员,而只有正直官员多了,这个社会才会更公平、公正。

(二)官场清正聚贤用才　妒贤嫉能李斯亡秦

从前,齐国人把老虎和蟒蛇看作不祥之物。

有一次,齐景公去野外打猎。刚爬上山头后,突然一阵狂啸,从草丛里跳出一只吊睛白额猛虎,吓了齐景公一大跳,一伙人跌跌爬爬地扶着齐景公逃到山沟里。他们在山沟里没走几步,又见一条水桶粗的青皮蟒蛇盘在岩石上,恶狠狠地不断朝他们吐着毒芯。一天打猎受了两次惊吓,齐景公感到非常扫兴,什么也没有捕捉到,就惊魂未定地返回了。

回到宫中,齐景公急忙把晏子叫来问道:“今天寡人上山见虎,下沟见蟒,这怕是我们齐国的不祥之兆吧?看来下次外出还需要选择一个黄道吉日啊!”

晏子回答说:“出门选择吉日纯粹是虚妄之言,大王不要被蒙骗了。我也听说一个国家确实会有不祥之兆,而且有三不祥,但猛虎、毒蛇都不算在内。”

景公问道:“是哪三不祥?”

晏子回答道:“一是国家有了贤明的人才,而大王不去选拔,不想知道;二是大王知道了有德才兼备的人,也不愿录用;三是大王虽然录用了贤明的人才,却不肯信任他们。所谓不祥,尽在于此。至于今天上山见虎,那是因为山是虎的巢居;下沟见蛇,那是因为沟是蛇的洞穴,这同国家有什么关系呢,怎能说是齐国的不祥之兆呢?"

齐景公听后觉得非常有道理,在晏子的辅佐下,齐国的朝政有了很大的起色。

历史的事实告诉我们,官场浑浊,就不善于发现、使用和信任人才,甚至糟蹋人才,这对国家的损害是无法估计的。反过来,官场清正,就能够重视人才,信任人才,妥善使用人才。

《资治通鉴》中记载了这样的故事:

魏文侯向李悝征求谁可以担任魏相,当时有两个人选,一个是翟璜,一个是魏成。李悝没有直接说谁可以当相国之任,而是说明了能够担任相国的人的品质,人品的条件清楚了,自然人选就可能确定了。从居视其所亲,富视其所与,达视其所举,穷视其所不为,贫视其所不取这五个条件看来,魏成的人品可以胜任魏相之职,文侯也从这些标准中选出了合格的相国。翟璜认为自己有恩于李悝,而李悝没有推荐自己,认为自己的能力和识人之能不比魏成差,李悝就摆明了文侯所以选魏成为相的理由:一是因为魏成不贪财,淡泊名利,在人品上胜过翟璜;二是魏成善于识别人才,在识人上比翟璜更高一筹。他的理由使翟璜心悦诚服,自愧不如。这个故事说明用人是关乎国家兴亡的大事,不能怀有丝毫的私心杂念。尽管翟璜有恩于李悝,李悝还是推荐了魏成,既说明了李悝的大公无私,也表明翟璜的胸怀宽广,虚怀若谷,他们都是一时的人杰。

但是俗话说"金无足赤,人无完人",每个人都有自己的不足之处,真正能做到德才兼备的人是少而又少的。唐太宗说过"用人如器,各取所长",就是说,在用人上不应求全责备,吹毛求疵。

如何正确使用人才?我国历史上有过许多精辟的论述。先秦诸子中的佼佼者、著名思想家和政治家管仲曾经说过:"明主之官物也,任其所长,不任其所短,故事无不成而功无不立。乱主不知物之有所长所短也,而责必备。"意思是说,聪明的君主授官任事,用其长而避其短,所以事业没有不成功,政绩没有不建立的。昏聩的君主正因为不懂得人有其长必有其短的道理,而总是求全责备。清代诗人顾嗣协曾写过这样一首诗:

骏马能历险,犁田不如牛。

坚车能载重,渡河不如舟。

舍长以就短，智者难为谋。

生材贵适用，慎勿多苛求。

诗人道出了用人的真知灼见。历险用马，犁田用牛，这是尽人皆知的道理，但其中蕴涵着一条深刻的用人规律，那就是用人要知其所长，用其所长。如果舍长用短，求全责备，就无疑会浪费人才和埋没人才。俗话说：尺有所短，寸有所长。人各有长短，就像有高山必有深谷一样。唐代以清慎出名的宰相、民本主义思想家陆贽有句名言："若录长补短，则天下无不用之人；责短舍长，则天下无不弃之士。"这句话深刻地阐释了用人之长要有容人之短的雅量。

古人在用人问题上做到不求全责备，不以小疵掩大德的典型事例有很多。《吕氏春秋》中就记载了这样一个故事。春秋时期卫国人宁戚，听说齐桓公召纳贤士，就投奔到了齐国。他在齐国举目无亲，晚上只好暂且露宿城门下。恰巧夜里齐桓公出城迎客，发现了他。当桓公得知宁戚是卫国前来的贤士时，当即把他带回宫中。宁戚向桓公献上如何治理齐国及争霸天下的方略，桓公听后觉得宁戚颇具才力，准备提拔重用。但是，却受到大臣们的阻止，他们的理由是宁戚乃卫国人，要派人了解其在卫国的口碑。桓公担心因探听到宁戚的小毛病而影响到对他的重用，说："不然。问之，患之有小恶。若以人之小恶，亡人之大美，此人主之所以失天下之士也。"遂下令任用宁戚为齐国大夫。

从齐桓公任用宁戚的故事，我们可以看到齐桓公的用人观是很明确的。人才难得十全十美，用人须看大节和主流，不要斤斤计较小节和短处，只有这样，才能发现人才和正确使用人才。

中国历史上也有不少妒贤嫉能，唯恐别人胜过自己的心胸狭窄的人，他们不是以国家兴亡与人民幸福为出发点，而是一心一意谋求自己的地位与名利，借机进谗言，恶语中伤，捕风捉影，必欲置人于死地而后快。其中秦朝的丞相李斯就是典型的一例。

李斯拜名士荀子为师，学习帝王之术，治国之道。学业完成之后，他敏锐地分析了当时的形势，认为"楚国不足事，而六国皆弱"，唯有蒸蒸日上的秦国能为他的才华和抱负提供最广阔的施展空间，于是，公元前 247 年，李斯毅然决然地来到秦国，通过吕不韦获得接近秦王的机会。后又以一篇才华惊艳的《论统一书》赢得了秦王的信任，由此揭开了自己在秦国的政治序幕。

然而，随着李斯地位、权力的上升，他性格里的缺陷日渐凸显，他妒贤嫉能，内心狭隘而猜忌。李斯与韩非同是荀卿的学生,他博学多能,才学超人,思维敏捷,李斯自以为不如。韩非写起文章来气势逼人,堪称当时的大手笔。凡是读过他的文章的人,几乎没有不佩服他的才学的。他的著作很多,主要收集在《韩非子》一书中。秦王嬴政读了韩非的文章,极为赞赏。他对左右说:"寡人得见此人与之游,死不恨矣。"大有相见恨晚之意。但是韩非到秦国之后,并没有如秦王所言那样,反而被投进牢狱,不久就被处死。韩非究竟为什么被欣赏自己的秦王处死?最流行的说法是韩非死于李斯的谗言。据《史记·老子韩非列传》记载:秦王得到韩非后很高兴,但还是没有重用他,秦国大臣李斯和姚贾出于对韩非才情的嫉妒,就在秦王面前诋毁韩非,说韩非是韩国的公子,他来秦国,并不是真心为秦国霸业考虑。现在秦王你留韩非在秦,这是养虎为患即可!不如趁早杀了他。在李斯等人的谗言之下,秦王下令将韩非关讲监狱。不久,满腹经纶的韩非在狱中服毒自杀,而送给他毒药的正是李斯。

李斯为了迎合秦王加强思想统治的目标,提出了冒天下之大不韪的"焚书坑儒"的对策,这种倒行逆施的做法,成为我国文化史上的一次浩劫,对我国秦以前的文化典籍造成了无法挽回的破坏。这也是李斯害怕这些人的学说在秦国得到采纳,使自己的地位受到威胁而采取的残暴手段。李斯在最需要慎重斟酌的一步棋时,他选择了虚与委蛇,苟且偷生。于是,李斯悲惨的最终命运由此而注定。公元前210年,始皇帝驾鹤西去,太子扶苏即位便是大势所趋,人心所向。然而,李斯却在此时为了保全既得利益而犯了糊涂,他经不住赵高的甜言蜜语,密谋私改诏书,立少子胡亥为帝。可笑一世聪明的李斯,却看不到赵高的阴险嘴脸,看不到胡亥的无能平庸,为了所谓的地位与富贵,假传圣旨,排除异己。狡诈的赵高利用了李斯的这一弱点,他深知平民出身的李斯对权力的眷恋不舍和为了保证其利益的不择手段。当赵高刚提出废扶苏立胡亥的提议之时,李斯称之为"亡国之言",然而他却经不起赵高有关利害关系的煽动,一心只为自己富贵长存。殊不知,他成了赵高手中排除异己、争名夺利的一颗棋子。可悲的是,当这颗棋子失去其利用价值之时,李斯的生命也就走到了尽头。阴险狡诈的赵高是不允许自己的权力受到威胁和挑战的,于是,他对李斯"谋反"的诬陷也成了理所当然。昏庸无能的胡亥不明事理,听信赵高的谎言,一道诏书成了李斯的"绝命符"。不久,将李斯腰斩于咸阳。

纵观李斯之一生,可谓荣辱皆携,毁誉参半。他既有令人称道的治国齐军之才华,在促进秦帝国的经济、文化和政治的发展方面做出了卓越的贡献。然而,光辉的荣耀掩盖不了他心胸狭隘、自私自利、目光短浅的性格缺陷，身处高位而不知灵活进退，重要抉择之时贪图小利，如此之多的性格特点集于一身，李斯的性格不可谓不复杂。不得不说，正是李斯的复杂多变的性格特点，决定了他一生的波澜起伏，决定了他结局的凄惨荒凉。

(三)桴鼓不鸣董宣硬脖　朋党相争危害国家

东汉初年，河南陈留圉县人董宣，在担任洛阳令时，仗义执言，威严执法，宁死不向权贵低头，被光武帝刘秀称为"强项(硬脖子)令"。

董宣，早年因豪爽直率，爱打抱不平，受到乡里群众拥护，被民众推举担任地方小官。

董宣为官清廉正直，不畏强权，克己奉公，没几年便做到北海郡的相国。又因"打恶除霸"政绩显著，被光武帝重用为洛阳令。

当时的都城洛阳住着许多皇亲国戚，他们倚仗权势，恣意妄为，就连他们的奴才都狗仗人势，欺弱凌贫，把京城搅得乌烟瘴气。百姓有苦难诉，官府装聋作哑。光武帝很头疼这种状况，但也碍于情面而不便发作，就起用浑身是胆的董宣来进行管理。董宣上任第一天，就遇到一起棘手的案子。光武帝的姐姐湖阳公主的亲信家奴，杀人后一直躲在公主府里，无人敢将其捉拿归案。董宣看完原告的状子，拍案而起，立即派出暗哨在公主府周围死蹲硬守。几天后公主乘车出门，那个罪犯也得意扬扬地跟随其后。董宣得报后就在公主必经之路夏门亭等候。待车子驶近，董宣大步上去，要缉拿凶犯。公主却骂董宣芝麻小官竟敢拦公主的路，大为恼怒。董宣二话不说，拔剑把凶手就地处决。湖阳公主可是硬茬儿，平时光武帝都让她三分。她跑进皇宫见着弟弟又哭又闹，非要将董宣"斩立决"不可。光武帝知道董宣是秉公执法，也不好说啥。公主抱怨皇上太没威严，一个小小的洛阳令分明是在挑衅皇权。光武帝脸上挂不住了，面带怒色吩咐："带董宣!"董宣面对皇帝，正气凛然："陛下您一心想严肃法纪，打击豪强，使江山社稷长治久安，人民安居乐业，没想到今天却糊涂到允许皇亲纵奴杀人的地步！君要臣死，臣不得不死。"说完以头撞墙，血流满面。光武帝忙命人拉住董宣，自找台阶说："念你一片赤胆忠心，就不治你的罪了。赶快去给公主认错，赔个不是。"光武帝想和稀泥让事情了结，谁知董宣始终不肯给公主叩头谢罪。侍卫上来强按他的头，董宣硬挺着脖梗子，坚决不让按下去。光武帝由衷地说："行，算你的脖子硬!"遂赐予董宣"强项令"的美称。

由于光武帝的支持，董宣把京城治理得井井有条，百姓中流传这样一句话："桴鼓不鸣董少平。”

此外还有宋朝的鲁宗道，也是奉公守法、恪尽职守的著名人物。

鲁宗道字贯之，亳州人。幼年丧父，寄养在外祖母家。舅舅们都是行武之人，很轻视宗道，宗道越加发愤读书，清洁自励，立志要做行为高尚的人。他拿着自己所写的文章拜见当时有名的学者戚纶，戚纶很器重他的才学与人品。后来鲁宗道中了进士，两次调任海盐县令。之后，宗道派遣乡丁疏通年久堵塞的河道，引海水到城下，民众受益，人们称这个水利工程为“鲁公浦”。

天禧元年(1017年)，鲁宗道担任谏官一职。他针对过去谏官无法与皇帝当面进谏之弊，明确提出进谏要直达皇帝，此后，这种做法成为定例。鲁宗道非常重视在地方亲民官人选上的慎重，认为这直接关乎朝廷在民众中的形象，他的意见无疑是正确的。正如人常说的“忠言逆耳利于行，良药苦口利于病”，说真话往往是讨人厌烦的。由于鲁宗道一心为国家着想，在进谏时不注意方式与方法，在朝廷上进谏多次，皇上心里很是讨厌他。后来趁回答皇上问话之机，宗道为自己辩解说：“皇上任用我，难道只是想让我徒有进谏的虚名吗？我为自己不做事而白拿俸禄感到羞耻，请求罢免我的官职让我离去。”皇上反思了好长时间，终于明白了他的意思，后来在大殿的墙壁上写上“鲁直”二字，大概是想念宗道之意。

章献太后执掌朝政以后，问鲁宗道：“唐代的武后是个怎样的君主呢?”宗道回答说：“她是唐代的罪人，差点危害国家。”太后默不作声。当时有人请求在七庙中设立刘氏的牌位，太后问辅臣们，大家都不敢回答。鲁宗道不赞成这么做，说：“如果在七庙中设立刘氏的牌位，那后代君主怎么办?”因为鲁宗道的反对，这件事只好作罢。有一天仁宗皇帝、太后将一同到慈孝寺去，想先安排太后坐辇车在皇帝前边走，鲁宗道说：“丈夫死了跟从儿子，是妇人立身的道义。”太后就立即改为在皇上的车子之后乘辇前往。当时很多当权者都让自己的孩子在馆阁读书，宗道说：“馆阁是培育天下英才的地方，怎么是纨绔子弟们凭父辈的恩泽待的地方呢?”枢密使曹利用依仗权势，骄横跋扈，宗道多次在皇上面前指责他，从贵戚到当权者都怕他，把他看成“鱼头参政”，因他姓鲁，就说他的秉性像鱼头那样硬。

鲁宗道为人刚毅正直，痛恨邪恶，犹如仇敌，遇到事情敢于说话，不注意细枝末节。做谕德时，住得离酒馆很近，曾在出征途中到酒肆喝酒，遇到真宗紧急召见，派去传旨的使者到他家中等了很久，他才从酒店回来。到了宫中，使者要先进入禀报，就给他打招呼说："皇上如果怪罪鲁公为何来得这么迟，该找个什么理由回答呢？"鲁宗道说："只管将实情告诉皇上。"使者说："如果这样，那么鲁公就获罪了。"鲁宗道说："喝酒是人之常情。欺蒙君王，就是做人臣的大罪过了。"到了真宗那里，真宗果然诘问他为何迟迟而来，使者就完全按照鲁宗道所说的话如实向皇上禀报。宋真宗责问鲁宗道，鲁宗道谢罪说："有老朋友从家乡来，我家贫，没有像样的杯盘，所以就到酒店去招待他。"真宗听了不但未怪罪他，而且认为鲁宗道忠实可大用，并把这个意见告诉了刘太后，鲁宗道后来也得到刘太后的重用。

可惜的是，在历史上能够坚守正道的人凤毛麟角，而更多的是被人性固有的弱点所左右，不能自拔，同流合污，不以国家民族的利益为最高利益，而是蝇营狗苟，随波逐流，更有甚者，推波助澜，倒行逆施，成为国家民族的罪人。明代的朝臣党争就是一个典型例子。

吏部文选司郎中顾宪成自1594年罢官后，回无锡故里定居。尔后，在无锡东林书院聚集文士讲学议政，被指为东林党人。学人除首领顾宪成外，还有高攀龙、薛敷教、史孟麟及宪成弟允成等人。因为他们都是癸巳京察阁部之争中被罢免的官员，而且多曾供职吏部，熟悉朝廷官员情况，因而得以讽议朝政，裁量人物。又因为他们多已罢官家居多年，与地主、商人、文士时有交往，熟悉乡里情事，往往能够反映民众的呼声，抨击朝政的积弊，因而在社会上博得清名。

万历中叶以来，东林党与宣党、昆党、齐党、楚党、浙党互相倾轧，置国家利益于不顾，唯知紧紧守护着自己的那点小利益。如此这般，无论是中朝的宦官，还是外朝的士大夫，结党的活动不但没有中断，反而变本加厉，甚于前时。当时，朋党争论的主要问题是立太子，即所谓"国本"。神宗王皇后无子，恭妃王氏生子常洛，为神宗长子。神宗宠妃郑贵妃生子常洵。顾宪成、钱一本在朝时，均曾上疏请立长子常洛为太子，钱一本因而被黜。1601年，神宗诏立常洛为太子，常洵封福王，但仍在朝，1614年始去洛阳藩邸。1615年，蓟州人张差持梃闯入太子常洛的慈宁宫，打伤守门太监，被捕入狱。供出系由郑贵妃的太监庞保、刘成引入。巡视皇城御史刘廷元审讯，奏称张差"若涉疯癫"。刑部主事王之寀至狱中提审，供称受太监指使，因而怀疑郑贵妃，刑部尚书张问达受命审讯。东林官员给事中何士晋上疏，指斥郑贵妃弟郑国泰有主谋之嫌。结果何士晋被谪官出朝，张差以疯癫定谳处死。此案后被称为“梃击”案,长期成为朋党争议的论题。

诸党之外,朝官与言官,北官与南官也各自结成大小不等的集团。是己非人,互攻不止。阁臣李廷机,晋江人,曾为吏部左侍郎。处事公正,尤以廉洁著称,但不免偏愎固执。李廷机入阁后,1607 年 6 月,工科给事中云南宁州人王元翰等言官,上疏诬告李廷机受贿,辇金载玉,以图中伤。神宗诏责王元翰诬陷他人罚俸半年。王元翰曾请起用顾宪成等被罢免的官员,不报。1609 年 2 月,王绍徽指使御史郑继芳诬指王元翰盗窃库金数十万。王元翰上疏自辩,并对郑继芳进行反击。王绍徽与同党刘文炳、刘国缙等连上十余疏攻击王元翰。南京给事中金士衡、御史刘兰等合词申救。郑继芳不待神宗诏下,即遣人围守王元翰家。王元翰愤而尽出筐箧,置于国门,痛哭辞朝,成为轰动一时的奇闻。

万历三十七年(1609 年)正月,李三才加户部尚书兼左副都御史衔。浙党官员谋划弹劾,并借此事力斥东林,因为弹劾李三才,则可以将东林党一网打尽。这年十二月,沈一贯的亲戚、工部郎中邵辅忠(浙江定海人),参论李三才“大奸似忠,大诈似直,而为贪险假横之人”。次年正月,浙江道御史徐兆魁继续上疏劾论。李三才连上四疏力辩,并请休致。给事中马从龙、御史董兆舒等相继上疏为李三才辩。大学士叶向高上言:李三才已“杜门待罪”,为漕政计,应速定去留。神宗不答。御史刘国缙、乔应甲,给事中王绍徽、徐绍吉、周永春、姚宗文等,又联章弹劾李三才,给事中胡忻、曹于汴等,则交章论救。言官争论,数月不止。这时,顾宪成写信给叶向高和吏部尚书孙丕扬,力称李三才廉能,为其排解。乔应甲又上两疏,列举李三才十贪五奸,极力攻讦。李三才被迫疏请罢免,疏至十五上。久不得命,遂自引去。

辛亥京察之后,朝臣交攻,仍在继续。据《国榷》卷八十一所载,察疏发下前,京畿道御史徐兆魁曾上疏直攻东林,说:“今年察典,尽趋东林”,“东林所至,倾动一时,能使南北交攻,角胜党附”,又指称顾宪成受贿,但无左验。光禄丞吴炯疏辨,说“宪成贻书救三才,诚为出位,臣尝咎之,宪成亦自悔。今宪成被诬,天下将以讲学为戒”。神宗置之不问。

阁部大臣,长久缺员。京察后,科道官也有待补任。神宗长期拖延,不予选任,朝政渐形阻滞。阁臣叶向高上疏,激切陈言,说:“今自阁臣至九卿台省,曹署皆空,南都九卿亦只存其二”,“陛下万事不理,以为天下长如此,臣恐祸端一发不可收也”。吏部尚书孙丕扬,先后推荐沈鲤、郭正域、顾宪成、赵南星、高攀龙等人及原御史钱一本等被罢免的旧官。神宗俱不理。1612 年 2 月,孙丕扬以年老自请致仕归里。五月,顾宪成在家中病死。

熹宗即位以来，神宗时的张差梃击案、光宗死前的红丸案和李选侍移宫案，成为朝臣之间互相攻击的题目。1626 年，霍维华建议编修《三朝要典》，以顾秉谦等为总裁，为三大案中获罪的宦官翻案，借以陷害东林官员，指责王之宷、孙慎行、杨涟是制造三案的罪魁祸首。杨涟入狱受审，“移宫”即是一大罪名。阉党迫害的官员，从朝官扩大到地方，更进而残害各地居民。东厂和锦衣卫的缇骑（侦探）在各地访查，有人议论魏忠贤奸恶即被处死，甚至割舌剥皮，极为酷毒。阉党的权势日盛，对人民的镇压也越来越残酷了。

从以上数例可以看出，历史上明代的党争起于世宗嘉靖年间，这些身为国家大臣，负有重任的国之栋梁，不思为国家民族谋福利，只是从自身的利益出发，争权夺利，党同伐异，以自身利益结成利益集团，每遇一事，不问是非曲直，颠倒黑白，只看党派，凡是对方反对自己就支持，凡是对方支持自己就反对，置国家安危、民生幸福于不顾，有了这样的官员和大臣，要求国家不衰亡，无异于南辕北辙、缘木求鱼了。

敬賢懷鷂

魏徵

唐太宗

敬贤怀鹞①

【历史背景】

这件事发生在贞观二年，唐太宗当时三十一岁。那时正是唐太宗励精图治之始。按说，他身为天子，偶然用胳膊架着鹞子玩一会儿，不是什么大过失。但此时的唐太宗对自己要求很严格，他知道，登基不久，不能给大臣留下“玩物丧志”的印象，况且来的人是位诚心辅佐自己的正直大臣，他在这样的大臣面前玩鹞子，很感到惭愧，于是就像害怕一般，下意识地把鹞子藏了起来，这一举动，说明他确实是个英明之主，自知所做的不妥，所以深表歉意。宁肯让心爱的鹞子闷死也在所不惜。

唐太宗李世民，唐朝第二位皇帝，伟大的军事家，卓越的政治家，著名的理论家、书法家和诗人。堪称“千古一帝”。太宗皇帝在唐朝的建立过程中出生入死，运筹帷幄，战功卓越。即位后，统一中国，抗击外来侵略，同时执行夷汉一家的政策，他的统治时期是历史上民族关系最为良好的时期，他在促进民族团结和融合中做出了巨大的贡献！他在位二十三年，在位期间国泰民安，社会安定，经济发展繁荣，军事力量强大。后人称他在贞观年间的统治为“贞观之治”。太宗的飞草非常著名，开创了行书写碑的先河。太宗的诗歌在诗歌史上也占有重要地位，太宗还编写了著名的秦王破阵乐。在《帝范》《唐会要》等书籍中，对太宗的政治理论有相当多的描述。

唐太宗可以说是历史上虚心纳谏的典型。他从来不管进谏的是什么人，哪怕态度十分让人难以接受，只要提出的谏议是正确的，他都会虚心接受。史书上记载，唐太宗有一次想要把洛阳的乾元殿修饰一下，用来做以后到外地巡视时候的行宫。这本来是一件很小的事情。可是，有一个小官吏叫张玄素的，却上了一道对此严加反对的奏折。他在奏折上说，建阿房宫使得秦灭亡、修章华台使楚国毁灭、修乾元殿导致隋朝亡国。现在唐朝的基业还远远比不上当时的隋朝，陛下如果在这样的时候，耗费钱财，劳苦百姓、大兴土木，不继承前代帝王的长处，却继承百代帝王的弊端，岂不是比隋炀帝还要昏庸？唐太宗认为他说得很有道理，不仅没有怪罪张玄素，反而下令召见他。

同时唐太宗在民族政策上还是一个很宽容的君主，他不像以往的君主那样轻视少数民族，而是将少数民族也看作是家族中的一分子，对少数民族采取了安抚、和亲的正确政策，于是唐王朝就产生了很大的向心力，少数民族也纷纷投靠，并尊称唐太宗为“天可汗”。唐太宗还把文成公主嫁给了吐蕃赞普松赞干布。这是历史上汉藏民族关系的一件大事。文成公主带着丰厚的嫁妆，包括大批珍宝、经典、医书、宝器、金银、金鞍、佩饰、锦缎、药品，还有食物、种子、树木，还有狮子、凤凰，等等，这些中原地区的先进的文明极大地促进了藏族的发展。松赞干布对唐太宗自称女婿，上表祝贺唐太宗远征的成功。

【原文】

唐史纪：太宗尝得佳鹞，自臂之，望见魏征[②]来，匿怀中。征奏事故久不已，鹞竟死怀中。

【张居正解】

唐史上记，太宗一日得个极好的鹞子，心上喜爱，亲自在臂膀上驾着，魏征平日好直言极谏，太宗尝敬惮他，当驾着鹞子的时节，恰好魏征走来奏事，太宗恐怕他看见，将鹞子藏在自己怀里。魏征晓得太宗怀着鹞子，故意只管奏事不止，那鹞子藏的时候久了，毕竟死于怀中。夫太宗尊为天子，偶有臂鹞之失，见了正直的臣，便惭沮[③]掩蔽，如害怕的一般。盖他本是个英明之主，自知所为的非礼，故深以为歉，宁坏了所爱的物而不恤也。臂鹞是他差处，匿于怀中，是他明处。

【注释】

①此篇出自唐《刘隋唐嘉话》，并见《资治通鉴》卷193唐纪9，贞观二年。记唐太宗因听魏征奏事，将鹞匿死怀中的故事。

②魏征（580~643）：唐初大臣。字玄成，馆陶（今河北）人，隋末参加瓦岗起义，李密败，降唐。初为太子洗马，太宗即位后任谏议大夫、秘书监等职，以善谏闻名。前后陈谏

二百余事。

③惭沮：惭愧而丧气。

【译文】

唐代史书上记载：太宗曾得到一只很好的鹞子，驾在臂膊上玩，望见魏征来了，便藏匿在怀中。魏征奏事故意久而不停，鹞子竟死在太宗怀中。

【评议】

据说唐太宗非常喜爱鹞子这种动物，就因为这件事情接受过凉州都尉李大亮的进谏，他知道自己的这个爱好与一个励精图治的君主不相符合，所以在他玩耍鹞子的时候，看到魏徵来了就赶快将鹞子藏在了自己的怀里。等到魏徵奏事完毕后，鹞子竟然被闷死在自己怀中。但是，唐太宗知道，能得到大臣们的忠心进谏是最重要的，鹞子只是自己的个人爱好而已，比起国家大事、黎民百姓，这实在是不值得一提的。所以历史上的这个“敬贤怀鹞”的故事，作为称颂唐太宗的圣明与自律的事例而妇孺皆知。在中国当代曲艺界就有依据这个故事改编的《怀鹞记》。历史上由于唐太宗知人善用、治理有方、轻徭薄赋、宽刑轻法，使得唐太宗时期的经济、政治、文化都得到了空前的发展。在这个时期，政治清明，经济繁荣，社会稳定，文化昌盛，史称“贞观之治”。

【镜鉴】

生活信仰关乎生死

信仰，是人的立身之本，源于我们对圣贤的崇拜，对神灵的敬畏。一个人崇拜什么，就会化作行动去追求。中国人大都相信恶有恶报，善有善报，同时崇拜皇权高位，在现实权势和利益面前，很多人就难以抉择。可以说，在现实生活中，不同的信仰决定了不同的人生。

（一）修身正气人心倾向　荒淫纵欲必遭天谴

人其所以为人，是因为人有理智，有思想，懂得人伦物理，能够约束自己的行为。虽然有动物性的冲动，但能够在理性的克制下得到控制。但人的劣根性也是与生俱来的，所以古往今来，凡是行为高尚、品德出众、大有作为者，莫不是战胜了自己的种种劣根性。以孔子为代表的儒家学派特别重视人的人格养成，认为这是一生努力的方向。

在《论语·季氏篇》里，孔子说："君子有三戒，少之时血气未定，戒之在色；及其壮也，血气方刚，戒之在斗；及其老也，血气既衰，戒之在得。"所以立志成为君子的人，有三方面要特别谨慎。第一，年轻的时候，血气未定，戒之在色。第二，到中年的时候，血气方刚，戒之在斗。第三，年老的时候，血气既衰，戒之在得。孔子认为人的一生只要活着就要小心，个人的修养要从生活中的一点一滴做起，吃饭睡觉，言动视听，都要小心谨慎，不可有丝毫的放任。《乡党篇》中说："色恶，不食。臭恶，不食。失饪，不食。割不正，不食。不得其酱，不食。"这些说法一则在于养生，而更重要的是在于修身。在《季氏篇》中，孔子提出人们说话应当注意到很多细节："侍于君子有三愆：言未及之而言谓之躁，言及之而不言谓之隐，未见颜色而言谓之瞽。"第一个，不该说话，就说话，叫作急躁；第二个，该说话不说话，叫作隐瞒；第三个，没看别人脸色就说话，叫作瞎子。说话很困难，说得好不容易。所以你要记得，说话需要判断时机，这个时机是不是该说。同时孔子还说："君子有九思：视思明、听思聪、色思温、貌思恭、言思忠、事思敬、疑思问、忿思难、见德思义。"意思是说君子要经常想到九件事：看的时候总要想到看清楚，听的时候总要想到听明白，面容总要想到保持温和，态度总要想到保持谦恭，谈话时总要想到忠实，做事时总要想到谨慎，有疑问时总要想到问问别人，愤怒时总要想到以后的困难和后果，遇到个人利益时总要想到应该不应该取得。时时刻刻要保持一种谨慎的态度，而且要不断地反省自己。"子曰：吾日三省吾身，为人谋而不忠乎，与朋友交而不信乎，言不行乎？"只有时时努力，终生不懈，才有可能做到"非礼勿视，非礼勿听，非礼勿言，非礼勿动"。行为举止才能做到言动视听一遵于礼，才能做到文质彬彬。

虽然孔子的要求有点苛刻，但古代的仁人君子也确实是这样要求自己的，孔子也是从很多古代明君贤人的事迹上总结出这些人格要求的。这些人格要求的出发点是人性要善，要有悲天悯人的仁厚之心和普世情怀。

大禹因为治水有功而得到了皇位，但是也因为操劳国事而十分劳累，巨大的压力，使得他吃不下饭也睡不着觉而逐渐瘦弱，禹的女儿眼看着父王每天繁忙国事，感到十分心疼，于是便请服侍禹膳食的仪狄来想想办法。

有一天，仪狄到深山里打猎，意外地发现一只猴子在吃一潭发酵的汁液之后，便醉倒了。好奇的仪狄也想亲自品尝。一尝之下，他感到全身热乎乎的、很舒服，整个筋骨都活络了起来，他大为惊奇，高兴地说："想不到这种汁液可以让人忘却烦恼，而且睡得十分舒服，简直是神仙之水。"于是，仪狄就取来这种液体给大禹饮用。禹被这香甜浓纯的味道所深深吸引，胃口大开，顿时觉得精神百倍，体力也逐渐恢复了。

仪狄受到了自己收集来的果实汁液的启发，便决心自己来研究制作这种果实汁液。经过他不停地试验及潜心研究之下，最后终于制作出这种味美又好喝的俗称做"酒"的东西。

大禹王也高兴地封仪狄为"造酒官"，命令他以后专门为朝廷造酒。

但是有一天早朝时，所有的大臣都在前厅等候大禹，从天色未亮一直等到日正当中，大臣们个个汗流浃背，却不见大禹王的踪影。原来大禹因为喝了酒，正在呼呼大睡呢！等到大禹来到时，他很不好意思地对大家说："酒虽然治好了我的病，却使我荒废了朝政，我以后再也不喝酒了。"从此大禹决定不再饮酒。因为大禹意识到酒这种东西满足了人对于美味的需求，刺激了人的味觉的贪欲，人很难完全遏止对于欲望的满足，也会有人因此而误事。大禹也曾预言：后世一定会有因为饮酒无度而误国的君王。大禹戒酒，使后人对他更加景仰，一些人对大禹倍加尊崇，推他为廉洁开明的君主。而他的预言也非常准确，后世的许多荒淫无道的君主大多纵酒贪杯，误国误民。

夏禹能清醒地认识到酒的诱惑力和人放纵欲望的危害性，主动地远离这些迷人心性的东西，一则说明他有仁爱之心，二则也说明他认识到人的劣根性的难以根除。

能不能克制自己的欲望，不仅关乎一个人的成就与品格，而且也关乎个人的生死与国家的存亡。

楚恭王同晋厉公在鄢陵交战，楚军被打败，楚恭王受了伤。在激烈的战斗中，军事长官子反口渴得想找水喝，他的助手竖谷阳捧了一杯酒进献给他。子反说："把它拿走，这是酒。"竖谷阳说："这不是酒。"子反把酒接过来，一下子就喝完了。子反平时就喜欢喝酒，认为酒味美好喝，嘴里从来不断酒。结果一饮而不能止，喝得酩酊大醉，不省人事。

楚恭王想要继续战斗而谋划军事，便派人去叫子反，子反借口心口痛推辞不去。恭王乘车去看望子反，一进到帐篷里就远远地闻到酒气熏人，心中大怒，便转身返回，说："在今天的战斗中，我的眼睛刚刚受伤，我所依靠的军事长官是子反，而他现在又醉成这个样子，这是忘掉了楚国的大好河山，不肯顾惜我的臣民百姓啊，我不能同晋国再战了。"楚恭王收兵回国离开鄢陵，杀了子反陈尸示众。

子反因为好酒贪杯不能自拔，也是因为自制能力不强而丢了性命，究其原因，还是因为没有爱惜自己和士兵的生命，缺乏一种悲天悯人的仁爱之心。作为高级军事指挥官，他在战争中贪杯放纵，玩忽职守，被处死也是咎由自取了。

同样是酒，但对于酒的态度不同，能够体现出一个人的人格的高下与心地的善良与否。

（二）一身正气海瑞罢官　醉生梦死严嵩伏法

海瑞（1515～1587），回族，海南人，明代著名政治家、中国历史上的著名清官。后人称其为"海青天"。

海瑞自幼攻读诗书经传，博学多才，嘉靖二十八年（1550年）中举。海瑞中举人后，曾代理南平县教谕。御史到学宫，部属官吏都伏地通报姓名，海瑞单独长揖而礼，说："到御史所在的衙门当行部属礼仪，这是学堂，是老师教育学生的地方，不应屈身行礼。"表明了他坚持原则，不曲意逢迎的耿直性格。

海瑞一生刚正不阿，不畏权贵。总督胡宗宪的儿子路过淳安县，索要见面礼，海瑞不给，胡的儿子向驿吏发怒，把驿吏倒挂起来。海瑞说："过去胡总督按察巡部，命令所路过的地方不要供应太铺张。现在这个人行装丰盛，一定不是胡公的儿子。"打开袋发现有金子数千两，遂收入到县库中，派人乘马报告胡宗宪，胡宗宪并没因此怪罪海瑞。都御史鄢懋卿巡查路过淳安县，赚酒饭供应得十分简陋，海瑞高声宣称，县邑狭小不能容纳众多的车马。鄢懋卿十分生气，然而他早就听说过海瑞的名字，只得收敛威风而离开。首相徐阶告老还乡后，利用其权势横行乡里。其子徐瑛仗势霸占民田、气死农民赵玉山之子，又抢走赵的孙女小兰。小兰母洪氏赴县控告。县令王明友受贿，当堂打死赵玉山，轰出洪氏。海瑞正调任应天巡抚，得知冤情，复审此案。徐阶自恃有恩于海瑞，代子求情，提出交田赎罪。海瑞指明占田应退，犯法当诛。徐阶恼怒，唆使朝臣弹劾海瑞。海瑞于交印前，斩了徐瑛及县令王明友。

当时，明世宗在位时间长了，不去朝廷处理政务，深居在西苑，专心致志地设坛求福。总督、巡抚等边关大吏争着向皇帝贡献有祥瑞征兆的物品，礼官总是上表致贺。朝廷大臣没有人敢说时政。海瑞对此十分不满，在嘉靖四十五年二月时他单独上疏，将嘉靖皇帝所犯的错误全部历数出来。在此之前，他事先在棺材铺里买好了棺材，并且将自己的家人托付给了一个朋友。

嘉靖皇帝读了海瑞的奏折，十分恼怒，把奏折扔在地上，对左右说："快把他逮起来，别让他跑掉。"宦官黄锦在旁边说："这个人向来有傻名。听说他上疏时，自己知道冒犯该死，买了一个棺材，和妻子诀别，在朝廷听候治罪，奴仆们也四处奔散没有留下来的，他是不会逃跑的。"皇帝听了默默无言。过了一会又读海瑞上书，一天里反复读了多次，为上书感到叹息。说："这个人可和比干相比，但朕不是商纣王。"正遇上皇帝有病，心情郁闷不高兴，召来阁臣徐阶议论禅让帝位给皇太子的事，说："海瑞所说的是都对。朕现在病了很长时间，怎能临朝听政？"又说："朕确实不自谨，导致现在身体多病。如果朕能够在偏殿议政，岂能遭受这个人的责备辱骂呢？"过了两个月，嘉靖皇帝死，明穆宗继位，海瑞被释放出狱，官复原职，不久改任兵部，提拔为尚宝丞，调任大理寺。

海瑞一生清贫自守，刚直不阿，深得民众的尊敬与爱戴。而对于吃拿卡要的上司从来不留情面，而是据理力争。海瑞去世时，家无产业，南京都察院佥都御史王用汲去照顾海瑞，只见用布制成的帏帐和破烂的竹器，有些是贫寒的文人也不愿使用的，因而禁不住哭起来，凑钱为海瑞办理丧事。海瑞的死讯传出，南京的百姓因此罢市。海瑞的灵柩用船运回家乡时，穿着孝服的人站满了两岸，祭奠哭拜的人百里不绝。朝廷追赠海瑞太子太保，谥号忠介。

而与海瑞同时的严嵩，则是贪财好货，结党营私，声名狼藉的大贪官，被时人和后人嗤之以鼻。

当时的内阁首辅夏言是江西贵溪人，严嵩曾为会试的同考官，两人有师生之谊。夏言以议礼贵，比严嵩早发达。他建议立南、北二郊，实行天地分祀，得到世宗的赏识，一年中，由正七品的都给事中升至正二品的礼部尚书。人阁以后，他推举严嵩任礼部尚书。因有引荐之恩，后来夏言对严嵩傲慢无礼，以门客视之，两人关系迅速恶化。

直接导致夏言失败的因素是"复套"事件。嘉靖二十五年（1546 年），陕西三边总督曾铣议复河套，夏言极力支持。世宗本来也赞同此议，对持反对意见的官僚严加训饬。但在朝廷一片“复套”的呼声和积极筹办之中，世宗又改变立场，提出一系列疑问。世宗思想的变化未必由严嵩引起，而严嵩的机会却由此而得。他立刻声称，“复套”之议不当，且借机攻击夏言的专擅：“臣与夏言同典机务，事无巨细，理须商榷，而言骄横自恣，凡事专制，一切机务忌臣干预，每于夜分票本，间以一二送臣看而已。”嘉靖二十七年（1548年），世宗命夏言致仕。严嵩又利用掌管锦衣卫的都督陆炳与夏言的矛盾，总兵官仇鸾与曾铣的矛盾，联合陆、仇二人，确立夏言与曾铣交结为奸的罪名。置他们于死地。

严嵩相继除去了政敌夏言、曾铣，朝中一时无与匹敌，但他深知世宗对大臣的猜忌心理，为了保住他的权位，他对所有弹劾他的官僚都施以残酷的打击，轻者去之，重者致死。沈錬、之死就是突出的例子。

沈錬（1507~1557），浙江会稽（今绍兴）人。嘉靖十七年（1538年）进士。为人刚直，疾恶如仇。他上疏皇帝，罗列严嵩十条罪状。主要指责严嵩“要贿鬻官，沽恩结客”“妒贤嫉能”“阴制谏官”“擅宠害政”等等，这些都反映了一定的事实。严嵩由此大恨，反击说沈錬在知县任上犯有过失，想借建言，受些小处分，一来避考察，二来取清名。世宗被打动，谪发沈錬至口外保安。沈錬在塞外以詈骂严嵩父子为常，严嵩闻之大恨。嘉靖三十六年（1557年），严嵩之子严世蕃嘱咐新上任的巡按御史路楷和宣大总督杨顺合计除沈，许以厚报。恰逢白莲教徒阎浩等被捕，招供人名甚多。杨、路列上沈錬的名字，经兵部题覆，沈錬被杀。

此时，严嵩的权势超过了他以前的任何一个阁臣。“江右士大夫往往号之为父。其后，外省亦稍稍有效之者。”就是说，许多官人、百姓迫严嵩淫威，视其为父。不仅为此，严府的仆隶亦成为士大夫结识的对象。管家严年号萼山先生，公卿“得与萼山先生一游者，自谓荣幸”。

严嵩后来恃宠傲慢，任用私人，引起了世宗的不满。世宗召徐阶推荐的方士蓝道行入禁中，常使预卜祸福。一日，严嵩有密札言事。徐阶事先通报蓝道行，蓝道行降神仙语，称：“今日有奸臣奏事。”看到严嵩的密札，一生信奉道教、礼拜神仙的世宗对他究竟是忠是奸也发生了疑问。正在一内侍处避雨的御史邹应龙听到这个消息，认为是个好时机，上疏论严嵩父子不法之状。结果，严嵩被勒致仕，严世蕃先是发戍，后以通倭罪被杀。

览图禁杖

览图禁杖①

【历史背景】

贞观四年冬十一月的一天，唐太宗阅读《明堂针灸图》。据唐《艺文志》记载：当时的针灸书有《黄帝明堂经》《明堂偃侧人图》《明堂人形图》《明堂孔穴图》等，讲的都是医家针灸治病的原理和方法。传说雷公问人的经络血脉，黄帝坐在明堂传授给他，所以后来医家称标明人体经络、针灸穴位的图为明堂图。太宗翻看着针灸书，突然看到书中有这样一条："人腹中心、肝、脾、肺、肾五脏的系络，都附贴在脊背。"之后太宗又详细观览了人体穴位图。由此，他想到：衙门问刑时，往往打人的脊背，这实际上就震动了五脏，就会致伤致命。太宗此时又想到：其实那些罪重当得死者已有死刑条管着，而对于那些罪轻者，如果还要用笞刑或杖刑拷打共背部，就很可能把罪轻者打死。这实在是不可取的。于是，他下了一道诏书，令天下问罪衙门，自今以后，不许笞杖罪囚的脊背。

由此可以看出，唐太宗对百姓施宽仁之政，一举一动都能想到生民疾苦，如看医书，而萌发不忍之心。这道诏书一出，那些罪轻的人免于杖死的不计其数，更何况那些本来就无罪而被官府冤枉的人呢！史传唐太宗以宽仁治天下，而对于刑法的制定和实施尤为谨慎，这的确是可信的。

唐太宗是历史上有名的贤明君主，被称为"千古一帝"。

他以民为本制定国策，常说："民，水也；君，舟也。水能载舟，亦能覆舟。"他刚刚即位，就下令轻徭薄赋，与民生息。唐太宗更加重视法治，他曾说过："国家法律不是帝王一家之法，而是天下都要共同遵守的法律，因此一切都要以法为准。"对于法律，他真正做到以身作则。在贞观时期，"王子犯法与民同罪"不再是一句空话。执法公正，量刑全要从缓从轻。他说："人死了不能再活，执法务必宽大简约。"太宗以民为本的政治策略收到了良好的效果，贞观年间我国农业商业大发展，社会秩序井然，人民安居乐业，是我国很辉煌的盛世。

唐太宗爱民的故事在中国历史上有记载的很多。比如史书上就有这样一个事件，唐太宗有个儿子叫李恪，被封为吴王。李恪有一个爱好，就是喜欢打猎，经常骑着马去追捕射杀野鸡野兔之类的小动物，因为这样的小动物往往出没在田野乡间，所以践踏了不少百姓的庄稼，百姓知道他是皇子，什么话也不敢说，只好自认倒霉。后来这件事情被一位官员知道了，就上朝拜见唐太宗，揭发了李恪的罪行，并要求唐太宗一定要严惩。后来唐太宗就按照那位官员的建议，免去了吴王李恪的爵位，让他得到了应有的处罚。在这方面，唐太宗始终都以身作则，但凡要是伤害到老百姓利益的就会严惩不贷，所以当时凭借自己的权势欺压百姓的事情极少发生。这也是唐太宗对百姓仁爱的一方面体现。历史上，历朝历代的百姓都对这样的君王格外敬重。

【原文】

唐史纪：太宗览《明堂针灸图》。[②]，人五脏之系，咸附于背。诏自今毋得笞[③]囚背。

【张居正解】

唐史上记，太宗一日看《明堂针灸书》，这书是医家针灸治病的方法，内有个图形，说人腹中心、肝、脾、肺、肾，五脏的系统，皆附贴于脊背，太宗观览此图，思想起来，打人脊背，则五脏震动，或致伤命。遂下诏，令天下问刑衙门，自今以后不许笞杖罪囚的脊背。盖五刑各有差等，而笞罪为轻，彼罪当处死者，固自有应得之条矣。而于轻罪者复笞其背，使或至于死，诚为不可。太宗天资仁恕，耳目所接，无一不念在生民，故一览医方，而不忍之心遂萌，此诏一出，民之免毙杖下者，不知其几矣。传称太宗以宽仁治天下，而于刑法尤谨，信哉！

【注释】

①此篇出自《新唐书·刑法志》。记唐太宗在贞观四年于刑法方面爱惜人民生命的故事。

②《明堂针灸图》：古中医书名。《四库全书》著录为《明堂灸经》八卷，专论针灸之

法,并有图式。

③笞:古代刑法之一。唐律定笞、杖、徒、流、死五种刑罚。笞是用竹板或荆条打人的背部或臀部。为刑罚最轻的一种。

【译文】

唐史载:太宗观看《明堂针灸图》时,发现人体五脏都贴附在背部,心想:若刑杖人的脊背,则五脏震动,会对人造成致命伤害,遂诏命自今以后,笞刑不得抽打囚犯的脊背。

【评议】

笞刑是古代一种比较轻的刑罚,但是也有的官吏在执行的时候,不按照这个刑罚的要求而自己随便处罚犯人的,结果有很多罪不当死的人死在了这个刑罚之下。原因就是执行的人,鞭打了受罚者的背部,伤害了他们的内脏。唐太宗是中国古代历史上少有的好皇帝,即使是在他读书的时候,也不忘记老百姓,当他看到人体的内脏位置都贴附在背部的时候,就下令以后笞刑不准鞭打背部,这样就挽救了很多人的性命。只有将老百姓记在心中的唐太宗才会想到这方面。所以在这个故事里,我们能够得到的借鉴就是,作为统治者一定要时时刻刻做到心中有百姓,才能真正做到把国家治理好。纵观历史上的历朝历代的皇帝们大多讲究执法严格,以至于某些严刑与酷刑频频使用,百姓当中有的仅仅因为一时的小错误就会遭到严刑拷打甚至因为这样而失去性命,唐太宗在这里就显得更加的体恤民众了,虽然这些仁政是对一些有过失的人,但这样的仁心又是多少为君的人所缺乏的啊!

【镜鉴】

一、竹箫疑是疾苦声

——以人为本

执政为民不是超越时空的抽象口号,不是停留在口头上的漂亮辞令,不是时髦的道德标签,不是中看不中用的花拳绣腿,也不仅是写在匾额上的金字招牌,它蕴涵着共产党

员“以人为本”、为人民谋利益的深刻内涵，体现了共产党人无私奉献的肺腑之言，犹如种子对泥土一生的承诺！

祖先大禹教诲我们说：我治理天下，常常害怕民众产生怨恨情绪，害怕得好像用腐朽的绳索来驾驶6匹大马，时刻有绳断马奔的危险。对于民众只可亲近，不能以为他们卑微而加以轻视。

古代思想家曾提出“民惟邦本，本固邦宁”，“天地之间，莫贵于人”，强调爱民、利民、养民、惠民、富民。民本思想的源头，至少要追溯至《老子》。在《老子》八十一章中，有三分之一以上的章节提到了“民”“百姓”。

《论语·雍也篇》载，樊迟请教孔子什么叫聪明？答曰：“务民之义，敬鬼神而远之，可谓知矣。”用现代语翻译就是，一个人活着要为民众着想，为民众谋利，为民众奉献。

孟子说，诸侯有三样宝，就是土地、人民和政治。如果某个诸侯把珍珠美玉当成宝贝，那么祸患必定会降临在他的头上。孟子的“三宝说”比西方的“国家三要素说”早了两千多年。

孟子提出了“民贵君轻”理论：“民为贵，社稷次之，君为轻。”百姓的利益永远是第一位的，只有得到百姓拥护，国家才能安定，君主才能在位子上坐稳。而要得到百姓的拥护，就必须实行仁政，真正把百姓的冷暖苦乐放在心上。水可以载船到达君王想要到的地方，也可以把船颠覆，使君王到不了目的地。

民心向背直接关系到国家生死存亡和事业成败。只顾个人欢乐，只能得到一时之乐。夏王朝的平民百姓为什么希望早日与夏桀同归于尽呢？就是因为夏桀的暴虐统治脱离民众，失掉民心。正如孟子所说：“桀纣之失天下也，失其民也；失其民者，失其心也。得天下有道，得其民，斯得天下矣；得其民有道，得其心，斯得民矣！”

与民同甘苦饥寒，共休戚好恶，是忧乐天下最基本的含义。有年冬天，齐景公身披狐皮大衣，对晋见的晏子说：“真是奇怪啊，雨雪下了3日而不觉寒冷。”晏子回答说：“真的不冷吗？”景公笑了。晏子说：“我听说古代贤明的君主，自己吃饱了，想到别人是饥饿的；自己穿暖了，想到别人没衣穿而感到寒冷；自己自处安逸，想到别人的劳累。现在的君王不知也。”齐景公说：“讲得好！我已经知道你的意思了。”于是发布命令，拿出裘衣，搬出粮食，发给那些饥寒的百姓。

以忧国忧民为怀的郑板桥，在一首诗中写道：“衙斋卧听萧萧竹，疑是民间疾苦声。

些小吾曹州县吏,一枝一叶总关情。"

居于轩冕之中,莫忘山林之趣味;处于林泉之下,常怀廊庙之经纶。志行高洁、忧国忧民之士,不论身居官位还是退居闲处,都不忘社稷苍生,关心民间疾苦,都把百姓当作根本,把民众当作命脉,不与官场的腐败作风同流合污。这样的人生才是光荣的人生、闪光的人生。

我们当代共产党人的精神境界应当比古代的志士仁人更高,比他们做得更好。

我们党来自人民,根植于人民,是"土生土长"的。党离不开人民,人民也离不开党。党离开了人民,就会垮掉。

毛泽东说:"共产党就是要奋斗,就是要全心全意为人民服务。"邓小平说:"中国共产党的含义和任务,如果用概括的语言来说,只有两句话:全心全意为人民服务,一切以人民的利益作为党员的最高准绳。"党员干部在任何时候,都要心甘情愿地将自己置于人民公仆的地位,官高不泯公仆心,位显愈添赤子情,经常了解群众的喜怒哀乐、悲欢离合,爱群众所爱,恶群众所恶,想群众所想,急群众所急,办群众所盼,同群众保持密切联系,深深根植于人民群众之中。如果认为没有群众同样可以当干部,当上干部就觉得自己了不起,不把群众放在眼里、装在心上,沾染官僚习气和市侩作风,恪守党的宗旨就会成为一句空话。如果把人民给的权力化为私有,那就是对人民的可耻背叛。

作为一国总理,周恩来深深爱着人民群众。他把自己定位成人民的"总服务员"。在一次外事活动中,当记者为了抢拍毛泽东与外宾握手的照片,把照相机的长镜头放在了周恩来肩上。拍完照片,发现把总理当成了长镜头的"支架",十分内疚和不安。周恩来却微笑着点点头,似乎是在说:同志,没关系,这有什么呢?周恩来经常提醒身边工作人员:"不要只记得我是总理","在国务活动时我是政府总理;在党内活动时我是一个普通党员;在群众中活动时我是一个普通劳动者。"

纯如碧玉无瑕质,廉似清泉有耳闻。周恩来毕生廉洁,克己奉公。他虽身居高位,却从不搞特殊化,从没有为自己或亲朋好友谋过半点私利。陈毅感叹地说:"廉洁奉公,以正治国者,周恩来也。"新中国成立后,周恩来一直坚持私人用车交费,就连用车到民主人士家中拜访、去宾馆饭店看望外国朋友,也都算作私人用车,交代工作人员从自己的工资中扣除。

斯大林在俄共(布)代表大会上引用了古希腊神话故事,来比喻党与群众的关系。安泰健壮勇猛，天下无敌，是由于靠着哺育他的母亲大地神赋予他力量。斯大林指出，同人民群众密切联系是党"不可战胜的关键"。刘少奇也曾指出："我们党必须和广大群众保持密切的联系，如果和群众联系不好，就要发生危险，就会像安泰一样被人扼死。"我们党的最大政治优势是密切联系群众，党执政后的最大危险是脱离群众。

苏联共产党在一夜之间，不动一枪一炮发生了剧变，从根本上说，是因为苏共严重损害了人民的权利和尊严，蜕变为一个庞大的官僚特权阶层，他们最关注的是自身的特殊权力、特殊利益，而不再致力于解放和发展生产力，不再致力于改善广大人民群众的物质文化生活，不再致力于维护全体人民的根本利益。

国内外敌对势力从外部搞垮我们党是不容易的，真正可怕的是脱离群众，走向自我毁灭。始终保持同人民群众的血肉联系，是我们党战胜各种困难和风险、不断取得事业成功的根本保证。在任何时候任何情况下，与人民群众同呼吸共命运的立场不能变，全心全意为人民服务的宗旨不能忘，坚信群众是真正英雄的历史唯物主义观点不能丢。

权力有很大的诱惑力，处理不好会被权力所毁。权力是一个神圣的、有诱惑力的"圣物"。在人类历史上有多少英雄为它而折腰，有多少豪杰被它诱惑而醉生梦死；现在又有多少人为它而朝思暮想，夜不成寐。这些人为攫取权力，耗费心血，权力一旦到手，则会以权代法，谋取私利，以无偿之本实现高额之利，就会毁掉一批干部，削弱党在人民群众中的威信，动摇党的执政地位，甚至会重蹈孔子、魏征讲的水能载舟亦能覆舟的旧辙。诚如马克思、恩格斯在《共产党宣言》中描绘的那样："每当人民跟着他们走的时候，都发现他们的臀部带有旧的封建纹章，于是就哈哈大笑，一哄而散。"因此，能否用好手中权力，关系到能否坚持全心全意为人民服务的宗旨，关系到我们党和国家能否变质的大问题。

新中国刚成立时，毛泽东的亲戚给毛岸英写信，要求给个工作，毛岸英回信婉言拒绝。他说，翻身是广大群众的翻身，而不是几个特殊人物的翻身，大众的利益应该首先顾及。共产党员是讲感情的，但我决不能也决不愿违背原则做事。坚持原则是会得罪人的，但不坚持原则就会得罪人民群众。

党的十七大报告提出：科学发展观把以人为本作为核心，集中体现了党的根本宗旨和执政理念。胡锦涛深刻指出，以人为本主要包括三层含义：发展为了人民，发展依靠人民，发展成果由人民共享。以人为本的理念赋予了党的宗旨新的时代内涵。

胡锦涛在十七届中央纪委三次全会上指出："各级领导干部一定要牢固树立宗旨意

识，坚持以人为本，做到权为民所用、情为民所系、利为民所谋，正确行使人民赋予的权力，把人民的愿望和要求作为决策的根本依据，把解决人民最关心最直接最现实的利益问题放在工作首位。要牢固树立群众观点和公仆意识，把群众呼声作为第一信号，把群众需要作为第一选择，把群众满意作为第一标准，坚持问政于民、问需于民、问计于民，多办顺民意、解民忧、增民利的实事。”

坚持全心全意为人民服务的宗旨，是我们党的最高价值取向。实现人民的利益，得到广大人民群众的拥护，是衡量我们党的路线、方针和政策是否正确的最高标准。树立以人为本的观念，要求我们把实现好、维护好、发展好最广大人民的根本利益作为出发点和落脚点，着眼于充分调动人民群众的积极性、主动性和创造性，满足人民群众的需要和促进人的全面发展。

党性、宗旨、作风，三者紧密相连、不可分割，又相互影响、相互作用。核心是宗旨问题，有什么样的宗旨，就会有什么样的作风、什么样的党性。全心全意为人民服务是党的根本宗旨。党的性质和宗旨决定了党员干部必须有坚定的党性、良好的作风。党性是作风的内在根据，作风是党性的外在表现。

因此，共产党员和党的干部的一切行为，都要以为人民谋利益为出发点和归宿，以人民群众拥护不拥护、赞成不赞成、高兴不高兴、答应不答应，作为最高的价值取向，作为干工作、办事情的衡量标准，以对人民负责为执政基本底线，树立“卑贱者最聪明、高贵者最愚蠢”的理念，培养“贵以贱为本、高以下为宅”的谦卑，把群众当主人、当亲人、当老师，向群众弯下腰来、蹲下来、坐下来，感情上贴近群众，思想上尊重群众，始终把依靠群众的智慧和力量作为推进事业的根本工作路线。否则，凌驾于群众之上，党就成了无源之水，无本之木。

对于一个共产党员来说，为人民服务是为共产主义奋斗终生的基本出发点，为共产主义奋斗终生是为人民服务的必然归宿。只有坚定共产主义理想和信念，才能自觉地坚持全心全意为人民服务，思想道德和志趣就会高尚起来，就会从按酬付劳、给多少钱办多少事等庸俗思想中和个人主义束缚中，升华到一个新的境界，抛弃种种个人得失的计较，增进与人民群众的感情，把“官位”当作为人民服务的岗位，乐于把整个身心乃至全部生命，融入全心全意为人民服务之中，献给为之奋斗的壮丽事业，直至“鞠躬尽瘁，死而后已”，这样的生命和人生，也就放出了绚丽的光辉。

“是七尺男儿生能舍己，作千秋鬼雄死不还乡”！这是孔繁森为人民而献身的钢铁誓言。孔繁森的一生经历和全部行为，都是他热爱人民、服务人民的公仆情怀的横向展开，都是他党性原则的具体体现。他把领导干部正确行使权力的过程等同于自觉地为人民服务的过程。他不仅把精力全部用在了党的事业上，而且把个人的微薄收入也几乎全部用于人民，甚至将妻子省吃俭用节约下来的准备用作家庭“基本建设”的钱，也用在了西藏的贫苦的老人和孩子身上。

人民的公仆就是要把人民当成自己父母一样敬重、关爱。孔繁森热爱人民的感情如此强烈，以致达到了如他自己所说的“每当看到藏族老人，就会想到自己的父母，每当看到藏族孩子，就仿佛看到自己的儿女”。他在日记中写道：“我要用实际行动证明，党的干部是真正为人民服务的。”孔繁森以自己的行动回答了“为谁服务”“怎样服务”这一最根本的问题。在对待个人与群体的关系时，他热衷于为广大人民群众谋利益，而不是为个人或小集团谋利益；在对待个人与他人的关系时，他关心别人利益，理解他人，帮助他人，毫不利己，专门利人；在对待上下级关系时，他服从组织，体谅下属，视民如父母；在处理局部与全局关系时，他一心一意维护民族和国家的利益，以大局为重，有着鲜明的全局观念。

党在全国执政60年来，尽管经历过这样那样的曲折，但全心全意为人民服务的宗旨始终没有变。60年的实践证明，党的根基在人民，党的血脉在人民，党的力量在人民，党的成败也在人民。

李瑞环说过：领导的威望从哪里来的？“靠上级封不出来，靠权力压不出来，靠自己吹不出来，靠耍小聪明骗不出来。只有靠真心实意地、尽心竭力地、坚持不懈地为群众办实事，才能逐步树立起来。”执政为民不是超越时空的抽象口号，不是停留在口头上的漂亮辞令，不是时髦的道德标签，不是中看不中用的花拳绣腿，也不仅是写在匾额上的金字招牌，它蕴涵着共产党员“以人为本”、为人民谋利益的深刻内涵，体现了共产党人无私奉献的肺腑之言，犹如种子对泥土一生的承诺！

二、本末问题决定存亡

自从人类建立国家以来，本末问题，一直是关系到国家存亡的根本问题。一个政权如果能够解决好这个问题，就能够长治久安，否则就会引发动乱，危及政权。所以，什么是立国之本，什么是国家之末，是建立政权首先要弄清楚的问题。从历史的经验来看，所谓本，实际上就是人民群众，这是建立国家的基础；所谓末，就是建立在人民群众基础之上的统治者或者官员，是管理国家或者维护社会正常运行的上层建筑。把人民群众的利益放在第一位，还是把统治者或官员的利益放在第一位，这是衡量一个政权智慧的出发点，也是衡量一个政权能否长治久安的基本考量。

（一）为民安命大禹兴夏　失去民心夏桀亡国

根据史料记载，中国文明从公元前三千年开始，有"三皇五帝"之说。"三皇"一般认为是伏羲、女娲、神农；五帝乃黄帝、颛顼、帝喾、唐尧、虞舜。黄帝，姓姬（或云公孙），号轩辕氏、有熊氏，原居于西北，后迁徙至涿鹿（今河北涿鹿东南）一带。炎帝为神农氏，姜姓，号烈山氏或厉山氏。时南方强悍的九黎族，在其首领蚩尤率领之下，和炎帝争夺黄河下游地区，炎帝失败，向北逃窜，向黄帝求救，并结为联盟。黄帝统帅炎、黄二部与蚩尤战于涿鹿之野。黄帝在大将风后、力牧的辅佐下，大败蚩尤。涿鹿之战后，炎黄两部落发生战争，黄帝击败了炎帝。从此，中原各部落尊黄帝为共主，炎、黄等部落在黄帝的领导下融合成华夏民族。故中华民族素自称为"黄帝后裔"，又因炎、黄两部落融合成华夏民族，故也称为"炎黄子孙"。

黄帝之后，最著名的共主有唐尧、虞舜、夏禹等人。禹系夏后氏部落之领袖，又称夏禹、大禹。相传尧的末年，洪水泛滥，民不聊生。禹父奉命治水，花了九年时间而一事无成被尧处死。及舜即位，禹奉命继其父治理洪水。禹用疏导的方法，广修沟渠，终于根治了水患，从此成了华夏民族的英雄人物。

夏禹治水有功，天下万民得以安居，舜即禅位大禹为天子，大禹成为夏王朝的建立者。禹即帝位后，都于阳翟（今河南禹县）。

大禹不仅根治水患，而且平复了中原周边的乱局，使百姓安居乐业。当时，南方的九黎，三苗的侵扰，是远古时代的严重边患。少昊、颛顼的时候，黎、苗相继作乱，尧、舜曾征讨，至大禹时代才将其平服。从此，长江中游平定，黎、苗不再北侵。禹既治平水患，又征服黎、苗，功业甚大，因此得到"大禹"的尊称。

大禹死后，夏启即位，继承大禹的事业，为民安命，夏王朝得到快速发展，社会安定。可惜夏启死后，他的儿子太康无能，被一位诸侯首领、传说中嫦娥的丈夫后羿所逐。太康死后，后羿立太康之弟仲康为夏王，但实权操纵在后羿之手。仲康死后，其子相立，后羿被他的臣子寒浞所杀，又杀相自立。当相被杀时相的王后缗正在怀孕，逃到有仍（今山东济零县），生少康。少康长大后，就收聚夏的残存势力，灭掉寒浞，光复夏王朝，史称"少康中兴"。少康之子杼在位时，拥有一支比较强大的武装，彻底肃清了寒浞的势力，并征伐东夷，使夏王朝发展到了鼎盛。其后的五代六王，社会比较安定，经济持续发展。夏王朝的统治，东至东海，西连西河，北及燕山，南逾江淮。当时已经能冶炼较好的青铜，生产了不少的青铜生产工具和生活用具，商品交换也有所发展。有了比较进步的阴阳合历和干支记日的方法。

大禹建立夏王朝，其功有三：其一，根治水患，使万民得以安身定居；其二，平服少数民族作乱，使中原地区安定，华夏民族得以休养生息；第三，传位给儿子夏启，由禅让变为世袭，使得国家制度确定下来，推动了社会的进步。夏王朝标志着中国若干万年的原始社会基本结束，数千年的阶级社会从此开始，它的诞生成为中华文明史上的一个重要里程碑。夏朝总共传了十四代，十七个王，延续近五百年。

不论大禹、夏启还是到了少康，夏王朝的统治者都能够以万民安身生息为宗旨，所以，夏王朝得以发展兴盛。

到了第十五代夏王孔甲，好方术鬼神、淫乱，引起诸侯的反叛，夏王朝逐渐衰败。孔甲再传到夏桀，他是历史上有名的暴君，他不务修德，奢侈无度，杀人无数，四处用兵，劳民伤财，以致民众反抗，诸侯叛离，终于被商汤所灭。

据说夏桀即位后，更是暴虐无道，荒淫无耻，"赋敛无度，万民甚苦"。他宠爱有施氏之女妹喜，为她营建寝宫瑶台。妹喜喜欢听裂帛之声，他就叫人找来许多丝布，供妹喜撕裂以求其一笑。夏桀手下有个叫关龙逄的臣子，听到老百姓的愤怒声音，觉得大事不妙，便对桀进行劝告，要他节省用度，不然就会亡国的。夏桀不但不听，反而把关龙逄杀了。夏桀以为他的统治永远不会灭亡。他说："天上有太阳，正像我有老百姓一样。太阳会灭亡吗？太阳灭亡，我才会灭亡。"当时夏民指着太阳咒骂他："你几时灭亡，我情愿跟着你一起灭亡！"由此可见，夏王朝的万民已经对夏桀恨之入骨。当商汤攻夏时，桀至鸣条迎战，士兵败散。桀不敢回洛阳，逃到昆吾。汤灭昆吾，夏桀穷途末路，率少数残部仓皇逃奔南巢（安徽寿县南）后被商军追上俘获，放逐在这里，不久病死于此地。夏王朝宣告灭亡。

夏王朝的建立者能够以天下苍生为本，所以国家昌盛，而其后代夏桀自以为像太阳一样不会灭亡，只顾自己享乐不顾百姓死活，最终导致兵败身亡，遗臭万年。

(二)“敬天保民”西周昌盛　唯我独尊殷商灭亡

“敬天保民”是西周王朝统治者提出的统治思想，照《书》《诗》所说，烝民是天生下来的，皇天上帝是烝民的宗主。天选择敬天有德的国君做天的元子，付给他人民和疆土，代天保民。元子如果不能称职，皇天上帝就会改选别人。周文王受天命称王，因为他实行裕民政治，所以得到了上天的眷顾。周初统治阶级鉴于夏商二朝的灭亡，知道“惟命(天命)不于常”，要永命必须保民。周武王在《泰誓》里说“天视自我民视，天听自我民听”，把民心看作天心所自出，所以民心是政治好坏的镜子，也是天子坠厥(天)命或受厥命的权衡。不论周武王是否说了这些话，至少《泰誓篇》的作者确有这种思想。周公说“惟命不于常”，《礼记·大学篇》解释说：“道善则得之，不善则失之”。天命的得失取决于政治的善与不善，也就是得民心还是失民心。西周思想家认为天也是依人而行的，天命就是民生和民意，天本身并无独立的意志，民众的意志就成为天意。天子这种代天保民的思想，反映出西周统治者意识到要维护统治就必须顺应民意。

据说西周初年农夫出耕的时候，周君带着妻子到田地上举行馈礼，表示给农夫亲自送饭。农事完毕的时候，农夫到公堂上饮酒吃羊肉，欢呼“万寿无疆”，让农夫一年勤苦得到慰劳。这就说明西周之所以由西部的一个小国逐渐兴盛而取代殷商，就在于以民为本，重视民众的生产和生存。不仅如此，商贾往来，关市不收税，水泽里捕鱼不禁止，一人犯罪，妻子不连坐。文王施行仁政，就是说文王推行封建制度。这在当时，对邻国自然产生非常巨大的影响。《召诰》说“殷民带着妻儿想逃出国境，被纣禁止”，足见商及其他小国的庶民和失意贵族不少逃入周国。周势力继续在扩大，文王不仅保持西伯名号，到后来还“受天命”称王，准备灭商朝。周文王的政治，与商朝正相反，他禁止饮酒打猎，采取使民富裕的“裕民”政策。所谓裕民，就是征收租税有节制，让农家有些蓄积，产生劳动的兴趣。《尚书·无逸篇》载周公训诫成王说，文王勤俭，穿着普通人的衣服，到田地上劳作，借以知道农夫的辛苦。文王亲自种田，与“不知稼穑之艰难”的商王，恰好成显著的对照。他又针对殷纣招诱奴隶，为其他小国所怨恨的形势，定出一条“有亡(奴隶逃亡)荒(大)阅(搜索)”的法律，就是说，谁的奴隶归谁所有，不许藏匿。据春秋时楚国申无宇说,这是周文王得天下的重要原因之一。

事实很明显,这条法律的制定,并不意味着周文王要维护旧存的奴隶制度,只不过是他用来争取民心、孤立商纣王的一个手段。因为西周统治者知道民是国本,所以君失民心,君就要失国;大夫得民心,大夫就可以得国。鲁昭公被季氏驱逐出国,死在国外,晋赵简子问史墨,季氏驱走他们的君王,百姓们服吗?史墨说:“社稷无常奉,君臣无常位,自古以然。”什么意思呢?史墨是说,如果君主昏庸无道,国家换了奉祀的人,君臣之间互相换了位置,都是正常的,不必大惊小怪。后来,齐国大夫崔杼杀齐君,晏婴不肯从齐君死,说:“君民者岂以陵(虐)民,社稷(国家)是主(负责行国政);臣君者岂为其口实(禄养),社稷是养(为国家所养)。故君为社稷死,则死之;为社稷亡(失位出亡),则亡之;若为己(国君个人)死而为己亡,非其私昵,谁敢任之?”这里将君与社稷、臣与君的关系明显区分开来。到了各强国为统一中国而战争的战国时期,便进一步得出孟子所说“民为贵,社稷次之,君为轻”的名论。由于西周统治者深深懂得民为国之本,重视保护国民,东部殷商的国民都纷纷逃来,实力逐渐强盛。

相反,殷商王朝却因为殷纣王的专横跋扈、刚愎自用、唯我独尊而失去民心,殷民大量逃亡西周,最后导致灭亡。其实根据历史记载,殷纣王是很厉害的一个帝王,《史记·殷本纪》也说“帝纣资辨捷疾,闻见甚敏,材力过人,手格猛兽”。帝辛继位之后,在父师长箕子、少师比干时常用先公先王的赫赫功业、名臣贤相的诰言警语的劝谏教育下,也曾励精图治,以期增光先王,宏振邦国。正是由于殷纣王能文能武,且因为东征蛮夷取得天下统一,他便居功自傲,目中无人,唯我独尊,耗巨资建鹿台,造酒池,悬肉为林,修建豪华的宫殿园林,过着穷奢极欲的生活,使国库空虚,人民生活陷入贫困苦难之中,都想逃离殷商。另一方面,殷纣王刚愎自用,听不进他人的正确意见,认为自己一切都对,谁有不同意见,就要惩治谁,并使用炮烙等酷刑,镇压不服从的人,杀比干,囚箕子,年年征战,逐渐失去人心。他在讨伐东夷之时,没有注意对西方周族的防范,连年用兵,国力衰竭,又需面对其因长年征战而日积月累有增无减的大批俘虏如何处理等问题,负担越来越大。因为这些俘虏心理上还没有完全臣服,随时都可能反叛。大约在公元前1046年,周武王联合西方十一个小国会师孟津,乘机对商朝发起进攻。牧野之战,本来殷商军队占优势,可是,一旦开战,大批由俘虏构成的殷商军人倒戈反叛,纣王大败,周兵攻至朝歌。纣王登上鹿台,“蒙衣其珠玉,自焚于火而死”,商朝灭亡。

(三)崇本抑末秦朝一统　不顾民意二世亡国

泰国在春秋时期,还是西部一个荒蛮落后贫穷的小国,传说周武王因秦的祖先善养马,因此将他们封在秦。公元前770年,秦襄公护送周平王东迁有功,被封为诸侯,秦始建国。秦最初的领地在今天甘肃东南,后发展到陕西境内,在当时属于中国的边缘部分。一直到战国初期,秦一直是一个比较弱的国家,也许正因为它地处偏僻,因此它一直没有受到其他国家的重视。在春秋时代,它是一个不显眼的国家。就科学技术、文化等等而言,秦在战国初期也比较落后。这个形势一直到公元前361年商鞅变法才开始改变。

商鞅变法的主要内容就是稳固国本,依法治国,即鼓励君臣、百姓同受法律的约束,在全国范围内确立了奖励耕战,“赏不遗匹夫,刑不避大夫,使天下之利系处于一孔”的基本国策。这样就把国家和民众的生存联系起来,充分调动了全民的积极性,只要谁努力立功,谁就可以受到奖赏,就可以改变命运。同时,秦国推行崇本抑末的政策,鼓励农耕,发展生产。所谓“崇本”,就是重视农业生产,积极发展农业。因为在农耕时代,农民是社会的主流,占绝大多数,重视农业就是以民为本,重视大多数人的利益。所谓“末业”是指小商贾,受到法律的抑制。秦徭役法,首先征发有罪吏、赘婿及贾人。所谓赘婿,一说男子赘入妇家,一说贫民典身给富人,过期不赎,没为奴隶称赘婿。如第一说,是惩罚男子怠惰不自立门户;如第二说,是阻止奴隶人数的增加,都含有积极的意义。其次征发曾为商贾的人,再次征发祖父母或父母曾为商贾的人。此外富人也得先服徭役,称为闾右(富裕人家住在里的右边),最后才征发贫弱人家,叫作发闾左。秦始皇初得天下时,大体上行用此法,所以屡兴大工起大军,还能相对地保持国本。《琅琊刻石辞》说“上(重)农除末,黔首是富”,《碣石刻石辞》又说“男乐其畴(田亩),女修其业(纺织)”。农民一般都拥有一小块私有的土地,虽然“男子力耕,不足粮饷;女子纺绩,不足衣服”,在统治者看来,算是“黔首是富”;在农民看来,比战国时也算是前进一步了。

从秦孝公到秦王政的100多年时间中,秦国通过变法改革,国力更加强盛。在军事制度方面实行按郡县征兵,完善了军队组织,提高了军队战斗力,士卒勇猛,车骑雄盛,远非其他六国可比。在军事策略上改变了劳师远征而经常失利的战略,采用大将范雎远交近攻的策略,逐渐蚕食并巩固其占领地区,实行有效占领。秦国相继灭掉西周、东周,攻占了韩国的黄河以东和以南地区,设置太原、上党、三川三郡,领土包括今陕西大部、山西中南部、河南西部、湖北西部、湖南西北部和四川东北部的广大地区。史书记载秦国“西有巴蜀、汉中之利，北有胡貉、代马之用，南有巫山、黔中之限，东有崤函之固”，在地理位置上进可攻，退可守；“战车千乘，奋击百万”，军事力量远胜于其他六国。

秦国这种优越的战略优势为统一六国打下了基础。与此同时，山东六国统治集团内部相互倾轧，争权夺利，政局很不稳固。各国之间长期战争，实力消耗，国力被削弱。六国面对强秦的威胁，虽然屡次合纵抗秦，但在秦国连横策略下先后瓦解而失败。他们时而“合众弱以抗一强”，时而“恃一强以攻众弱”，无法形成稳固统一的抗秦力量，给秦国各个击破以可乘之机。当时的有识之士已经看出这种趋势，如子顺就曾经说过：“当今崤山以东的六国衰弱不振，韩赵魏三国向秦国割地求安，燕齐楚等大国也向秦国屈服，照此看来，不出 20 年，天下必然是秦国的了。”

公元前 238 年，秦王政铲除了丞相吕不韦和长信侯嫪毐集团，开始亲政，周密部署统一六国的战争。李斯、尉缭等协助秦王制定了统一全国的战略策略。秦灭六国的战略有两个内容，一是乘六国混战之际，秦国“灭诸侯，成帝业，为天下一统”。秦王政采纳了尉缭破六国合纵的策略，“毋爱财物，赂其豪臣，以乱其谋”，从内部分化瓦解敌国；二是继承历代远交近攻政策，确定了先弱后强、先近后远的具体战略步骤。李斯建议秦王政先攻韩赵，“赵举则韩亡，韩亡则荆魏不能独立，荆魏不能独立，则是一举而坏韩、蠹魏、拔荆，东以弱齐燕”。这一战略步骤可以概括为三步，即笼络燕齐，稳住楚魏，消灭韩赵，然后各个击破，统一全国。在这种战略方针指导下，一场统一战争开始了。

从公元前 236 年开始到公元前 221 年间，秦国先后灭亡了韩赵魏楚燕齐等国，统一了中国。

秦国之所以如此迅速地统一六国，自然与其当时的政策有很大关系。自孝公任用商鞅变法以来以农为本，奖励耕战，废除世袭，依法治国，从而使国力逐渐强大起来。

大秦帝国的建立，经过了多年的征战，天下百姓早已疲惫不堪，急需休养生息，可是秦始皇没有及时调整治国方针，自以为立下不朽之功业，不能体察民意，并大兴土木，追求奢华的生活享受，使得怨声载道。

秦始皇死后，在王位继承上又出现了变故。胡亥是始皇帝最小的儿子，按照中国传统的长子继承制，幼子继承的可能性最小。但由于秦始皇特别宠爱胡亥，长子扶苏又长年征战在外，再加上皇帝身边的一些大臣各怀鬼胎，胡亥逐渐取得了秦始皇的信任。

胡亥奉始皇帝敕令,从中车府令赵高学习法律。秦始皇三十七年(前210年)秋七月,始皇崩于沙丘平台,丞相李斯恐天下有变,乃秘不发丧,棺载辒凉车中。所至之处,百官奏事如故。不仅如此,赵高还诈受始皇遗诏于沙丘,立胡亥为太子。更为书赐死公子扶苏及大将蒙恬,是为沙丘之变。随后,太子胡亥袭位,为二世皇帝。

秦二世即位后,下令秦始皇后宫无子者皆令殉葬,在埋葬秦始皇时把全部工匠封死在了骊山陵墓里。又征调武士五万人屯卫咸阳,令教射狗马禽兽。胡亥二世根本无心去关注天下民心,也没有能力料理朝政,听任赵高弄权,继续搜刮财富,只知道享受奢侈的生活,不顾老百姓的死活,修秦始皇陵,大建阿房宫。他身居宫中,不见群臣,由赵高充当群臣与自己的联络人。当赵高干政日甚,李斯和老臣们上书请求罢免赵高时,胡亥完全不能接受。他在给李斯的复信中,极力为赵高辩护说:"你们说赵高有擅权生变的危险,这句话从何谈起?赵高是仕宦于宫中多年的旧臣,心志不以安稳而松懈,不以危难而变易,行为廉洁,处事干练,凭借自身的努力,以忠诚上进升迁,以信义称职守位。朕甚为看重他,而丞相甚为怀疑他,究竟为何如此?"二世之所以偏袒赵高,是因为只有赵高可以让他尽兴挥霍享受,想干什么就可以干什么,而且残暴无道,动辄就要杀人取乐。

秦朝的暴政激起了公元前209年的陈胜、吴广起义。左丞相李斯与右丞相冯去疾、大将军冯劫上书请求停止修建阿房宫,减轻各种苛捐杂税。二世听信赵高谗言,诛杀李斯,赐死冯去疾和冯劫。李斯死后,二世拜赵高为中丞相,事无大小皆决于赵高。

秦二世三年七月,章邯、王离投降楚军项羽,刘邦攻下武关,赵高惶恐。赵高与其婿咸阳令阎乐合谋,逼胡亥自杀于望夷宫。临死前二世说只愿当万户侯,阎乐不准,遂自杀,时年24岁。以平民之礼葬。

从今天的角度来看,秦二世亡国的根本原因在于他丝毫没有考虑天下苍生的死活,不顾及国家的根本,即老百姓的利益,一心只为了谋取皇位,而为了皇位,只好以赵高等人的利益为出发点,这正是舍本逐末,必然亡国。

(四)顺应民意刘邦为王　孤家寡人项羽败亡

秦朝灭亡后,楚汉相争。开始反秦时,项羽势力强大,刘邦曾经依附于项羽,可是后来逐渐由弱变强,打败项羽获得天下。后世关于楚汉相争的故事流传很多,关于刘胜项败的评论也很多,甚至刘邦本人也阐述了他获胜的原因,但是,我们认为刘邦获胜的根本原因还是顺应民意,以民为本;而项羽的失败恰恰是背离民意、孤家寡人政策的必然结果。

首先,刘邦出身农家,纯粹的草根一族,但他为人豁达大度,不拘小节,行侠仗义,有宏大抱负。历任沛县泗水亭长、沛公、汉王。刘邦起义也是为了百姓的死活,秦时押解囚犯误期,囚犯死罪,押解人也是死罪,因而他干脆释放刑徒而自己也亡匿芒砀山中。陈胜起事后不久,刘邦集合县中约三千子弟响应起义,攻占沛县等地,称沛公,不久投奔项梁。一开始,刘邦也没有想着要成为皇帝,只是为了生存,后来,项梁军中约定先入关中者为王,这样刘邦逐渐有了奋斗的方向。公元前 206 年 10 月,刘邦军率先攻破关中,占领咸阳,秦王子婴向刘邦投降,秦朝灭亡。刘邦先入关,本可称王,但是他审时度势,主动退出咸阳,驻军霸上,等待项羽大军。这时候,刘邦为了天下苍生,不许滥杀无辜,并废秦苛法,与关中父老约法三章。为了取得民心,刘邦把关中各县父老、豪杰召集起来,郑重地向他们宣布道:"秦朝的严刑苛法,把众位害苦了,应该全部废除。现在我和众位约定,不论是谁,都要遵守三条法律。这三条是:杀人者要处死,伤人者要抵罪,盗窃者也要判罪!"父老、豪杰们都表示拥护。接着,刘邦又派出大批人员,到各县各乡去宣传约法三章。百姓们听了,都热烈拥护,纷纷取了牛羊酒食来慰劳刘邦的军队。由于有了明确的法规,刘邦得到了百姓的信任、拥护和支持,最后取得天下,建立了西汉王朝。正是这约法三章,刘邦获得了秦朝遗民的拥护。复出关中时,原来关中的守军不战而归顺刘邦,这就是约法三章的效果,即得民心者得天下。楚汉战争前期,刘邦屡屡败北。但他知人善任,注意纳谏,能充分发挥部下的才能,又注意联合各地反对项羽的力量,终于反败为胜。击败西楚霸王项羽后,统一天下。公元前 202 年 2 月 28 日,刘邦于荥阳汜水之阳即皇帝位,定都长安,史称西汉。

其次,刘邦当了皇帝后,采取了一系列顺应民心的措施,稳定了国家,发展了生产,让天下百姓得以休养生息。刘邦登基后一面消灭韩信、彭越、英布、臧荼等异姓诸侯王,裂土分封九个同姓诸侯王。另一面建章立制,并采用休养生息之宽松政策治理天下,让士兵复员归家,豁免其徭役,重农抑商,恢复残破的社会经济,稳定封建统治秩序,不仅安抚了人民,也促成了汉朝雍容大度的文化基础。对匈奴采取和亲政策,开放汉与匈奴之间的关市,以缓和双方的关系。

汉高祖十二年,刘邦因讨伐英布叛乱,被流矢射中,其后病重不起,公元前 195 年去世,庙号太祖,谥号高皇帝。毛泽东对刘邦的评价是“封建皇帝里边最厉害的一个”。

汉高祖废除秦朝苛法,豁免其徭役,减轻人民的负担,如减轻田租,什五税一,“与民休息”,释放奴婢,解放了大量的生产力;让士兵复员,给予他们土地及住宅,使他们从事生产劳作,迅速恢复国民经济;继续推行秦代按军功授田宅的制度,规定商人不得衣丝乘车,并加重租税等,恢复残破的社会经济,稳定封建统治秩序。同时鼓励生育,扩大劳动力,大力发展农业,抑制打击唯利是图的商人及残余的奴隶主阶级。此外,汉高祖还接受娄敬的强干弱枝的建议,把关东六国的强宗大族和豪杰名家十余万口迁徙到关中定居。汉高祖使百姓得以生息,民心得以凝聚,国家得以巩固。

第三,汉高祖年轻时放荡不羁,鄙视儒生。称帝以后,他认为自己是马上得天下,《诗》《书》没有用处。但是,他能够听取知识分子的意见,改变原来的偏见,尊重知识,启用读书人。陆贾说:“马上得到天下,能马上治天下吗?”这句话提醒了这位皇帝,汉高祖于是命陆贾著书论述秦失天下原因,以资借鉴。汉高祖建立规模宏大的国家图书馆——天禄阁、石渠阁等。

汉高祖采取的宽松无为的政策,不仅安抚了人民、凝聚了中华,也促成了汉代雍容大度的文化基础。可以说汉高祖使四分五裂的中国真正地统一起来,而且还逐渐把分崩离析的民心凝集了起来。他对汉民族的形成、中国的统一强大、汉文化的保护发扬有决定性的贡献。

第四,到汉高祖刘邦末年时,经济已经明显好转,天下新定,人民小安,未可复兴兵。汉高祖是中国历史上少有的杰出政治家,是真正创造汉民族的人。他在汉初制定的英明国政,不仅使饱受战乱的中国得以休养生息,还开创了以后“文景之治”的富裕繁荣,而且也奠定了汉武帝反击匈奴的坚实基础。汉高祖被推戴做皇帝的时候,汉朝廷直接统治的领土仅十五郡,其余土地都封给诸侯王,几乎恢复了战国时期的割据局面。这种做法在当时是必要的,不这样做,不能换得这些人的助攻项羽,不能换得这些人对汉皇帝名义的承认,也就不能换得统一与和平。有非凡的政治才能的汉高祖,在位七年,做着一件大事,那就是为与民休息准备各种条件。为了与民休息,汉高祖做出下列诸措施:

建立制度——萧何定律令,韩信定军法,张苍定历法及度量衡程式,叔孙通定礼仪,汉朝制度很快建立起来,秦制度基本上变成汉制度。萧何做相国时,提倡俭朴,处理政事,完全按照律令。民间歌颂他说:“萧何为法,较(明)若画一”。秦项大乱以后,人民饱受战祸,穷苦已极,得在一定的律令下生活,自然感到宁静,人人自安,难动摇了。

招集官僚——汉高祖征召天下“贤士大夫”到京师,分派大小官职,给予田宅。士人有官做,既充实了官僚机构,也免得失意谋乱。当时皇帝还配备不起四匹纯一色的马来驾车,有些将相大臣坐牛车,这种简陋的生活,使一班得官得田宅的士人,满意于自己的所得,不敢像秦官吏那样贪虐。官吏少做一些恶,有利于人民的休息。

压抑商贾——秦时徭役繁兴,商贾乘被征发人困急,重利盘剥,夺取田宅子女。被征发人前有服役死亡的危苦,后有商贾索债的压迫,陈胜振臂一呼,天下响应,这是汉高祖亲自看到的。战争期间,商贾操纵物价,任意踊腾(上涨),米一石贵至五千钱或一万钱,马一匹贵至一百金,人相食,饿死无数。商贾祸不比战祸轻多少,这又是汉高祖亲自看到的。他即帝位以后,令商贾不得着丝织衣服,不得携带兵器自卫,不得乘车骑马,不得做官吏,商贾买饥民子女为奴婢,无偿释免,算赋比常人加倍。这种含有报复性的法令,使富商大贾受到惩罚。叛将陈豨军中,将官都是旧商贾,足见有些商贾破产,铤而走险。商贾受罚,有利于人民的休息。

对匈奴和亲——秦汉间匈奴冒顿单于强盛,侵入汉朝边地,最近处离汉都长安仅七百里。公元前200年,汉高祖亲率大军三十二万人到平城(山西大同县东)准备袭击匈奴。冒顿率骑兵四十万人围困平城七日,汉兵不战退回。自此匈奴更加强盛,经常入寇,破坏汉边境。汉无力反击,只好用和亲政策,求暂时的安宁。和亲就是对匈奴忍辱退让,但在当时却有利于人民的休养生息。

与上述诸措施同时,汉高祖又致力于战争的善后措施,获得了社会各阶层的满意。

汉高祖高瞻远瞩、深谋远虑,他制定的政治制度和对后世的安排,使大汉延续了长达四百余年,成为中国历史上最长的统一王朝。他的一套政治体制和经济制度为后世统治者所沿用。

相反,楚汉相争的开始,项羽兵力和声威比刘邦强大得多,刘邦项羽间大战七十次,小战四十次,刘邦屡战屡败,身受重伤十二次,最后垓下一战,取得全胜。

推究项羽失败的原因,大概有这么几条:首先项羽出身贵族,代表的是没落的贵族阶层的利益,他看不起出身低微的下层民众,处处以显赫的贵族身份自豪;其次,刘邦的拥护者是广大农民特别是旧秦国农民,项羽的拥护者只是些有野心的领主残余分子。两人所依靠的力量不同,因此后果也不同。刘邦有关中作根据地,萧何替他留守,输送兵卒粮饷,战败后常得补充,有时甚至十几岁的幼童、六十岁的老人也被补充上战场,秦民并不怨恨。第三,项羽没有为天下苍生着想,只想着嗜杀复仇。项羽战败,不敢回彭城,也不敢渡江回会稽,因为他知道没有民心可靠的根据地。此外,项羽轻易封诸侯王,受封的六国旧贵族忙于维持自己的地位,无力助战,许多贫寒出身的野心家,分不到封地,心怀不平。刘邦用张良的计策,不轻易封诸侯王,使这些人有受封希望,出力助攻项羽。第四,项羽是个勇夫不会用人才,只有一个范增,还被人用反间计给离散了。当时双方重要的谋士良将,大都在项羽那边失意,跑到刘邦这边来了。项羽取胜全凭自己的勇力,不会用人,更轻视贫寒出身的人。刘邦善于用人,如张良是贵族,陈平是游士,樊哙是屠夫,周勃是吹鼓手,灌婴是布贩,娄敬是车夫,韩信是流氓,彭越是强盗,都被刘邦恰当地使用,各尽其所长。刘邦不仅自己多智谋,而且能用别人的智谋。例如韩信夺得齐地,派人见刘邦,请封自己做假齐王。刘邦大骂道,我被项羽围困,日夜望你来援救,原来想自立为王。谋士张良、陈平知道这时候不该得罪韩信,暗中踢刘邦的脚,刘邦觉悟,改口大骂道,大丈夫立功做真王就是了,做假王干什么。即时派张良去封韩信为齐王。一次他在阵上大骂项羽,被项羽射中胸口,不能直立,曲身摸脚,说恶奴射伤我的脚趾。兵士不知道他受重伤,没有溃散。他是这样机智的人,和项羽斗智不斗力,匹夫之勇的项羽,当然不是刘邦的敌手

项羽大封诸侯王,把统一的中国倒退到割据分裂的旧时代里去,这是完全违反历史前进的措施。农民起义反秦,得不到田宅就被遣散了,这又是完全违反广大农民愿望的措施。项羽残暴无比,凶恶超过秦二世,不仅秦民痛恨,关东一般民众也痛恨。他从垓下逃到阴陵(安徽定远县西北)向一个农夫问路,农夫故意指导他走错道路,因而被汉兵追及。这是人民厌弃项羽的明证。领主残余分子都有极大的野心,受封的人不满意已得的封地,不得封的人当然更不满意。项羽为广大农民所痛恨,又为领主残余分子所反对,兵力虽强,却不能逃脱战败自杀的末路。他的败死,是领主残余势力的一个大挫折,也是农民阶级要求国家统一的一个大胜利。

(五)养生息民武帝兴汉　外戚宦官汉室衰亡

汉武帝刘彻(前157~前87),是汉朝的第五代皇帝。汉武帝是汉景帝刘启的第十个儿子、汉文帝刘恒的孙子、汉高祖刘邦的曾孙,其母是皇后王娡。7岁时被册立为太子,16

岁登基，在位 54 年，建立了汉朝最辉煌的功业之一。《谥法》说他“威武强睿德曰武”，就是说威严、坚强、明智、仁德叫武。他的雄才大略、文治武功，使汉朝成为当时世界上最强大的国家。

汉武帝即位初，一方面政治形势比较稳定，国家经济状况也相当好，另一方面诸侯王国的分裂因素依然存在。所以，他在继续推行景帝时各项政策的同时，采取了一系列强化专制主义中央集权的措施。在政治方面，首先颁行“推恩令”，使诸侯王多分封子弟为侯，使王国封地被分割，以进一步削弱诸侯王国势力；其次建立中朝，削弱相权，巩固了皇权的神圣地位；设置十三部刺史，加强了对地方的控制。在军事方面，主要是集中兵权，充实了中央的军事力量；在经济方面，整顿财政，颁布“算缗”“告缗”令，征收商人资产税，打击富商大贾；又采取桑弘羊建议，将冶铁、煮盐收归官营，禁止郡国铸钱；设置平准官、均输官，由官府经营运输和贸易，大大增强了国家经济实力。同时兴修水利，移民西北屯田，实行“代田法”，有利于农业生产的发展。在人才选拔上，汉武帝在全国范围内，采取按德、才标准，从“布衣”包括富裕农民和中小地主出身的士人中，选拔人才，实行经由“乡举里选”的察举制度。从此，整个西汉，公卿大臣、郡国守相，基本由此出身。在这段历史时期里，不是某些显赫家族、天生贵胄把持朝政，而是力图把大权交给有德、才的贤士掌管，用沈约的话，这种局面便叫作“以智役愚”。由于汉武帝能够从下层百姓中选用德才兼备的人才，关注天下苍生的利益，西汉王朝逐渐走向兴盛。

然而，到了西汉末年及东汉时期，宦官势力逐渐兴起。公元 88 年，汉章帝死，汉和帝（10 岁）继位，窦太后临朝称朕，外戚窦宪总揽大权，事实上窦家做了汉皇帝了。窦太后临朝，首先宣布“罢盐铁之禁，纵（任）民煮铸”。这就是朝廷让出盐铁大利来换取豪强对窦氏政权的默许。窦宪得政权后，窦家的大批徒党都做了朝官和地方官，最小的也做个县令。这些徒党们尽量搜刮民财给窦宪送礼报恩。窦家又养了许多刺客，迫害不肯附从的官僚集团中比较正直的人。公元 92 年，汉和帝与宦官郑众密谋，杀窦宪，窦家党徒全部革官下狱治罪。郑众因功封侯，宦官从此参与政事。

公元 121 年，邓太后死，汉安帝拉拢一部分宦官起来杀逐邓家人。新得势的宦官引用失意官僚与下层豪强做官，作为自己的徒党。当朝大臣杨震一派认为“白黑混淆，清浊同源”，坚决抗议。所谓“白清”，就是按正途仕进的士人；所谓黑浊，就是无权做官的微贱人。从此外戚与宦官的冲突以外，又加上清流与浊流的冲突。杨震被迫自杀，更加深了

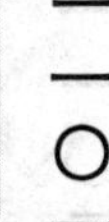

清流对浊流的仇恨。

公元 144 年,汉顺帝死,汉桓帝(十五岁)继位。梁太后临朝,梁冀掌管朝政。梁太后从外戚的失败里汲取了更多的经验,她并用外戚和宦官,又表扬儒学,招募太学生多至三万余人。她杀逐以李固为首的耿直派官僚,引用以胡广为首的典型官僚。胡广是官僚集团的代表人物。他与宦官通婚姻,又与名士相交结,荐举陈蕃等人。当时谚语说"万事不理问伯始(胡广字),天下中庸有胡公",意思是胡广熟悉典章,有办事经验,柔媚谦恭能不抵触任何人。梁太后选用这一派官僚,使三个集团各行其是,取得相对均衡,梁家政权因此保持了将近二十年。

公元 159 年,汉桓帝结合一批宦官杀梁冀,又杀梁家重要徒党自三公、九卿至州刺史、郡太守凡数十人,斥逐次等徒党三百余人,朝官几乎空了。这几百个徒党献给梁冀和梁冀自己直接搜括来的赃物,被朝廷没收后,官卖得钱三十万万。官卖价当然比实价低,梁冀财产实际上应超过三十万万。加上梁冀一家人二十年来无限奢侈浪费的财物,再加上几百个徒党家的巨大赃物,总数真是骇人。从这个骇人的总数里,可以想见劳动人民遭受到怎样苛刻的剥削。梁家赃物很快就卖出了,收买的人无疑是宦官和有势力的贵族,他们拥有极大的赃钱,也就可以想见。

自 159 年梁冀死后至 167 年汉桓帝死,八九年间宦官势力几乎达到独霸政权的地位。以前宦官徒党多做地方官,现在也做朝官了;以前做地方官多是县官,现在做州刺史郡太守都是宦官了。内外重要官职多被他们把持着,官僚集团的道路比梁冀死前更狭窄了。耿直派官僚、名士、太学生以及地方官学生、私门学生结成广泛的士人集团,以宦官"虐遍天下,民不堪命"为理由,展开了士人、宦官间的斗争。

东汉后期,政权落入外戚手中,外戚成为无市籍大地主,也就是上层豪强的政治代表。士人是无市籍地主阶级的一个阶层,东汉后期士人逐渐从以外戚为代表的上层豪强集团里分化出来,变成官僚集团,在外戚、宦官两种势力之外,自成一种势力。它的政治代表,是士人出身的三公和大名士,它的政治倾向一般是接近外戚集团,反对宦官集团。

西汉末年和东汉时期,朝廷的权力就在外戚与宦官之间转换,根本顾不上天下百姓的死活,汉室江山就这样被葬送了。

(六)劳民伤财隋朝灭亡　以民为本大唐鼎盛

隋朝(581~618)大定元年(581年)二月,北周静帝禅让帝位于杨坚,即隋文帝,国号隋。隋朝是五胡乱华后汉族在北方重新建立的大一统王朝,结束了自西晋末年以来长达近300年的分裂局面。应该说隋朝开国皇帝隋文帝杨坚还是很有治国方略的,而且自己也身体力行,体恤民情,勤俭治国。可惜,隋炀帝继位后,隋朝就很快灭亡了。

首先,隋炀帝忽视了民众的作用。隋王朝的建立是通过宫廷政变实现的,这次改朝换代仅仅是士族集团内部权力的转移,旧有的统治秩序没有被打乱,门阀士族垄断政权的格局并没有改变。杨坚集团本来就是关陇士族集团的主要成员,而各级政权的官僚成员大都仍是北周旧贵族官僚。因此,隋文帝的各项措施不可能阻止社会矛盾的发展。

其次,隋炀帝即位后,不是休养民生,而是大兴土木,四处征战,百姓苦不堪言。隋朝建立虽然时间不长,但是很快其国力、武功达到极盛。隋炀帝修建东都、开凿运河、穷兵黩武,虽说取得了非凡的成就,但对民力造成了极大的伤害,社会矛盾迅速激化。特别是远征高丽,前后共征发兵卒、役夫四百万人之多。

第三,隋文帝的个人性格及晚年的变化也加剧了矛盾的发展。史书说他天性猜疑,恃法尤峻,喜怒不常,过于杀戮。开皇中叶以后,法制逐渐受到破坏,文帝对元老功臣猜忌诛灭,对平民百姓滥施苛法,并且刚愎自用。结果是统治集团内部矛盾加剧,各种社会矛盾进一步发展。

在农民起义风起云涌的潮流中,大业十三年(617年)五月,太原留守、唐公李渊在晋阳起兵,每战必克,十一月占领长安,拥立隋炀帝孙子代王杨侑为帝,改元义宁,即隋恭帝。李渊自任大丞相,进封唐王。义宁二年(618年)五月,隋恭帝杨侑禅位于李渊,李渊称帝,定国号为"大唐",隋朝灭亡。

唐朝建立后,李渊派李世民征讨四方,剿灭各方群雄。在天下百姓中,李世民建立起极大的威信,而其兄弟则不考虑建功立业,只是想着继承王位,而为此大搞阴谋诡计。为天下百姓利益着想,武德九年(626年)六月初四,发生玄武门之变,李世民杀死太子李建成和海陵王李元吉。李渊被迫退位,尊为太上皇。李世民即位,为唐太宗,次年改元贞观。

李世民即位后,他从波澜壮阔的农民战争中认识到人民群众力量的伟大,吸取隋朝

灭亡的原因,非常重视老百姓的生活。同时,留心吏治,选贤任能,知人善用,从谏如流,重用魏征等诤臣;采取了一些以农为本,厉行节约,休养生息,文教复兴,完善科举制度等政策,使得社会出现了较为安定的局面;并大力平定外患,尊重边族风俗,促进了民族关系的融合,稳固了边疆,太宗则被四方诸国尊为"天可汗"。在太宗执政的贞观年间(627~649),在君臣的共同努力之下,出现了一个政治清明、经济发展、社会安定、武功兴盛的治世局面,史称"贞观之治"。这是唐朝的第一个治世,同时为后来的开元盛世奠定了厚实的基础。

唐朝走向鼎盛得益于唐太宗李世民执掌皇位,因为他是最清醒意识到"水能载舟,亦能覆舟"的道理,认识到人民群众是国家的根本,只有把人民群众的生活问题解决好,国家才能安稳。隋朝的盛衰兴亡,给他深刻的印象。特别是农民大起义,使这个出身大贵族的富豪子弟,不得不在事实面前,认识了劳动民众的巨大威力。得罪了民众,就像隋炀帝那样集全部权力于一身的皇帝,也难逃亡国杀身的后果。李世民认识到要巩固自己的统治权,就必须不得罪民众,这是他取得贞观之治的根本原因,也是被称为英明的封建皇帝的根本原因。

唐太宗对朝臣们说:"人君依靠国家,国家依靠民众,刻薄民众来奉养人君,好比割身上的肉来充腹,腹饱了身也就毙命,君富了国也就灭亡。所以人君的灾祸,不是从外面来,总是由自己造成的。大抵人君嗜欲太盛就要多费财物,多费财物就要加重赋税,加重赋税民众就要愁苦,民众愁苦国家就要危殆,国危了人君哪得不丧亡。我经常想这个道理,所以不敢纵欲。"又说:"我在朝廷上,要说一句话,总得思考再三,怕说错了害民,因此不敢多说话。"晚年立子李治(唐高宗)为太子,随事训诲,如见太子吃饭,说"你知道耕种的艰难,你就常常有饭吃。"如见骑马,说:"你知道马的劳逸,不用尽它的力气,你就常常能骑它。"如见乘船,说"水可以载船,也可以覆船,民众好比水,人君好比船。"一个封建统治者不可能超越这样的观点去认识民众,能够有这样的观点,也就是难得的封建统治者。他懂得人君与民众相互间的关系,在即位的初年,曾和朝臣们讨论如何治民。他说:"在大战乱以后,教化怕不容易见效。"魏征说:"不然。民众遭受战乱的痛苦,教化才容易见效。譬如给饥人做饭,给渴人饮水,是不很费力的事。"封德彝反对魏征的想法,说:"三代以下,人心愈来愈浅薄,所以秦朝专用法律,汉朝杂用霸道,它们是想教化而不能,不是能教化而不想。"魏征驳斥说:"如果说古人淳朴,后世愈来愈浅薄,那么,浅薄到今天,人早化成鬼怪，还要什么人君来治理！”唐太宗赞同魏征的意见，定出“偃武修文，中国既安，四夷自服”的方针，专心从改善政治，使百姓安宁方面来着手，因而创造出大唐盛世。

（七）体恤民情太祖立宋　不顾国本徽宗惨死

宋太祖赵匡胤（927～976），中国宋王朝的建立者，庙号太祖，河南洛阳人。948 年，投后汉枢密使郭威幕下，屡立战功。建隆元年（960 年），他以“镇定二州”的名义，谎报契丹联合北汉大举南侵，发动陈桥兵变，建立宋朝，定都河南开封。在位 16 年。在位期间，加强中央集权，提倡文人政治，开创了中国的文治盛世，是一位英明仁慈的皇帝，是推动历史发展的杰出人物。

宋太祖赵匡胤一生最大的贡献和成就在于重新恢复了华夏主要地区的统一，一举结束了安史之乱以来长达 200 年的诸侯割据和军阀战乱局面，使饱经战火之苦的民众终于有了一个和平安宁的生产生活环境，为社会的进步、经济的发展、文化的繁荣创造了良好的条件。

赵匡胤深知自己的江山是从人家孤儿寡母中强夺而来，所以生怕有朝一日，这样的事情再次发生在自己身上，于是强化巩固尚在襁褓中的赵宋王朝，加强王权就成了他的必然选择。他通过采取“收起精兵，削夺其权，制其钱谷”的三大纲领，巧妙地推行“杯酒释兵权”“削弱相权”“罢黜支郡”“强干弱支”“内外相维”“三年一易”“设置通判”“差遣制度”等等政策，将军权、行政权、司法权、财政权牢牢控制在中央手里，一举铲平了藩镇割据武夫乱政的历史状况。

鉴于五代时期礼崩乐坏、动荡不安的局势，赵匡胤以兵变夺政权，特以“宋”为国号，意思就是要在宋国的故地建立一个崇尚仁义的国家，兼取成汤之仁、微子之德。事实上，在赵匡胤坐天下的十多年里，这位仁德之君，仁治天下，既体现在他作为开国之君所奠定的民为邦本的治国方针上，又充分体现在他所颁布的一系列爱民、恤民、惜民的诏令之中。具体事例可以表现出来：（1）历来开国皇帝打天下无不是建立在大规模的军事打斗中，推翻旧王朝，杀死皇帝及其继承者，而赵匡胤在篡夺后周政权后，对后周的皇室以及旧臣，并没有展开血腥的杀戮，基本上都安置得比较好。（2）赵匡胤在统一全国的过程中，对其他政权的兼并，基本上是采取政治诱降为主，军事打击为辅。因为他认为战争对天下苍生危害极大，能够不战而胜是上之上也。例如在攻打南唐的过程中，宋军对南唐

国都是用一年多的时间围而不打、劝降无效的情况下，才发动总攻。赵匡胤多次下令曹彬"切勿杀害金陵城中百姓"，并要曹彬及其部下将官"焚香为誓"，承诺不乱杀无辜后，才下令攻城的。宋军攻入城中，果然是军纪严明，秋毫无犯，为城中百姓赞叹。

宋太祖执掌皇权后，发奋图强，励精图治，使宋初的社会经济迅速呈现出蒸蒸日上的喜人局面。宋太祖减轻徭役，使百姓安居乐业。赋税专收、以法治国、兴修水利、发展生产、澄清吏治、劝奖农桑、移风易俗等一系列英明决策，不仅很快医治了二百年的战争创伤，而且迅速把宋朝推向空前繁荣的局面，出现了历史上享有盛名的"建隆之治"。

宋徽宗赵佶在位期间，却根本不考虑老百姓的死活，过分追求奢侈生活，重用蔡京、王黼、梁师成、朱勔、李邦彦等奸臣主持朝政，大肆搜刮民财，穷奢极侈，荒淫无度。为了自己享受，他专门建立专供皇室享用的物品造作局。又四处搜刮奇花异石，用船运至开封，称为"花石纲"，以营造延福宫和艮岳。他信奉道教，自称"教主道君皇帝"，大建宫观，并设道官二十六阶，发给道士俸禄。自以为有神道保佑，就可以稳坐江山。宣和二年(1120年)，他遣使与金朝订立盟约，夹攻辽国。宣和七年(1125年)，金军南下攻宋。他传位赵桓(钦宗)，自称太上皇。靖康元年(1126年)八月，金太宗再次命东、西两路军大举南下，宋兵部尚书孙傅把希望放在士兵郭京身上，郭京谎称身怀佛道二教之法术，妄以道门"六甲法"以及佛教"毗沙门天王法"破敌，但神兵大败，金兵分四路乘机攻入城内，攻占了汴京。钦宗遣使臣到金营请和，宗翰、宗望二帅不允。靖康二年(1127年)二月，金太宗下诏废徽、钦二帝，贬为庶人，北宋(960~1127)灭亡。二帝被俘北上，后被押往北边囚禁。天会八年(1130年)七月，又将二帝迁到五国城(今城北古城)软禁。到达五国城时，随行男女仅140余人。当时正是农历四月，北方还很寒冷，徽宗、钦宗二帝和郑氏、朱氏二皇后衣服都很单薄，晚上经常冻得睡不着觉，只得找些柴火、茅草燃烧取暖。钦宗的朱皇后当时26岁，艳丽多姿，还经常受到金兵的调戏。宋徽宗等被掳人员到达金朝京师会宁府时，金人举行了献俘仪式，命令二帝及其后妃、宗室、诸王、驸马、公主都穿上金人百姓穿的服装，头缠帕头，身披羊裘，袒露上体，到金朝阿骨打庙去行"牵羊礼"。朱皇后忍受不了如此奇耻大辱，当夜自尽了。金人还为两位皇帝起了侮辱性封号，称徽宗为"昏德公"，称钦宗为"重昏侯"。

二帝在五国城因为受不了金人的折磨，徽宗将衣服剪成条，结成绳准备悬梁自尽，被钦宗抱下来，父子俩抱头痛哭。后金人又将二帝移往均州，此时徽宗已病得很厉害，不久就死在土炕上了。钦宗发现时,尸体都僵硬了。徽宗的尸体被架到一个石坑上焚烧,烧到半焦烂时,用水浇灭火,将尸体扔到坑中。据说,这样做可以使坑里的水做灯油。钦宗悲伤至极,也要跳入坑中,但被人拉住,说活人跳入坑中后坑中的水就不能做灯油用了,所以,不准钦宗跳入坑中。徽宗死时54岁。徽宗死后,钦宗继续遭受折磨,最后也惨死在北方。

(八)安定民生大明兴盛　党争忘本明朝灭亡

朱元璋,生于濠州钟离(今安徽凤阳)。俗称洪武帝,庙号太祖,其统治时期被称为“洪武之治”。

朱元璋在位31年(1368~1398)。朱元璋在位期间,为了缓和尖锐、复杂的阶级矛盾、民族矛盾和统治阶级内部各集团之间的矛盾,实行了抗击外侵、革新政治、发展生产、安定民生等一系列有利于社会前进的政策,在政治、经济、军事、思想等方面,大力加强君主专制的中央集权统治。

朱元璋生在今安徽淮河平原一个佃农之家。当时元朝统治者对汉民族以及其他民族的压迫奴役已经到了无可复加的程度,朱元璋从未经历过中国富饶安定的农业社会的正常生活环境,也没有接受过系统的儒家教育,但是他通过自己的才智、信念和统帅力推翻了元朝的统治和奴役,重新建立了以汉民族为主体的国家政权——大明政权。并引导中华民族脱离野蛮,重新恢复了自信、尊严和荣誉。

明太祖在率领汉民族和其他各民族驱除蒙古统治的同时,也指出,蒙古、色目,虽非华夏族类,但如果是知礼义,愿为中华臣民者,与中国人无异,这里充分体现了华夏民族的仁义,也体现了朱元璋以民生为先的治国思想。

这位杰出的从天灾人祸和饥寒交迫中走出的朱元璋,一直到南京登基,他和他的文臣武将所走的这条道路,不仅仅是为私人和某个阶级的利益,如同他的自述——“我本淮右布衣,天下与我何加焉?”是官逼民反使他走向了推翻暴政,建立大明政权的道路。对于天下百姓而言,朱元璋随起义军驱逐元军,恢复汉族的天下,安定了国家,也安定了民生,是顺应了民意。

朱元璋胸怀韬略,深谋远虑,善于驾驭战争,掌握主动权。注重招贤纳士,广采众议,严格治军,完善军制,练兵育将,强调将领要识、谋、仁、勇兼备。主张寓兵于农,且耕且

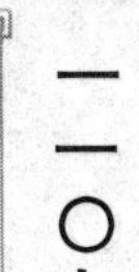

战，保持一支强大的武装力量，这是明朝走向繁荣昌盛的基础。

明朝最后一个皇帝朱由检，于1622年封为信王。熹宗于1627年8月死后，由于没有子嗣，朱由检受遗命于同月丁巳日继承皇位。第二年改年号为“崇祯”。朱由检求治心切，很想有所作为。但因矛盾丛集、积弊深重，无法在短期内使政局根本好转。再加上朱由检性情刚愎自用，急躁多疑，又急于求成，因此在朝政中屡铸大错。他不顾天下百姓的疾苦，又增加赋税，增调重兵全力防范雄居东北的后金政权，镇压农民起义军。

因对外廷大臣不满，朱由检在清除魏忠贤为首的阉党后，又重用另一批宦官，给予宦官行使监军和提督京营大权。大批宦官被派往地方重镇，凌驾于地方督抚之上。甚至派宦官总理户、工二部，而将户、工部尚书搁置一旁，致使宦官权力日益膨胀，统治集团矛盾日益加剧。不仅如此，在朝廷上也是党同伐异，党争不断。祖宗家法、皇亲国戚、满朝文武，无一不像绳索紧缚着崇祯。朝廷每道政令都出自崇祯，但每一道又都是这位“真命天子”多方妥协和无奈的结果。崇祯皇帝无暇顾及天下人民的利益，只能在各个朋党之间搞平衡。有时候崇祯皇帝责备他们“不顾国家急难，不思君父忧劳，徒事口舌之争，以博取敢谏之名”，但这些大儒和他们的门生根本听不进其中的任何道理，只知道一个接一个地挺身而出，互相攻击。当国难当头之时，没有人替崇祯分忧，纵然是皇亲国戚对国家安危竟然也全然不管。崇祯向皇戚借钱，皇戚也一律不满。因一家有难，八方牵连，所以那些在京城的公、侯、伯世爵对抗旨不捐的皇亲国戚都表示同情，暗中支持，希望用各种办法硬抗到底。他们找亲戚向田妃行贿，行贿的银子花得如流水一般，就是不借皇帝一文钱。皇帝见借助皇戚这条路实在走不通，也只好不了了之。

不能忽视崇祯帝的滥杀、多疑、贪财、苛政、昏庸等诸多亡国之君的特征。尽管继位之后能迅速剿灭魏忠贤一党，显示了其果敢的一面，但在随后的十余年执政生涯中，其内阁成员如走马灯般更迭，兵部尚书及督师等也是屡遭贬斥乃至冤杀，其余大臣更是终日惶恐。尽管如此，明崇祯年间的朋党之争的态势并未得到改善。与此同时，崇祯帝虽屡下罪己诏，然苛捐杂税层出不穷，民不聊生，而明末的众多农民起义也正是其贪财苛政最严重的后果。特别是崇祯帝求治心切，责臣太骤，言路断绝，所任非人，终成孤家寡人，以至于煤山殉国，从死者唯一太监耳。

主明臣直
唐太宗
长孙皇后

主明臣直①

【历史背景】

长孙皇后(公元601年—公元636年),长安人,出生在一个官宦人家,父亲长孙晟是隋朝时候的右骁卫将军。她从小知书达理,十三岁时嫁给李世民为妻。唐朝建立后,她被册封为秦王妃。"玄武门之变"之前,她对秦府幕僚亲切慰勉,左右将士都为她这样的行为所感动。后来李世民做了皇帝,她就被立为皇后。

长孙皇后一向节俭,她所使用的一切物品,够用、可用就好了,从不铺张。唐太宗知道长孙皇后是一个通情达理的人,所以,每次下朝之后,都要将一些国家大事讲给她听,但每次长孙皇后都很郑重地说:"牝鸡司晨,唯家之索。我是妇道人家,怎能随意议论国家大事?"表示不参与朝政,但是每次太宗都要继续说下去,她始终默不作声地倾听。

长孙皇后的哥哥长孙无忌和唐太宗曾经是布衣之交,又在唐朝建立的过程当中立有大功,太宗很器重他,于是,就想要任用他来做丞相。皇后知道后,就对太宗表示不同意,并列举历史上的吕后、霍光之家作为借鉴。在长孙皇后的再三反对之下,唐太宗只给长孙无忌一个开府仪同三司这样的虚衔。

长孙皇后所生的长乐公主出嫁的时候,太宗给的嫁妆相当于唐高祖的女儿长公主出嫁时候物品的一倍还多。为了这件事情,魏徵当面向唐太宗进谏。太宗下朝之后就把这事情告诉了长孙皇后,长孙皇后深有感触地说:"我以前就知道陛下对魏徵很器重,但并不知道是为什么。今天听到他的谏议才明白啊,原来他真是一位正直而又深明大义的社稷之臣啊。忠言逆耳利于行,良药苦口利于病。陛下要知道这个道理,那才是天下的最大幸运啊。"

后来长孙皇后和唐太宗一起去九成宫(在现在的陕西麟游)避暑时,身体感染了疾病,从此以后病情越来越重,使用了大量的药物,却一直没有见到效果。见到这样的情况,在皇后身边侍候的太子李承乾就向母亲提议用赦免囚徒和度人入道等方法,来乞求神灵的保佑，长孙皇后对于这个建议坚决拒绝。她说，大赦是国家大事，佛、道这两个宗教也是具有自己的教规的，如果随便就赦免囚徒和度人入道，这样做必定会对国家的政治产生不利的影响，你的父亲身为皇帝，怎么能带头这样做呢？我只是一个妇人而已，不足以因为个人的缘故就乱了天下的法度。太子听后，就没有向太宗奏请。而是将皇后的话告诉了房玄龄，房玄龄又转告给了太宗。太宗听后，为皇后能够这样的体恤自己而感动得泣不成声。

长孙皇后是一位深明大义的人，在她即将离开人世的时候，还不忘记嘱托太宗如何对待自己的娘家人，她对太宗说，自己的家族没有立下什么大功劳，也没有什么德行，只是因为和皇帝的姻亲关系，才如此显赫。要想保住家族的名望，今后就不要让自己的任何亲属在朝廷里任职。并且要求对自己的后事不要奢侈地操办，只要依山而葬就可以，不起坟墓，不用棺椁，至于需要的一些器物要尽量节俭，只要用木、瓦制作，俭薄送终。

历数古来创业守成之君，虽然本人圣明，天资卓越，但也是与贤内助有关。比如：夏禹有涂山氏为妻，三过家门而不入，毫无怨言；周文王有太姒为妻，也是位贤内助。但这些古人，都比不上唐太宗的妻子长孙皇后。太宗外有像魏徵那样的忠臣，内有长孙皇后这样的贤德内助，天下怎么能不太平呢！

【原文】

唐史纪，太宗尝罢朝，怒曰："会须杀此田舍翁。"后问为谁，上曰："魏征每廷辱我。"后退，具朝服，曰："妾闻主明臣直，今魏征直，由陛下之明故也，妾敢不贺。"上乃悦。

【张居正解】

唐史上记，太宗曾一日朝罢还宫，忽发怒说："少间定要杀了这个田舍翁（田舍翁即俗话说庄稼佬）。"时长孙皇后[②]问说："陛下要杀谁？"太宗说："是魏征，此人不知忌讳，每每当着众臣僚攻我的过失，羞辱我，我十分忍受不得，所以要杀他。"长孙皇后有贤德，知道魏征是个忠臣，乃退去，穿了朝贺的袍服，来对太宗说："妾闻古人云，上有明哲之君，则下有耿直之臣，今魏征之直言不阿，由陛下之圣明，能优容之故也，君明臣直，乃千载难逢，国家盛事，妾敢不称贺。"太宗闻皇后之言，其心乃悦。尝考自古创业守成之令主，虽圣明天挺[③],然亦有内助焉。观长孙皇后之于唐太宗,虽夏之涂山[④],周之太姒[⑤],无以过之矣。太宗外有忠臣,内有贤后,天下安得不太平。

【注释】

①此篇出自唐刘悚《隋唐嘉话》,并见《资治通鉴》卷 194 唐纪十,贞观二年。记唐太宗听取长孙皇后的劝谏优容魏征的故事。

②长孙皇后(? ~636):隋后卫将军长孙晟女,年十三嫁李世民。入唐初为秦王妃,唐太宗即位后封为皇后。贞观十年(636)去世,年三十六。葬于昭陵。

③天挺:谓天资卓越。挺,突出、特出。

④涂山:相传大禹娶妻于涂山氏。

⑤太姒:有莘氏女,周文王妻,周武王之母。

【译文】

唐史载:一天唐太宗罢朝后,回到后宫对长孙皇后说:“我一定要杀掉这个庄稼佬。”长孙皇后问是谁,唐太宗说:“魏徵常常在朝堂上侮辱我。”长孙皇后换上朝服,对太宗行礼说:“我听说君主圣明臣下就会耿直,今魏徵耿直,也是由于你的圣明,我怎敢不祝贺你呢。”唐太宗听了皇后一番话,幡然醒悟,心情也畅快了。

【评议】

长孙皇后在历史上是一位很著名的隐性的女政治家,也是中国历史上伟大的皇后之一,在历史学家的评论中认为她是最具有知性的皇后。早在她做秦王妃的时候,臣属们就对她充满感激和敬重。历朝历代的后宫都是一个很复杂、难于治理的地方。但是长孙皇后却将后宫治理得井井有条,而且对国家的一些政策等都起过很好的促进作用。遗憾的是这位皇后却早早地去世了,太宗对此伤痛无比,经常自己一个人到高楼之上举目远眺皇后的陵墓——昭陵,从此以后再也没有另立皇后。长孙皇后去世的时候所留下的还没有成年的一子一女,也就是晋王和晋阳公主,都被太宗亲自带在身边。等到唐太宗逝世的时候，就和皇后一起葬在了一个坟穴里，开创了帝后合穴的先例。人们经常说在一个成功的男人背后一定有一个特别伟大的女人。唐太宗应该就是这样的男人，而长孙皇后应该就是这样的女人了。唐太宗治理天下，取得了那么大的业绩，除了依靠他手下的忠臣之外，也和这样一位贤淑温良的妻子是分不开的。

【镜鉴】

一、宽仁豁达

宽仁豁达是成功帝王共同的性格特征。帝业往往是一个时代的伟业，尽管最终当皇帝的只有一个人，成就帝业的却是方方面面、千千万万的人们。动员和整合这些支持者的，是时代的需求，是共同的目标、信念、利益及政治领袖超人的胆略、智慧、能力，宽仁豁达的性格也是一个不可或缺的基本因素。只有宽仁豁达者，才会具备爱做人之道，才有可能领袖群雄、经营天下。

（一）宽者能得众，容得下人

历史上公认的雄才大略之主，像汉高祖刘邦、汉武帝刘彻、汉光武帝刘秀、唐高祖李渊、唐太宗李世民、宋太祖赵匡胤，无不具备博大的胸怀和广泛的社会基础。

刘邦是中同历史上的第一位成功皇帝，史书记载他仁而爱人，喜施舍，意豁如，有大度，连看门的、当兵的都能与他一见如故。秦始皇死后，秦二世胡亥和赵高倒行逆施，引起天下大乱，群雄竞起，一时称王称霸者多如牛毛，起事的既有齐、楚、燕、赵、韩、魏等六同后裔，也有项梁、项羽、张耳、陈馀等一批故家大族、贤人学士，但没有一个成事，都先后败北，统统被历史潮流冲走。最后的成功者，居然是亭长出身的刘邦及其统率的平民集团。

刘邦以一小小泗水亭长身份起兵反秦，之所以能成就帝业，首先因为他宽厚容人，既能号召屠夫樊哙、车夫娄敬、吹鼓手周勃、小商贩灌婴一类下层人士，也能成功网罗像县吏萧何与曹参、贵族张良、谋士陈平、军事天才韩信等各色人物以及彭越、英布那样的枭雄。其中,陈平、韩信、英布等致项羽于死地的人物,都是从项羽阵营转投刘邦帐下的。当时,刘邦、项羽等人从事的,是一种以身家性命为代价的冒险事业,文臣武将选择他们,抵押的是生命与个人前途,结成的是一种生命共同体、利益共同体和价值共同体。只有刘邦这样的胸襟宽广之主,才有可能听取正确意见,选择正确方略,为追随者提供安身立命的容身之所、施展抱负的用武之地和实现个人价值的发展空间。

(二)仁者真爱人,赢得了心

孔子说,仁者爱人。汉高帝元年(前206年),刘邦进入关中后,采取了四项措施,一是善待降者,不杀秦王子婴;二是封存秦重宝财物仓库不取,不居秦宫;三是约法三章,杀人者死,伤人及盗抵罪,尽除秦苛法;四是不受关中父老敬献的牛羊酒食,不损害民众利益。于是,秦人大喜,唯恐沛公不为秦王。

后来,项羽又带重兵来到关中,也干了四件事,一是屠咸阳,杀秦降王子婴;二是烧秦宫室,火三月不灭;三是收其货宝妇女而东,抢到彭城自己享用;四是分封天下,厚此薄彼。项羽的四条措施,使他众叛亲离,几乎失去了所有的支持者。简单地说,他分封天下不公引起诸侯起兵反抗,使他失去了社会上层的支持;他的前三项措施,使其军队所过无不残破,秦人大失望,使他失去了民众基础和天下人心,但是出于恐惧,大家又不敢不服。

刘邦与项羽,一个是秦人大喜,一个是秦人大失望;一个是秦人唯恐不为秦王,即心服口服,一个是秦人不敢不服,即口服心不服。两人的高低伯仲此时已见分晓。

项羽,楚国名将项燕之孙,贵族出身,年幼流离失所,二十四岁起兵反秦,成为起义军领袖,二十七岁成为分封十八路诸侯的西楚霸王,三十岁楚汉战争中为汉王刘邦所败,自刎乌江。司马迁评价道:"大政皆由羽出,号称西楚霸王,权同皇帝。位虽不终,近古以来未尝有也。"

(三)豁者会纳谏,听得进话

古人说兼听则明,从谏则圣。可见,兼听与从谏不是常人都能做到的。有的人能听建设性意见,不爱听批评性意见。不少人嫉贤妒能,自以为聪明,连建设性意见也不喜欢听。

所谓豁者，是指那些心灵开敞，不嫉妒、不封闭、不保守的人。论个人能力，刘邦远不是项羽的对手。项羽攻无不克，战无不胜，堪称盖世英雄。但项羽仅仅一猛将而已，不懂君道，亦非帅才，正因为自身能力强，本事大，所以爱以己长格物，看谁都不上眼，别人的意见也不听，韩信、陈平这样优秀的人物，都是从项羽手下溜到刘邦阵营的，身边唯一的谋士范增也被他气走，不久死去。

刘邦则不然，自己本事不大，打仗几乎不赢。他不是位好将军，却是位好统帅。刘邦好就好在能听别人的正确意见。汉元年，刘邦率部取得关中，到秦皇宫一看，奇物不可胜数，美女以千数，便想住在秦宫不走了。樊哙见状，说宝物美女是秦所以亡天下的原因，反对刘邦进驻皇宫，刘邦不听。张良来了，对刘邦说，秦无道，沛公才得以至此，为天下除贼，宜缟素为资。刘邦觉得有理，立即忍痛割爱住到灞上军营去了。当时，刘邦刚刚起步，如果不听劝阻，住进奢侈的秦皇宫，天天与成群美女为伴而不能自拔，绝不会有日后的大汉江山。

（四）达者善权变，转得了弯

成就帝业的人，大都在战略上意志坚韧，百折不挠。但是，在具体问题上，他们往往灵活机动，通权达变，绝不会到了悬崖也不勒马。

唐玄宗李隆基一手导致安史之乱，潼关失守后，玄宗是要带着太子李亨一起逃亡四川避难的，由于关中父老苦苦挽留，才给了太子二千兵马，让他留在了关中。

不久，李亨辗转来到战略要地灵武，得到西北众将领的支持与拥戴，在裴冕、杜渐鸿等人再三劝进之下，未经玄宗许可，在灵武即皇帝位，尊玄宗为太上皇，并诏告天下，调兵遣将，部署反攻长安、洛阳。同时，也派人将情况报告逃亡四川的唐玄宗。

当时唐玄宗狼狈逃蜀，心力交瘁，但他并未打算放弃皇位，就在接到李亨报告的十多天前，还下诏任命李亨为天下兵马元帅，让他领朔方、河东、平卢节度都使，南取长安、洛阳。现在，洛阳丢了，长安丢了，连皇位也丢了，唐玄宗的心情之痛苦可想而知。但《资治通鉴》说，上皇喜曰“吾儿应天顺人，吾复何忧！”并下诏，要求：“四海军国事，皆先取皇帝进止，仍奏联知；俟克服上京，朕不复预事。”还派重臣韦见素、房琯、崔涣奉传国玉玺去灵武传位。

这只能说明唐玄宗在不得已之时，能够顾全大局，及时转弯。如果没有这个转弯，唐朝外有安史大军逼迫，内有父子两个皇帝分庭抗礼，就只有灭亡一途可走了。唐玄宗以自己的帝位，换取了子孙150年江山。遗憾的是，他的子孙再也无力恢复唐朝昔日的强盛。

二、坚守从政道德

“大德之行，必有大治。”道德在人类社会的发展和进步中具有重要作用。落实以德治国，要求领导干部以德从政、修身律己。加强道德修养，可以为反腐倡廉建设奠定重要基础。领导干部应该自觉坚守从政道德，做到以德修身、以德服众、以德领才、以德润才、德才兼备，为廉洁从政构筑坚实的道德防线。

（一）增强道德修养观念

道德是一种社会共同遵守的行为规范

道德是一种社会意识形态，是调整人们之间以及个人和社会之间关系的行为准则和规范的总和。它是人类社会特有的现象，在人类社会一定的生产方式中产生，受人们的经济关系制约，并随着社会经济关系的变化而变化。任何社会的发展和稳定都需要道德来维系。如果说法律法规是一种硬性规范的话，道德就是一种软性约束。它没有强制性，主要依靠社会舆论，人们的信念、习惯、传统和教育来起作用。良好的道德修养，一靠教化，二靠养成。教化既包括正面灌输、引导，也包括规劝和惩戒；养成主要依靠自我修养形成。正如孟子所说，“吾善养吾浩然之气。”由于人们实践行为的复杂多样性，有一些行为是法律法规约束不到或者说约束不了的，这时候就需要发挥道德约束的作用。从某种意义上讲，道德是法律法规的补充，它和法律法规一起，构成了整个社会的行为约束体系。道德的范围很广泛，规范人们生产生活的各个方面，为政有政德，经商有商德，从教有师德，行医有医德，等等。一个道德沦丧、伦理缺失的社会，不可能有基本的社会秩序，也不可能有快速、持续、健康的经济发展和社会进步。

建立在一定经济基础之上的道德，对经济基础和整个社会的发展起着巨大的能动作用。归纳起来，道德主要有四个方面的功能：一是认知功能。道德是引导人们追求真善美的“良师”。它引导人们认识社会道德生活的规律和原则,从而正确地选择自己的行为和生活道路,实现理想的生活愿景。二是调节功能。道德是社会关系的“调节器”。人生活在社会中,总要和他人发生这样那样的关系,不可避免地发生各种矛盾,这就需要通过公共道德标准去纠正人们的不正当行为,调节相互之间的关系,使社会关系臻于和谐。三是教育功能。道德是灵魂的“净化器”。它培养人们良好的道德意识、道德品质和道德行为,树立正确的义利、荣辱等观念,使受教育者成为道德纯洁、理想高尚的人。四是评价功能。道德是公正的“法官”。道德评价是一种巨大的社会力量和人们内在的意志力量。道德以一定的标准对个人或集体的行为和品质进行道德价值的判断和评论,帮助人们辨别真假、善恶、美丑。

中华民族历来重视个人道德修养,强调“德”的作用,提倡修身养性、重义崇德。一方面,将修身立德作为安身立命之本、作为为人处世的至高境界。《大学》提出:“自天子以至于庶人,壹是皆以修身为本。”意思是说,从帝王到平民,都要以修身为本。《左传》上说:“太上有立德,其次有立功,其次有立言,虽久不废,此之谓不朽。”意指做人最重要,其次才是做事、做学问。另一方面,修身立德不仅是立命之本,更是从政之基。儒家追求“内圣外王”之道,“内圣”是指个人修养,“外王”是指治理社会,“内圣外王”是指官员通过加强自身修养,提高道德水平,以此来治理国家、管理社会。《论语》上说,“为政以德,譬如北辰,居其所而众星拱之”,意思是指以道德治理国家,就会得到百姓拥护和真心爱戴。在几千年的历史长河中,古哲先贤提出了许许多多关于道德修养的经典语句,“厚德载物”“德行天下”“德不孤必有邻”这些耳熟能详、脍炙人口的古语,承载的是世世代代中华儿女对优秀道德情操的由衷褒扬和美好向往。

不仅如此,历朝历代都非常重视官德在治国中的重要作用,从官员的选任到考核检查,无一不强调官员的道德素质。如我国唐朝科举选官制度中,科举考试及第者还须经吏部的考试,合格者才被授予官职。吏部考试主要从体貌、言词、楷法和文理等四方面进行,若“四事皆可取,则先以德行”(《通典·选举》)。唐朝对官吏考绩的法定标准为“四善二十七最”,所谓“四善”专指品德,“一曰德义有闻,二曰清慎明著,三曰公平可称,四曰恪勤匪懈”;“二十七最”主要是根据不同部门职责规定的具体标准,其中第三条是“扬清激浊、褒贬必当,为考校之最”(《唐六典·尚书吏部》)。另外,从唐玄宗时制定的监察法规——《六察法》的内容来看,六察中的第一察便是“察官人善恶”,对官员的道德要求非常严格。

我们党历来重视领导干部道德修养

我们党一贯高度重视党员干部特别是领导干部的道德修养。早在1939年,毛泽东同志就在《纪念白求恩》一文中号召全党同志要做“一个高尚的人,一个纯粹的人,一个有道德的人,一个脱离了低级趣味的人,一个有益于人民的人”。新中国成立初期,他郑重地指出,治国就是治吏,礼义廉耻,国之四维,四维不张,国将不国。邓小平同志说过,没有共产主义理想,没有共产主义道德,怎么能建设社会主义?他对干部的德、才、智有过明确要求:“第一是德,看他是否忠实于人民,忠实于党的事业。”江泽民同志曾经指出:“领导干部必须坚持讲学习、讲政治、讲正气,还必须讲修养、讲道德、讲廉耻,要把人做好。”胡锦涛同志强调,“党员、干部的道德修养,不仅关系他们的个人品行,而且关系党的整体形象。要教育引导党员、干部特别是领导干部自觉加强道德修养,常修为政之德、常思贪欲之害、常怀律己之心,牢固树立马克思主义世界观、人生观、价值观和正确的权力观、利益观、地位观,模范遵守社会公德、职业道德、家庭美德,坚决抵御各种腐朽落后思想文化的侵蚀,永葆共产党人的高风亮节。”在干部路线上,我们党坚持德才兼备、以德为先的用人标准,要求党员、干部不断加强个人品德修养。这些都充分表明了党对加强领导干部道德修养的高度重视。

在自身发展和实践探索中,我们党形成了关于领导干部从政道德建设的一系列理论观点和实践要求。党的十七大通过的党章修正案第三十四条将“加强道德修养”作为各级领导干部必备的基本条件正式增写其中。党的十七届四中全会通过的《中共中央关于加强和改进新形势下党的建设若干重大问题的决定》指出:“加强思想道德建设,加强党的优良传统教育,加强中华优秀文化传统教育,引导党员、干部带头弘扬以爱国主义为核心的民族精神和以改革创新为核心的时代精神,自觉践行社会主义荣辱观,培养高尚道德情操和健康生活情趣,保持昂扬奋发的精神状态”,要“引导党员、干部增强党的意识、宗旨意识、执政意识、大局意识、责任意识,做到为党分忧、为国尽责、为民奉献”。这些是对新形势下党员干部加强思想道德修养提出的明确要求。

我们党成立90多年来,涌现出了一大批忠诚于党、热爱人民,牢记宗旨、心系群众,爱岗敬业、无私奉献的优秀领导干部,焦裕禄、孔繁森、郑培民、王瑛、沈浩、杨善洲等就是

其中的杰出代表。云南保山原地委书记杨善洲一辈子两袖清风、公而忘私;退休后扎根大亮山,义务植树20余载,创造林产超过3亿元而不取分文,当地老百姓为他的人格魅力所感动,由衷赞叹“杨善洲,杨善洲,老牛拉车不回头,当官一场手空空,退休又钻山沟沟;二十多年绿荒山,拼了老命建林场,创造资产几个亿,分文不取乐悠悠……”他们不仅是执政为民的典范,也是道德修养的楷模。他们用自己的先进事迹和崇高精神,诠释了共产党人的政治品格和道德风貌,树立了领导干部的光辉形象。

领导干部的道德修养事关党的形象

党是整个社会的表率,党在人民群众心目中的形象要靠千千万万党员干部的形象来体现。人民群众总是从各级领导干部日常工作和生活中的一言一行来认识和评价我们的党,总是期望领导干部不仅能成为正确贯彻党的路线方针政策的模范,成为能够做出经得起实践、人民、历史检验实绩的模范,而且能成为社会生活中的道德榜样。邓小平同志曾经指出:“群众对干部总是要听其言,观其行的。”这就要求领导干部必须从维护党的形象的高度努力加强道德修养,自觉实践我们党倡导的道德标准和价值观念,形成高尚的人格力量,赢得人们的敬佩和信赖,从而以优良的党风政风影响民风,引导整个社会广泛形成讲道德、重修养、尚清廉的良好风尚,推进社会整体道德水平的提高。

加强道德修养是坚持党的宗旨、保持党的先进性的内在要求。坚持全心全意为人民服务的宗旨,是新时期共产党员保持先进性的一项基本要求,也是党员领导干部道德修养的终身课题。各级领导干部是党的宗旨的履行者,不论职位高低,都是人民的勤务员,都是人民的公仆。能不能坚持全心全意为人民服务,集中反映了一个领导干部的思想境界和道德水平。在改革开放和发展社会主义市场经济的条件下,领导干部只有加强全心全意为人民服务的道德修养,坚持发展依靠人民、发展为了人民、发展成果由人民共享,才能真正确立正确的权力观,牢固树立“以服务人民为荣、以背离人民为耻”为内容之一的社会主义荣辱观,正确使用手中的权力,赢得人民的衷心拥护和支持,从而在坚持党的宗旨、提高领导干部的思想政治素质上保持和发展党的先进性。

加强道德修养是推进党的作风建设的现实需要。党的作风和形象直接关系到人心向背和党的战斗力。我们党一贯把加强领导干部道德修养作为作风建设的重要内容。胡锦涛同志在十六届中央纪委第七次全会上的重要讲话中,提出要在各级领导干部中大力倡导八个方面的良好作风,其中特别强调领导干部要讲操守,重品行。品行和操守是道德修养的重要内容,是人生观、价值观的反映,它不仅决定着一个人的生活作风,也决定着其他方面的作风。作为领导干部,只有把共产主义的道德原则、领导干部的道德规范,以及八个方面的良好作风和以“八荣八耻”为主要内容的社会主义荣辱观内化为自己的操守和品行,培养健康的生活情趣,保持高尚的精神追求,才能模范遵守社会公德、职业道德、家庭美德,自觉地弘扬新风正气,抵制歪风邪气。因此,推进党的作风建设,进一步转变各级领导干部的作风,就必须不断加强领导干部的道德修养。

加强道德修养是党风廉政建设和反腐败工作的重要基础。胡锦涛同志强调,反腐倡廉建设要从思想道德教育这个基础抓起,不断夯实廉洁从政的思想道德基础、筑牢拒腐防变的思想道德防线;反腐倡廉抓源头,一定要把加强党员、干部的道德修养作为一个重点。加强道德修养对党风廉政建设至关重要。作为领导干部,如果信仰缺失、道德失范,难以坚守最后的道德底线,那么离违纪违法的深渊就只有一步之遥。“物必自腐,而后虫生。”从近年来查处的领导干部违纪违法案件看,腐败分子走上违法犯罪的道路,大都是从道德品质上出问题开始的。现在,一些人认为道德修养方面的问题是“细节问题”,没有必要在这个问题上小题大做。这种认识是十分错误的、有害的。古人说:“道德当身,故不以物惑。”领导干部的道德修养和精神境界提高了,可以有效防范和减少违纪违法问题的发生。各级领导干部都应当把加强道德修养作为立身之本,常修为政之德、常思贪欲之害、常怀律己之心,促进形成讲道德、重修养、尚清廉的良好风气。

(二)推进道德修养实践

加强从政道德修养

从政道德是职业道德的一种,是指从政者在获得权力和运用权力过程中所产生的道德意识、道德规范和道德行为的总和。它具有鲜明的政治性、权力性、规范性和导向性,主要表现为政治道德和行政道德,实质上是一种权力道德,说到底是领导者的道德操守和职业精神。孔子曰:“政者,正也。其身正,不令而行;其身不正,虽令不从。”领导者的从政道德或者说职业道德高低,在一定程度上决定着领导水平和执政水平,决定着事业的兴衰成败。

我们党提倡的从政道德可以集中概括为六个字,就是“为民、务实、清廉”。“为民”是从政道德的核心。领导干部手中的权力来自人民,理应心里想着人民,心中装着人民,切实把权力用来“为民”服务,把实现好、维护好、发展好最广大人民的根本利益作为一切工作的出发点和落脚点。“务实”是从政道德的关键。唯有务实,才能脚踏实地,不图虚名,勇于探索,敢于攻坚,扎扎实实地为民办事,才能树立和落实科学发展观,充分尊重客观规律,不搞那些劳民伤财的“政绩工程”“形象工程”,真正做到为官一任,造福一方。“清廉”是从政道德的内在要求。领导干部就是要严于律己,廉洁奉公,一身正气,两袖清风,清清白白做“官”,堂堂正正做人,坚持高尚的精神追求,永葆共产党人的浩然正气。

各级领导干部是社会主义政治文明建设的重要实践者。领导干部的从政道德,在党员干部队伍中起着示范作用。领导干部只有自觉加强从政道德修养,自觉践行社会主义核心价值体系,模范遵守社会主义道德规范,才能赢得人民群众的支持和信赖,以道德的感召力凝聚起强大的社会力量,促进经济社会全面协调可持续发展。当前,我国已经进入全面建设小康社会的关键阶段。面对新形势和新任务,各级干部特别是领导干部责任重大,尤其要牢记宗旨、不负重托、不辱使命,正确用好人民赋予的权力。要大力培育廉荣贪耻、廉洁从政从业的职业道德观念,坚持正气、拒绝贪腐,始终保持共产党人的高尚品德、廉洁操守和政治本色。

加强社会公德修养

社会公德主要是指人们在涉及社会公共利益的活动中或与他人相处过程中所应当遵循的道德行为准则,是社会道德在人类社会公共生活中的特殊表现,是为社会全体成员共同遵守的全民性道德。在公共生活领域不断扩大、人们交往日益频繁的现代社会,社会公德具有维护公共利益、公共秩序,保持社会稳定的重要作用。恩格斯说过,社会公德是人们用来调节人与人的关系的简单原则。列宁也认为,所谓社会公德,就是“公共生活规则”。在列宁看来,这种起码的公共生活规则,是数百年来人们就知道的、数千年来在一切处世格言上反复谈到的、起码的要求。社会公德水平的高低,直接影响一个国家的社会秩序、社会风气、社会凝聚力,是一个社会文明程度的重要标志。实践证明,抓好社会公德建设有利于建立和谐的社会秩序,净化不良的社会风气,提高全民族的凝聚力。

社会公德主要包括文明礼貌、助人为乐、爱护公物、保护环境、遵纪守法等内容。文明礼貌是社会公德的基础性内容，它集中反映着公民的文明教养程度，是行为文明在人际交往中的外在表现形式；助人为乐是公民在关心、爱护人的方面所应当表现出的文明水平，集中体现为公民在社会公共生活中发扬社会主义人道主义精神；爱护公物是社会公德的基本内容，就是要以主人翁态度对待国家和集体财产，珍重社会的共同劳动成果，树立节约意识；保护环境就是要强化生态观念，珍惜自然资源，保护生态环境，改善生存环境，建设环境友好型社会；遵纪守法是维护公共秩序的基础性道德要求，就是要增强法治意识，维护宪法和法律权威，学法、守法、用法，建设社会主义法治国家。

领导干部的社会公德意识如何，对全社会具有重要的影响。俗话说，“君子之德风，小人之德草，草上之风必偃”，领导干部良好的社会公德意识能够引领全社会形成优良的道德风尚。加强领导干部社会公德修养，要处理好人与人、人与社会、人与自然之间的关系。一是建立平等友善、互尊互助、廉洁和谐的人际关系。面对社会复杂的人际交往和人际关系环境，领导干部遵循人际交往的道德规范，创造平等友善、互尊互助、廉洁和谐的人际关系环境，不仅有利于促进领导干部的身心和谐，而且有利于工作的顺利开展，保证廉洁从政，预防腐败。二是积极维护、实现和发展社会公共利益，处理好人与社会的关系。领导干部要树立法治观念，带头遵纪守法，养成良好的依法办事习惯。要遵守公共秩序，规范言行举止，大力倡导社会新风，弘扬社会正气。要热心公益，增强社会公德意识和社会责任感，做社会公共利益的坚定维护者。三是坚持可持续发展，构建人与自然的和谐关系。着眼人与自然的和谐共生，尊重自然，保护自然，合理利用自然资源，保护生态环境，使自然资源得到永续利用。

加强家庭美德修养

家庭美德是每个公民在家庭生活中应该遵循的行为准则。它主要体现在五个方面，即：尊老爱幼、男女平等、夫妻和睦、勤俭持家、邻里团结，涵盖了夫妻、长幼、邻里之间的关系。家庭美德修养，是领导干部按照社会主义道德观的要求，通过长期而自觉的自我改造、自我陶冶、自我锻炼、自我培养等道德心理活动和客观实践活动，自觉克服自身受各种消极因素影响而滋生的低下的家庭伦理道德品质，要培养高尚的家庭道德品质和情操。“家和万事兴”。文明幸福的家庭不仅是社会的“减压阀”，是社会文明发展的基本标志之一，还是领导干部更好地开展工作的“蓄电池”和“加油站”。家庭和睦、安定是领导干部干好工作的坚强后盾，是领导干部廉洁从政的保障。领导干部要履职尽责，实现人生价值，必须以“齐家”为基础。

倡导清廉家风是家庭美德修养的重要内容。领导干部的家风究其实质是领导干部个人作风的折射和延伸。它虽然不等于领导干部的全部工作和生活，但能反映出领导干部的思想境界和觉悟，反映出领导干部在群众中的形象和尊严。清廉的家风能够促进领导干部及其家庭成员成为弘扬良好风尚的表率，促使其家庭成员成为领导干部廉洁从政的好帮手，从而共同筑牢反腐倡廉的家庭道德防线。领导干部的家风对党风、政风和社会风气起着重要的影响作用。江泽民同志曾经明确指出：“家庭是社会的基本细胞，千千万万家庭家风很好，就会促进全社会形成良好的风气。各级领导干部的家风很好，就会带动和促进广大党员、干部和群体保持良好的家风。”领导干部的家风清廉，不仅能够使党的形象在人民群众中更加高大，更加有凝聚力、战斗力，而且还能够对整个社会起到正面的示范和导向作用，促进整个社会良好风气的形成，进而推动社会的和谐发展。

先进示范

湖南省原省委副书记郑培民一家，是人尽皆知的美满家庭。郑培民很爱他的妻子和儿女，只是他从不用手中的职权来表达这份感情。他深知，权力是人民给的，是为人民做事的。几十年中，郑培民的职位一直在变动，而他的妻子杨力求的工作单位只变动过一次，就是从湘潭市新华书店调到了省新华书店，职务仍然是一名普通职工。调到长沙后，杨力求上班要走40多分钟。她不会骑自行车，乘公共汽车也不方便，多年来，她一直走路上下班。郑培民托人为妻子买鞋，指明买那种柔软的、平底粘胶的鞋子，他要让妻子在风吹雨打的路上，走得舒服一些。但这个有情有义的丈夫却从不让妻子搭他的顺路车。妻子敬重郑培民的为人，更注重维护丈夫的形象。杨力求有“三不”：不帮人向郑培民带任何信，不传口信，不接受任何礼品。他们的儿子说：“在廉政问题上，爸爸把前门，妈妈守后门。”郑培民的日记，折射出“后门”的坚固：“某某同志来家，我不在家，请我爱人转给我一封推荐信，并送了5000元，请力求旅游用。力求当即指出，这是送‘错误’给我们，绝对不能收。”“手拉手，户外走，说说话，散散心，情切切，意绵绵，身体好，永相伴。”与妻子的一次散步，被郑培民在日记中诗意地记录下来。

郑培民的儿子曾经有过被爸爸从车上赶下来的经历。他在湘潭大学读书时，有一次爸爸从长沙去六七十公里外的湘潭开会，正在家中休假的孩子，便想搭便车去学校。谁知郑培民一上车，看到已坐在车里的儿子，立即严词厉色、毫不留情地让孩子从车上下来。郑培民曾这样鼓励自己的孩子读书上进："与其我留给你们财富，不如给你们留下创造财富的能力。读书，就是创造财富的能力！"

加强个人品德修养

领导干部个人品德修养对全社会公民道德建设具有重要的示范和促进作用。个人品德即个人的道德品质，是一个人在长期的、一系列的行为中所表现出来的稳定的、持久的、整体的道德状态，是一个人人格的体现。领导干部高尚的个人品德是在个人思想和行为中所体现出来的符合党和国家、社会对公职人员要求的道德原则和规范，是领导干部在其道德行为中表现出来的比较稳定的、一贯的优良道德特点和倾向。领导干部要自觉培养高尚的个人品德，自我锻造，努力形成符合社会主义道德观念、道德原则和道德规范要求得比较稳定的心理特点、思想倾向和行为习惯。

领导干部加强个人品德修养有利于推进全社会公民品德建设。"群众看党员，党员看干部"，各级领导干部代表人民行使权力，一言一行都会受到社会各界和人民群众的瞩目，容易成为群众的效仿对象。领导干部的个人品德如何直接影响全社会的品德建设，像孔繁森、郑培民、杨善洲、王瑛这样的领导干部，以崇高的个人品德在群众中产生了巨大的凝聚力和感召力，以人格力量影响和改变了一方风气，促进了良好道德风尚的形成。从查处的一些案件来看，有的领导干部个人品德低劣，腐化堕落，在社会上造成了恶劣影响。

领导干部加强个人品德修养是廉洁从政的必然要求。当前，社会生活复杂多变，领导干部面临各种诱惑的考验。一些领导干部自律意识淡薄，拜金主义、享乐主义和极端个人主义滋长；有的领导干部"台上讲廉洁，台下谋私利"，存在"两面人格"；还有少数领导干部争名逐利，弄虚作假，编造假文凭、假学历。甚至大搞假政绩等等。这些问题严重败坏了干部队伍在群众中的形象，影响了党和政府在群众中的威信。领导干部只有不断加强个人品德修养，培养高尚的个人品德，才能维护良好的个人形象，促进个人人格的完善。

(三)提高道德修养水平

领导干部要有道德感召力

大行立德,中行立功,小行立言。一个人要有大发展,要在自己的人生旅途中有大的作为,最终必须依靠道德和人格的力量,以德凝智,以德聚才,团结起最大多数人一起艰苦奋斗。以道德力量凝聚起的集体才真正是牢不可破、坚不可摧的。许多老一辈无产阶级革命家为我们树立了光辉的榜样。新中国成立前夕,许许多多民主人士甘愿冒着生命危险,参加到新中国政治协商会议的筹备和新中国的筹建中来。一位资深民主人士说,一是因为共产党先进的执政理念吸引人,二是因为共产党的领导人至诚至信、风范感人。

领导干部要有道德感召力,是我们党的性质和宗旨决定的。社会主义、共产主义道德是人类历史上最伟大、最高尚的道德,其本质特征是集体主义的观念和全心全意为人民服务的精神。党章明确规定,党员必须履行发扬社会主义新风尚、提倡共产主义道德的义务。我们党是一个思想上政治上保持先进性、具有伟大真理力量的党,也是一个保持高尚道德情操、具有伟大人格力量的党。领导干部要想在群众中享有威信,受到群众拥戴,除了靠真理的力量,即中国特色社会主义理论体系凝聚而成的共同思想基础;还要靠道德感召力,即按照社会主义、共产主义道德原则和领导干部道德规范,加强自身思想修养和心灵改造形成的道德表率。法治治人,德治治心。党员干部要努力把真理的力量和道德的力量统一起来,使自己既具有历史所传承的优秀品质,又具有时代所赋予的品质特征,始终注重道德的修养和形象的塑造,不断提高自己的道德操守,增强人格力量。

领导干部要有道德感召力,不仅是领导干部讲党性、重品行、做表率的重要内容,也是我们党永葆先进性、提高执政能力的迫切需要。政风影响民风,政风正就能涤荡歪风邪气,相反则可能诱发和加剧社会的道德滑坡。各级领导干部心系百姓、勤奋敬业、清正廉洁,就会产生强大的道德和人格力量,使千千万万的人民群众为之振奋、为之鼓舞,更加紧密地团结在党和政府周围,把力量和智慧凝聚起来、贡献出来,不断推进社会主义现代化建设事业向前发展。应该说,当前大多数领导干部的品德是好的,涌现出大批清正廉洁的时代先锋和人民公仆,为广大群众树立了道德的标杆和学习的榜样。但也毋庸讳言,由于体制机制不健全、不完善,以及市场经济的负面效应和各种腐朽思想的影响,以权谋私、利欲熏心，欺上瞒下、目无法纪，麻木不仁、作威作福等问题，以及生活堕落、情趣低下、道德滑坡甚至败坏的现象在一些领导干部身上时有发生，严重损害了党和政府的形象，侵蚀了社会道德风尚。加强道德修养，引导各级领导干部培育高尚道德情操和健康生活情趣，形成强大示范效应，引领全社会思想道德的进步和提升，十分重要也十分紧迫。

注重道德修养

不断提高从政道德修养水平。要按照社会主义政治道德和行政道德及其规范体系的要求，通过长期而自觉的自我改造、自我陶冶、自我锻炼、自我培养和客观实践活动，努力形成高尚的政治道德品质、情操和境界。一是常修为政之德。为政之德简称政德，是从政道德修养的核心。领导干部要在党内政治生活中加强党性修养和共产党人的道德修养，做以人为本、执政为民的先锋；在国家政治活动和行政管理活动中加强行政道德修养和公务员道德修养，做勤政廉政的表率；在社会生活中选择积极健康的社会活动方式和生活方式，做情趣健康的楷模。二是常思贪欲之害。“贪如水，不遏则滔天；欲如火，不遏则燎原。”人一旦放纵自己的欲望，就会变得贪得无厌、欲壑难填。领导干部一定要在思想上把握自己，深刻认识贪财者身败、贪权者权丢、贪名者名裂、贪色者家散的道理，始终做到守得住清贫，耐得住寂寞，经得起诱惑，保得住气节。三是常怀律己之心。领导干部要始终坚持严于律己，就要用高标准严格要求自己，用党的严格纪律约束自己，用党规国法规范自己。与此同时，经常检查自己、反省自己、约束自己，把住道德品质的底线、把住法律纪律的底线、把住政治思想的底线，永远不去碰触廉洁自律法规制度的“高压线”。

不断提高社会公德修养水平。社会公德重在养成，重在把遵守社会公德的道德要求逐步转化为广大公民的道德习惯。列宁认为，当人们对于人类一切公共生活的简单的基本规则从必须遵守变成习惯于遵守的时候，从共产主义社会的第一阶段过渡到它的高级阶段的大门就会敞开。可见，社会公德的养成，对于社会发展、人类进步具有重要的意义。领导干部的社会公德素养有极大的教育示范性，它很大程度上影响着社会整体的公德水平。在社会公德的培养和养成中，领导干部一定要带头接受社会公德教育，着力培养自觉遵守法规的意识，培养尊重他人、关爱他人、宽容他人的意识。要带头弘扬社会公德，按照中央关于加强社会公德建设的相关要求，积极推进与社会主义市场经济相适应、与社会主义法律规范相协调、与中华民族传统美德相承接的社会主义思想道德体系的建设,为社会公德水平的提高做出应有贡献。

不断提高家庭美德修养水平。把家庭美德修养融入日常生活之中,坚持表里如一、言行一致,建立起平等和睦的夫妻关系、和谐共融的代际关系、公私分明的亲友关系、团结互助的邻里关系。要正确处理"小家"和"大家"的关系,继承中华民族优良传统,先"大家"后"小家","老吾老以及人之老,幼吾幼以及人之幼",永远将人民的利益、国家的利益放在首位,心存"大爱",心系群众,关心社会,关注每一个家庭的幸福。要处理好亲情友情与法纪原则之间的关系,慎重权衡情与法,绝不能用私情代替原则,让家族利益、亲人利益超越党和人民的利益,过好"亲情关"。要切实管好管住家人,讲明"严是爱,宽是害"的道理,教育配偶、子女自重自爱,不要利用自己的影响谋取不正当利益,筑牢拒腐防变的家庭道德防线。

不断提高个人品德修养水平。将社会主义社会所要求的道德观和品德规范内化为个人品德意识、外化为个人品德行为。要淡泊名利,树立正确的名利观,以成熟的心智、从容的态度对待名与利,正确看待个人利益,宠辱不惊,不计个人得失,不争名逐利。在名利待遇上不攀比、不计较,不图虚名,不为名利所累。要知荣明辱,树立以"八荣八耻"为主要内容的社会主义荣辱观,将自己人生价值的实现建立在奉献祖国和服务人民的基础上;牢记艰苦奋斗的优良传统,廉以修身,俭以养德,自觉抵制腐朽思想的侵蚀和权力、金钱、美色的诱惑;尊重和帮助人民群众,真诚、平等、谦逊地对待群众和周围的同事,不趾高气扬,不以势压人,不攀援附上;表里如一、言行一致,磊落行事,敢讲真话,不在背后搞小动作。要情趣健康,注重培养健康的生活情趣,保持高尚的精神追求,明辨是非,克己慎行,正确选择个人爱好,提高文化素养,摆脱低级趣味,绝不能沉溺于灯红酒绿、流连于声色犬马。

努力学习和实践

"立身百行,以学为基。"学习是提高素质、增长才干的重要途径,也是加强修养、锻造品质的重要途径。毛泽东同志曾经指出:"学习是我们注重的工作,特别是干部同志,学习的需要更加迫切,如果不学习,就不能领导工作,不能改善工作与建设大党。"邓小平同志有句名言:"学习是前进的基础。"江泽民同志强调:"领导干部要努力成为勤于学习、善于学习的典范。”胡锦涛同志在十六届中央纪委第七次全会上的重要讲话中，将“勤奋好学、学以致用”作为加强领导干部作风建设的首要任务。领导干部加强道德修养的过程，实际上是改造主观世界的过程。加强修养、改进作风、提高道德水平，必须做到“四个统一”。

要坚持理论与实践相统一。实现理论与实践相统一是马克思主义的认识论和辩证法的重要内容。实践对理论具有决定作用。实践是理论的来源、理论发展的动力、理论的最终目的和检验理论正确与否的唯一标准。理论对实践具有反作用，科学理论对实践有巨大的指导作用；错误的理论则会把实践引向歧途，对实践产生消极作用。坚持理论和实践相统一，要求认真学习科学的理论。不掌握理论，联系实际就是一句空话；理论掌握不好，就不懂得如何去认识和把握实际，也就谈不上理论与实践相统一。要把学到的理论与实际相结合。理论是灰色的，而生活、实践之树常青。只有从发展变化着的实践出发，灵活地学习和运用马克思主义哲学的立场、观点和方法，才能使科学理论真正发挥其世界观和方法论的指导作用。把理论联系实际运用到道德修养中，就要求领导干部把理论学习同客观存在着的实际紧密联系起来，同解决思想认识上存在的问题结合起来，同正在从事的经济社会发展工作结合起来，提高道德修养的针对性和实效性。

要坚持继承光荣传统与弘扬时代精神相统一。道德是一个历史范畴，是不断发展的。不同的时代有不同的道德，但不同时代的道德之间有着承继关系。中华民族在长达数千年的历史发展中，形成了源远流长的优良道德传统。这些优良道德传统内涵丰富，博大精深，是人类文明发展的重要精神财富，凝聚着民族的智慧和力量，是我们迎接新的挑战、开拓前进的内在精神动力，是我们建设社会主义道德的丰富源泉。时代精神是一个社会在最新的实践中激发出来的，反映社会进步的发展方向、引领时代进步潮流，为社会成员普遍认同和接受的思想观念、价值取向、道德规范，是一个社会最新的精神气质和精神风貌的综合体现。我国社会主义道德是继承中华民族传统美德，发扬我们党和人民在长期革命斗争与建设实践中形成的优良传统结合时代要求发展形成的，并在新的历史条件下不断发展完善，充分反映和体现着时代精神。时代精神和光荣传统是相互联系、密不可分的。加强道德修养，要坚持继承光荣传统与弘扬时代精神相统一，通过优秀传统道德的熏陶和润泽，将外在的道德规范内化为个人价值选择和价值判断的准则，通过时代精神的升华，不断丰富我们的精神世界，完善我们的人格和道德品质，使光荣传统与时代精神同频共振，在创新中继承，在继承中发展。

要坚持改造客观世界与改造主观世界相统一。马克思主义认为，精神文明是人们在改造客观世界的过程中，在主观世界方面所取得的进步。加强思想道德修养必须在改造客观世界和主观世界的过程中，不断地解决主观与客观相统一的问题。各级领导干部要紧密联系自己的思想实际，坚定理想信念，全面加强道德修养，树立和践行正确的道德观，真正做到在改造客观世界的同时改造主观世界，寓改造主观世界于改造客观世界的过程中，用改造主观世界的成效来推进客观世界的改造。要把加强道德修养作为提升思想政治素质的重要内容，夯实道德修养的思想政治基础。要带头践行社会主义核心价值体系，努力落实从政道德、社会公德、家庭美德、个人品德各方面要求，以模范带头作用推进全社会公民道德建设，树立良好的社会道德风尚。

要坚持加强个人修养与接受教育监督相统一。领导干部加强个人修养，必须树立高度的自觉意识，主动接受党性、党风、党纪教育，搞好政治思想武装，自觉改造自己的主观世界，培养健康的生活情趣，保持高尚的精神追求，并能够经常反省自己是否履行了一个党员应尽的责任和义务，是否体现了先进性的要求。通过接受教育，把党性原则内化为自己的情感、意志和行动，坚持对的，改正错的，不断提高和完善自己，始终保持党性纯洁、党风端正。同时必须看到，党性修养仅靠个人养成是不够的，还要重视他律，接受监督。领导干部应本着对党、对人民、对自己负责的态度，严格遵守党的纪律，全方位接受监督，从而在监督中强化制度意识，在监督中磨炼品质，在监督中用好权力，在接受监督中做好本职工作、提高道德修养水平。

纵囚归狱

唐太宗

纵囚归狱①

【历史背景】

明代政治家、大学士张居正评述说:死是人最怕的,而那些被判为死刑的人,必定是天下的恶人。但就是这样的人,仁君一对他们施恩德,还会感激得甘愿如期就死,也不愿逃生失信。这样看来,人是很容易被感动的。他们一旦被感动,就会为报君主之恩德而无所不用其极。由此可见,仁君治理天下,要以施恩布德为必须做的根本大事啊!

唐太宗一向要求执法严明,他注重证据、注重事实,反对逼供。

史书上记载,刑部尚书张亮揭发一个名叫侯君集的大臣有谋反行为,因为侯君集曾经向自己表示并约自己一起反唐。唐太宗知道后,并没有轻举妄动,而是对张亮说,我们缺乏足够的证据,要是招来对质,他也会矢口否认的。于是唐太宗就好像从来没有知道这样的事情一样,继续让他做官,果然,后来侯君集的不忠之心和谋反行为就暴露了。真相大白之后,唐太宗才根据侯君集的罪证判他死刑,斩首示众。

当然,唐太宗在执法中也有出错的时候,但可贵的是,唐太宗只要发现确是自己错了,就会马上改正。据说有个县令经常让衙门里的侍从为自己干私活,唐太宗知道后,十分气愤,就要杀了这个县令。有个大臣劝谏说,那个县令犯的只是轻罪,还不至于处死。法律是国家的,而绝不是皇帝一个人的,如果肆意处罚就会将国家的法律破坏。唐太宗知道自己错了,就马上更改了自己的宣判,并提升了那位劝谏大臣的职位。

为了减少错案、冤案,唐太宗允许被告人为自己的行为辩护。审案的官员如果故意加以阻挠,就会被视为犯罪行为,要受到五十或一百大板的处罚。这个规定实施以后,贞观时期被判死刑的人很少。据史书记载,二十多年只杀了二十九个人。几乎可以达到封建社会法制的最高境界——措刑,也就是不用死刑。这也从另一个侧面反映出,当时社会井然,人民生活安稳。“贞观”不愧是我国古代最为璀璨的时期。

【原文】

唐史纪:太宗亲录系囚[2],见应死者悯之,纵使归家,期以来秋就死[3],乃敕天下死囚皆纵遣,至期来诣京师。至是九月,去岁所纵天下死囚,凡三百九十人,无人督率,皆如期自诣朝堂,无一人亡匿者。上皆赦之。

【张居正解】

唐史上记,太宗尝亲自审录罪囚,见那该死的囚犯,心里怜悯,不忍杀他,都放他回家,看父母妻子,限到明年秋间,着他自来就死。因此又敕令法司,将天下死囚也都暂放还家,亦限至明年秋里自来赴京。及至次年秋间,前时所放的罪囚,共三百九十人,都感太宗不杀之恩,不要人催督率领,个个都照依期限,齐到朝堂听候处决,没一个逃亡隐匿下的。太宗见这些囚犯依期就死,终不忍杀,尽皆赦之。夫死者人之所甚惧,而犯死之人,必天下之恶人也。人君一施恩德遂能感激至此,使其死且不避,则人之易感者可知,而凡可报君之德者,必无所不用其情矣。然则,人君之治天下,其必以恩德为务哉。

【注释】

①此篇出自《新唐书·刑法志》。记贞观六年(632)唐太宗赦免死囚的故事。
②囚:审查记录囚犯罪状的卷宗,称录囚。
③期以来秋就死:古代死刑在秋九月执行。

【译文】

唐史载:唐太宗亲自审察记录囚犯的罪状,对应该被处死的人必生怜悯,不忍心杀他们便放他们回家,限以来年的秋天前来服刑。还命令将全国所有死囚都放回家,按期到京城来。到了第二年九月,所放归的死囚一共390人,在没有人监督的情况下,都按期限来到朝廷的大堂上,没有一个人逃亡。唐太宗终不忍杀之,最后全都赦免了。

【评议】

唐太宗纵囚归狱在历史上很著名,唐太宗到监狱中去审查,发现有很多罪犯被判处了死刑,就对他们产生了怜悯之情,于是就下令释放他们回家与家中的亲人团聚,并限定他们要按照规定的时间回来。到了约定的期限被释放的那些人在没有任何监督的情况下都自觉回来了,太宗为他们能够在死亡面前坚守信誉而感动,于是就赦免了这些人。这也从另一个方面说明了当时的社会秩序良好,百姓的道德约束力很高,朝廷在百姓心中具有很高的权威性和仁德的感召,所以那些囚犯才不会私自逃跑。而这些囚犯能够做到这样就是因为他们已经对自己的罪过有了足够的认识,所以唐太宗就下令将他们都赦免了,以此来作为对这些人的鼓励,这件事情在当时也有很大的教育意义与社会影响,使人们能够更加自觉地遵守法律的规定。法律是一种社会强制措施,是在最大限度上对人民安全的保证,但是,只有让法律意识深入人心,人民才能够产生自觉的约束力。这样社会才不至于犯罪事件频频发生。

【镜鉴】

一、伦理道德影响成败

《淮南子·人间训》说天下有三危:少德而多宠,一危也;才下而位高,二危也;身无大功而受厚禄,三危也。蜀汉的刘备在临终时教导自己的儿子也说:“勿以恶小而为之,勿以善小而不为。惟贤惟德,能服于人。”由此可见中国人对于道德修养的重视。一个人必须从自身做起,严格要求自己,时时刻刻培养自己的道德涵养,才能够有所作为,这也就是现在所说的要做事先做人。

(一)伦理纯正天下安稳　失德败行国运短促

中国人极为重视伦理与道德,按照儒家学说,所谓君正臣忠。父慈子孝,兄友弟恭,夫唱妇随。只有人们各尽其分,各安其位,才能够社会和谐,天下太平。

传说中的舜帝是三皇五帝之一。以受尧的“禅让”而称帝于天下,其国号为“有虞”,故号为“有虞氏帝舜”。舜不仅是中华道德的创始人之一,而且是华夏文明的重要奠基人。

相传舜的家世甚为寒微,虽然是帝颛顼的后裔,但五世为庶人,处于社会下层。舜的父亲瞽叟,是个盲人,母亲很早去世。瞽叟续娶,继母生弟名叫象。舜生活在“父顽、母嚣、象傲”的家庭环境里。父亲心术不正,继母两面三刀,弟弟桀骜不驯,几个人串通一气,必欲置舜于死地而后快。然而舜对父母不失子道,十分孝顺;与弟弟十分友善,多年如一日,没有丝毫懈怠。弟象欲加害于舜的时候,舜及时逃避;稍有好转,马上回到他们身边,尽可能给予帮助,所以是“欲杀,不可得;即求,尝(常)在侧”。身世如此不幸,环境如此恶劣,舜却能表现出非凡的品德,处理好家庭关系,这的确是舜难能可贵的一面。

舜家境清贫,故从事各种体力劳动。他在历山耕耘种植,在雷泽打鱼,在黄河之滨制作陶器,在寿丘制作家用器物,还到负夏做过小本生意,总之生计艰难,颠沛流离,为养家糊口而到处奔波。相传舜在20岁的时候,名气就很大了,他是以孝行而闻名的。过了十年,尧向四岳征询继任人选,四岳就推荐了舜。尧将两个女儿娥皇和女英嫁给了舜,以考察他的品行和能力。舜不但使二女与全家和睦相处,而且在各方面都表现出卓越的才干和高尚的人格力量。只要是他劳作的地方,这个地方便兴起礼让的风尚;就是制作陶器,他也能带动周围的人认真从事,精益求精,杜绝粗制滥造的现象。他到了哪里,人们都愿意追随,因而“一年而所居成聚(聚即村落),二年成邑,三年成都(四县为都)”。尧得知这些情况后很高兴,赐予舜絺衣(细葛布衣)和琴,赐予牛羊,还为他修筑了仓房。

舜得到了这些赏赐,瞽叟和象很是眼热,他们又想杀掉舜,霸占这些财物。瞽叟让舜修补仓房的屋顶,却在下面纵火焚烧仓房。舜靠两只斗笠作翼,从房上跳下,幸免于难。后来瞽叟又让舜掘井,井挖得很深了,瞽叟和象却在上面填土,要把井堵上,将舜活埋在里面。幸亏舜事先有所警觉,在井筒旁边挖了一条通道,从通道穿出,躲了一段时间。瞽叟和象以为阴谋得逞,就开始论功。象说这主意是他想出来的,分东西时要琴,还要尧的两个女儿给他做妻子,把牛羊和仓房分给父母。象住进了舜的房子,弹奏舜的琴,舜去见他,象大吃一惊,老大不高兴。舜也不放在心上,一如既往,孝顺父母,友于兄弟,而且比以前更加诚恳谨慎。后来尧让舜参与政事,管理百官,接待宾客,经受各种磨炼。舜不但将政事处理得井井有条,而且在用人方面有所改进。尧未能起用的“八元”“八恺”,早有贤名，舜使“八元”管土地，使“八恺”管教化；还有“四凶族”，即帝鸿氏的不才子浑敦、少皞氏的不才子穷奇、颛顼氏的不才子梼杌、缙云氏的不才子饕餮，这四人虽然恶名昭彰，但尧未能处置，舜将“四凶族”流放到边远荒蛮之地。这些措施的落实，显示出舜的治国方略和政治才干。

经过多方考验，舜终于得到尧的认可。选择吉日，举行大典，尧禅位于舜。舜执政以后，传说有一系列的重大政治行动，一派励精图治的气象。他重新修订历法，又举行祭祀上帝、祭祀天地四时、祭祀山川群神的大典；还把诸侯的信圭收集起来，再择定吉日，召见各地诸侯君长，举行隆重的典礼，重新颁发信圭。他即位的当年，就到各地巡守，祭祀名山，召见诸侯，考察民情；还规定以后五年巡守一次，考察诸侯的政绩，明定赏罚。可见舜注意与地方的联系，加强了对地方的统治。传说中舜的治国方略还有一项是“象以典刑，流宥五刑”，即在器物上画出五种刑罚的形状，起警诫作用；用流放的办法代替肉刑，以示宽大。但又设鞭刑、扑刑、赎刑，特别是对不肯悔改的罪犯要严加惩治。舜把共工流放到幽州，把欢兜流放到崇山，把三苗驱逐到三危，把治水无功的鲧流放到羽山，坏人受到惩处，天下人心悦诚服。

失德败行的反面人物，商纣王可以说是其中之一。传说中的商纣王是十分聪明的人物，他才思敏捷，勇武有力，常常依仗自己的聪明胡作非为。“纣王”并不是正式的帝号，是后人加给他的，“纣”是“残义损善”的意思。人们说起他，似乎用哪个词都不为过。

说到纣王的罪恶，主要有这样几个方面：一是荒淫无度，生活奢侈腐化，这恐怕是他亡国的直接原因，也是最遭人唾骂的。他即位后，大建亭台楼阁，修建了大批的离宫别馆、苑囿台榭，其中最著名的是沙丘宫。沙丘宫规模有多大，到底有多豪华，现在人们只能凭想象，反正能容纳几千人在里面大吃大喝、狂歌乱舞。修建这样的宫殿，不知要耗费多少人力和物力。他和宠爱的美女妲己，终日歌舞，令乐师作“靡靡之乐”，造酒池肉林，酗酒无度，满足自己无尽的贪欲。二是横征暴敛，民不聊生，使老百姓怨声载道。他大肆搜刮，向老百姓摊派各种苛捐杂税，大量使用徭役，使得黎民百姓日子没法过。三是不听谏阻，排斥异己，残害忠良。他任用坏人，迫害正直的大臣。重用贪财好利和善于逢迎拍马的费仲，提拔善于挑拨离间的恶来，贬谪受人们拥护的贤人商容。他滥用酷刑，把向他进谏的叔叔比干挖了心肝，逼得向他进谏的哥哥微子逃亡，另一哥哥箕子虽然装疯卖傻也没能免遭囚禁，甚至于剖开孕妇的肚子来查验胎儿的性别。他拒谏饰非，使得朝廷百

姓离心离德。四是过度用兵,耗尽国力,加重人民负担。他连年发动对周边方国特别是东夷的战争,令民众苦不堪言,使得国力虚弱,周武王乘虚而入,商军纷纷倒戈,纣王走投无路,跑到鹿台,自焚而死。

试想一下,一个负有国家民族兴亡重任的皇帝,不思恪尽职守,励精图治,而是贪图享受,以举国之力满足个人的物欲,怎么能体恤民情,关心百姓的疾苦?他们有的只是无尽的贪欲与对于物质生活的追求,甚至于到了变态的程度,连撒的夜壶都镶嵌有七种宝石,这样的君王能得到百姓的拥护吗?这样的国家当然不能指望老百姓会为它尽忠尽力,它的灭亡当然也就是顺理成章的事情了。

(二)重义轻身史公流芳　变节求荣承畴遗臭

《孟子·滕文公下》中说:"居天下之广仁,立天下之正位,行天下之大道。得志,与民由之;不得志,独行其道。富贵不能淫,贫贱不能移,威武不能屈,此之谓大丈夫。"这段话的意思是:一个人应该居住在"仁"这所最广大的住宅里,站立在"礼"这一最正确的位置上,行走在"义"这条最广阔的大路上。得志时,和人民共同前进;不得志,独自走所选择的正路。富贵不能扰乱他的心意,贫贱不能改变他的志向,威武不能屈服他的节操,这就叫大丈夫。

据《孟子·滕文公下》记载,有一个叫景春的人,向孟子宣扬当时两位著名的说客公孙衍和张仪是"大丈夫",以示夸耀。公孙衍曾佩五国相印,张仪曾佩秦国的相印,这两个人都是手握大权、赫赫有名的风云人物。景春夸耀他们是"大丈夫"的论据是,公孙衍、张仪他们一生气便会发生战争,让诸侯们畏惧;他们一平静下来,天下也平静无事了,所以称得上是叱咤风云的"大丈夫"。

孟子对公孙衍和张仪这些专搞阴谋诡计、经常无端挑起战乱的人,进行了义正词严的驳斥,他说,公孙衍和张仪只不过是无原则地顺从君主、趋炎附势的人,不算什么大丈夫。

孟子在驳斥了景春的谬论后,紧接着便对什么是真正的大丈夫的标准,做了明确的说明和界定。他认为,真正的大丈夫有两个标准:一是要有"行天下之大道"的远大志向和抱负,并能将此大道推行到广大人民中去;二是要有"富贵不能淫、贫贱不能移、威武不能屈"的道德操守。只有这样,才算得上是大丈夫。

孟子的这些话,今天依然可以指导我们去探索人生的价值。

首先,富贵是来之不易的,是要求倍加珍惜的。有些人富贵起了来,就被富贵冲昏了头脑,把当初的凌云壮志忘得一干二净。结果,什么为富不仁的事情都做出来了。

其次,贫贱的时候要坚定意志。做到这一点应该说是很不容易的。贫贱是任何人都不愿意承受的,但是生活中确实有很多人要经历贫贱的阶段,要通过在贫贱中付出巨大的努力才能够获得真正的成功。因此,要学会在贫贱中忍耐,在一切诱惑面前能保持住自己一份宁静的心态比什么都重要的,这样才有可能在贫贱中崛起。

再次,在压力面前不卑不亢,不向邪恶的势力摧眉折腰。只有坚持豪迈的节操,不屈不挠,才能变压力为动力,进而赢得光明的前途。

明清革代之际,国家命运多舛,面对着天下兴亡的危局,个人生死攸关的关头,民族气节面临着严峻的考验,出现了以史可法为代表的忠贞之士,也出了洪承畴、吴三桂等民族败类,他们表现出了在生命面前舍生取义和苟延残喘的不同选择。

史可法(1602~1645),字宪之,号道邻,河南开封人。明天启元年(1621年)冬,19岁的史可法独身赶往祖籍顺天府大兴县应试,寄宿于大兴县郊一古寺中。时任京畿视学的名臣左光斗带着几个随从,到大兴县微服私访,因避风雪进入这座古寺。见一书生伏案而卧,案上放着刚写成的一篇文稿,左光斗拿起一读,非常赞赏他的志向和刻苦精神,再看书生衣衫单薄,熟寐不醒,心知苦读劳累。左光斗怕他感受风寒,便把自己的貂裘脱下来,盖在熟睡的史可法身上,掩门而去。出来问寺僧,方知书生名叫史可法,留下深刻印象。20岁时史可法在府中会考,左光斗选拔他为北直隶八府之冠,而且怜他家贫,收作弟子,留于馆署。此后,史可法愈加刻苦不懈,发愤苦学,饱受恩师濡染,立志以身报君许国。左光斗在公务之暇,常与他交谈时事,辩论古今,看出其宏大抱负和超凡才略,认为"他日继吾志事,惟此生耳"。天启五年(1625年),左光斗受到魏忠贤阉党的诬陷,被关入东厂监狱,一时京中人士避祸惶惶,噤若寒蝉。史可法不顾可能受到的残酷迫害,从早到晚在狱门外等待,却苦于无法入狱探望恩师。不久得知左光斗受了炮烙酷刑,早晚将死,更加忧心如焚,千方百计筹集了50两白银,痛哭着跟狱卒协商,使狱卒深受感动,方能化装进狱探视。史可法乍看到恩师席地倚墙而坐,面目焦烂难辨,左膝以下筋骨尽脱,忍不住跪下,跪行到左光斗身前,悲痛交加。左光斗虽睁不开眼,却能辨识出声音。为爱惜人才,不愿史可法受连累,克制着似同父子之情,怒斥史可法速去。史可法只得忍痛挥泪而别。从此,史可法由起初只是感激左光斗的知遇之恩,发展到深思如何为官、为国。他深感祖父和父亲的教育,主要出于期望家道之复昌,而恩师左光斗的尽心栽培,却是欲使自己做"志事""支柱""天下事",成为国家栋梁。相比之下,左光斗的学识、品格、气节和博大的胸襟,使史可法由衷钦敬,刻骨铭心。他常常对人"流涕述其事",并说:"吾师肺肝,皆铁石所铸造也。"可以说,史可法后来受人称颂的政绩,和死守扬州所表现的崇高的民族气节,是由于左光斗给了他十分重大的影响。明崇祯元年(1628 年),27 岁的史可法中了进士。史可法为官清廉,忠于职守,勤政爱民,关心人民疾苦,确实做过不少有益于民有补于国的善举。崇祯十一年(1638 年)、十二年(1639 年),六安地区发生蝗灾瘟疫,粮价飞涨。史可法下令"平粜",设粥厂 9 处,赈济灾民,并上表朝廷,求免田赋。因此在六安"孺子妇人无不见公之真,勇人悍卒无不怀公之德"。崇祯十二年(1639 年),清兵乘虚入关南下,史可法亲督二千官兵驰援京城。面对各地守军或望风而逃,或争先迎降,甚至"为王前击"的紧急局势,史可法一帜独耀,时刻以抗强虏收复国土为己任,并决心驻守扬州,以身殉国。

崇祯十七年(1644 年)七月,清摄政王多尔衮曾致书史可法劝降。史可法写了著名的《复多尔衮书》,表明了自己的严正立场。尽管如此,围攻扬州的多铎,仍想诱降,妄想利用史可法在南明的威望,兵不血刃收取江南。所以先后派降将李遇春等人,多次致书招降。而史可法不置一眼,当众焚毁来书。扬州军民深受感动,虽势薄力单,却群情激奋,誓死守城,并且往往"薄有斩获"。弘光元年(1645 年)四月二十四日,清兵以"红衣大炮"若干,轰击城内,城堞轰塌,史可法即率兵民填修,终因力量悬殊,而退守旧城。多铎占领新城后,再次致书史可法诱降:"若好让城,不戮一人。"史可法丝毫不为所动,决心以身殉国。终于在二十五日,清兵猝起攻杀,扬州被清军所破。史可法见势已去,欲拔刀自刎,被一参将阻止,护持而行。至小东门,见军民遭清兵屠戮,即挺身而出,大呼:"我史督师也,万事一人当之,不累满城百姓。"于是被捕。多铎仍礼待劝降,史可法大义凛然地说道:"我中国男儿,安肯苟活,城存我存,城亡我亡!我头可断而志不可屈!"遂从容就义,年仅 44 岁。史可法的从容就义表现出了一个仁人志士的高尚节操,他真正做到了威武不能屈。

相比史可法,以洪承畴为代表的投敌变节、卖身求荣者,则成为受人唾骂的民族罪人。

洪承畴(1593~1665),福建人泉州人。

洪承畴初授刑部江西清吏司主事,历员外郎、郎中等职,在刑部任事6年。天启二年(1622年)擢升浙江提学佥事,以才高识士,所选人才皆俊奇,为朝廷所器重,两年后升迁两浙承宣布政左参议。天启七年(1627年),升陕西督道参议。

明末政治腐败,百姓负担日益加重,陕西又逢旱灾,人民更是无法生活。崇祯元年(1628年)七月,王嘉胤、杨六等在陕西府谷等地首举义旗,全陕响应。之后,从崇祯元年(1628年)至崇祯三年间,高迎祥、张献忠、李自成等先后起义,陕境共有义军100余部。一部分官军边兵,因缺饷哗变,亦加入义军,并成为骨干。陕西总督杨鹤手中无将,情急之下,令当时还是参政的洪承畴领兵出战。洪承畴斩杀敌兵三百人,解了韩城之围,顿时名声大噪。

后来洪承畴仍任陕西三边总督,以功加太子太保、兵部尚书衔,总督河南、山西、陕西、湖广、四川五省军务,成为明廷镇压农民起义的主要军事统帅。

洪承畴治军有方,先俘杀高迎祥,又多次打败李自成,统治阶级内部颂声大起,称洪承畴的军队为"洪军"。在取得一定战果之后,洪承畴向崇祯皇帝上书请求留饷银20万两,一部分作军费,一部分赈济贫民。

1640年冬,清军攻锦州及宁远,洪承畴派兵出援,败于塔山、杏山。1641年春,为挽救辽东危局,明廷遣洪承畴率宣府总兵杨国柱、大同总兵王朴、密云总兵唐通、蓟州总兵白广恩、玉田总兵曹变蛟、山海关总兵马科、前屯卫总兵王廷臣、宁远总兵吴三桂等所谓八总兵兵马,领精锐十三万、马四万来援,集结宁远,与清兵会战。

两军交战后,洪承畴放弃对峙状态,采取速战速决方针,背松山列阵,派兵冲击清营。一冲不破,便决定撤退。因军中乏粮,诸将各怀去志。先是大同总兵王朴乘天黑率部遁走,马科、吴三桂两镇兵也争相率军逃奔杏山。清军趁势掩杀,前堵后追,再加上洪承畴事先没有决战的决心,明兵两镇六总兵败溃,十数万人土崩瓦解,先后被斩杀者五万三千多人,自相践踏死者及赴海死者更是无计其数。剩下洪承畴自己带领的残兵万余人,被清军团团围困在松山,饷援皆绝。不久,洪承畴战败,明兵不能回城,多半降清。

洪承畴是大明崇祯皇帝的肱股之臣,有一定能力,被俘后,清太宗为今后逐鹿中原计,一心争取洪承畴归顺,以"满汉之人均属一体"的政策笼络他,下旨以礼护送洪承畴到盛京(沈阳);同时,皇太极命斩一同被俘的巡抚邱民仰等人,以威吓洪承畴。

洪承畴绝食数日,拒不肯降。皇太极得知洪承畴好色,每日派十多个美女陪伴,也没效果。皇太极无计可施,特命最受宠信的大学士、吏部尚书范文程前去劝降,看洪承畴是否果有宁死不屈的决心。洪承畴看见范文程则大肆咆哮,而范文程百般忍耐,不提招降之事,与他谈古论今,同时悄悄地察言观色。谈话之间,梁上落下来一块燕泥,掉在洪承畴的衣服上。洪承畴一面说话,一面"屡拂拭之"。范文程不动声色,告辞出来,回奏清太宗:"承畴不死矣。承畴对敝袍犹爱惜若此,况其身耶?"皇太极接受范文程、张存仁的意见,对洪承畴倍加关照,恩遇礼厚。

当夜,皇太极使出了绝招,让自己的妃子小博尔济吉特氏携人参汤到洪承畴的居所。见洪承畴闭目面壁,毫不理睬,小博尔济吉特氏娇嗔地说道:"洪将军,您对大明江山如此赤胆忠心,实在令人敬佩。将军即使绝食,难道就不喝口水而后就义吗?将军,您还是喝一口吧!"洪承畴望着这迷人秀色,听着这温柔劝话,闻着这诱人香味,顿时心神激荡。丽人不断劝饮,同时以壶承其唇。洪承畴不知这"水"是人参汤,便出乎意料地喝了一口。丽人又如此再劝,洪承畴竟连饮了几口。

隔日,皇太极亲临太庙,洪承畴立而不跪。皇太极见洪承畴衣服单薄,当即脱下自己身上的貂裘,披在洪承畴身上。《清史稿》载:"上自临视,解所御貂裘衣之曰:'先生得无寒乎?'承畴瞠视久,叹曰:'真命世之主也!'乃叩头请降。"随即剃发易服,归顺大清。皇太极委以洪承畴重任。后来,当得知那天夜里把壶劝饮的丽人是当今皇上最宠爱的庄妃博尔济吉特氏时,洪承畴不胜惶恐。可是皇太极和庄妃待他态度如常,好像根本没有发生此事一般。洪承畴越发感激,死心塌地为大清效劳。

清朝定都北京以后,洪承畴受命招抚江南,也镇压屠杀许多江南抗清义军,斩杀了拥护明王室的义士,如左佥都御史金声、大学士黄道周、明宗室长乐王朱谊石、瑞安王朱谊防。洪承畴遭到抗清人士的一致唾骂和谴责,史金声、黄道周被俘时都痛斥他无耻变节,连他的母亲和亲弟弟洪承畯也面责他的不忠。

洪承畴的投降变节,使他众叛亲离,受到世人的唾骂。洪承畴为明朝大臣时,深受崇祯皇帝宠幸,他自己也得意扬扬,曾在厅堂挂出一副对联:"君恩深似海,臣节重如山。"后来洪承畴在松山战役失败后降清,于是有狭龊士人将他这副对联各加一字:"君恩深似海矣!臣节重如山乎?"

洪承畴的投降变节也没有得到新主子的认同,后来修史时,乾隆皇帝还是认为洪承畴是叛明降清之人,列入《明史·贰臣传》,但因其功大,列于贰臣甲等。这不知是对洪承畴的一种慰藉还是一种讽刺?

二、"恕"字乃真功夫

(一)一言可以终生行

恕,按照朱熹所认可的解释,就是"如心",就是设身处地,从对方的角度考虑问题,就是一种同情的理解之心,以及在此基础上形成的宽容心态。"恕"强调的就是对"我"的一种突破。

人都是天然以自我为中心的,这是人性的本质。而管理在本质上处理的就是"人"与"我"的关系。领导力的突破过程,其实就是一个勘破自我的过程,就是一个打通"人我"、融汇"人我"的过程,就是走出小我、成就大我的过程。这个突破自我的工夫,在中国文化中的表现,就是"恕"道。

《论语·卫灵公》有这样一段记载:

子贡问曰:有一言可以终生行之者乎?子曰:其"恕"乎!己所不欲,勿施与人。

子贡问他的老师孔子说:"老师,有一个可以一辈子都遵守不悖的字吗?"孔子说:"就是'恕'了吧。自己不希望别人在自己身上做的事情,也就不要强加到别人身上。"

《论语·里仁》也有一段话:

子曰:"参乎!吾道一以贯之。"曾子曰:"唯!"子出,门人问曰:"何谓也?"曾子曰:"夫子之道,忠恕而已矣。"

孔子说:"曾参啊,我所讲的道,是以一个核心贯穿始终的。"曾子说:"是的。"孔子出去后,同门之人问曾参:"这是什么意思啊?"曾子回答说:"夫子的道,就是忠、恕而已。"

朱熹在注解这句话的时候也说:"尽己之谓'忠',推己之谓'恕'。'而已矣'者,竭尽而无余之辞也。"严于自律,这就叫"忠";推己及人,这就叫"恕"。所谓的"而已矣",就是再也没有什么别的含义了。

历代儒家都是非常重视"恕"的工夫的。用孟子的话说,"恕"是达到仁的境界最快的道路,"强恕而行,求仁莫近焉"。勉励自己以恕道行事,这就是求仁最近的捷径了。

从孔子及其后世儒家的阐释来看,“恕”的第一层含义就是在内省基础上,推己及人,它体现着对他人的仁爱之心;“恕”的第二层含义还包含了尊重的含义,包含了对他人感受、需要和利益的肯定;在此基础上,“恕”还有第三层的含义,这就是宽容、宽恕,所谓的“躬自厚而薄责于人”,当他人做得不对的时候,能以仁爱、宽大的胸怀加以包容。用吕坤在《呻吟语》中的话说:“‘恕’心养到极处,只看得世间人都无罪过。”而“恕”的核心,则是一种自我反省、反思的力量。当自己对他人有所要求时,先反思自己是否先行做到了自己所要求他人做的事。经由这种反省和反思之后,我们对他人的所作所为,就会有更为深刻的同情与理解。

(二)须从“恕”字痛下功夫

一个人领导行为的失败,最常见的原因,往往就是因为自以为是,而无法走出自我的限制,无法跟人合作。对此,曾国藩曾经有过总结,说人有“三凉德”:

凡人凉薄之德,约有三端,最易触犯:闻人有恶德败行,听之娓娓不倦,妒功而忌名,幸灾而乐祸,此凉德之一端也。人受命于天,臣受命于君,子受命于父,而或不能受命,居卑而思尊,日夜自谋置其身于高明之地,譬诸金跃冶而以莫邪干将自命,此凉德之二端也。胸苞清浊,口不臧否者,圣贤之用心也;强分黑白,遇事激扬者,文士轻薄之习,优伶风切之态也,而吾辈不察而效之。动辄区别善恶,品第高下,使优者未必加劝,而劣者无以自处,此凉德之三端也。

人的凉薄之德,大约有三条是最容易犯的:听说人家有不良的品德、败坏的品行,听起来津津有味,乐此不疲。忌妒别人的功劳和名声,听说别人有了灾祸则感到高兴。这就是凉薄之德的第一种表现。人应该听从天之命,臣应该听从君之命,子应该听从父之命。然而不能听命,地位低下,想的却是尊崇,日夜所想的就是如何把自己置于显贵的地位。就像普通的金属,却非要以莫邪干将自命。这就是凉薄之德的第二种表现。胸中可以包容清浊,口中从不臧否人物,这是圣贤的用心。一定要分出黑白,遇事挑拨是非,这是文人轻薄的习气、戏子讽喻的心态,我们没有意识到这一点却加以效仿,动不动就区分善恶,品评高下,使优者未必得到勉励,劣者却无地自容,这是凉薄之德的第三种表现。

上面提到的“三凉德”,一是自私,二是自大,三是自是。其共同的表现则是尖酸刻薄的念头,全无与人为善的用心。其流弊所至,必然造成对别人的伤害,引起别人的反感。

一报还一报,最终也必然会对自己构成负面的影响。

曾国藩带领湘军作战的早期,在长沙和江西两地,官场关系处理得一塌糊涂,甚至一度被朝廷罢免了兵权,从而跌落到了人生的低谷。曾国藩如此失败的重要原因,是他的自负与自是,以及由此生出来的自命不凡,一味蛮干。

当时曾国藩对官场充满了鄙视与不屑,在他看来,官场污浊混沌,官员畏葸柔靡,个个琐碎因循、敷衍颟顸、遇事推诿、粉饰太平,靠这样的官员,想打败太平天国根本就是不可能的事情,于是干脆"攘臂越俎,诛斩匪徒,处分重案,不复以相关白",包揽把持,越俎代庖,说话行事根本不考虑别人的意见、感受和利益,甚至对于共事者不惜讽刺挖苦。像在长沙编练水师时,曾国藩担心湖南巡抚骆秉章会干预他的事情,竟然提前向骆秉章写信声明:"其水路筹备一端,则听侍在此兴办,老前辈不必分虑及之,断不可又派员别为措置。"水师筹备的工作,听我一个人来办理就行了,老前辈你就别再打主意了,绝对不可以再派人另生枝节。武昌告急的时候,曾国藩曾向骆秉章发兵援救,然而信中竟然有湖南、湖北"唇齿利害之间,不待智者而知也"的话。骆秉章是厚道之人,也忍不住回信批评他刚愎自用,"行事犹是独行己见,不能择善而从,故进言者安于缄默,引身而退"。你做事独断专行,听不进别人的意见,本来想说话的人也都没有愿意给你出主意的了。曾国藩却根本不为所动,反而向家人抱怨骆秉章待他过于刻薄。曾国藩的六弟曾国华不客气地给他指出来说,"兄之面色,每予人以难堪"——哥哥你的脸色,也是每每让人难堪。

人际交往之时,你既然不考虑别人的感受,别人一定不会考虑你的感受;你既然把别人看得一钱不值,别人一定也会把你看得一钱不值。曾国藩既然如此毫不掩饰地以鄙视之心盛气凌人,周边的官员们自然也会还以颜色,对他充满了反感与憎恶。结果导致曾国藩所到之处,与官场都是势同水火,屡起冲突,最后自己落了个狼狈不堪。

这段惨痛经历给曾国藩的人生观留下了深远的影响。他后来反思自己,之所以会出现这样的问题,就是因为"不恕",也就是不能从别人的角度看问题:

近岁在外,恶人以白眼藐视京官,又因本性倔强,渐近于愎,

不知不觉做出许多不恕之事,说出许多不恕之话,至今愧耻无已。

近年在外带兵,因为厌恶别人用白眼藐视京官,义加上我的本性过于倔强,渐渐走上了刚愎自用这条路,不知不觉之巾,做出了许多刻薄不恕的事情,说出了许多刻薄不恕的话来。至今还是感到愧疚可耳止。

曾国藩在给自己弟弟的家书中也说：

兄昔年自负本领甚大，可屈可伸，可行可藏。又每见人家不是。自从丁巳、戊午大悔大悟之后，乃知自己全无本领，凡事都见得人家有几分是处。故自戊午至今九载，与四十岁前迥不相同。

我过去认为自己很了不起，可屈可伸，可行可藏。眼中每每所见的，都是人家的没有道理。自从丁巳年、戊午年大悔大悟之后，我才知道其实自己一点本事也没有。从戊午年到现在已经九年了，凡遇事情，看到的都是人家的道理。这跟我四十岁以前是完全不同的。

人就是这样，当你认为道理都在自己这里的时候，你的为人一定是自我的、排斥的、尖刻的、盛气凌人的；当你看到的都是别人的道理的时候.你的为人一定是开放的、谦和的、包容的、易于合作的：

一个"恕"字，为曾国藩带来了心态的转变，带来了认知的转变，带来了待人处事风格的转变，从此以后，曾国藩的领导力才达到了真正成熟的境界，他的事业也才开始了真正的辉煌。经历过痛苦的曾国藩深知"恕"的重要性，他认为，"恕"的工夫一时一地也不应该离开，"作人之道，圣贤千言万语，大抵不外'敬'、'恕'二字""此身无论处何境遇，而'敬'、'恕'、'勤'字，无片刻可弛"。他在给弟弟的信中说：

圣门好言仁。仁即"恕"也。曰富，曰贵，曰成，曰荣，曰誉，曰顺，此数者，我之所喜，人亦皆喜之。曰贫，曰贱，曰败，曰辱，曰毁，曰逆，此数者，我之所恶，人亦皆恶之。……吾兄弟须从"恕"字痛下功夫，随在皆设身以处地。我要步步站得稳，须知他人也要站得稳。所谓立也。我要处处行得通，须知他人也要行得通。所谓达也。今日我处顺境，预想他日也有处逆境之时；今日我以盛气凌人，预想他日人亦以盛气凌我之身，或凌我之子孙。常以"恕"字自惕，常留饶地处人，则荆棘少矣。

圣人之门中，喜欢谈论"仁"的境界，"仁"就是"恕"。富有、尊贵、成功、荣耀、赞誉、顺利，我喜欢这几样，别人也都喜欢。贫穷、卑贱、失败、耻辱、诋毁、逆境，我厌恶这几样，别人也都厌恶。我们兄弟一定要从"恕"字痛下一番功夫，随时随地都提醒自己要设身处地替别人考虑。我想在社会上一步步地站得稳，一定要知道别人也要站得稳，这就是所谓的"立"。我要在社会上处处都行得通，一定要知道别人也要行得通，这就是所谓的"达"。今天我处于顺境之中，一定要预想到以后也会有身处逆境的时候。今天我以骄横的气势压人，一定要预想到以后人家也会用骄横的气来压我，或者压我的子孙。经常用“恕”字来提醒自己，经常给别人留有余地，那么就会少掉很多对立与烦恼了。

的确，在管理的过程中，有一颗同情别人的理解之心，懂得设身处地，懂得利他之道，往往有助于领导者与他人建立健康的人际关系，形成良性的合作关系，从而获得别人的帮助，成就更大的事业。伟大的领导者之所以伟大，往往就是因为有这样的见识与胸怀。

(三)舍己从人，大贤之量

曾国藩对胡林翼非常敬重。他曾经赠给胡林翼一副对联：

舍己从人，大贤之量；推心置腹，群彦所归。

胡林翼年轻的时候，可以说是一个恃才傲物的人物，他不把任何人放在眼里。但自从担当起镇压太平天国的重任之后，胡林翼深深地认识到一个道理，这就是经邦济世单靠一个人的力量是无法成功的，必须得到各方面力量的配合与支持。从此以后，胡林翼的为人发生了很大的变化。他对待湘军的人士可以说是至诚至谦。每当遇到大事难事，他总是勇于担当，而事后讨论得失，则总是将过错与责任揽到自己身上，而把机会与功劳推到别人身上，所谓“揽过于己而推美于人”。为了协调好湘军跟各方面的关系，胡林翼不在意自己遭受的误会与委屈。对待自己的下属，胡林翼则是苦心扶植，使人人都有“布衣昆弟之欢”。

曾国藩曾经给左宗棠写信评价胡林翼说，此公“推贤扬德，唯恐失之，则古来名臣，殆不是过，数十年所未见也”。这位老先生，一心一意推荐那些有才能的，表扬那些有德行的人，唯恐在这方面落掉了什么。古代以来的名臣，也不过如此，几十年之中就再没有见过这样的人物啊。

胡林翼担任湖北巡抚时，湘军水师有两位统帅，一个叫彭玉麟，一个叫作杨岳斌，这两个人都是名将，但他们二人之间矛盾很深，甚至到了见面不说话的地步。水师的统帅天天闹矛盾，湘军怎么打仗啊？胡林翼专门把两个人请到自己的内室，摆好酒，请两人坐好，然后扑通一声给两个人跪下了，说如果你们两个不和好，我就不起来。胡林翼是巡抚，两个人只是统领，这是上级给自己的下属下跪。两个人感动得痛哭流涕，从此和好如初。

在湘军中，曾国藩是一号人物，胡林翼是二号人物。曾国藩被皇帝罢免兵权、在家守制的时候,胡林翼已经是湖北巡抚了,是事实上的湘军统帅。胡林翼完全有机会取曾国藩的地位而代之。但胡林翼从来就没有过这个想法,相反一心一意维护曾国藩的地位,一心一意想办法请曾国藩重新出山统帅湘军。后来两江总督空出了位置,本来朝廷是准备安排胡林翼做两江总督的,但胡林翼从湘军的大局出发,认为曾国藩得到这个位置对湘军的发展更为有利,于是主动将机会让给了曾国藩。

曾国藩在胡林翼去世时十分伤心,他当天在日记里面记下一段话,对胡林翼进行了概括:"赤心以忧国家,小心以事友朋,苦心以护诸将。天下宁复有似斯人哉!"这个人,赤心为国家分忧,小心服侍自己的朋友,一片苦心维护自己的下属。天底下哪里还有这样的人啊!

胡林翼这种做法换来的,是人们对他真心的认可与归附,都愿意为他所用,这就是曾国藩所说的"群彦所归"。当时人们评价说:"江、楚、豫、皖诸将帅,惟润帅能调和一气,联合一家。"在当时的情况下,只有胡林翼一个人能够把所有的力量调动和联合起来,这就是他的"舍己从人"的"恕"道所带来的回报。

其实,曾国藩本身也是这样一个"舍己从人"的大贤。曾国藩奉行的一个信条是"取人为善,与人之善"。咸丰年间,曾国藩在江西率湘军主力与太平军作战,战局非常不顺。湘军的水师被太平军分成两块,无法呼应。陆师方面,湘军主要大将之一的塔齐布因为九江久攻不下,呕血而亡。这时候曾国藩身边可以依靠的人,就剩下了一个罗泽南。但罗泽南早已看明白,曾国藩把主力放在江西,根本不可能有什么作为。罗泽南跟曾国藩说:

江西之事,转战无已时,如坐瓮底,于大局无益。而武汉者,东南之枢纽,形势百倍于九江。得武汉,则可建瓴而下,九江将不攻自克。

江西的战事,打来打去看不到前景,就像坐在瓮底一样,对于大局没有任何的益处。而武汉是东南大局的枢纽,战略价值百倍于九江。攻占武汉,就可以建瓴而下,九江也会不攻自克。

因而罗泽南要求离开江西,回师湖北,去开辟一个新局面,同时他还以自己所带的湘军力量太弱为理由,要求曾国藩再为他增添一个营的兵力,以便壮其势而利远征。

曾国藩的好友刘蓉听说后,劝曾国藩一定不要答应放罗泽南走。刘蓉对曾国藩讲:"您在江西所能依赖的,就是塔齐布和罗泽南这两支部队。现在塔公已死,可以依靠的就剩下罗泽南了，现在你又放他远行，万一有什么缓急，还有谁可以靠得住？”

曾国藩没有听刘蓉的，他不但答应了罗泽南的要求，并且将原来隶属于塔齐布的三个营也拨给了罗泽南。曾国藩对刘蓉解释说：“我非常清楚您说的在理。但是想来想去，东南大局就是应该这样，现在都困在江西这个地方，没有任何好处。罗泽南这支军队如果能够有幸攻克武昌，天下大势还是有可为的余地的。我即使因此而被困在这里，也是很光彩的事情。”

罗泽南部队是曾国藩赖以起家的基础，罗泽南本人是既肯办事又能办事的人。罗泽南的七个营三千五百人，加上塔齐布的三个营一千五百人，一共有五千人之多，全部是湘军骨干。罗泽南这一走，意味着湘军的重心从此以后便从江西移到了湖北。结果胡林翼得到了罗泽南这支精兵，局面大为改观，此后夺取武汉、攻克九江、进军安徽，屡建大功，靠的都是这支力量。但曾国藩在罗泽南这支生力军走后，果然遇到了很大的麻烦，仗打得越来越难，后来甚至被迫以为父亲守制为名，丢下军队回了老家，结果因此又被咸丰皇帝剥夺了兵权，从而陷入他人生的最低谷。

但是曾国藩这种“舍己从人”的行动，却赢得了湘军将帅发自内心地佩服与敬重。胡林翼很清楚曾国藩这样做意味着什么，所以对曾国藩非常感激，并一心要回报曾国藩的大恩，从此以后，虽然胡林翼的名位已经与曾国藩并驾齐驱，且握有兵权饷权，但“事曾公弥谨”，对待曾国藩更加毕恭毕敬，心甘情愿以下属自居。在曾国藩被赶回家后，胡林翼还调动一切力量，为曾国藩的复出想办法。曾国藩重新出山之后，胡林翼又倾湖北全省财力、物力，支持曾国藩的军事行动，每个月所提供的饷银都达到了四十万两。曾国藩的湘军，“专恃鄂省之饷”，完全依靠湖北提供的粮饷，但胡林翼从来不以为这是自己的功劳。

咸丰九年时，因为湖北的财政压力太大，曾经有人建议胡林翼，稍微减少一下对曾国藩的支援，但胡林翼却坚决不干，一分未减。为了支持曾国藩作战，胡林翼除了把已经内定给自己的两江总督的位置让给了曾国藩之外，还把自己手下最精锐的霆字营六千多人和礼字营两千多人慷慨地拨给了曾国藩。

曾国藩后来说，就是因为胡林翼“事事相顾，彼此一家”，他“始得稍自展布，以有今日，诚令人念念不忘”。是因为有了胡林翼无私的援助，他才得以施展出自己的才能，才有了后来的成就。

胡林翼之所以能够如此有大局观，除了自身的修养之外，与曾国藩早年不分畛域、宁可陷自己于危境、困境也要成胡林翼之美的作为，也是分不开的。两个人都能突破私心，不顾自己的安危，却一心一意替对方的利益着想，这才成就了“合则两美”的佳话。

（四）功不必自己出，名不必自己成

曾国藩去世之后，李鸿章在给皇帝的奏折中谈到曾国藩能够做成大事的原因时，曾经充满感情地回忆说：

与人共事，论功则推以让人，任劳则引为己责；盛德所感，始而部曲化之，继而同僚谅之，终则各省从而慕效之。所以转移风气者在此，所以宏济艰难者亦在此。

曾国藩这个人，与人合作，有了功劳就推给别人，有了责任就自己担当起来。这种高尚的品德，一开始就令下属非常感动。一个领导者，有了好处老是推给你，有了问题老是自己担当，这样的领导，时间长了，做下属的怎么会不感动呢？接下来是，跟他合作的同僚们也体谅他。其实，跟曾国藩合作的一些官员，一开始对曾国藩是有一些看法的。但一个人有了好处老是给你，有了问题老是自己担当，时间长了，这些官员都会不知不觉地站在了他的一边，体谅他的苦衷、替他说话了。最后的结果，则是各省都羡慕效仿他这种做法。

应该说，晚清到了曾国藩的时代，已经属于所谓的“末世”，人心不古，人人都在意自己的得失，很少有人会替别人考虑。但曾国藩通过自己的行为，从影响周边的人开始，转移了这种风气。这就是曾国藩能够挽救艰难时世的根本原因。

江苏巡抚何璟曾经做过曾国藩的幕僚。曾国藩去世后，何璟在给皇帝的奏折中，也说过这样一段话：

臣昔在军中，每闻谈及安庆收复之事，辄推功于胡林翼之筹谋，多隆阿之苦战；其后金陵克复，则又推功诸将，而无一语及其弟国荃。谈及僧亲王剿捻之时习劳耐苦，辄自谓十分不及一二；谈及李鸿章左宗棠一时辈流，非言自问不及，则曰谋略不如。往往形诸奏牍，见诸函札，非臣一人之私言也。

过去我在曾国藩的大营中，每次听他谈起安庆会战的事情，总是听说谋划的功劳是胡林翼，作战的功劳是多隆阿的。此后克复南京，则又把功劳推到各个下属身上，却没有一句话提到自己的弟弟曾国荃。谈到僧格林沁剿捻军的习劳耐苦，总是说自己连僧亲王的一成两成都比不上。谈到李鸿章、左宗棠这些同事、下属,不是说自问不及,就是说谋略不如。他在给朝廷的奏折是这样写的,他在给朋友的信函中也是这样写的。这可不是我一个人私下的评论啊。

曾国藩在谈到一个领导者如何让下属心服口服时说过八个字:功不独居,过不推诿。有了功劳不要马上一个人独占,有了责任不要马上推诿给别人。他还说:“诿罪掠功,此小人事;掩罪夸功,此众人事;让美归功,此君子事;分怨共过,此盛德事。”推诿自己的过失,掠取别人的功劳,这是小人的行为。掩饰自己的过失,夸大自己的功劳,这是普通人的行为。把好处与功劳推让给别人,这是君子的行为。分担责任、承担过失,这是成就高尚品德的行为。所以他说:“凡利之所在,当与人共分之;名之所在,当与人共享之。”凡是有利的事情,一定要注意分配。凡是有名的事情,一定要注意分享。这样的人才能成就大事。

这种与人为善、成人之美的宽容与善意,充分体现在曾国藩的为人行事之中。曾国藩在主持“剿捻”时,主张的是“分堵”的方案,而他的下属、直隶总督刘长佑主张的是“合剿”的方案,二人意见不合。然而曾国藩对刘长佑却极力称道。刘长佑对人谈到此节时说:“涤翁于此乃毫无芥蒂,良由做过圣贤工夫来也。”曾国藩这个老头儿对于我与他意见不合竟然毫无芥蒂,真是做过圣贤工夫的人才能做出来的呀。

曾国藩在给曾国荃的信中说:“功不必自己出,名不必自己成。”功不必非要由己身来出,名不必非要由己身来成。成就他人,其实就是成就了自己。这样的胸怀,这样的格局,正是“恕道”的真义,也正是曾国藩身为领导者的人格魅力之所在。恕道,可以说是中国式领导力的核心。

北大国际 MBA 国际院长杨壮教授认为,领导力的关键不在于权力,而在于影响力,而影响力的关键在于可以改变追随者的价值体系、态度、行为和习惯。通过观念上的影响使其行为发生变化,这是影响力和权力之间的最大区别。优秀的领导者可以通过自己的魅力来感召下属,并保证下属的忠诚。因此,领导力的关键是怎样感动别人,真正让下属对你的行动不但表示赞同,而且形成一种心甘情愿地追随。曾国藩的“功不独居,过不推诿”“功不必自己出,名不必自己成”,体现的正是推己及人的“恕”字工夫,它所释放出来的,也正是一种足以打动人心的影响力。

(五)"恕"则不蔽于私

稻盛和夫在谈到优秀领导人的资质时说:"领导人所处的地位,是要对左右集团命运的重大问题做出判断。这种情况下,对领导人来说,最重要的就是公正。而妨碍公正的因素,就是个人利益优先的利己心或叫私心。只要夹杂哪怕稍许的私心,判断就会暧昧,决断就会走向错误的方向。……夹杂私心的利己主义者当领导人最不称职。将自己的利益放在首位的领导人的行为,不仅会极大地降低现场的士气,而且会让整个组织道德堕落。……越是地位高的人越会看重自己,这是普遍的情形。然而,领导人越伟大越应该率先做出自我牺牲。不能把自己的事情搁在一边,没有勇气接受让自己吃亏的事情,我认为这样的人没有资格充当领导人。"这些话,对比曾国藩的行事,无疑是若合符节的。

的确,伟大的领导者在很多情况下,必须接受让自己吃亏的事情。曾国藩"恕"字工夫的表现之一,就是他在别人做得不对的时候,总能以仁爱、宽大的胸怀设身处地地理解别人、宽容别人。为了大局,哪怕是自己受到委屈,也会做出自我的牺牲,从而表现出了极高的修养境界。

湘军里面,有一个人跟曾国藩为难,这就是左宗棠。左宗棠,字季高,他的性格可以用"桀骜不驯、恃才傲物"这几个字来形容。左宗棠自视甚高,向来以诸葛亮自居,给朋友写信,往往不署自己的名字,而是署名"今亮",甚至公开宣称"今亮或胜古亮"。可惜这位"今亮"科举考试不行,一直到了40多岁,还只是一个举人。其实也不是左宗棠没有水平,而是他把精力都用在了研究兵书战策、经济地理这样一些事情上了,对于科举考试的八股文,并不是特别用心,自然也就屡试不中。

后来左宗棠干脆就放弃了科举之路,到湖南巡抚幕下,做了一名师爷。结果左宗棠很快地表现出了他的才华,把湖南大大小小的事情打理得井井有条。巡抚一看左宗棠这么有本事,乐得自己清闲,干脆就把事情都交给了左宗棠。有人来给巡抚汇报工作,巡抚往往一摆手,不耐烦地说:"你去找左师爷去!"最后搞得湖南的官员都明白一个道理:遇到事情,找巡抚没有用,得找左师爷才行。

左宗棠这个人,有才能,但眼光奇高,一般人根本不放在眼里,就连对待曾国藩也是如此。左宗棠曾公开说曾国藩是"书憨",也就是书呆子;说曾国藩"才略太欠,恐终非戡乱之才",才能方略差了不少,恐怕最终并不是平定天下的人才。曾国藩当时在湖南、江西,跟官场闹得很不愉快,非常希望能得到左宗棠的支持,然而左宗棠却根本不给曾国藩留面子。像曾国藩从长沙率军东征时,非常希望聘请左宗棠参与军幕、携之同行,左宗棠却毫不客气地拒绝了,不久却加入了巡抚骆秉章的幕府。左宗棠还不时对曾国藩落井下石。曾国藩在江西带兵时,非常抑郁,借父亲去世的机会扔下挑子回到了老家,结果左宗棠非但不同情,反而在骆秉章的幕府中"肆口诋毁,一时哗然和之",搞得曾国藩甚至说要学王小二过年,不再与左宗棠说话了。

曾国藩有一次就半开玩笑地给左宗棠出了一副上联:

李子言高,仕不在朝,隐不在山,与我意见常相左。

你个人说话就是高谈阔论,你当官吧,不在朝廷。你是师爷,师爷算不上是体制内的官员。当隐士吧,你又不在家里好好待着,还跑出来指手画脚的。结果天天在这儿跟我闹矛盾。对联中把"左季高"三个字给嵌了进去。左宗棠也很聪明,马上就回了一个下联:

藩侯当国,进不能战,退不能守,问他经济又何曾!

你看你这个所谓的当国大臣,进你打不了战,退你守不住,问你有过什么经邦济世的本领啊!下联中也嵌入了"曾国藩"。

一次曾国藩出于好意,想保左宗棠做候补知府,没想到左宗棠非但不领情,反而说曾国藩这是在拿个候补知府污辱他,是让天下人耻笑他,还说自己要么不做官,要做官最小也得是个巡抚才行。结果又搞得曾国藩里外不是人。

左宗棠这种性格,最终一定是要付出代价的。果然,左宗棠因为湖南永州镇总兵樊燮的案子,差一点把命都给搭了进去。

总兵在过去是武职中的二品官员。有一次,永州镇总兵樊燮去向巡抚骆秉璋汇报工作。拜见巡抚时,总兵按照惯要给巡抚行磕头之礼。樊燮给巡抚行完礼,起来一看,哟,左师爷在旁边坐着,便给左宗棠作了个揖。

左宗棠非常恼火,大声问樊燮:"你为什么不给我磕头?"樊燮一愣,心想我大小也是个二品官,你是个师爷,半分品级都没有,我凭什么给你磕头?心里这样想,却不能这样说,便委婉地回了一句话:"朝廷的体制,没有说总兵要给师爷磕头。"

结果这句话却使得左宗棠火从心来,当时便一巴掌打了过去,骂了一声:"王八蛋,滚出去!"

一个总兵让师爷给打了一个耳光，而且还骂“王八蛋，滚出去”，这种侮辱可想而知。于是，樊燮找到了当时的湖广总督官文。官文对左宗棠的飞扬跋扈早就看不下去，便给朝廷写了个密折，说是湖南“一印两官”，大权都被左宗棠这样一个“劣幕”给控制了。咸丰皇帝非常震怒，当时给官文下了一道上谕：左宗棠如果真有不法情事，可以就地正法。

左宗棠由此面临了杀身之祸。左宗棠一开始还不服，要去北京到御前申诉，但是官文在北京的朋党早就在半路做好了准备，左宗棠要敢到北京，走到半路就会被截住，直接投进刑部大牢。左宗棠听到风声，也就不敢去了。

这时候怎么保住左宗棠，就成了关键。虽然平时左宗棠对曾国藩很不客气，但曾国藩知道，为了大局，一定要救出左宗棠。他亲自给皇帝写折子，替左宗棠求情，折子中说：“左宗棠刚明耐苦，晓畅兵机。当此需才孔亟之时，无论何项差使，唯求明降谕旨，俾得安心任事，必能感激图报，有裨时局。”同时又飞书在北京做官的湘籍人物郭嵩焘、王闿运等人，请他们出手相援。郭嵩焘、王闿运找到当时文采出众的翰林院侍读学士潘祖荫，花了重金请他写了一个折子。结果这个折子写得非常精彩，折子中有两句关键的话，“骆秉章调度有方，实由左宗棠运筹决胜，此天下所共见”“国家不可一日无湖南，而湖南不可一日无宗棠也”。尤其是后面这句，成了千古名句。

这么多人保奏左宗棠，这使得咸丰皇帝也为之动容。咸丰皇帝意识到左宗棠这个人非但不能杀，反而要重用。正好这时候曾国藩再次给皇帝上折，说自己准备让左宗棠回湖南募勇六千，以救江西、浙江和皖南。咸丰皇帝于是下旨：“左宗棠以四品京堂候补，随曾国藩襄办军务。”这样左宗棠就成了曾国藩的手下。

左宗棠投奔曾国藩后，曾国藩马上让左宗棠回家招兵，左宗棠也很快招了一支部队回来，这就是后来的“左湘军”，由此也就奠定了左宗棠一生事业的基础。曾国藩很了解左宗棠的为人，知道他不愿受人摆布，所以从一开始就让他独当一面，打了胜仗，所有的功劳都归左宗棠自己。而左宗棠每打一次胜仗，曾国藩就保举一次。在曾国藩的不断保举之下，三年的时间，左宗棠就从襄办军务变成了帮办军务，从帮办军务变成了浙江巡抚，从此成为封疆大吏。

左宗棠发展如此迅速，当然与他本人的才能有关系，但如果没有曾国藩的保举，是根本就不可能的。这样的不断保举，在当时也只有曾国藩一个人能够做出来。应该说，曾国藩是有恩于左宗棠的。

然而，打下南京之后，却因为幼天王的问题，发生了曾左失和的事情。太平天国的首都南京被湘军攻陷的一个月前，洪秀全已经病逝。他的儿子洪天贵福即位为幼天王。南京城破之时，太平天国后期最主要的领袖之一忠王李秀成，保护着幼天王往外冲，结果在突围的过程中被冲散了，李秀成则落入了湘军之手。曾国藩便亲自审问李秀成，询问幼天王的下落。李秀成的判断是，幼天王就是一个十六七岁的小孩，从来就没有出过南京城一步，根本没有生存能力，肯定是已经死于乱军之中了。曾国藩也有点大意，就听信了李秀成的供词，给朝廷报告，说是幼天王“纵未毙于烈火，亦必死于乱军，当无疑义”。

没有想到几个月以后，幼天王却在江西被发现了。江西巡抚当时是沈葆桢，沈葆桢已经跟曾国藩有了矛盾，便把事情捅给了左宗棠。于是左宗棠与沈葆桢一唱一和，说是曾国藩所报幼天王已死之事不实，如果这一次幼天王不是在江西被发现了，那么太平天国很可能会死灰复燃，等等。

曾国藩打下南京以后，跟朝廷的关系已经非常紧张了。功高震主，历代“狡兔尽、走狗烹”的例子太多了。明白的人都知道，曾国藩对此事的处理稍有不慎，便会遭到杀身灭族之祸。正当曾国藩站在悬崖边上，小心翼翼处理跟朝廷的关系时，没想到左宗棠却借幼天王的事件，从背后给了曾国藩一家伙。以左宗棠的聪明，他应该不会不知道这件事如何处理才是最妥当的。因此，曾国藩很难原谅左宗棠，两个人从此以后，再也不通音信。

但是，即使在这样的情况下，曾国藩对于左宗棠还是很宽容的。他曾经写信给自己的儿子曾纪泽说：

余于左、沈二公之以怨报德，此中诚不能无芥蒂，然老年笃畏天命，力求克去褊心忮心。尔辈少年，尤不宜妄生意气，于二公但不通闻问而已，此外着不得丝毫意见，切记切记。

我对于左宗棠、沈葆桢二人以怨报德，心中不可能没有芥蒂，但我人老以后，笃畏天命，力求去掉狭隘忌妒之心。你们少年人，尤其不要妄生意气，对于二人只是不通音问而已，此外不可有任何的意见，切记切记。

即使在这种情况下，曾国藩对左宗棠的才能依然是非常赏识的。同治年间，青海、甘肃、宁夏、新疆等地发生了“回乱”，左宗棠带兵到西北平乱。有一次，一位叫吕庭芷的幕僚从甘肃前线回来，曾国藩向他询问了左宗棠的部署，然后跟他说：“你平心而论一下左公所为。"吕庭芷在讲了左宗棠的一大堆好话后，如实地说："以某之愚，窃谓若左公之所为，今日朝端无两矣。"以我的愚陋，我觉得左宗棠的作为，在今天是天下找不出第二个人能做到这一步。曾国藩一拍桌子，说："诚然！此时西陲之任，倘左公一旦舍去，无论我不能为之继，即起胡文忠公于九原，想亦不能为之继也。君谓朝端无两，我以为天下第一耳！"你说得太对了！平定西北的重任，如果左宗棠不干了，不光是我接不了，你就是把已经死去的胡林翼从地下挖出来，他也接不了。你说天下没有第二个人，我认为他就是天下第一！

后世有人感慨地评价说："时二人正在绝交中，曾公居心之正，有如此者！"这时曾、左二人还在绝交之中，而曾国藩居心之正，竟然到了这样的境界！

左宗棠在平定西北的时候，曾经与人谈过他最担心的事情："我既与曾公不协，今彼总督两江，恐其隐扼我饷源，败我功也。"西北许多地方是不毛之地，作战需要的粮饷，还得依靠东南富裕的省份。曾国藩是两江总督，如果曾国藩乘机报复，卡左宗棠的粮饷，他这个仗根本就没有办法打。

但让左宗棠没有想到的是，"文正为西征军筹饷，始终不遗余力，士马实赖以饱腾"。当时其他各个省都没有完成规定的任务，唯独曾国藩的两江辖区，按时足额、源源不断将粮饷运了过来，保证了左宗棠军事行动的顺利进行。

曾国藩还把湘军裁撤之后剩下的最后一支精锐的部队，也就是老湘营，全部交给左宗棠使用，老湘军的统领刘松山、刘锦棠叔侄，因此成为左宗棠西北用兵的主要骨干。而左宗棠也最终以此平定了西北，并且收复了新疆，成了民族英雄。薛福成评价此事时说："是则文襄之功，文正实助成之，而文襄不肯认也。"由此看来，左宗棠的功劳，其实是曾国藩帮助他完成的，只是左宗棠并不肯认账。

平定西北之后，左宗棠做了陕甘总督，驻在兰州。这时候曾国藩已经去世了。有一次左宗棠跟一位幕僚聊天，聊着聊着谈起了曾国藩。这位幕僚很不客气地对左宗棠说："大帅，我觉得你不如曾大帅。曾大帅心中时时有你，你心中从来就没有曾大帅。"意思是曾大帅可以包容你，你却包容不了曾大帅。左宗棠心服口服，说："你说得太对了！曾国藩在世的时候，我很瞧不起他；但是他去世之后，我越来越佩服他。"左宗棠对曾国藩的佩服，无疑包括他的胸怀和度量。

曾国藩去世的时候，左宗棠曾经写了一副挽联：

谋国之忠,知人之明,自愧不如元辅;

同心若金,攻错若石,相期无负平生。

这位一生与曾国藩闹意气的左宗棠,想必在写这副挽联的时候,也是动了真感情的。萧一山评价说:“国藩殁而宗棠心悔,一改往时骄慢之气,而有至诚之挽,此盖曾氏之宏度有以感动之也。”曾国藩去世之后,左宗棠心中十分后悔,一改往时的骄横傲慢习气,有了这样一副至为诚恳的挽联,这也是曾国藩的大度感动了他的缘故啊。

事实上在曾国藩去世后,左宗棠对曾国藩后代还是非常照顾的。曾国藩的儿子曾纪泽和他的女婿聂缉椝的发展,在很多方面都得到了左宗棠的关照。

左宗棠曾经在跟自己的儿子写信时,专门解释过他跟曾国藩的这段恩怨。他说其实我跟曾国藩的关系不像外面传的那样。我们两人争的是国事,而不是私怨。左宗棠这段话到底是否可信,我们不好说,但毕竟由于曾国藩的包容,两个人的关系没有完全决裂,湘军作为一个集团,也没有解体。

曾周藩在谈到“恕道”时曾有一段非常精彩的话:

“恕”则不蔽于私。大抵接人处事,于见得他人不是,极怒之际,能设身易地以处,则意气顿平,故“恕”字为求仁极捷之径。

有了“恕”的工夫,人就不会为自己的私心所蒙蔽。大致说来,待人处事,当看到别人做得不对、你非常愤怒的时候,如果能够设身处地,将心比心,换位思考,那么你的情绪马上就能平和下来。所以“恕”字是达到仁的境界的极为便捷的途径啊。

这一段话,把“恕”对于突破自我局限的价值讲得淋漓尽致。曾国藩还说过这样一段话:

凡有横逆来侵,先思所以取之之故,即思所以处之之法。不可便动气,两个人动气,就成了一对小人,一般受祸。

凡是有横暴无理的行为突然发生在自己身上,该如何做呢?先要静下心来,想明白究竟对方为什么要这样做,然后再想明白我应该如何处理才是最妥当的,不能便动气。如果两个人都动了气,那就成了一对小人,最终的结果就是两败俱伤。

曾国藩在谈到如何才能有宽广的胸怀时也说:

胸怀广大,须从“平淡”二字用功。凡人我之际,须看得“平”;功名之际。须看得“淡”。庶几胸怀日阔。

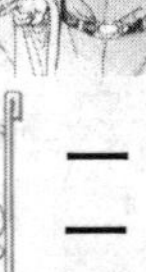

要想心胸开阔，一定要在“平淡”两个字上下功夫。人都是以自我为中心的，往往会把自己看得高，把别人看得低；把自己看得重，把别人看得轻。人我之际，须看得平，就是突破自我，一碗水端平。人和人之间争夺冲突，一定是因为对功名二字看得太重，无法放下。遇到功名之事，一定要学会看淡一些，这样心胸才能一天比一天开阔。

领导者在进行竞争的过程中，不可避免地会遇到一些令人生气的行为。联想的杨元庆便多次因为对手的言行而要给予对方迎头痛击。柳传志在一封信中曾用“鸵鸟”理论提醒杨元庆，要学会站在别人的角度去想问题。柳传志说：

当两只鸡一样大的时候，人家肯定觉得你比他小；当你是只火鸡，人家是只小鸡，你觉得自己大得不行了吧，小鸡会觉得咱俩一样大；只有当你是只鸵鸟的时候，小鸡才会承认你大。所以，千万不要把自己的力量估计得过高，你一定要站在人家的角度去想。你想取得优势，你就要比别人有非常明显的优势才行。所以，当我们还不是鸵鸟的时候，说话口气不要太大。

柳传志的“鸵鸟”理论给了杨元庆以极大的启发。杨元庆说这个理论让他心胸开阔，受益良多。后来杨元庆的确对国内的同行们进行过多次的公开提携。确实，对于企业领导者来说，学会从别人的角度看问题，学会从对手的角度来看问题，才更有可能达到行业领袖的境界。

帝鉴图说

望陵毁观

望陵毁觀

望陵毁观①

【历史背景】

唐太宗贞观十年，长孙皇后驾崩，是年36岁。在她与李世民共同生活的23年中，经历乱世，当兄弟阋于墙发生争嫡之事时，又与丈夫风雨同舟，李世民称帝后，更以其温良贤淑之德功助贞观，与唐太宗感情笃深，志同道合。临终前，长孙皇后犹眷眷恋恋，奉劝皇上能一如既往，亲近君子，疏远小人；进纳忠谏，摈弃谗言；省免作役，停止游畋，以确保大唐江山永固。唐太宗对长孙皇后的死，极为悲恸，为示悼念，他亲自为皇后撰写了表文，刻石立于陵前。太宗对长孙皇后思念不已，乃于禁苑中建起一极高的台观，时常登上以望昭陵，以寄思念之意。

【原文】

唐史纪：太宗葬文德皇后于昭陵，上念后不已，乃于苑中作层观，以望昭陵[2]。尝引魏征同登，使视之，征熟视之曰："臣昏眊，不能见。"上指示之，征曰："臣以为陛下望献陵[3]，若昭陵，则臣故见之矣。"上泣，为之毁观。

【张居正解】

唐史上记，太宗贞观十年，皇后长孙氏崩，谥为文德皇后，葬于昭陵。太宗因后有贤德，思念不已，乃于禁苑中起一极高的台观，时常登之以望昭陵，用释其思念之意。一日引宰相魏征同登这层观，使他观看昭陵，魏征思太宗此举欠当，他的父亲高祖葬于献陵，未闻哀慕，今乃思念皇后不已，至于作台观以望之，是厚于后而薄于父也。欲进规谏，不就明言，先故意仔细观看良久，对说臣年老眼目昏花看不能见。太宗因指昭陵所在，教魏征看。魏征乃对说，臣只道陛下思慕太上皇，故作为此观以望献陵，若是皇后的昭陵，臣早已看见了。太宗一闻魏征说起父皇,心里感动,不觉泣下,自知举动差错,遂命拆毁此观,不复登焉。太宗本是英明之君,事高祖素尽孝道,偶有此一事之失,赖有直臣魏征能婉曲以进善言,太宗即时感悟,改过不吝,真盛德事也。

【注释】

①此篇出自《资治通鉴》卷194唐纪10,贞观十年。记唐太宗接受魏征的讽喻毁掉台观的故事。

②昭陵:唐太宗墓,在今陕西醴泉县九嵕山。从贞观十年开始营建,至二十三年完成。唐太宗死前,其皇后长孙亦葬于此。

③献陵:唐高祖李渊墓,在今陕西三原县东十五里。

【译文】

唐代史书上记载:唐太宗把文德皇后安葬在昭陵,非常思念,便在禁苑中建造了一个有好多层的高台,以便瞭望昭陵。曾领魏征同登台,让他观看,魏征仔细观看很久说:"臣下眼睛昏花,看不见。"太宗指示给他方向,魏征说:"我以为陛下是在瞭望太祖的献陵,若是昭陵臣下是早已看见了。"太宗哭了,便把高台毁掉。

【评议】

中国封建社会提倡以孝治天下,在五种人伦关系(君臣、父子、兄弟、夫妇、朋友)中,父子是高于夫妻的。夫妻乃情爱伴侣情,父母具有血缘关系和养育之恩,唐太宗对妻子的怀念,本无可厚非。但忘却了父亲,就与他身为万民之主的身份大不相称。魏徵的批评唤起了他对父亲的感情,也符合道义精神,可谓不但敢谏而且善谏了。非十分明于事理者,是做不到这一点的。

【镜鉴】

一、"明"字亦是真功夫

(一)莅事以"明"字为第一要义

"明"就是明白、清楚。

曾国藩对"明"字很看重。什么样的人可能成就大的事业呢?在给曾国荃的信中,曾国藩这样说:

担当大事,全在"明""强"二字。

明,就是明白、清楚;强,就是倔强、坚持。凡是想做大事的人,就是要靠这两个因素,一是看得要明白,二是行得要倔强。所以曾国藩说:"大抵莅事以'明'字为第一要义。"办事要想妥当,必须以明白为第一条原则。"凡说话不中事理、不担斤两者,其下必不服",说话说不到点子上去,遇事不敢承担责任,这样的人,下属一定不会服气。

曾国藩还对曾国荃说:

凡办大事。以识为主,以才为辅。

凡是想做成大事,见识是第一位的,才能是第二位的。为什么要这样说呢?想办大事,洞察形势、烛见人心,这是第一位的。在此基础上,发挥能力、提出方案,把事情做成,这是第二位的。

杰出人物的成功,不仅仅取决于他们自身过人的努力,更取决于他们那超乎常人的见识。"时来天地皆同力,运去英雄不自由",拥有再大能力的人,如果对时势的判断出现了问题,也成不了事。因此,一个人的能力能否得到淋漓尽致的发挥,取决于能否对大势有清晰的判断、能否对人情世故有清醒的认识。曾国藩所说的"以识为主,以才为辅",就是要先做正确的事情,然后再正确地把事情做成。这里所说的"识",就是把握时势和人心的能力,也就是所谓的"世事洞明皆学问,人情练达即文章"。

因此,曾国藩所说的"明",就是对事情的利害本质要有清醒的把握。曾国藩曾经说:

“余于大利大害所在，均悉心考究。”我对于大利大害，总是能够下一番功夫把它想明白。官场之上，经常有一些事情，是犯忌的，是敏感的，但不会有人明白地告诉你，关键就靠个人的见识，看你是不是真正地明白之人。

（二）处人处事所以不当者，以其知之不明也

曾国藩这个人，经常说自己是很迟钝、愚拙的人，其实曾国藩是一个非常明白、非常清醒的人。

曾国藩早年在湖南练湘军的时候，曾经用过塔齐布这样一个人物。塔齐布，字智亭，是八旗子弟。不过，塔齐布跟一般的八旗子弟不一样，他出身于八旗的下层，家境一般，身上还保留了当年八旗入关时的那种朴实、彪悍、豪爽、能吃苦的性格，没有一般八旗子弟的恶习。他先是在北京火器营中当护军，之后被拣发到湖南，在绿营中做了都司，后来又升了游击，但也不过是绿营中的“末弁”，即下层军官。

曾国藩编练湘军的时候，从绿营里聘请了三个教练，教湘军士兵练技艺、练阵法。其中有一个就是塔齐布。经过一段时间的观察后，曾国藩把其他两个人都辞掉了，就留下了一个塔齐布。从此以后，曾国藩不断地在皇帝面前保举塔齐布，说这个人忠勇可靠，可以大用，甚至在给皇帝的折子里说出这样的话：如果塔齐布以后作战不利，临阵脱逃，臣与他同罪。您可以连我带他一起处理。

在曾国藩的不断保举之下，三年时间内，塔齐布很快就由一个普通的基层军官升到了湖南提督、一品大员。塔齐布打仗真的这么厉害吗？其实根本就不是这样的。有一次曾国藩给当时的湖南巡抚骆秉章写信，说了一段大实话。他说“塔公实无方略”，塔齐布这个老先生打仗真的没什么本事啊。曾国藩说，第二天要打仗了，下属都到塔齐布大帐里面请示明天该怎么打。身为统帅，总要对下属有一番布置，比方说你主攻，你助攻，你埋伏，你追击，你迂回，等等。塔齐布从来不会这样做，他永远就是一句话：明天打仗，大家各出几成人马，一起往前冲吧！可见这个人打仗的本事并不高明。

但曾国藩为什么一定要重用塔齐布，而且不断地在皇帝面前保举塔齐布呢？这里最关键的因素，就在于塔齐布是一个旗人。大清王朝是满人的天下，朝廷掌权的满族亲贵最忌讳的是什么？是汉人掌兵权。曾国藩是一位汉人，而且所练的是以湖南汉人为主体的湘军。朝廷嘴上不说，内心里其实十分忌讳。如果曾国藩不明白这一点，湘军的势力发展越大,在朝廷心中的潜在威胁也就越大。曾国藩对于朝廷的心理非常地明白,所以他一定要通过重用塔齐布这件事,给皇帝一个明确的信息:这支部队不单纯是汉人的部队,相反,它是永远在皇帝控制之下、对皇帝忠心耿耿的部队。用塔齐布,正是为了冲淡湘军中汉人部队的色彩。说白了,曾国藩用塔齐布,算的不是军事账,而是政治账。

同治三年时,曾国藩曾经给彭玉麟写过一封信:

国藩久在兵间,饱更事变,心血之亏,亦何待言。然于人之情伪,颇能洞见症结。

我带兵这么多年,经历要死要活的事情不知有多少,耗费的心血更不用说了。但是我对于人的真伪,一眼就能看清症结。

曾国藩在日记里也写过这样一段话:

处人、处事,所以不当者,以其知之不明也。若巨细周知,表里洞澈,则处之自有方术矣。

待人处事,为什么总是会好心做坏事、做得不妥当呢?关键是知得不明。如果你大事小事都分析得非常周到清楚,表面的和深层的都看得非常透彻,那么处理起事情来自然也就有最妥当的办法了。

在镇压太平天国的过程中,曾国荃率领湘军的主力进攻南京,李鸿章率领淮军的主力进攻苏州。淮军在李鸿章的率领之下攻陷了苏州,但湘军进攻的南京却依然久攻不下。朝廷为了早日消灭太平天国,便命令李鸿章率领所部淮军会攻南京。

从早日平定太平天国的大局出发,李鸿章显然应该立即挥师赴援。但是李鸿章非常清楚,曾国荃围南京围了一年多,一心想独得打下南京的头功。曾国荃这个时候最忌讳的,就是有人突然横插一杠子,分了自己的功劳,抢了自己的风头。但是曾国荃显然不可能公开这样说,表面上还得做出欢迎淮军会攻南京的姿态来。

李鸿章是一个非常聪明的人,他深知其中的奥妙,因此一方面给曾家兄弟写信,明确表示“不敢近禁脔而窥卧榻”,一面给朝廷打报告,以各种理由推延开拔的日期。曾国藩在察觉李鸿章的用心后对曾国荃说,李鸿章“若深知弟军之千辛万苦,不欲分此垂成之功者。诚能如此存心,则过人远矣”。李鸿章好像是深知老弟你的部队的千辛万苦,因此不想来与你分这个唾手可得的功劳。如果他真能如此存心,那么这个人的水平,真的是远远超出常人啊。

在李鸿章心照不宣的配合下,曾国荃终于完成了独破南京的头功。后来曾国藩特地向李鸿章表示感谢,握着他的手说:"愚兄弟薄面,赖子全矣。"我们兄弟的薄面,全靠老弟你给保全了!

(三)明有二:曰高明,曰精明

曾国藩对"明"字非常重视,曾国藩说:"不能威猛,由于不能精明,事事被人欺侮,故人得而玩易之也。"一个领导者没有威严,往往是由于不精明,事事被人欺骗侮辱,所以人家得以玩弄轻视他。"能明而断,谓之英断;不明而断,谓之武断。"先明白而后决断,这就叫英断;不明白却决断,这就叫作武断。曾国藩还说:"三达德之首曰智。智即明也。古来豪杰,动称英雄。英即明也。""三达德",即儒家经典《中庸》所说的"智、仁、勇",所谓天下通行的品德,其中第一项即是"明"的意思。古来的豪杰们习惯被称为"英雄",其中的"英",就是"明"的意思。

在曾国藩看来,明分两种:高明、精明。

明有二端:人见其近,吾见其远,曰高明;人见其粗,吾见其细,曰精明。高明者,譬如室中所见有限,登楼则所见远矣,登山则所见更远矣。精明者,譬如至微之物,以显微镜照之,则加大一倍、十倍、百倍矣。又如粗糙之米,再舂则粗糠全去,三舂、四舂,则精白绝伦矣。

明有两种,一种叫高明,一种叫精明。什么叫高明?别人只能看到近处,我却看得到长远,这就叫作高明;别人只能看到大略,我却看得清细微,这就叫精明。高明,就好比你局限于一个房间之中,一定是所见有限。登上高楼的人才见得遥远,登上高山所见便更远了。精明,好比非常小的东西,用显微镜来观察,就会放大一倍、十倍甚至百倍了。又比如粗糙的稻米,舂两次以后粗糠就会全部被舂去,舂三次、四次之后,便变得精白绝伦了。这就是一个琢磨的工夫。

在给部将的书札中,曾国藩也说了一段类似的话:

同一境,而登山者独见其远,乘城者独觉其旷,此高明之说也。同一物,而臆度者不如权衡之审,目巧者不如尺度之精,此精明之说也。

同一个地方,只有登上高山的人才看得遥远,只有登上城墙的人才觉得空旷,这就是高明。同一件东西,凭主观推测不如用秤称得精确,用眼光打量不如用尺量得准确,这就是精明。

所谓的高明，就是站得高、看得远。高明就是一种战略的视野，就是一种大局观、大势观，就是对战略大势的把握，就是从大局的角度把握住自己的定位。“军中阅历有年，益知天下事当于大处着眼”“用兵以审势为第一要义，势则大局大计”。领导者总是高瞻远瞩、审时度势。组织中的领军人物，就是要比常人看得长远，把握住组织的方向。这就需要对大势有清楚地把握，在大势演变过程中找到组织的定位。不知道这个大势，你很难成功，就是成功了也是稀里糊涂，而这样的成功是不可能长久的。

比尔·盖茨在解释微软的成功因素时说：“我想最重要的因素还是我们的远见和高度的洞察力。我从来都是戴着望远镜来看这个世界的。……在20世纪80年代的某个时间之前，我们的公司并不为人所知，当时有一篇我非常喜欢的文章，里面写到四大软件公司，各家公司都大同小异。但是我们当时就知道，另外三家公司不像我们这样具有长远眼光，能够雇用正确的员工.并且能够以全球化的眼光思考。……我们与别的公司都不相同，我们是一家具有远见卓识的公司。”

杰克·韦尔奇同样把远见视为领导力的关键部分。他说：“对未来的目标能有个清晰、明确的看法，这需要领导者的远见发挥至关重要的作用。因为远见决定着领导者的工作能力，它能描绘出未来前景的具体样子，点燃人们的工作热情，促使人们不断地向前进取。一旦某个领导者失去了远见，就只能用浅薄的眼光看待问题，那么，他哪里也去不成，什么事也不会成功，充其量只是在原地打转而已。”

无独有偶，柳传志也有过一段类似的话：“立意高，才可能制定战略，才可能一步步地按照你的立意去做。立意低，只能蒙着做，做到什么样子是什么样子，做公司等于撞大运。”而关于眼光的重要性，胡雪岩所说的一段话更为通俗：“做生意顶要紧的是眼光。你有一个府的眼光，就能做一府的生意；你有一个省的眼光，就能做一省的生意；你有天下的眼光，就能做天下的生意。”

可见，高明与远见卓识，是所有成功者的共同特点。曾国藩的过人之处，就在于高明。他善于从大势、大局上分析问题、找出对策，从而表现得高人一等。像他制定的“顺江而下、以上制下”的平定太平天国的战略，事实证明就非常有远见卓识。李鸿章评价曾国藩“凡规划天下事，久无不验”。曾国藩也说：“论兵事，宜从大处分清界限，不宜从小处剖析微茫。”分析战争问题，应该从大的地方去分清界限，不要斤斤于小处去剖析微芒。一个领导者，必须要有这样的大局意识与战略境界，而不能光专注于自己眼皮底下的那些问题。没有办法把眼光放高远的人,是没有办法从容地思考组织的长远发展的。

不过,光有高明还不行,这个世界上,眼高手低的人多了去了。所以高明之外,还要精明。精明是什么呢?精明就是战术与执行层面的精准。精明需要分析、计算,精明就是不含混了事。差不多就行了的心态,恰恰是不行的。一件事来了以后,把这件事情掰成两半,两瓣掰成四瓣,四瓣再掰成八瓣,完了以后再合起来,事儿还是这件事儿,但是在你脑子里已经不一样了,这就叫精明。精明强调的就是做事之时对于关键细节的精细分析与把握。用曾国藩的话来说:“古来才人,有成有不成,所争每在‘疏’、‘密’二字。”古往今来才华出众之人,有的能成功,有的不成功,最根本的区别就在于做事情是粗疏潦草,还是缜密入微。

高明是一种战略的视野,强调的是对大局的把握,而精明是分析的精确,强调的是对细节的重视,二者之间缺一不可,而且一定要结合起来。光有高明、没有精明的话,眼高手低,成不了事。曾国藩强调:“凡高明者,欲降心抑志,以遽趋于平实”,凡是高明之人,应该降心抑志,以便渐趋于平实;“若能事事求精,轻重长短一丝不差,则实矣”,如果能事事求精,轻重长短,一丝不差,这样就渐渐扎实了。但是,光有精明,没有高明,没有大局观,也难成大器。所以曾国藩说:“古之成大事者,规模远大与综理密微二者缺一不可。”真正成就大事的人,战略的大局大势,与关键细节的精细把握,是缺一不可的。

(四)当局则迷,旁观则醒

那么,如何做到“明”呢?曾国藩认为:“高明由于天分,精明由于学问。”高明是需要天分的,一般人更多地要靠“学问”来一步步使自己“明”起来。这个学问,其实就是方法论。

曾国藩有一句话:

天下事:当局则迷,旁观则醒;事前易暗,事后易明。

“明”的这两个方法论,其实都是曾国藩从棋理中悟出来的道理。曾国藩这个人,一生没有太大的爱好,就是喜欢下围棋。他从围棋之道中悟出了很多做人做事的道理。

第一个方法是:“当局则迷,旁观则醒。”什么叫“当局则迷,旁观则醒”?下棋的人都知道这个道理。旁观者之所以是清醒的,是因为旁观者不受胜负得失的影响,可以从两方的角度看问题,因此可以保持一种旁观者的清醒,可以跳出局限,更容易看清局势。而

当局者因为胜负得失与自己息息相关,反而不容易跳出来。曾国藩说:

人只是怕当局。当局者之十,不足以旁观者之五。智臣以得失而昏也,胆气以得失而奋也。

人就怕身陷局中。当局者的十分心智,还不如旁观者的五分。一旦患得患失,再有智慧的人也会做出错误的选择。一旦患得患失,人的胆气便无法保持平和。

曾国藩还说:"以瓦注者巧,以钩注者惮,以黄金注者昏。"以瓦片做赌注的人会心态放松、心思灵巧;以钩带做赌注的人则想赢怕输、内心恐慌;以黄金做赌注的人,便如关系到身家性命一般,整个脑子都会陷入昏乱而不清醒的状态。因此,得失之心越重,人就越容易没有了主意。"只没了得失心,则声气舒展,此心与旁观者一般,何事不济?"如果没有了得失之心,就会心平气和,与旁观者没有任何区别。这样做事,还有什么事情做不成呢?

旁观者的清醒,可以使人对自己有更为正确的把握,有所谓的自知之"明"。曾国藩说:

人虽至愚,责人则明;虽有聪明,恕己则昏。尔曹但常以责人之心责己,恕己之心恕人,不患不到圣贤地位也。

再愚蠢的人,一旦去对别人评头论足,也会头头是道;再聪明的人,一旦原谅自己的毛病,也会头脑发昏。如果能经常以责人之心责己,恕己之心恕人,就不用担心无法达到圣贤的境界了。

柳传志有一个著名的"看油画"的理论。看油画时不能离得太近,离得太近,黑和白是什么意思都分不清楚;退得远点,就能明白黑是为了衬托白;再远点,才能知道整个画的意思。这就是说,做事情一定要保持清醒的头脑,要明白自己在全局中的位置。柳传志说:"作为联想的干部,在根据全局的要求制定各部门的—工作计划的时候,甚至在完成一个具体任务的时候,都要学会'跳出画面看画'的思想方法。就好比在画一幅大的油画时,要能够退几步看你所画的全貌,使你永远保持清醒的头脑,知道你现在的工作在全局中占什么位置。"

曾国藩也有一句名言:

任事者当置身利害之外,建言者当设身利害之中。

自己做事的人,一定要跳出眼前的利害;为他人建言的人,反而要设身处地进入利害之中。置身利害之外,是为出局。设身利害之中,是为入局。做事也是如此。做事的时候必须进去做,才能了解此中三味,但思考的时候必须出来看,才能客观看问题、不偏不倚,才能有自知之明。这其中的道理,非常耐人寻味。

在很多情况下,只从自己的角度局部看问题,是无法看清问题的全部的。这时候就要主动地跳出来,从旁观者的角度来分析自己所面临的问题。

英特尔在 20 世纪 80 年代的时候遭到了日本企业猛烈的攻击,日本企业凭借着成本优势,在存储器市场攻城略地,英特尔陷入不断的亏损之中。英特尔总裁格鲁夫跟他的合作伙伴商量:这样下去不行,到底怎么办?要退出这个行业吗?问题是存储器这个市场是英特尔自己开创的,感情上非常的不舍。后来格鲁夫提出了这样一个问题:假设我们是新人,在现在的情况下我们会不会进入这个行业?结论是肯定不会。好,既然我们肯定不会进入,那么就一定要退出来。于是格鲁夫下定决心退了出来,转到了 CPU 市场,结果成为 CPU 市场的老大。如果没有当初退出存储器市场的决定,就没有今天的英特尔,而没有跳出来思考的清醒,也就很难割舍这个市场。

哈佛大学教授马克斯・巴泽曼(Max Bazerman)在谈到管理决策时曾说:“局外人的判断,往往比当事人要更客观一些。”斯坦福大学教授凯瑟琳・艾森哈特对硅谷新兴企业的研究也发现,在存活并繁荣发展的公司里,CEO 一般会邀请一个信得过的顾问加入创业团队,而失败企业的 CEO 一般不会这样做。这些顾问通常比 CEO 年长 10~20 岁,有着广泛的行业经验,他们最大的价值在于,每当公司走错了路,或需要进行战略转向时,他们会帮 CEO 认清现实。对于领导者来说,用一种旁观者的清醒,从侧面来看待自己和企业走过的路,对企业的定位会更加准确,对企业面临的问题也就会更加清醒。

(五)事前易暗,事后易明

第二个方法是:“事前易暗,事后易明。”人们在做一件从来没有做过的事之前,往往是不明白的,不知道这件事情该怎么开始、怎么展开、怎么收尾。但是,等到这个事情做过一遍后,来龙去脉就会比较清楚了。等到第二遍、第三遍做的时候,有了经验,就会越来越清楚,越来越明白,这就叫“事前易暗,事后易明”。

围棋中有一个术语叫“复盘”。一般的人下完棋后,胜负已分,走人了之。真正的高手一定要复盘,一步步地把整个过程重复一遍,在这个复盘的过程中总结得失经验,提高自己的棋艺。复盘是增长棋力最好的办法。

曾国藩是一个文人，没有学过打仗，因而早年指挥的本事并不高明。湘军早期的几场败仗，多是曾国藩自己的成绩。但曾围藩有一个很好的习惯，就是打完仗以后，一定要把自己关在一个房间里，在没有人打扰的情况下静坐思考，这一仗到底是怎么打的，哪个地方打对了，哪个地方打错了，对手的特点是什么，自己还有哪些应该改进的地方……一定要想明白再出来。这就是“复盘”的功夫。正是在不断复盘的过程中，这个根本不会打仗的曾国藩，一步步变成了那个时代最会打仗的人，最后经由他之手把太平天国给镇压了下去。

柳传志曾专门在联想推广过曾国藩的“复盘”功夫。他在对联想高管的讲话中曾说：

> 曾国藩有个静思的习惯，每次静思时，他要在房间里点一炷香，当香烟徐徐升起的时候，他坐下来静静地把前后的事情想一遍，应该怎么做和不应该怎么做。我们说的静思呢，就是总结，就是在找规律。我们对每件事不光满足于如何去做，更要研究它的规律。
>
> 我们对班子成员的要求有很多条，今天列出来的比如说要审时度势，要能够知人善用，对专业问题要有把握能力等，但这些能力是怎么来的呢？这三条都是学来的。怎么学来的？实践中学也好，书本中学也好，都要总结。光看别人摔跟头和自己摔跟头，感觉绝对是不同的。有人拿了碗鸡蛋汤，把鸡蛋汤从头喝到底也说不出来汤是怎么做的，而有人喝了一口就知道这鸡蛋汤是西红柿加鸡蛋加虾皮做的。为什么这个人能说出来？因为他老在那不停地琢磨。总结和不总结绝对不一样，看书和不看书也是不同的。

联想早年都是一批书生下海，并不知道该如何做企业，也不懂市场的规律，因而第一笔生意把中科院交给的20万元几乎全部亏完。但是联想有一个极好的传统，就是每次市场行动结束以后，一定要复盘。正是在这种不断的复盘过程中，联想慢慢总结出了其中的规律，并且做到了今天行业龙头的地位。

毛泽东当年刚上井冈山的时候，也是“军旅之事，未之学也”，并不懂如何打仗。秋收起义是1927年9月，毛泽东10月率领秋收起义的残部上井冈山，井冈山天气很快就转冷了，而红军穿的还是夏天的单衣。毛泽东不得不率领部队下山打土豪，去解决冬衣问题。然而没有想到，土豪没有打着，反而让土豪打了埋伏。但是毛泽东有一个非常好的习惯，这就是善于总结。用黄克诚的话说，毛泽东的伟大之处在于“不二过”，他非常善于从胜利与失败之中不断地总结经验教训，并上升到规律的高度。尤其是在红军长征到达陕北之后，他对第二次国内革命战争的经验进行了系统的总结，写出了《中国革命战争的战略问题》等一系列的著作，揭示出了中国国内革命战争的基本规律，并以此教育全党全军，从而统一了思想，统一了认识，为中国革命的最终胜利奠定了牢同的基础。

“行成于思”，无论是做人还是做事都要想明，做与思二者缺一不可。在做的过程中反思，反思之后再付诸行动。领导力的成长本身就是一个在实践中进行的学习过程，在实践中一步步地反思和总结是领导者成功的唯一途径，而学习的主要内容之一，就是要总结自己的经验教训。结合自己的经验教训来学习，比什么都重要。从这个意义上说，领导力成长的关键在于反思和总结的能力。不管是对于个人，还是对于组织，都是如此。

不过，局外之明、事后之明也不是绝对的。文人习气，最惯于指手画脚、评头论足，而全不了解实情。曾国藩认为这是大忌：

事后论人，局外论人，是学者大病。事后论人，每将智人说得极愚；局外论人，每将难事说得极易。二者皆从不忠不恕生出。

所谓的自以为明，其实只是虚浮之气。曾国藩说：“天下事在局外呐喊议论，总是无益，必须躬自入局，挺膺负责，乃有成事之可冀。”实践出真知，事须做方能明。“明”字一定是从实践中一步步历练出来的。

二、力求做到“五个善于”

（一）要善于“踱方步”

不久前，一位中央领导同志在有关会议上指出，“我们党需要有一批‘踱方步’的人”。此话语重心长，发人深思。当年，陈云在谈到领导方法时说过：“要拿出一定的时间‘踱方步’，考虑战略性问题。”邓小平也曾经要求领导干部要“踱方步、想大事”。所谓“踱方步”，是指沉下心来冷静思考和谋划事关全局的战略问题。善于“踱方步”，对于加强党的执政能力建设、不断提高各级领导干部的领导水平和执政水平，具有重要的指导意义。

行成于思而毁于随。依照国家大政方针进行谋划和决策的思维活动，是领导工作的重要一环。古人常以“审计重举，明画深图”来论说谋划的重要性。《孙子兵法》中说，

"知可以战与不可以战者，胜"；"多算胜，少算不胜"。不管是古代还是现代，谋略和思路都具有重要意义。我们党是执政党，各级领导干部肩负着重大的领导责任。对工作怎么"领"、对群众怎么"导"，目标怎么定、路子怎么走，是不容忽视的大问题。毛泽东讲过，领导者的责任，归结起来就是出主意、用干部。主意从哪里来？从根本上说，是从实践中来、从群众中来，但也离不开领导干部的思考和分析。没有思考，就没有智慧；没有思考能力的干部，就难以形成独立见解。江泽民要求各级领导干部"思考要更深一些，眼光要更宽一些，要求要更高一些"。讲的都是这个道理。在新形势下，随着世界多极化和经济全球化的深入发展，尤其是加入世贸组织后，我们面对的是充满机遇和挑战的新形势、新情况。在激烈的国际竞争中要立于不败之地，就必须如晋人评诸葛亮那样，"达治知变，正而有谋"；善于"运筹于帷幄之中，决胜于千里之外"。这对于一个现代领导者来说，就应当重视和善于"踱方步"，善于根据国内外形势的发展变化，多想想前因后果，多掂量轻重缓急，及时提出改革、发展和稳定的新思路、新方法。

善于"踱方步"，对于领导干部减少工作失误，提高工作效率，无疑是大有裨益的。事实反复证明，领导者倘若胸无大局、思想懒惰，就容易在决策中草率行事、造成失误；而如果事先多"踱方步"，多进行交换、比较、反复，就可以避免那些常识性的错误、低级的错误。"事缓则圆"，思考得越深入，目标就越清晰，做起事来就越到位，越能产生事半功倍的效果。

善于"踱方步"，就必须加强学习，不断提高理论素养。理论上不断提高是正确处理矛盾和把握全局的保证。理论修养不同，能否掌握科学的世界观和方法论，思考的效果就一定会不一样。要着眼提高理论素养，深入学习马克思主义理论特别是马克思主义中国化最新成果，努力掌握贯穿其中的立场观点方法，不断提高运用科学理论分析解决实际问题的能力。要着眼做好本职工作，学习党的路线方针政策和国家法律法规，学习党的历史，广泛学习现代化建设所需要的经济、政治、文化、科技、社会等各方面知识，学习与岗位职责相关的新知识、新技能，努力成为本领域本行业的行家里手。要着眼完善知识结构，广泛学习哲学、历史和优秀传统文化，学习现代市场经济、现代国际关系、现代管理等方面知识，不断开阔视野、扩大知识面。必须切实端正学习态度，力戒心浮气躁，做到专心致志，把更多的业务时间、把工作以外的主要精力，用在踏踏实实地搞好学习上；力戒思想懒惰，做到勤奋刻苦，只有勤于动脑，勤于动手，才能真正学有所思，学有所得，学有所成;力戒忽冷忽热,做到持之以恒,树立学习就是工作、学习促进工作的观念,把学习当作终生追求,当作事业不可缺少的组成部分,自觉做到学而不厌、永不满足。

善于"踱方步",就不能异想天开、心血来潮,而只能认真地调查和缜密地思考。为此,各级领导干部要开动脑筋,以改革开放、全面建设小康社会和我们正在做的事情为中心,着眼于马克思主义的运用,着眼于对现实问题的理论思考,着眼于新的实践和发展,总揽全局,审时度势,冷静观察,趋利避害,认真思考,出好思路。"凡谋之道,周密为宝"。思路萌生决策,决策体现思考。一个好的思路和决策,可以事半功倍,收到好的效果;而思路错误,就会"一着不慎,满盘皆输",给工作和事业造成损失。只有在广泛听取群众意见和认真调查研究的基础上,运用"交换、比较、反复"的方法,进行深入细致地思考,才能真正掌握特点、把握规律,才能出好思路,赢得工作的主动权。

善于"踱方步",就是要解放思想、大胆创新。创新,是事业发展的动力,新形势、新情况、新任务,需要新观念、新思路、新方法。当然,新思路也要注意前后工作的连续和左邻右舍的衔接,而不能另起炉灶、推倒重来。关键是解放思想,实事求是,一切从实际出发,善于从人民群众的生动实践中总结、概括新思路。"欲穷千里目,更上一层楼"。站得高,才能看得远。这就要求各级领导干部必须克服狭隘观念,具备远大目光,不做井底之蛙,拒绝故步自封,善于正确把握和处理局部利益与全局利益、当前利益与长远利益的关系,在政治经济发展变化的大趋势、大背景下思考问题、谋划策略、大胆决策。

(二)要善于从高一级或高两级的视角看事物

管理要有全局观念。以下围棋为例,若是只盯住一角,总在那一个角落下功夫而不顾全局,是无论如何也不会取得大成效的。所以,一定要把眼光放远一点,要看到事物的整体,否则,就会在极次要的地方投下一枚重要的棋子,对全局来说要造成很大的损失。因此,在观察局部问题时,必须看到它与全局的关系,认清其在全局中的地位,这就是对事物的全局观念。所以,下围棋也好,做工作也好,在某个领域里每走一步,都要看清楚全局的形势,要养成观察棋盘上全局形势的习惯,这对"战局"的胜负是非常重要的。如果陷于局部之中,做自己不应做的工作,那是头脑缺乏全面综合性的表现。树立大局意识,就是要识大体、顾大局,做到讲全局、谋全局。这就要求领导干部既要做到宏观上把握全局,又要做到微观上了解局部,正确处理整体和个体的关系,自觉服从和服务大局。

要在思想上始终保持清醒的头脑，举什么旗、走什么路，要十分明确，十分坚定；在行动上，坚持整体工作"一盘棋"的思想，自觉摆正中央与地方、局部与整体、上级与下级、组织与个人的关系，做到小局服从大局，地方服从中央，下级服从上级，个人服从组织。另外，要养成预见的习惯。世界上大部分事情，都介于可预料和不可预料之间，养成事先心中有数的习惯，是作为领导者的一个重要课题，必须予以高度重视，力求多做训练。要培养战略性的思考能力，如果每天只从事日常的具体工作，考虑事物的范围也往往是狭窄的。因此，必须经常创造条件接触更多的人，了解他们的所思、所想；了解社会动向，以便采取相应的对策，以便养成经常打破现状并拟出根本对策的习惯，因为这样可以培养管理者的思考能力，而这种能力又是作为管理者不可缺少的。要有长期规划的尺度，在头脑中经常考虑长期的目标，并设法适应本系统组织结构或人事政策的变化，以采取相应的措施。也就是说，要具有洞察本系统动向这样一种长期眼光来处理有关问题。因为在较长的流程中，对于缓慢变化着的事物，如不经常注意其动向，就很容易被忽视。要从战略高度考虑目前的问题，对某一问题要设想如果是上级会怎么看，避免失误，防止上当受骗。考虑问题时不要感情用事，不要发脾气，要彻底抛开那种紧张、严肃和责备下属的感情，一味地对下属感情用事，只能说明自己的水平低于下属。要看到自己生活空间的狭窄，偶尔也要登上高楼大厦的屋顶往下望一下，扩大视野，而真正的空间是无限的。有时也要在互相理解中考虑问题，为了更好地完成其他领域的工作，挑更重的担子，也要理解其他领域的工作。要了解社会上的事情，不要成为井底之蛙，要把视野扩大到本系统以外，有机会要到外地走一走。古人说得好："登高而招，臂非加长也，而见者远。"当今社会，经济全球化正在形成，国与国之间、地区与地区之间联系日趋密切，竞争也不断加剧。在这样的时代背景下，孤芳自赏，往往会迷失方向；自命不凡，往往会陷于迷茫。只有站得高，才能看得远；只有见多识广，才能看问题精确；只有具备宽广的眼界、兼收并蓄的胸怀，立足全局的战略思维，才可能抢占生机，争取主动。因此，必须培养登高望远的才识，在放宽眼界上下功夫，用全国乃至世界的眼光审视本地本部门，研究、谋划本地本部门工作。

（三）要善于做好"结合"这篇文章

作为党的领导干部，不管你是在一个地区、一个部门主持全面工作，还是分管一方面的工作，都必须把贯彻执行党的路线、方针、政策作为最根本的职责。完成这个职责是党对领导干部的一项基本要求。与这一基本要求并生的另一基本要求是领导干部必须善于把党的路线、方针、政策同本地区、本部门的实际结合起来，因地制宜，创造性地开展工作。

那么，为什么领导干部必须花大力气切实做好"结合"这篇文章呢？唯物辩证法告诉我们，矛盾有普遍性，也有特殊性。我们不难理解，中央制定的路线、方针、政策，是着眼全国，具有宏观指导性。而我国幅员辽阔，各地的情况差别很大，历史沿革、地理地貌特点、资源利用情况、现有经济基础、劳动者素质等，都有自己的强项和弱项、优势和劣势。所以，中央的路线、方针和政策只能提出总的原则和要求。把中央的指示精神的普遍性和本地区、本部门的特殊性结合起来，从自己面对的实际情况出发，研究制定贯彻中央精神的可行的措施任务，就责无旁贷地落到各地、各部门的领导干部的身上。可以这样说，能够把中央精神的普遍性和本地区、本部门的特殊性结合起来，中央的精神贯彻得力，本地区的矛盾解决得好的，就是称职的领导干部。反之，只是照本宣科地传达中央精神或者过于强调本地区、本部门的情况特殊，怠慢、迟滞了中央政令的贯彻执行，或者以"创造性"为由制订出保护地方利益、小团体利益的"土政策"的，就是不称职的领导干部。

有些领导干部不太会抓结合，上面讲啥他讲啥，照本宣科，按部就班，以会议贯彻会议，以文件落实文件，提不出新思路，闯不出新路子；安排工作目标不清、措施不明，没有针对性和科学性，不仅浪费了大量人力、物力和财力，而且会贻误本地区、本部门的发展时机。

领导干部不会抓结合的原因，首先是学习不够，对党和国家的政策不熟悉，对上级文件没有认真研读，没有吃透上情；其次是官僚主义和形式主义作怪，高高在上，满足于听汇报、看材料，不能够深入实际、深入基层，即使下去也是蜻蜓点水，浅尝辄止，不能真正了解群众的所思、所想、所盼，不了解下情；三是敷衍塞责，应付思想严重，图省事，爱清闲，工作上不动脑筋，懒于思考，缺乏责任感和事业心。当然也有的是本身就缺乏领导才能，缺乏领导者所必备的政治和业务素质，工作方法贫乏，工作思路不开阔，想抓结合也抓不好。

结合是一种本事、一种力量、一种创新。怎样才能做好"结合"这篇文章？把中央的方针政策落到实处，必须把普遍性和特殊性、原则性和灵活性结合起来，创造性地开展工作。做到这一点，关键是准确理解上级精神，深刻认识本地实际，找准两者的最佳结合

点。吃透上情、熟悉下情是搞好结合的基础,也是唯一途径。事实告诉我们,能否实现结合,还需要具备一定的条件。一是结合离不开科学理论的武装和指导,必须遵循正确的思想路线和工作路线。在当代中国,只有坚持以邓小平理论、“三个代表”重要思想和科学发展观为指导,才能把中央的有关方针政策学深学透,真正吃透党的路线方针政策的精神实质,全面准确地把握这些大政方针的根本要义,科学把握自身实际,高屋建瓴地做好结合的工作。二是结合离不开智慧和勇气。各地情况千差万别,新问题层出不穷,结合不可能一蹴而就、一帆风顺,既可能获得成功,也可能遭遇失败。这就特别需要领导干部必须拥有智慧和勇气,具有开创性、坚韧性,善于总结,勇于探索,坚持从本地区、本部门的实际出发,创造性地开展工作,不乱刮风、不人云亦云、不搞教条主义,坚定不移地进行结合。三是结合离不开广大干部群众的支持,需要自觉地坚持党的根本工作路线,尊重群众的首创精神,从群众中来,到群众中去,急群众之所急,想群众之所想,争取干部群众的支持和参与。结合离不开与时俱进的精神状态。结合是为了解决实际问题,而实际是不断发展变化的,只有做到不断地解放思想、实事求是、与时俱进,才能实现更好地结合。

(四)要善于搞好团结

团结是指领导主体将被领导者紧紧地吸引并凝聚在一起,相互作用、相互支持、协调一致,为实现领导目标而共同奋斗的组织措施和人际措施。一个组织或领导集体,只有团结得好,才能获取领导的胜利。否则,就谈不上领导目标。团结出凝聚力、出战斗力、出生产力。团结就是大局,团结就是力量,团结就是胜利。“同心山成玉,协力土变金”这句古话形象地道出了团结的强大威力和丰厚的回报。团结问题,关乎个人荣辱,关乎事业发展,关乎党的兴衰。每个领导干部必须像珍视自己的眼睛那样珍视团结,争做团结的模范。

一些地方和单位出现了不和谐、不团结甚至不稳定的局面,原因很多,但带有共性的一条就是首先领导班子不团结、闹分裂。而影响班子团结的因素是多方面的,诸如性格、习惯、修养、思想水平和行动方式等,但其中最重要的因素是道德因素。主要有“四小”:一是“小心眼”。有的人大事争权,小事计较,胸襟不开阔。二是“小聪明”。有的人遇事喜分新旧内外,爱争你高我低;有的人看问题就是自己的主意多,他人的办法少,自己是

“诸葛亮”,别人是“阿斗”,自以为是,唯我独尊;有的人见功就上,见过就推。三是“小动作”。有的同志喜好投桃报李,不讲党性原则。当面你好我好、背后说三道四,表面和和气气、私下互不服气。有的阳奉阴违,为了达到个人目的,甚至不择手段诽谤、诬陷他人。四是“小圈子”。有的人被地域观念、老乡观念、亲友关系束缚着手脚,以“亲缘”“地缘”“学缘”“友缘”等关系划圈子,圈内相吸,圈外排斥;圈内优先,圈外靠边;只讲义气,不讲原则,不搞“五湖四海”。

领导干部应做到靠得住、有本事、肯干事,还应会共事、不出事。很显然,团结是一门学问,团结是一种本事。

领导干部要搞好团结,首先要搞好领导班子的团结。领导班子团结与否,与民主集中制执行得好坏有关。实践证明,有些领导班子存在不团结的现象,带共性的一条就是民主集中制执行得不好,搞少数人或者个人说了算,或者遇事议而不决、决而不行。要搞好领导班子的团结,一把手要带头贯彻民主集中制原则,坚持重大问题集体讨论决定,善于集思广益,调动一班人的积极性。班子成员则应找准自己的位子,既要切实履行自己的职责,又要关心全局工作,为维护班子团结和集体领导发挥应有的作用。领导干部要心胸开阔,具有容人容事的“雅量”,做到虚怀若谷。班子成员之间,要相互信任,相互支持,相互谅解,相互补充,包括互相帮助克服缺点和错误,决不能相互拆台。遇到不同意见应坦诚相见,把党和人民的利益放在首位,不计较个人的恩怨得失。这样,就可以避免或减少影响团结的问题的发生,即使出现了问题也比较容易解决,从而不断增强领导班子的团结。

领导干部搞好团结,一要公正处事。公正处事是赢得人心的重要砝码,是争取别人支持的重要条件。二要平等待人。人格是平等的,尊重别人,才能受到别人的尊重。三要民主。一个领导者如果自以为是,轻视同事,搞一言堂,势必成为孤家寡人,众叛亲离,最终失去人心,失去领导资格。四要自律。古人云:“其身正,不令则行;其身不正,虽令不从。”只有自己先做到不利于团结的话不说,不利于团结的事不做,才能影响和带动其他同志这样做。

领导干部要搞好团结,还要有不断增强团结的艺术。要以大局为重,克服名利之争,领导干部必须从大局的利益出发,所争取的应该是提升党的先进性和凝聚力这个“大名”,所追求的应该是中国最广大人民的根本利益这个“大利”,而不是在个人问题上搞无谓的意气之争。要以事业为重，谦虚大度。群体的团结与和谐，是以承认和尊重个体差异为前提的，不同的人由于秉性、阅历、文化水平和思维方式的不同，看问题的角度、解决矛盾的方法自然也会有所区别。当别人的意见与自己的意见相左时，就要求我们有宽广的胸怀，求同存异，异中求同，善于把矛盾的各方统一起来，齐心协力把事业推向前进。要坚持原则，光明磊落。同志间应与人为善，多些理解、宽容和忍让，但不是放弃原则。工作中不好选择的时候，坚持原则应是唯一的选择，对违反原则的事情敢于批评、抵制、斗争，始终做到光明磊落，这样形成的团结才是真正的团结。

"团结就是力量，这力量是铁，这力量是钢，比铁还硬，比钢还强……"这是我们反复传唱几十年的团结之歌，我们还应伴着这嘹亮的歌声，不断搞好团结、增强团结，去争取更大的胜利。

(五)要善于见微知著

古人道：窥一斑，见全豹。若见微，可知著。一枝叶，一世界。一枝花，而见春。细微物，莫轻视。有限中，藏无穷。这些都蕴涵着"见微知著"的哲理。

"见微知著"这一典故，出于宋代苏洵《辨奸论》："事有必至，理有固然。唯天下之静者，乃能见微而知著。"意思是说，从细微的征兆中可以看出事物的实质和它的发展趋势。能够以小见大，一叶知秋，见微知著，未雨绸缪，做出预见性的决策，是现代领导者的基本素质。领导者要重视学会见微知著的本领。

把握部分与整体的辩证统一，是现代思维方式的基本要求。任何事物都是一定系统的构成，而系统是由相互联系的诸部分组成的具有特定功能的有机整体。因此，部分是构成整体的基础，没有部分就没有整体；部分又受到整体的制约，离开了整体就不再是该整体的部分。部分的变化总是以整体的联系为前提，整体的变化，又在变化着的部分的联系中实现。整体与部分既相互区别，又相互联系，相互制约。部分与整体的辩证统一关系，要求我们在工作中必须通过部分来观察整体的某些特征，把握事物发展的机遇，掌握事物发展的态势，从而预见事物的发展趋势，所谓"见微知著"就是这个道理。

自古以来，军事家和政治家就非常重视见微知著，把握规律，预测趋势，指导工作。《孙子兵法·行军篇》中说："众树动者，来也；众草多障者，疑也；鸟起者，伏也。"其意是：树林里很多树木摇动的，是敌军向我袭来；在草丛中设有许多遮蔽物的，是敌人想要疑惑我;群鸟飞起,是下面埋有伏兵。敌人常借助各种地形来隐藏自己,这时就需要独具慧眼、见微知著。孙子透过一些微不足道的征候,见微知著,看到事物的重点和本质。

据《韩非子·说林上》记载:纣王请人为自己精制了一双名贵的象牙筷子。箕子见了,十分担忧,他认为,一旦有了名贵的象牙筷子,就再不会用陶罐土碗盛饭菜了,一定要有明犀碧玉做的杯碟来相配;用了玉杯和象牙筷子,就绝不会用来盛小米蔬菜,务必装象尾和豹胎一类的山珍海味;吃了象尾、豹胎,就不会穿粗布、住茅房,一定要穿锦衣、住大厦。这样下去,享乐的欲望就会不断扩大,必然要用普天下的民脂民膏来填饱一个人的欲壑,那样国家就危在旦夕了。果然,纣王最后因为荒淫无度而亡了国。箕子从一双象牙筷子,见微知著,以小见大,预示国之将危。

任何事物的发展都遵循着从量变到质变的规律,在量变阶段中存在着质变的趋势,质变的征候并非无声无息,无影无踪,而是无时不存、无处不在。毛泽东就曾指出:敌之一方很不确实,但也有征兆可寻,有端倪可察,有前后现象可供思索。这些"征兆""端倪"与"前后现象"不是以集合性的、显性的状态展示在人们的面前,而是呈现出支离破碎、隐隐约约的特征。因而人们看到的往往是局部的表象,而非整体的轮廓;是浅显的要素,而非深层次的本质。

在混沌理论中有一个非常著名的"蝴蝶效应"理论,说是巴西的一只蝴蝶挥动了一下翅膀,就引起了美国得克萨斯州的一场飓风。这个效应告诫我们要见微知著,要知道一件小事可以通过系统的放大而产生极大的影响。

毫无疑问,见微知著是领导者的一项重要基本功。作为领导者,需要有"一叶落而知天下秋"的敏锐,需要有"见微知著、未雨绸缪"的智慧。无论是分析问题、调查研究还是制定决策,都要善于见微知著,善于从事物稍纵即逝的、细微的、不明显的迹象的苗头上,及时发现和鉴别问题,发现和找出普遍性、规律性的问题,从而更好地指导和开展工作。领导者是否具备见微知著的能力,将直接影响到整个领导工作的成败得失。因此,是否善于见微知著,是领导者才华和水平的重要标志。

领导者见微知著的本领主要体现在以下几个方面:一是要善于从稍纵即逝的现象中把握机遇。能够以敏锐的目光从纷繁复杂的现象中抓住稍纵即逝的苗头现象,进行追踪和综合分析,从而发现新的发展空间,当机立断,做出正确的决策,准确地把握每一个难得的机会。相反,闭目塞聪、反应迟钝便注定是无所作为的。二是要善于从纷繁复杂的现象中发现带倾向性的问题。当今时代,社会现象纷繁复杂且变幻莫测。在决策过程中,一定要抓住对工作全局有较大影响的带倾向性的现象,注意跟踪反馈,使之对全局发挥积极影响。如果不善于在令人眼花缭乱的社会现象中把握对决策有意义的现象,就会如坠烟海,工作陷于被动,给事业造成损失。三是要善于从微观现象中掌握宏观发展态势。宏观与微观是对立统一的关系。微观反映宏观,宏观寓于微观。在把握各程现象时,不能孤立地看待某一现象,而应该注意现象之间的千丝万缕的联系,从微观现象中掌握宏观发展态势。四是要善于从已知现象中预测未来发展趋势。在事物发展过程中,各种隐含事物发展规律的现象总是不断出现的。这就要求善于从历史和目前所掌握的现象反映出来的信息中,分析和研究事物发展变化的轨迹和运行格局,从中揭示出事物的本质和发展规律,从而准确地预测事物未来的发展趋势。

见微知著是领导者应当具备的一项重要本领。那么,如何才能具备这个重要本领呢?应该从以下几个方面进行努力:

1.要培养和提高敏锐的政治洞察力、严谨的政治分析力和科学的政治判断力

要善于运用马克思主义的立场、观点和方法去分析和鉴别新事物、新情况;要有高度的思想道德水平,树立坚定的理想信念和高尚的道德情操;要树立“立党为公、执政为民”的意识。只有如此,才能做到既高瞻远瞩又明察秋毫,才能做到“群众利益无小事”,全心全意为人民服务。

2.要强化洞察事物的能力和科学的判断力

对于复杂的事物,要善于透过现象看本质,从政治的高度、大局的高度观察问题,判断形势,推进工作。要提高观察能力,只有观察得全、细、深,问题才能找得准、找得全。要增强预见性,善于抓苗头,注重带有倾向性的问题,见之于未萌,防之于未发,防止被假象所迷惑,决不要“跟着感觉走”。

3.要提高学习力,增强预测力

讲学习是讲政治的前提和基础,不讲学习,政治上不可能成熟,政治敏锐性和政治鉴别力也就不可能得到提高。必须加强学习,具备扎实的理论基础。提高学习力,学好理论,才能够从稍纵即逝的现象中把握机遇、从纷繁复杂的现象中发现带倾向性的问题、从微观现象中掌握宏观发展态势、从已知现象中预测未来的发展趋势。

撤殿营居

撤殿营居①

【历史背景】

明代政治家、大学士张居正在引述了这件“撤殿营居”的故事后，评述道：君主对于臣下，有以下几种情况：有能听其言，行其道，但不能致敬尽礼的，这就未免薄了；有待臣下看来很厚道，礼节很隆重，但不能言听谏行，这就未免虚了；有对不该赏赐的人大加赏赐，对百姓、国家毫无好处，这就未免滥了，而且人们也不重视这种胡乱赏赐。现在我们看唐太宗对待魏徵，真可谓内在感情与外在需求都做到家了，怪不得魏徵要如此尽忠图报。后代的史书把这些都引以为美谈。

魏徵，字玄成，巨鹿下曲阳（今河北晋州市西）人，出身于书香门第。魏徵年少的时候，生活非常清贫，但是他勤奋好学，希望将来能够成就一番事业。隋朝大乱的时候，魏徵出家当了道士，游历全国各地。后来朋友元宝藏收留他在军中掌管文书。瓦岗农民起义军领袖李密得知魏徵是个很有才能的人，就请魏徵给自己做谋士，但是却不能在实际的事情上接受魏徵的谏议。魏徵始终没有得到真正施展自己才华的机会。“玄武门事变”以后，魏徵终于投靠明主李世民的旗下，并逐步取得了李世民的信任，同时得到了重用。魏徵性格耿介直言，只要对于国家不利的，他就会置身家性命于度外在皇帝面前“犯上”直谏，为唐王朝的政治统治做出了巨大的贡献。

在历史上魏徵以耿介直言闻名。一天，唐太宗升朝议事，他端坐在龙座之上，双手轻按龙座扶手，神态庄严、威武，两边侍者大气都不敢出。太宗就问大臣们为什么每次奏事都慌慌张张、毫无条理。这个时候，魏徵毫不客气地说，皇帝的架势咄咄逼人，朝廷如此气氛森严，大臣们自然就会这样，皇帝也应该放下自己的架子，稍减龙威，与大臣们平和相处才是。唐太宗本来有些暗中得意，但是魏徵这么一说又让他有些难堪，但想想这也是忠臣的真实心声，于是就没有发作。之后，他就将自己始终难于解决的问题拿出来想要难一难魏徵，他说：“爱卿之言提醒了我。最近，我一直在思考古人经常说的‘明君’、

‘暗君’问题。你对这明、暗之别，是怎么看的呢？”魏徵胸有成竹地回答说：“陛下，如果皇帝能广泛听取各方面的意见，就是明君。偏听一方意见甚至偏信小人的意见，就是暗君。例子如像隋炀帝就是暗君。明君，办事才没有过失，万民才会拥戴他。而暗君，却最终会身败名裂，身首异处，国家灭亡。请陛下一定要小心啊！”虽然魏徵的回答让唐太宗有些不舒服，但毕竟解决了自己为难的问题，于是太宗也就虚心接受了。

还有一次，皇帝的老臣庞相寿犯了贪污罪，太宗就想徇私情，袒护这个老部下，结果让魏徵知道了，魏徵从江山社稷的安危上认为这样做是极其错误的。于是他立即上书，表示反对，说英明的皇帝在奖赏的时候不会忘记自己疏远的人，在处罚的时候，也不会去照顾自己的亲属和有贵重身份的人，就是行仁义，也要有准则，否则天下就会失去标准，导致混乱！如果皇帝认为自己的老部下，违犯了法律，而因为他与自己有关系，反而嘉奖他，还要将他留任原职，这样做，实际上是在鼓励犯罪。作为皇帝，您的部下很多，如果都像这样，那么天下又会怎样呢？这样的言辞在当时很让唐太宗下不来台，但想到魏徵的一片忠心和其中的道理，太宗还是按照魏徵的谏议处理了。

【原文】

唐史纪：太宗以魏征宅无堂，命辍小殿之材以构之，五日而成，仍赐以素屏褥几杖等，以遂其所尚。征上表谢，上手诏曰：“处卿至此，盖为黎元②与国家，何事过谢。”

【张居正解】

唐史上记，太宗时的大臣，只有个魏征能尽忠直谏，太宗也极敬重他，一日闻魏征所住的私宅，只有旁屋，没有厅堂，那时正要盖一所小殿，材料已具，遂命撤去，与魏征起盖厅堂，只五日就完成了。又以征性好俭朴，复赐以素屏褥几杖等物，以遂所好尚。征上表称谢，太宗手诏答曰：“朕待卿至此，盖为社稷与百姓计，何过谢焉。”夫以君之于臣，有能听其言，行其道，而不能致敬尽礼者，则失之薄；亦有待之厚，礼之隆，而不能谏行言听者，则失之虚。又有赏赐及于匪人，而无益于黎元国家者，则失之滥。而人不以为重矣。今观太宗之所以待魏征者，可谓情与文之兼至，固宜征之尽忠图报，而史书之以为美谈也。

【注释】

①此篇出自《旧唐书·魏征传》,并见《贞观政要》卷2,任贤,魏征。记述唐太宗爱护臣下的故事。

②黎元:即黎民百姓。

【译文】

唐代史书上记载:太宗因为魏征的住宅没有厅堂,命令停止小殿的建筑材料,给魏征修盖厅堂,五天就建成了,还赐给他素色的屏风和褥、几、杖等物,以符合他崇尚朴素的个性。魏征上表感谢,太宗亲手答诏说:"这样对待你,是为了老百姓和国家,何必要过分感谢呢。"

【评议】

魏徵经历了众多的苦难终于寻找到了明主,而以前的经历也让他对百姓的疾苦和朝廷政治的弊端产生了深刻的体会。所以在他担任官职的时候,时时处处都会想到百姓,想到国家的政治清明,但凡对国家统治不利的都会直言相谏,据理力争,决不允许违犯法规违反事理的事情存在。那个时候,皇帝的话就是金口玉言,不可更改的,但是魏徵却从不惧怕,为了国家和人民,他完全不会考虑到自己的利益。唐太宗作为一朝明主,对魏徵的直言犯上,总是能够给予理解和鼓励。在这个故事里就充分体现了唐太宗对魏徵的爱戴与体贴。魏徵虽然身居要位,但是生性节俭,从不铺张,他的住宅连一个正堂也没有。太宗看到后,觉得很对不住这位忠心耿耿的大臣。但是太宗也知道自己的这个大臣朴素惯了,所以太宗体恤他只赏赐给他一些比较朴素的用具。在这里显示了这位皇帝对大臣的深刻关怀。

【镜鉴】

真诚地对待下属是留住人才的有效方法

企业用人、留人,对管理者而言是最难的一门课程。对于人才的挽留,需要我们以更超脱的眼光看待人才的作用与位置，才能保证他们寻找到合适的位置，发挥出充分的效用。把握现在、突破常规限制、尊重人才、以自身实力去吸引人才、真诚地去挽留人才、为人才创造最好的工作和生活环境，相信这些内容，为我们挽留人才会提供出最好的参考。

（一）不要等到失去才懂得珍惜

"抓住今天，才能不丢失明天"，这是流传在菲律宾的一句谚语。

很多时候，我们总是喜欢将自己的眼光留意过去，离去的人，逝去的事，望向别处的时候，我们却忽视了身边的人，今天的事情。我们总是喜欢去追寻一些已经得不到的内容，却学不会珍惜今天的所有。殊不知，得不到的，未必是最好的，而身边的人，又未必是最差的，也许感觉像左手握右手一样，给不了自己激情，我们就失去了关注，但其内在却也蕴涵闪耀的品质。

学会珍惜今天的人，他们是快乐的，他们每天都沉浸在今天所带给自己的欢乐中；与懂得珍惜现在的人在一起相处，也是轻松的，因为他们懂得对彼此的尊重；学会珍惜今天的人，是最有效率的行为，无论是对历史的回忆，还是对未来的向往，只有今天的好好把握，才是最有价值的。

管理中人才最为重要，人才是团队的根本，没有人，团队也就无谈建设，一个优秀领导的管理能力，就体现在对人才的驾驭上。我们尊重人才，认识到人才的重要性，特别是对于一些灵活多变的企业，思维开阔的人才就显得更是不可或缺，我们接纳人才，寻找人才，分析每个人才的特点，寻找他们的长处，同时也清楚他们的不足，从而有的放矢，进行有效利用，安排在适当的岗位，完全释放出个体身上所具备的潜能。

在人才的驾驭中，对人才今天的把握就成为最为重要的内容，越优秀的人才，也就有越为强烈的独立性，有些人也许觉得他们会很难应付，但是我们一定要看到，这些人才背后，会带给自己企业完全不同的发展空间，我们理解他们，尊重他们，在双方的合作中寻找出最佳的平衡点，最终，才能在彼此的信任中，展示出他们的才华，取得最为有利的结果，也彰显出一个领导者卓越的驾驭能力与包容气势。

春秋时期，一匹千里马长到可以骑乘的年龄，但主人却让它装载食盐在太行山上行走。

千里马四蹄伸直，膝盖弯曲，尾巴下垂，皮肤也有溃烂，口吐白沫，汗水淋漓，到了半山坡上，使劲挣扎着，但因为负担沉重车辕，却怎么也拉不上去。

这时，伯乐坐车从旁边经过，看到这种情景，急忙从车上跳了下来，攀扶着千里马痛哭起来，并脱下自己的粗麻布衣服盖在千里马身上。

伯乐为什么哭泣？

千里马能日行千里，致远是它特性，负重却是牛的特性。用千里马拉盐车，又怎能发挥出它的长处呢？看到千里马使用不当，对于爱马如命的伯乐来说，又怎能不感触伤心呢！

千里马低头长长喷了一口气，突然抬起头来高声嘶鸣，声入云霄，好像金石抨击一般铿锵有力。

洪亮，又是什么原因？

那是因千里马今天终于见到了伯乐！

如果询问一个人，人生的目的是什么，他也许会思考，物质的享受，精神的愉悦，但也许对自身能力的一个充分展示，会成为我们生活最为重要的内容，因为没有什么内容能够比体现出自我价值显得更为重要。

把握人才的今天，就需要发掘下属的能力，虽然没有确切的意识，但在领导者心中就已经能对人才的特点与能力有明确判断，再将他放在最适合的位置上，他就会充分施展出自己的才能。对于人才最好的尊重，就是让他发挥出今天的效用，也许这才是“知遇之恩”的真正内涵。

在 18 个诸侯中，项羽最忌讳刘邦，把他远封偏远的巴蜀和汉中，他手下的兵士却总想回老家，每天都有人开小差逃走。

有一天，忽有人来报：“丞相逃走了。”

汉王急坏了，感觉突然被斩掉左右手一般。第三天早晨，萧何又回来了，汉王见了，又气又高兴，责问萧何：“你怎么也逃走？”

萧何说：“我怎么会逃走？我是去追一个逃走的人。”

汉王又问：“追谁？”

萧何说：“韩信。”

韩信是淮阴人，追随项梁，后又跟项羽，未被重用，最终投奔汉王。

韩信到了南郑，依然不被重用，一次因为犯法，险些被杀，幸被夏侯婴所救。

夏侯婴看韩信是条好汉，多有推荐，只是做个管粮食的官。

后来，丞相萧何见到了韩信，交谈之后，知他能耐不小，很是器重，几次三番劝谏汉王，但未被接纳。

韩信知汉王不肯重用，因此找机会也就溜走，萧何听说后，急得跺脚，亲自骑快马追赶，追了两天，才把韩信追回。

汉王听说追的是韩信，生气地骂萧何："逃走的将军有十来个，为何单单追韩信？"

萧何回答："韩信那样的人才，举世无双。大王要准备在汉中待一辈子，那就用不到韩信；若要打天下，就非他不可。一切看大王选择。"

汉王沉默片刻说："我当然要回东边去。"

萧何说："大王要争天下，就赶紧重用韩信；不重用他，韩信早晚要走。"

汉王说："好吧，就依你意思，让他做个将军。"

萧何说："叫他做将军，还是留不住他。"

汉王说："那就拜他为大将吧！"

萧何很高兴："还是大王英明。"

汉王让萧何把韩信找来，就要立刻封将。

萧何直爽地回答："大王平日不大注重礼仪，拜大将可是大事，要择个好日子，隆重举行。"

汉王说："好，都依你。"

拜将仪式之后，接见韩信，说："丞相多次推荐，将军一定有好计策，请将军指教。"

韩信谢过汉王，详细分析楚汉双方局势，认为汉王发兵东征，一定能战胜项羽。汉王听后十分高兴，只后悔当初没早点发现这个人才。

人才不为管理者所发现，便会选择沉默或是离开，而作为优秀的管理者，却能发现其中所蕴藏的契机与自己可能的损失，正如萧何追韩信的典故一样，萧何所追回的，是管理者刘邦的一番事业。

在自己的管理中，必须能够发现人才，并给他们最为合适的位置，正如拜韩信为大将一般，我们才可以挽留人才，也让人才发挥出自己卓越的贡献。

（二）要有人才意识，树立爱惜人才的好名声

"名声是一座活动的桥梁，可以令人飞渡深渊，而迈向成功。"这是巴尔扎克的一句名言。

名声重要，他是一个人在群体中认可程度与威望的象征，在一个人名声的影响下，人们会决定对他采取的态度与接触行为。我们希望自己有个好名声，这样就会从别人那里获得信任和支持，我们希望对方能有个好名声，这样就不用有更多的质疑与试探。正因为名声如此重要，我们每个人都会尽心努力去建立并维持自己在群体中的声望。

对于一个管理者而言，必须要认识到人才的重要，特别是对那些有霸业雄心的管理者而言，优秀而卓越的人才，就显得更为不可或缺。重视人才，爱惜人才，重用人才，才是一个优秀管理者所最应树立的声誉，也是他视野开阔，胸襟坦荡，胸怀天下的最好证明。在自己爱惜人才的名声的传播之下，社会各路人才必然会蜂拥而至，认可他们的才华，并寄托以信任，给他们充分施展的空间，才是一个管理者最应履行的职责。最终，借助众人之力，成就自己的一番宏伟霸业。

管理者，就是在得失之间取得最美妙的平衡，在未来的发展中获取最有效的成绩，人才的智慧与决断，总可以让自己的事业取得飞跃发展，正是因为能看透这其中逻辑，才会去爱惜人才，挽留人才。作为领导者，要舍弃态度的一份随意，舍弃一时认识的狭隘，行以尊重，担以重任，才能获得自己霸业的一番成就，也可成就自己流传千古的任人用贤之名。

秦穆公是个非常开明的君主，有气度，有毅力，善于搜罗、使用各种人才，他挖空心思，招揽天下贤能，并给他们提供一个表演的舞台和机会，发挥所长，为秦国的发展，跨进春秋五霸之列，并为后来一统天下，打下坚实的经济与军事基础。

秦穆公任用的第一个大能人，叫作百里奚，是秦穆公用五张羊皮赎来的奴隶。

百里奚原来是虞国人，虽饱读诗书，满腹经纶，但却不被当局者所重用，元前655年，晋国灭掉虞国，他拒绝在晋国做官，被晋国充做奴隶（媵人），在穆姬嫁给秦穆公时，陪嫁到秦国。

百里奚在去秦国途中，逃回楚国，楚国国君楚成王听说百里奚善于养牛，就让百里奚为自己养牛。

秦穆公是一位胸有大志的国君，听说百里奚是人才，就想重金赎回百里奚。谋臣公子絷说："楚成王一定不知百里奚的才能，才让他养牛。若用重金赎他，不就等于告诉他百里奚是千载难遇的人才吗？"

秦穆公问："那我如何才能得到百里奚？"

公子絷回答："可以贵物贱买，用一个奴隶的市价，以五张黑公羊皮来换百里奚。这样楚成王就不会怀疑了。"

百里奚押回秦国后，秦穆公亲自接见了他。

百里奚说："我是亡国之臣，哪里值得国君垂询！"

穆公说："虞君不用你，才使你被掳，并不是你的过错。"

秦穆公亲自解除了他的奴隶身份，与他商谈，讨教国家大事，一谈就是三天，大有相见恨晚之感。穆公十分高兴，要拜其为上大夫（上卿），委以国政，百里奚坚决辞让，推荐自己的好友蹇叔。

最后，秦穆公将蹇叔请来秦国，让他和蹇叔一道做秦国的上大夫。因百里奚是秦穆公用五张黑公羊皮换回来的奴隶，故世人称百里奚为"五羖大夫"。

百里奚郁郁不得志，年近七十才为穆公所接纳，拥有施展才华的机会，而秦穆公也因发掘出百里奚这样的人才而具有威名。求贤若渴，担以重任，当世人能看到君主有这样的气魄与雄心时，又怎能不崇拜他、归顺他，人心所向处，自然是天命所依，秦最终能够一统天下，也许正与他用人识才的这份威望紧密相关。

三国时期，天下纷争，却也为各路人才施展才华提供广阔的舞台，凡可成就一番事业者，都不能与背后人才脱离干系，而其中最为重贤用才之人，恐怕就属曹操。关于他不计前嫌，重用人才的故事有许多，这些故事充分展示出他胸襟的开阔与性格的包容，也许这也是他成就一番伟业所最需要的品质。

陈琳是当时"建安七子"之一，曾写一篇檄文，历数"操之罪"，还把他的祖宗三代都骂了个狗血淋头。文章传到许昌时，曹操正因头痛卧床，看了檄文又惊又怕，"毛骨悚然，出了一身冷汗。"曹操从此对陈琳这个人恨之入骨。

官渡之战，曹操生擒袁绍手下陈琳。但曹操却没有感情用事，一刀杀之，以泄私愤，他认为陈琳有才气，杀了可惜，下令"赦之"，并"命为从事"。

正是这种"宰相肚里能撑船"的威名，使曹操笼络到了许多优秀人才，为最后完成统一北方大业，奠定了最为坚实的基础。大凡成就事业者，都具有宽容他人之量，因为他们明白不计前嫌是求得人才、留住人才的关键。如果只是心胸狭窄，无容人之量，那恐怕只能把自己及事业送上绝路。

领导者，所应追求的是自己的事业目标，对于目标的实现，这些人才的作用就显得最为重要，得道多助，失道寡助，而这一道之根本，也许就在于人才的使用。如果能突破自己的局限，放下自己的一时利益考虑，从长远发展去追寻自己的目标，那我们可能就会树立起一个使用人才的好名声，人才归之，人才用之，最终也能显示出这个人卓越的管理能力与宽阔的视野。

（三）尊重可以架起领导与员工之间沟通的桥梁

“要尊重每一个人，不论他是何等的卑微和可笑，要记住活在每个人身上的是你我相同的灵魂。”这是叔本华的一句名言。

每个人都需要被尊重，被对方认可自己的能力与人品。被认可自己在群体中所具有的角色与地位，无疑可以带给一个人最大的享受。正是因为这种尊重，生活工作之中，我们可能会付出更多的努力，去追寻这份荣耀的获得。

反之，如果不能为对方所尊重，那后果就会变得不同。任凭自己付出怎样的努力，却总不能获得认可，自己寻找不到群体内的身份，总是有种不安定的感觉，如果自身能力与人品总是得不到认可，也会心怀怨念，最终，在所有情绪的影响之下，就会破坏掉彼此的信任，而不再有任何发展的可能。

作为管理者，在自己的管理活动中，要是不能认识尊重的作用，让对方感受到发自内心的真诚，让下属能认识到自己的能力和在群体中所做出的贡献，缺少这份信任，那么，下属的才干也得不到充分发挥。

对于人才的利用，我们要舍弃传统之中的忽视态度，不能简单以合同的方式强制挽留，或是仅仅把工作关系看作是利用与被利用的关系，这样的方式不能留住那些有用的人才，也不能体现出管理者所拥有的智慧与性格涵养。尊重人才正是挽留人才的最好方式，认可对方的作用，让对方感受自己是不可或缺的，这样才是最好的处理方式，也能显示出一个领导者优秀的管理水平。

一天纪晓岚游览五台山，走进一座寺庙，方丈把他上下一打量，看他衣履还算整洁，仪态一般,便招呼一声:"坐。"吩咐一声:"茶。"意思是倒一杯茶水。

寒暄几句后,知是京城来客,赶忙站起,面带笑容,领进内厅,招呼说:"请坐。"又吩咐:"泡茶。"意思是单独沏一杯茶来。

细谈之后,才明白来者是当代有名的学者、诗文大家、礼部尚书纪晓岚,立即恭恭敬敬地站起,满脸堆笑,请进禅房之中,连声招呼:"请上坐。"大声吆喝:"泡好茶。"

他又迅速拿出纸笔,请纪晓岚留下墨宝,以荣耀禅院。

纪晓岚提笔一思,一挥而成,是对联一副:坐,请坐,请上坐;茶,泡茶,泡好茶。

方丈看后,万分尴尬。

方丈是一位势力之人,对不同的人,有不同的对待方法,这也是纪晓岚对他感到不满意的原因,最终在提笔留字的时候,巧妙通过一副对联,表达了自己的不满,方丈因此而感到惭愧。

方丈不足之处,正在于对对方的尊重,如果因为对方财富地位的不同,而以不同态度对待的话,那可能就失去了尊重的意义。尊重来源于一个人的人品和能力,如果缺少了稳定性,就会不为人所信任,反而会成为自己性格展示的一个笑话。

松下电器是日本最大的家用电器生产商之一,其子公司遍布全世界,素有"松下电器王国"之称。松下取得如此辉煌成绩,和他的经营有道是分不开的,尤其是松下独到的留人体制对公司发展起到了至关重要的作用。

松下公司一直认为,任何公司要想创造非凡业绩,都离不开全体员工的共同努力、协同进取,因此在管理过程中,重视员工,尊重员工,并想尽一切办法去留住优秀的人才。

松下发展到拥有1400人规模时,曾经出现管理的瓶颈问题。因松下旗下工厂尚未相对独立,管理者仍不敢大胆决策,事事汇报,由于责权划分不明,最终管理低效。

松下本人反省自答:伴随规模的扩大,各工厂管理不能完全由自己一个人来完成,而必须下放自己的权力,作为自己的下属,他们了解自己的岗位和职责,并且能够充分信任,所以应该拥有更多的经营决策权力。最终,他想到了"事业部制度",实际上是一种分权经营方式,部长对客户负责,厂长对部长负责,员工对厂长负责。每个事业部都是独立实体,但合起来又成为一个大的企业。

最终结果证明,这一策略是有效而正确的,正是通过有效授权,提高了生产效率,通过对员工的尊重,最大程度激发了员工的热情,也使自己得以度过发展的瓶颈。

松下公司有效权力下移实际就是充分用人留人的举措之一。优秀人才不需要任何申请,将自己的新想法及时地实施到行动中去,可以体现自身的价值,还会更加相信自己能为公司创造更大价值,并愿意继续努力。通过下放权力,优秀人才得到尽情发挥,并使他们能长久地留在公司。

下放权力是对下属最好的一种尊重,是对他们人品与能力的完全认可,被尊重的员工,也会更加尽心竭力地在自己的岗位上发挥出自己的效用。

员工的去留是每个管理者都会遇到的问题,对于卓越的人才而言,更是希望能极力挽留。对于这个问题,作为管理者,也许应该站在一个更高的角度看待这个问题,也许可以寻找到最为有利的方式。每个人都渴望被尊重,如果自己能够真诚地去对待每个员工,让他们看到自己的重要,并能为企业所接纳,也许这就是对人才最好的挽留之道。

(四)给对方以施展才华的空间,是挽留人才的最好方法

生命因绽放而精彩!

生命中,我们追求财富的获得,但财富仅是我们一个人价值的附庸;我们追求名声,但名声却只是我们能力与人品的一个评价,我们总会不断追问自己,什么才是我们生活的本质,并会因这个问题的不能解答而困苦不堪。到最后,我们才明白,能对今天进行把握,在合适的位置上绽放自己最美的生命力量,展示自己的智慧与才华,也许才是我们生活中最重要的内容。

对于最为卓越的人才,他们不会为一般的名利所限制,他们一般都以寻求自我价值的最大实现为目标,所以对于他们的挽留,给予其施展才华的机会,就变成最为有效的激励方式,也是最强有力的手段。

对于这样的人才,每个管理者都渴望拥有,因为他们身上的智慧已经超越常人的极限,甚至在他们身上会背负着历史的使命,而所有这些,对于企业发展都有着至关重要的作用,这样的智慧,可以让企业获得他人所不能及的掌控能力,这样的使命,可以将企业发展带到前所未有的高度。

作为一个优秀的领导者,他的使命是带领自己的团队,去开创前所未有的业绩,他一定要能突破传统按部就班的观念约束,展现出力挽狂澜的大气与气魄,不拘一格降人才,寻找到最为优秀的人才,并把他们任命在重要的位置上。

舍弃静止，给企业带来激情，舍弃遵从，富有开创的精神，舍弃怯懦，要有迎面而上把握机会的能力，只有在市场竞争中游刃有余，才能最终展现出自己卓越的管理艺术。

拿破仑是法国最为杰出的军事家、战略家，他一生南征北战，取胜无数，战功卓著，创立法国历史上最为辉煌的拿破仑帝国。

拿破仑之所以能取得如此巨大的成功，与他敢于破格提拔人才有着密切的联系，得益于一大批优秀青年将领对他的支持。在任用将领时，拿破仑坚持的原则是，“勇气过人”“足智多谋”“遵循兵法规律与自然法则”，当然最好的一点是“年轻有为”。

拿破仑曾说：“将领就是一个军队的象征，任用年轻将军，就等于拥有了一支年轻的军队，这支军队会有狮子般的力量。”

拿破仑手下的名将马尔蒙，26 岁任炮兵司令，27 岁任军长和炮兵总监；达乌，28 岁，远征埃及的骑兵指挥官；苏尔特，25 岁任准将，30 岁时晋升少将；奥什，25 岁任准将，29 岁任命集团军司令；乌迪诺，34 岁任步兵总监。

除贝蒂埃元帅外，绝大多数都是年轻人，有这样一支军队支持，拿破仑才能实现所向披靡的战争神话。

军队管理中，领导者应该认可有真才实干的年轻人，大胆提拔任用，因为他们有着勇往直前的勇气，而不应该局限于按资排辈，让年轻人的性格变得不再锋锐，渐渐失去活力，因为失去这种力量，军队战斗力会因此下降。

在企业的管理中，年轻人也许没有长者的智谋与深沉，但他们却有着突破的精神与拼搏的勇气，这也许可以成为企业取得突破的关键因素。一个有魄力的领导者，要敢于破格提拔这些有能力的年轻人，越早提拔对企业越有利，也可以使他们在实践中更快成长，可以为企业服务更长时间，带来更大的效益。

对于员工才华的发挥，我们看到今日的有效利用，同时还要有长远的未来发展规划，只有有效地解决好未来这个发展问题，才能更久远地挽留企业的员工，才能让员工在不断的发展中发挥出越来越大的效用。

朗讯科技公司于 1994 年正式成立，总部设在美国新泽西州，是全球最大的通信设备制造商，拥有员工超过 3500 人。

在朗讯的管理思想中，企业能否赢得人才忠诚的关键，在于能否为人才创造机会，他们如果能拥有一个有成就感和自我实现感的职业前途，那么他们自然就会留下来。

管理者深知，人才经常会反省：根据自己的技术、能力、知识、天赋以及理想，在这个组织中是否达到自己应有的成就？现在的工作状况又是否会妨碍自己的成长？这种期望与现实的匹配性表现得非常强烈，不能满足人才的这种需要，往往会失去优秀人才，至少会导致人才献身精神越来越差。

了解到员工的需求，朗讯公司特别帮助员工设计职业生涯，而不是进行消极处理。委派专人，负责询问员工的职业生涯打算，还尽量帮助员工实现。其中一个叫 Rosemary Don 的人，他的职责就是问每位高级职员有何期望，然后制订一个计划帮助他们实现。每一位公司副总都会与高级人才座谈，探讨如何能有利于人才发展。

Don 是位管理行为学博士。作为高级管理人员，她认为，这表明了公司的诚意，也会让员工感受到自己是受到重视的，这些都是金钱所不能解决的问题。

Don 还为人才提供了各种机会，如参与涉外业务、加入业界联合等，这样的目的在于提高人才的业务能力，发挥其创新精神，提高他们的积极性和主动性。这些对企业来说非常重要。

对于管理行为会因每个管理者的认识而呈现不同，如果认为企业和员工双方紧密联系、不可或缺，那在此认识指导下的管理行为，就会有更多的信任与激励手段，为员工争取到最好的发展机会，就是对企业最好的促进，而这也能最大限度地挽留住企业的人才。与其他挽留人才的方式比较，不得不承认这是一种更富有智慧的留人策略。

挽留人才，不是仅仅把所有有用的人才都保留在自己的部门之内。人才没有发挥的空间，也就失去了应有的意义，并且人才只有在展示自己的过程中，才能发挥出积极的效用，否则也不能说重视人才。企业发展需要人才，也为那些卓越的人才提供了展示的机会，舍去世俗的牵绊，承认人才，重用人才，这才是挽留人才的最好方法。

（五）帮员工念好家里那本“经”

战场上每个人，都有奋勇杀敌的勇气，但每个人都会有后顾之忧的牵绊。最为优秀的将领，希望自己的战士能勇猛向前，但是他一定知道要解决好战士的所有顾虑，才能达到这一目的。如果能够认识这个问题，并寻求很好的方法去解决它，那么在战场上，他将获得一支所向披靡的队伍，他的士兵忠诚于他、信任他，并愿意为他施展全部的力量。如果不能认识这个问题，或是不能进行很好地解决，他的属下就会有所牵绊，甚至对自己的将领产生怀疑，若被此种情绪所掌控，那纵使你有百万雄师，也挡不住一溃而散。

商场如战场，领导者所要做的工作与一个将领所担当的职责有很大的相似性，领导者希望自己的下属能全心全意地尽力工作，为公司开创出最为优秀的业绩，就应该解决好他们的顾虑问题，帮员工念好家里的“经”，体现出自己的诚意。只有对上级产生信任，才能无所顾忌发挥出自己全部的力量，否则，在最终效果上就会大打折扣，产生怀疑之后，甚至更会产生消极或是离开的念头。

现实生活中，我们必须吃饭穿衣，在物质需求得到满足之后，人们会更多地追求精神的向往，这些都是我们所要考虑的方面，我们进行工作，投入工作，自然希望能给我们的生活带来更好的改变，如果不能实现这一目的，那也许就失去了他们参加工作最初的动机。

正是在这样认识的指导之下，在领导者的管理之中，更多将下属的福利问题考虑为自己职责的一个部分，并尽其所能地为下属开创出稳定而有利的工作环境，员工在无所顾虑之后，才能将自己全部的精力投入到工作之中，开创出最为有利的业绩内容。也只有这样的工作作风，才能体现出一个领导者远见的眼光与体贴的关怀，将员工与企业紧密联系，寻求双方最为有利的发展可能。

1992年，经过安得鲁飓风后，美国电话公司发现，他们在南加利福尼亚州最为短缺的不是电线杆、电线或开关，而是日间的托儿中心。

原来，许多电话公司野外工作人员都有孩子，当飓风将托儿中心摧毁后，必须有人待在家里照看孩子，最终使工作人员的数量减少，从而影响了工作效率。

当领导者认识到这一问题的严重性之后，积极寻求了解决，招募一些退休人员在这里开办临时的托儿中心，从而将父母们解脱出来，可以投入到紧张的恢复电话网络的工作中去。

如果对应付危机的预案考虑得更为周全，可能会使恢复工作开展得迅速和有效。庆幸的是，最终人们认识到了这个问题，并解决了这个问题，工作得以顺利开展。

有过这个经验之后，美国电话公司的管理者，又在不断寻求更好的方式，去解决员工所遇到的问题，以追求员工工作效率的提高。

在这个案例中，因为员工的家庭问题，影响到了工作的效率，最终通过有效组织，解决掉这个问题，从而使工作得以顺利开展，线路抢救工作得以及时进行。通过这件事情

可以对我们的管理工作形成更多的启示。生活中每个人都会遇到很多的问题,男大当婚女大当嫁,住房问题,医疗问题,生活的娱乐,甚至从精神与文化的角度去寻求对一个人的认可,作为一个管理者,必须去仔细对所有方面都有所考虑,才能为自己的下属创造出一个最为良好的工作环境,也才能让下属在最饱满的状态中发挥出自己的作用。

在中国传统社会中,有着很重的家庭意识与社会伦理观念,他们习惯依赖一个群体,并充分信任,他们也愿意为这个群体付出自己全部的智慧与力量。对于这种情况,有有利的一面,他可以对群体充分信任,也有不足的一面,过分依赖,容易产生性格的惰性。作为一个管理者,必须认识到自己所处社会背景的特点,从而进行有效利用,解决好员工的后顾之忧,让员工对企业产生充分的信任,以形成有效的稳定性,同时又通过有效的激励,使员工的工作充满激情,这样才能取得最好的效益,也显示出一个管理者卓越的水平。

1920 年,经济不景气,很多工厂或停产或倒闭,但松下公司并没有为此遭受损失,反而获得有效的发展,它所依赖的就是员工的充分信任。

对付经济危机,松下有自己的一套道理:越不景气,就越要放宽银根,扩大生产,扩大就业。针对经济危机,松下的意思是:"生产额减半,员工不许解雇。开工时间减为半天,但员工的薪资全额给付,不减薪。不过,员工必须全力销售库存产品。用这个方法,先渡过难关,再静候时局转变。"

"不解雇员工,既然开工半天,就该减半薪水,员工不会有意见。"有主管这样建议。

"半天工资损失是个小问题,使员工要有以工厂为家的观念才是最重要的。所以任何员工都不得被解雇,也不能让他们的收入减少。"松下给出了十分肯定的回答。

听到松下的指示,人们无不欣喜,人人奋勇尽力,拼全力销售工厂库存的产品,优秀的人才得以全部保留。

松下的招法果然灵活。员工倾力推销,产品不仅没有滞销,反而造成产品旺销不能供给的局面,创下销售纪录,在世界经济危机中,别人工厂纷纷倒下,而松下,继续兴建第四、第五、第六工厂!

松下公司有着自己独特的企业文化,他非常强调"家"的概念,更愿意把自己的员工看成是家庭的一员,得到大家的信任,也为这个群体努力奋斗,正是在这一理念的指导之下,松下公司采取积极的策略面对这次危机,而不是产生消极的逃避,最终所取得效果也非常明显。

员工与企业关系的处理，是舍与得之间的一道美妙平衡，作为优秀的管理者，一定要能看到自己的投入与产出之间的联系，舍弃掉狭隘与局限之后，也许就可以从更高的角度去看待彼此的关系，从而进行更为长远的掌控，这样他对管理活动的影响，就会更为深远，也就更为显著。

（六）发自真诚地去挽留人才

人生最难就在真诚。

真诚并不是完全无所顾忌地表达出自己的想法，而是在尊重对方的前提下，去体贴对方，考虑对方，提出自己最为恰当的意见。若我们能感受真诚，就会如同一道打开的闸门一般，寄托信任，也有更多才华与精力的施展；若没有真诚，那么彼此的怀疑可能会让人们的交往有更多的反复与试探。正因为真诚如此重要，我们在生活中，才会耗费一个人全部的智慧，去寻找真诚的可能，并以最恰当的方式表达出我们的诚意。

当今社会之中，要做到真诚就显得更为艰难。

社会文化发生变革，传统道德体系有所破坏，利益因素充斥人们的生存空间，对于真诚，人们有更多的怀疑，对于真诚，人们有更多的得失考虑。也许正是因为这份难得，所以才显得越发重要，一份真诚的展示，在现代社会之中，更能够发挥出璀璨的光芒。

作为领导者，必须有一批忠诚的下属，而下属的忠诚又从何换来？换句话说，怎样才能使自己的下属在工作中忠于自己？

忠诚要以“诚”心来换，俗话说“心诚则灵”，领导者要有着“既纳之，则安之”的气魄。大胆任用和信任自己的爱将，不对他们产生怀疑，委以重任，并能为对方有所考虑，“若要人敬己，先要己敬人”，当领导者能真心实意地对待自己的下属时，就建立起了彼此的尊重与联系，纳才也就成功了一半。

在每个公司，管理者一定要避免“身在曹营心在汉”的情况出现。而这种情况出现的原因就在于下属不能再感受到来自群体的信任，在内心已开始偏向离开，而这样的结果是非常可怕的，或者仅仅维持表面的停留，又或者直接选择离开，投奔到自己所向往的群体。而来自领导的真诚，显然是解决这一问题的最好方式。

明君是一家保险公司的业务经理，他从事这个工作已经有6年了，他所带领团队的

业绩一直是全公司最好的。

别人问他管理的秘诀是什么?

他笑笑回答说:“没什么秘诀可言,即使有也是广为人知的。我所用的管理方法是自己以身作则,带领下属做别人不愿做、做不到的事。我们给顾客承诺是全天24小时服务。我做到了言行一致,以这样的方式表达出我们的诚意。”

一天午夜12点,他的手机响了,他接通了电话,对方没有声音,一分钟后,电话挂断了。凌晨2点,他手机又响了,他再次接通电话,对方依然没有声音,一分钟后,挂了。凌晨4点钟的时候,他的手机又响了,他接通电话,对方没有声音,一分钟后,依然挂断了。早上6点,天刚蒙蒙亮,手机又响了,明君仍然热情地问:“请问您是哪位,有什么事需要我帮忙吗?”对方迟疑了一下,挂断了电话。

上午在办公室10点钟的时候,接到一个电话,“我已经准备好一张20万的支票,请带好你的保单过来洽谈吧。”这就是那个在午夜打电话却不说话的人。

保险行业是最为变化繁杂的行业,因为各种项目繁多,所以它本身就是一种对风险与收益的平衡,在这样的环境中,真诚就显得更为艰难和不易。也许正是在这样艰难的环境中,就越能显现出这一品质的宝贵,并最终会带来更为有利的效果,正如深夜的电话一般,每次的烦扰,都是对态度的考验,而明君以他的真诚赢得了客户的信任。明君自己是这样做的,他也是这样去带领自己的员工的,也许这就是他们能取得公司最优秀业绩的秘诀所在。

比尔曾经说过这样一段话:“对商业道德的认真思索,会使人们从中受益。那些认为人就应该剥夺他人来获取利益的人,他们的观念是不诚实的想法,我们的社会真正所需要的是正直诚实的商人。”

关公与刘备被打散,张辽劝他投降曹操,带甘、糜二夫人暂时屈居曹府。曹操爱惜人才,“小宴三日,大宴五日;又送美女十人,使侍关公。”

关公与曹操有约在先:“但知皇叔去向,不管千万里,便当辞去。”

袁绍当时进攻白马,关公想报答曹操的知遇之恩,倒提青龙刀,跑下山来。斩了袁绍的大将颜良、文丑,此时曹操心里更加敬佩他。

关公听说刘备在河北,就要投奔,到丞相府拜辞,曹操在门口挂出“回避牌”,第二天依然回避,只为能挽留关公。最终关公将受封的银子封好,放在库中,将汉寿亭侯印挂于堂屋中,护送二夫人出北门而去。

得知此事,曹操不由感叹:"关羽不忘故主来去明白,真是大丈夫!"

程昱认为放走关羽,是为后患,建议追上关羽,将他杀死。曹操爱惜人才,未有应允。对张辽说:"云长封金挂印,不为利动,不为名移,吾深敬之。他去不远。我结识他做个人情,请住他,待我与他送行。"

曹操追上关羽,送与路费,关公推辞不受。

曹操笑道:"云长天下义士,恨我福薄,不得相留。锦袍一领略表寸心。"令一将下马,捧过战袍,关羽恐中有诈,不敢下马来领,用青龙刀尖挑锦袍披于肩上,称谢一句离去。

曹操敬重关公,一心想挽留身边,对方执意离开,也未有强留,并未采取以绝后患的策略,为他送行,馈赠路费,即使过关斩将,曹操还是不予计较和追究。曹操虽不得关羽,却获得求贤若渴、爱惜人才的名声。而这一切都是以真诚换来,相信必有更多人来投奔,这才是他后来成就霸业的根基所在。

情感是最难捉摸的东西,现代社会的快捷变化,并没有让它在社会中显得黯然失色,而是更多赋予宝贵与珍惜的内容,维护一份情感,展示一份真诚,在生活中就显得更为难能可贵。有效利用这一重要的人际影响因素,当员工能感受到来自领导的情感时,必然会产生心理的一份认可与依赖。

(七)以情动人,留人先要留心

"不是血肉的联系,而是情感和精神的相通使一个人有权利去援助另一个。"这是柴可夫斯基的一句名言。

在《心理学大辞典》中对情感是这样解释的:"情感是人对客观事物是否满足自己的需要而产生的态度体验。"虽然有些太过生硬,不易理解,但却能反映出情感在生活中所产生的作用,情感可以影响一个人的态度,而态度又可决定我们的行为,即使今日社会主题发生转变,但依然不能改变情感的存在与所发挥的作用。

俗话说"晓之以理,动之以情",这是群体之中,人与人交往的一种重要手段,明白共同的道理,得到对方情感的认可,才有进一步接触与开展工作的可能,而这更是我们开展管理工作所不可或缺的重要依凭。

今日生活中,每个人都围绕物质利益而旋转,但每个人都是有精神与情感的个体,除了基本物质需要外，还有获得情感的关怀和激励的需要，作为领导者，必须认识到这一情况，并寻求有效的方式进行激励，才能充分发挥出下属的能力和作用。

作为优秀的管理者，情感可以成为他们最为有效的武器，认识情感，把握情感，以最为适合和有效的方式，去使员工的情感得到寄托，有这份信赖与依托之后，才能保证企业的人才最稳定地停留在自己的公司，而这也是自己管理中卓越的掌控能力的最好证明。

俗话说"士为知己者死"，有这份情感缅怀，相信任何人内心都是一份信任与坚持。

管理之中，当利益于事无补的时候，情感也许可以成为最有效的一个管理手段，甚至有些关键时刻，必须依靠这一方式，才能使双方获得最好的发展，而这也是管理的艺术性体现。

1815年拿破仑从流放地厄尔巴岛回到法国。鲁伊听到消息后，向路易十八请战："我要把拿破仑捉住，装到囚车里带到您面前。"路易十八批准了，但刚到半途，他的士兵便跑掉了大半。

最后在奥萨路，他遇到了拿破仑，出人意料，拿破仑没有痛骂他的背叛，提到此事时，打断了他："那时候的事，我都忘了，只知道鲁伊是个难得的人才，他是'勇者中的勇者'……"

鲁伊是拿破仑一手提拔的战将，他想到拿破仑以前对自己的种种恩惠，见自己犯了错误，依然并不责怪他，感激莫名，跪倒在了拿破仑的脚下。

当天晚上，拿破仑又召见了鲁伊，以真诚和求贤若渴的态度，邀请他参与自己东山再起的计划，拿破仑的真诚让鲁伊誓死为拿破仑效命，成了拿破仑"百日王朝"的忠实的支持者和追随者。

拿破仑是个聪明的管理者，他认识到鲁伊对于自己成就事业依然重要，他最终动之以情，使他获得了再次的信任，并为自己成就事业做出最大的支持。作为聪明的管理者，总会应用好感情这种方式，在最恰当的时机，在考验彼此信任的时刻，能展现出自己超人的气魄与度量，给对方情感以慰藉，而获取这份难得的认可。

其实历史故事中，还有很多这样的内容，楚霸王当年所以能"破釜沉舟""背水一战"，并取得成功，就在于他所招人马全都和自己有生死患难的交情，愿意同自己出生入死，真正体现出"士为知己者死"的气概，而所有这些正是依靠项羽本人的一片真诚才能换回。

在日本企业的管理之中，非常注重企业文化的建设，他们总是费尽心思去营造一种友好、互助的氛围，让员工有归属感觉。在这一环境之下，员工才能产生出充分的信赖，并展现出全部的实力。

（八）自身实力是挽留人才的最强保障

“桃李不言，下自成蹊”。如果桃李有芬芳的花朵、甜美的果实，即使不会说话，但仍然能吸引许多人到树下赏花尝果，以至于在树下自然走出一条小路出来。这个成语常常用来比喻一个人做了好事，不用张扬，也会为大家所认可，不过放在这里显然也可以从另外的角度进行理解，如果一个人拥有良好的人品与能力，自然会吸引更多的人与他为友，如果一个企业拥有卓越的能力与社会地位，那社会中的人才，也就会自然而然地归拢到他的帐下效力。

挽留人才是一个领导者所必须面对的工作，对于这一任务，领导总是会想尽各种可行的方法，无所不为其用，以求企业能有最好的发展可能。在所有方式之中，自身实力的展现，也许是其中可以充分考虑的方式，并不需要花费更多口舌的介绍，也不需要设定各种严密的合同进行限定，让他人看到一个光明而广阔的前景，那相信这样的机会对任何人来说都会成为富有魅力的吸引，所为梧桐引得凤凰来，择良木而栖，各路人才，必然会聚周围，也为企业发展提供更多的帮助。

企业的实力展现，是一种综合性评判，这其中包括有：企业产品的市场率，企业自主技术研发能力，企业管理的效率与文化，企业未来发展与公司规模扩张的可能，只有那些最有实力的企业，能够经受住时间的长久考验，才能获得这份社会的认同，也往往能吸引和挽留最为优秀的人才。

美国百事可乐公司产品在国际市场上长盛不衰，畅销全球。

该公司总裁卡恩·卡洛维在接受采访时，谈到他如何取得这一成绩，他的回答只有一个字：人。他的下属无一不是这个行业里最为优秀的精兵良将。

而关于他所能获得这样一支奇兵队伍，他认为自己所依赖的，就是百事可乐公司的赫赫名声。

公司的每一个下属都以能为这样的公司服务而感到自豪，他们认为自己与众不同、感到自己比别人更为优越，在这样的公司工作，必须更加努力，才能维持自己的这种认可。

公司规定,下属凡是外出,一律要住五星级宾馆,乘飞机要坐头等舱。对此,公司总裁卡恩·卡洛维是这样解释的:"我们是第一流的公司,下属当然也是第一流的,第一流的公司,当然应该享受第一流的服务,否则,会挫伤我们员工的工作积极性。"正是这两个"第一流",吸引着千千万万的优秀人才都希望能加入百事可乐公司,并愿意全心努力。

优势感,是一个很容易被人们忽视的因素,但它所产生的效用对领导者来说却是巨大的,充分认识它,并有效利用它,也许能使自己的事业"百尺竿头,更进一步"。

百事可乐公司是全球知名公司,在人们的意识中会认为,最好的公司,往往会有许多的发展机会,也可以最大程度地发挥出一个人的价值,正因为如此,人们纷纷愿意寻求这样的机会为自己提供发展的平台。百事可乐公司也这样做了,两个"第一流",正是最好的证明,在这样的氛围中,吸引到最优秀的人才,也发挥出最卓越的才华,在他们的推动下,企业自身也依然向不断的高度迈进。

冯景禧于1969年创办香港新鸿基证券有限公司。该公司在香港证券市场上,占有30%的比例,公司年赢利额达数千万元。冯景禧个人财产更是达数上亿美元,成为称雄一方的"证券大王"。

但新鸿基集团并不以拥有巨额资产为荣,他却认为自己最宝贵的资源,是拥有一大批有知识、有能力、有胆量、善于把握时机、敢于接受挑战的人才队伍,正是凭借他们,自己才能在市场中取得这么卓越的成绩。

为什么如此多人才愿意加盟新鸿基集团并努力工作呢?

执行董事谭宝信对这个问题是这样介绍的:"在冯景禧的管理之下,集团形成一股难以形容的奇妙力量,就是企业的文化,这是企业的实力所在,正是企业的这份魅力,吸引源源不断的人才加盟到这个集体中,并为这个集体的成长与发展,努力奋斗。这样的气氛能激发下属的创造性,在这里工作,肯定比其他机构能取得更大的成功。"

集团中的文化氛围是一种家庭式的工作氛围,在工作之中,下属觉得如此亲近、温暖,吸引大家非常愿意到这里工作,也乐于在这样的企业中奉献自己全部的力量。

新鸿基集团的实力就在于自己的企业文化,在这一文化氛围的影响下,使公司的管理者和下属融为一体,对内有一种无与伦比的凝聚力,对外有着极高的吸引力。而这对公司获取人才,以及公司的发展都具有不容忽视的作用。

每个企业都有自己不同的情况,我们的实力可能隐藏在不同的方面,新鸿基的管理文化是自身的实力,那我们也可能拥有技术的优势,或是市场的广大,又或是我们的管理效率,或是我们未来的发展可能,只有我们自己首先认识到自己的优势所在,并不断拓展自己在这一方面的差距,才能吸引到最为优秀的人才,为企业发展提供最大的推动力。

(九)如果真不能挽留,不如放手让他走

对于每个人来说,放手并不是一件容易的事情,一段情感,或是一个目标,都不是容易放弃的。

一段情感,意味着一段美好的姻缘,放手之后,自己只有痛苦的回忆与寂寞的感触;一个生活的目标,总是寄托有太多自己的期望与努力内容,如果放手之后,自己又必须寻找前进的方向。正是因为放手不易,所以人们紧紧抓在手中,但是这样的延续,却也不会产生任何有利的结果。

如果已是缘分不在,那就坦然放过,也许可能会感到痛苦一时,但却因此可以给自己一个走出的机会,还可以寻找明天的可能,如果只是让自己陷身在今天的旋涡中,不能自拔,不会有任何的改观,还会因此失去明天的可能。

优秀的人才,对企业来说,何其宝贵。正是因为认识到人才的作用,我们才会进行极力挽留,并不允许人才有任何离开的可能。也许正是这份态度的压迫,却使得人才失去自由的空间,开始产生反感的情绪,最终恶性发展,直至双方关系破裂。

当企业寻觅到优秀的人才时,我们尊重人才,双方彼此信任,提供最为充分的施展空间,发挥他们的效用,为企业发展提供最大的推动力。当一天双方感到不再适应,需要离开时,我们也不会太多挽留,表现出我们挽留的诚意,仍然不能协调之后,我们就快乐分手,也许明天我们还有相遇的可能。

如果我们已经尽了所有可能,也许这份坦然的心胸,却可以赢得彼此尊重,如果只是谨慎不放手的话,恐怕就不会有什么好的结果。

关羽在张辽的劝说下投奔曹操,曹操爱惜人才,极力挽留,三日小宴,五日大宴,并许以财富美女,但最终依然不能打动关羽,还是决定离去。

在关羽离去后,身边谋士程昱献策,放走关羽,必为日后大患,建议追上关羽,将他杀死。最终为曹操拒绝,他钦佩其才华,放手让他离开自己的地界,甚至过五关斩六将也不

为记恨。

二人日后果又相遇，赤壁之战后，曹操大败，败走华容，在这里又遇到关羽，才有"关云长义释曹操"的典故发生。

在关羽当初离开时，程昱的建议是可以为大家所理解的，既然人才不能为我所用，我又何必让你日后成为我的阻碍，他考虑的初衷是，杀掉他，让人才不要成为自己潜在的敌人。对于这一建议的否定，正体现出曹操作为一个管理者的气度与智慧，他爱惜人才，不忍害之，心中更多的是对他的一份尊重。也正是这一策略，给日后的自己留下了一条出路，在华容道，自己落难之时，又是关羽对自己的义举，才使得自己有延续的可能。

在人们的传统认识中，似乎一个人的离去，总是因为某些问题的发生，才导致双方不欢而散的结果。因为离去而不再信任，因为不再信任也会最终离去，而忽略了离去还有其他更多的理由，而对于信任我们也有再次建立的可能。对此，我们要舍弃这种陈旧的观念，看到现在更多的是市场运作方式，劳资双方完全可以在这里寻找最为匹配自己要求的机会，当有一天互相不再适应时，我们又会去寻找新的出路，而不会有情感的纠缠与信任的决裂。

俗话说"强扭的瓜不甜"，勉强留下的人才，也不会发挥最强的效用，不如让对方坦然离开，也许我们总有一天还会再次相遇，而那时却可以彰显出一个领导者卓越的气魄与长远的判断。

张强是一家机械公司的总经理，他为自己手下没有优秀的销售人才而发愁，前任的销售经理，因为业绩不理想，最终离职，他又在寻觅新的人选。

这时一个叫李梅的人，出现在了张强的办公室，她是美国 MBA 硕士毕业，有着 3 年的国际市场机械产品销售经验，性格坚毅，做事非常富有效率，张强敏感地察觉到他找到了那个最为合适的人选。

李梅上任后，果真没有让他感到失望，她制定了各种销售策略，积极开拓市场，建立最有效的竞争薪酬机制，业务成绩连年翻番，在行业内形成不小的影响。对此，张强感到非常满意，他希望李梅能继续待在公司，为公司做出贡献。

不过，两年后，李梅还是决定跳槽，因为她看重了一家美国国际机械制造公司，认为在那里可以更充分地展示自己的才华，因此她决定离职。不过她没有鲁莽地表达自己的意愿。

先是培养出自己的下属作为自己职位的接替者，让他熟悉各项工作的开展，并有足够的能力驾驭好这份工作，然后在适当的时候，与总经理张强进行坦诚地交流，说明了自己离职的原因，并告知他工作交接的准备。

最终，虽然张强很无奈，但还是接受了这个结果，李梅也得以顺利离职，并且他们还因此成了朋友，在业务上有效开展一些合作。

李梅为自己的离职，做出了充分的准备，她准备好了后备人选，使他能接替自己的工作，避免给公司造成任何的损失，他以恰当的方式表达出自己离职的意愿，并让对方最终接受，最后她完全良性地处理好自己这次离职的行为。

在管理中，处理人才的离去问题总会成为最为棘手的问题，处理不好，双方甚至会撕破脸皮，大打出手，最终结果，两败俱伤，也没有任何的信任，完全忽略掉过往的合作与信任。一个优秀的领导者，能够站在更为高远的角度去看待自己所面对的问题，人才宝贵，但人才的离去也是不可避免的，双方如果真的没有合作的可能的时候，就应坦然让对方离去，舍弃自己留恋的情绪，也放弃一些更为强制的方式，最终彼此还能保留一份信任，还可以乐观对待再次的相遇。而这也体现出一个领导者，具有深远的考虑与卓越的管理艺术。

（十）该留的留，该走的及时请他离开

正如人生有来有去，如果总是纠缠曾经的逝去，想要极力挽留，那对人对己都不是明智之举，因为这份纠结，而缺少生活的洒脱。

生活就如同流水一般，如果只没有保留，而没有宣泄，缺乏有效流动，最终只能成为一潭死水，失去应有的活力与激情，只有在时间的腐朽之中去度过每一天。

我们的身体因为血液的流动，才使我们充满活力，因为每天养分的补给，才能使我们的精力充沛，书写生活的内容，展示出生命的精彩。

企业管理之中，也是同样的道理，员工就是它的血液，员工的能力就是企业所具备的力量，我们要不断保持血液的新鲜，才能使团队充满活力。同时，使我们的血液有效流动，才能把对身体有害的毒素排出体外，保证身体的每个功能运转正常而不产生阻碍。

在企业的管理之中，要时时对员工的工作能力与情况进行及时的考核，对于不符合标准的员工，要及时进行培训和教育，如果最终依然不能胜任这份工作，那只能进行适当

的调动，甚至是辞退，让他去别的行业或公司寻找对其更为有利的发展。对于不符合要求的员工，千万不能进行太多的迁就，影响自己工作的有效运转不说，可能也会让对方寻找不到最有利的方向，对于双方都没有益处。

在我们辞退员工的过程中，一定要多给一些包容，尽量以婉转的方式进行。尽力给予员工更多的机会，使他可能找到适合自己的角色，在辞退中，也要注重方式方法，以最恰当的方式表达自己的意见，在尊重对方，彼此信任的基础上，去再次寻找适合自己的角色。

IBM 中国公司每年都会进行一次绩效考核，考核结果分为一、二、三、四四个等级，四等为不合格。

若某位员工考核被评为四等，也并不会马上被“炒鱿鱼”。

对不合格的员工，IBM 会进行具体分析，看是态度问题，还是能力问题？并据此提供有针对性的帮助，并提供给予改正和提高的机会。在 IBM 中国公司的管理中不能容忍员工犯两种错误：一是违法；二是违背职业道德。如果有人敢“越雷池一步”，那就只好请他“干脆走人”了。

西门子也提供同样允许员工犯错误的机会。

西门子管理会提出这样一个口号：员工是企业内的企业家。这句话并不是空洞的，而是渗透在管理的具体细节之中。

在西门子，员工有充分施展才华的机会，工作一段时间后，表现出色，都会被提升，如果本部门没有空缺，也会被安排到其他部门。优秀员工可以根据自己的能力和志向，设定自己的发展轨迹，一级一级地向前发展。

对于那些一时不能胜任工作的员工，西门子也不会将他们打入“另册”，而是在尽可能的情况下，提供一些更换岗位的机会，让他们进行更多的尝试。许多时候，这些不称职的员工通过调整，就找到了自己的位置，最终干得与别人一样出色。

员工的考核与调整，是管理工作中必须进行的内容。对于人才，我们尊重和挽留，对于不符合职位要求的员工，我们也会进行及时的调整，以保证我们组织具备应有的效率。在对那些不符合职位的员工处理的过程中，一定要更多赋予他们尝试的机会，帮助他们分析原因，寻找对策，以提升自己工作的能力与水平，同时给予他们更多尝试的机会，不断去寻找最为符合自己特点的工作机会与角色内容。

对于那些最终选择离职的员工,同样也要注重方式与方法,理性看待离职,双方也去寻找最为适合自己的沟通方式。

我们一般辞退员工会有三种合适的方式。一、因业绩不好需要辞退员工;二、因公司效益不佳辞退部分员工;三、建议性辞退,让员工知难而自退。对于每种情况,都要选择合适的方式,让他的主管告知工作的情形与自己状况的差距,或者让大家看到公司经营状况的不利,认识到辞退员工的原意,又或是借助他人旁敲侧击,让他明白公司的不满,从而自己能主动选择辞职。只有方式恰当,才能保证此项工作的顺利完成。

在辞退的过程中,还要注重多种方式的灵活使用。给予员工另行选择的机会,比如其他的部门或者是较低一些的职位,给予空间,就不会让员工感觉到辞退难以接受。有意让别人“挖”走他们,透露一些别的公司对他感兴趣的信息,在这样的暗示之下,促成对方主动地离开。同时,还可以使用“明升暗降”的策略,对于确实不能胜任公司任务的员工,而这一职位又承担着重要的作用,那我们不如给予一个名誉的提升,使他离开这样的职位,从而保证企业运转得顺畅。

在对人才的管理过程中,我们重视人才,尊重员工个性,但我们也要能及时对不符合要求的员工进行处理,舍弃自己的懈怠,舍弃一份情感的不忍,以理性去看待企业的运转与效益,才能使自己的人才管理工作完整。同时在辞退员工的过程中,要更多包容对方,提供更多尝试机会,注意恰当方法的使用,最终才能使辞退工作圆满完成,企业也获取应有的效益,也只有这样才能体现出自己所具有的高超的艺术性。

寻找人才,挽留人才,是管理者最为重要的职责之一。优秀的领导者,必须要分析清楚当代管理的形式,看清楚人才的作用,从而为自己挽留人才工作奠定坚实的基础。珍惜人才,把握人才,给人才施展以充分的空间,同时,还要能解决好人才的后顾之忧,发自内心地去对待人才,展现出企业自身的实力,平淡看待人才的离去,掌握这些内容,相信必然会对人员的去留工作提供很大的帮助。

面斥佞臣

唐太宗

宇文士及

面斥佞臣①

【历史背景】

明代政治家、大学士张居正在引述了这个故事后评述说：孔子有句话说，“恶利口之覆邦家”。意思是说：憎恨亡国败家的能言善辩之徒。孔子又说过：“远佞人。”意思是说：要远离那些惯用花言巧语献媚讨好的人。有些人专门窥伺人主的意思，巧于奉承，哄得人主心中高兴，于是就会颠倒是非，混淆黑白，残害忠良，报复仇怨之人。就像古代的费无忌、江充之流，把人家君臣父子都离间了，最终使骨肉相残，国家倾败才算结束。所以圣人对此深以为戒，就好像不饮毒酒，又好像逃避蛇蝎一样不敢接近佞人。唐太宗当面斥责宇文士及，真可谓正派之举。但遗憾的是最后还是没能让他离开朝廷。从这一点而言，唐太宗能称得上是圣明之主吗？当然，佞人是很难识别的。不过有一条原则：只要他平日肯直言忠谏的，就是正派人；平日好阿谀奉承的，就是佞人。用这个方法去辨别，就不会搞错。

宇文士及字仁人，隋朝右卫大将军宇文述的儿子，宇文化及的弟弟。隋朝的时候，李渊曾任职殿中少监，宇文士及作为他的部下，是支持李渊起兵反隋的人之一。李渊曾经说：“此人(宇文士及)与我言天下事，至今六七年矣，公辈皆在其后。”从这句话中我们就可以知道宇文士及在唐朝的地位了。

唐朝初期，宇文士及战功赫赫，是秦王府的旧臣，任骠骑将军。“玄武门之变”以后，李世民成为太子，宇文士及任太子府詹事，管理府内的一切事务。太宗即位后，宇文士及任右卫大将军，每天跟随李世民。宇文士及死后太常寺为其拟的谥号是“恭”，但有人指出宇文士及生活奢侈.过于浪费，缺乏勤俭的美德，于是最终定谥号为“纵”。谥法中解释说：“败乱百度曰纵，怠德败礼曰纵”，从中可以看出这是一个具有很大贬义的谥号。

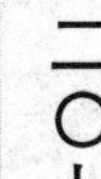

魏徵曾经劝谏唐太宗说：“陛下一定要远离善于用花言巧语谄媚的佞臣。”在这个问题上魏徵总是要经常劝谏，反复陈说。但是谁是佞臣呢，唐太宗始终没法分清。后来有一次，太宗称赞一棵树的美好，宇文士及就在旁边一起称赞，受到了太宗的斥责，并非常严肃地批评宇文士及说："魏徵经常提醒我要远离那些善于用花言巧语迷惑人的佞臣，但我一直没有弄清楚谁是这种人。以前我也曾经怀疑过你，只是没有证据下这个定论。从今天这件事来看，你宇文士及的确是个佞臣。"

【原文】

唐史纪：太宗尝至树下，爱之，宇文士及[②]从而誉之不已，太宗正色曰："魏征尝劝我远佞人，我不知佞人是谁，意疑是汝，今果不谬。"士及叩头谢。

【张居正解】

唐史上记：太宗一日退朝之暇，曾闲行到一树下，见其枝叶茂盛，心颇爱之。是时宇文士及在旁，要阿奉太宗的意思，就将那株树称誉不止，太宗觉得士及是个便佞的人，心里厌他，因正色面斥之，说道："往日魏征尝劝我斥远佞人，我不知今朝中哪一个是佞人，但心里也疑是你，自今观之，一树之微，何足称誉，其曲意承顺如此，所谓佞人，非汝而谁，平日所疑，果不谬也。"士及惶恐叩头谢罪。尝观孔子有言曰："恶利口之覆邦家"[③]，又曰："远佞人。"[④]盖便佞之人，专一窥伺人主的意思，巧于奉承，哄得人主心里喜悦，就颠倒是非，变乱黑白，贼害忠良，报复仇怨，如费无忌[⑤]、江充[⑥]之伦，把人家君臣父子都离间了，终至于骨肉相残，国家倾败而后已。是以圣人深以为戒，如饮鸩毒，如避蛇蝎，不敢近他，如唐太宗之面斥宇文士及，可谓正矣。然终不能屏而远之，则亦岂得为刚明之主哉。然佞人亦难识，但看他平日肯直言忠谏的，就是正人，好阿谀奉承的，就是佞人，以此辨之，自不差矣。

【注释】

①此篇出自唐刘悚《隋唐嘉话》，并见《资治通鉴》卷196，唐纪12，贞观十六年。记唐太宗批评宇文士及阿谀奉承的故事。

②宇文士及（？~642）：字仁人，雍州长安（今西安）人，宇文化及之弟，尚隋炀帝女南

阳公主,降唐后武德时任中书令,后任凉州都督、蒲州刺史,终殿中监。

③《论语·阳货》:"恶利口之覆邦家者",厌恶那些能言善辩而毁灭国家的人。

④《论语·卫灵公》:"放郑声,远佞人。"放弃淫靡的郑国音乐,远离巧辩谄媚的人。

⑤费无忌:春秋时楚国大夫,以善谗闻名。伍奢吴尚父子即遭费无忌之谗而被杀。

⑥江充:西汉邯郸人,字次清,以告密得见汉武帝,任绣衣使者。因与戾太子据有隙,乘武帝有病,诬告太子以巫蛊术谋害武帝,导致武帝发兵击太子,太子兵败自杀。

【译文】

唐史载:一日,唐太宗趁退朝闲暇,信步来到一棵树下,见其枝叶繁盛,不由心生爱意。是时,佞臣宇文士及在旁,明了了太宗心理,于是对那棵树称誉不已。唐太宗知道宇文士及是个佞臣,又听他阿谀之语,心中十分厌烦,于是太宗态度很严肃地说:"魏徵曾劝我远离佞人,我不知道佞人是谁,心里也怀疑是你,今天果然不错。"宇文士及叩头认错。

【评议】

人性是有弱点的,那就是都爱听赞美的话,而讨厌听到批评自己的话;都愿意重用和自己关系好的或者是与自己的观点一致的人,而拒绝任用和自己关系紧张或者是与自己观点相左的人,就好像我们平时所说的那个成语"党同伐异"一样。所以一些奸佞的小人就会利用人的这个心理弱点,尽花言巧语和阿谀奉承的能事来取悦于人,为自己谋取利益。宇文士及这个人在历史上也可以算是有能力的人了,但这个能力恐怕是要打上双引号的。宇文士及在隋朝的时候就是隋炀帝手下的红人,当投降了唐朝之后,又和唐高祖李渊极其的亲密,所以唐太宗才会在以往的日子里对他产生怀疑,但太宗在盛赞这棵树的事情上,就把宇文士及的那副嘴脸看得很清楚了。虽然如此,宇文士及也是一个极其有才华的人,即使是圣明的唐太宗也不能够对他采取合适的理由远离。在我们日常的生活当中,这样的人是非常多见的,或许我们还认为这样的人就是自己的亲信或者是密友,但是这样的人能够真正地信任吗?看到这个故事以后我们就要好好地思考一下了。

【镜鉴】

一、莫听蝇咬惑曙鸡

——勿喜奉承

法国格朗热说:“我们明知道谄媚是毒药,但是它的芬芳仍然使我们陶醉。”面对特别恭维你、拍你马屁的人,不可轻信,不要轻信他也同自己一样善良,千万不要陶醉,要升起你的警戒网,和他保持距离！正如英国作家约·盖伊所言:“要蔑视一切阿谀奉承,因为谄媚是一切罪恶的保育员。”

古代之媚臣大行其是的普遍现象,早已一去不复返了。然而逢迎拍马、趋炎附势者在官场上仍不鲜见,应当引起我们的重视。

在上司面前,不顾及自己人格,或献拍马之言,或做献媚之事,或指控别人“过失”,进而换来一点蝇头小利,名之曰“一脸忠贞学”。

官场上有个“官周率”,是春秋时期魏公子牟总结出来的。大意是,有权就有势,有势就有人阿谀奉承、送礼行贿,收礼、收贿多了就必然骄奢淫逸,骄奢淫逸就必然犯罪,而罪大恶极者必然走向不归之路。是不是可以这样说,为官者欲跳出“官周率”,应从拒绝阿谀奉承开始。

如果一个人升官得势后,太把自己当回事,喜欢阿谀奉承、“众星捧月”,以被人追捧为荣,就可能跌跤子。

有篇妙文描述了拍马屁的媚态和特技表演——一文士死见冥王,王忽撒一屁,士即拱揖进词曰:“伏惟大王,高耸尊臀,洪宣宝屁,依稀丝竹之音,仿佛兰麝之气。”王大喜,命牛头卒引去别殿,赐以御宴。至中途,士顾牛头卒曰:“看汝两角弯弯,好似天边之月;双目炯炯,浑如海外之星。”卒亦喜甚,扯士衣曰:“大王御宴尚早,先在家下吃个酒头了去。”

奉承、拍马屁绝不是一件容易事,会累心费神,低三下四,有时还要毅然决然地做大勇者,有时弄不好还要倒霉。

《现代厚黑学》记载,北齐时期,有些人为升官发财而不知耻辱,有一个小官,曾经参见和士开,正碰上和士开生病。医生说:“大王的伤寒十分严重,吃药没有效,应该喝陈粪。"和士开面有难色。这个小官说:"这种药很容易喝,大王不要疑惑,让我为大王先尝一尝。"端起碗来一口气喝了下去。

据说,杭州府一官员起草《贺表》中有"光天之下,天生圣人,为世作则"之句,很让当过和尚的朱元璋愤怒:"'生'者,僧也,此乃骂我曾经为僧;'光'则秃也,说我曾是秃子,'则'似乎隐喻'贼',大抵是我做贼的经历。"这位官员因拍马屁而遭遇横祸。

历史上无才却被宠而拜官封侯,其原因或因美貌,或因谄媚。其结局如何"用"?明代洪应明所言:"谗夫毁士,如寸云蔽日,不久自明;媚子谀人,似隙风侵饥,无疾亦损。"

《左传·宣公二年》载,晋灵公是一位荒淫暴虐的君主,因赵盾屡谏,派屠岸贾杀他。赵穿是晋灵公的姐夫,与赵盾同族。他让赵盾暂避一时。赵穿见晋灵公假意说,赵家人有罪,请罢我的职,再治我的罪。晋灵公以为赵穿真诚,说赵盾事与你无关。赵穿又投其所好,让晋灵公及时行乐,多选美女,建议灵公命屠岸贾到民间选美。

支走了屠岸贾,赵穿又劝说晋灵公到桃园游玩。又说,为了安全,为晋灵公挑选卫士。灵公很高兴。在晋灵公吃酒时刺杀了他。不久赵盾回来主持国政。

有的人在有权有势的人面前像个狗,在下级和百姓面前是个狼。其"官经"用一句话概言之,亦即"宦官式的思维"。

邓通是蜀郡南安县人,从事划桨行船的营生,没有治国安邦的本事,只靠向汉文帝献媚来往上爬,竟然大红大紫,飞黄腾达,无功而官至上大夫,赏赐数十万钱。

文帝和邓通的相遇颇具戏剧性。据《史记》载,汉文帝梦见自己往天上攀登时,有个黄头郎在后面推了他一把。后来文帝按图索骥,发现邓通和梦中的那个人很相像,于是邓通深受文帝宠爱。

一次,文帝背上长了个痈疮(一说痔疮),红肿流脓,疼痛难忍。邓通一下子扑到文帝身上,也不管那浓血有多污秽腥臭,张开嘴巴,对着烂疮就吸而不皱眉头,文帝大受感动。

有一天,文帝问邓通:"你说天下谁最爱我?"邓通说:"那自然是太子。"这时正好太子前来探病,文帝让其用嘴吸脓,太子嫌脏,面有难色,文帝很不高兴。当太子听说邓通曾如此做过后,十分惶恐,同时对邓通产生憎恶。

从邓通排挤贾谊、怠慢丞相申屠嘉及"盗出缴外铸钱"等行为来看,他并非忠厚善良之人。在汉文帝面前,他事之如奴仆,动之以钟情,虽然看似辛劳笨拙,其实也是一种极致的机巧和狡黠。正如巴尔扎克所说:"在世界上所有的手法里面,奉承是最巧妙、最狡

猾的一种。”

文帝死后，景帝即位，将无才谄媚的邓通罢官，抄家查处。邓通身无分文，最后饿死在别人家里。

从某种意义上说，趋附谄媚是人格不平等的产物。中国封建官场上阶梯式的等级制度，为其提供了生存条件和表演舞台。

董贤是西汉侍臣，由于年轻貌美又善于拍马屁，得到汉哀帝的宠幸。董贤不仅长得像美女，言谈举止也特别像女人，“性柔和”，“善为媚”。哀帝每次外出，都让董贤同乘一辆车，在宫里让他陪随，昼夜同寝，恩爱无比，形影不离，把后宫佳丽弃诸一旁。有一次，哀帝与董贤同床共枕，哀帝醒时，衣袖被董贤压住，他怕拉动袖子惊醒“爱人”，于是把袖子剪断而起了床。

哀帝专门为董贤建了豪华住宅，并把各地进贡的最贵重的礼物给了董贤，还把一座铜山赐给董贤，准许他铸钱流通，从此富可敌国。他的家人也沾光。妻子进宫享乐，妹妹立为昭仪，父亲封侯，岳父和内弟也当了高官。

董贤是一个以色事主被宠，靠阿谀奉承高升的无才、无能、无耻之徒，遭到许多大臣的反对。当哀帝再次想为董贤封侯时，丞相王嘉写信给哀帝说：“董贤依仗陛下的恩宠，骄奢放纵，毫不收敛，恶名远扬，引起八方公愤。常言说，千人所指，无病而死。我为他日后的下场感到寒心。望陛下考虑到先辈创业的艰难，别再这样做了！”

哀帝恼羞成怒，派人逼王嘉服毒自杀，遭到王嘉严词拒绝，在狱中绝食而死，以示抗争。哀帝任命刚过22岁的董贤为大司马，让董贤把持朝政。哀帝后来有个荒唐的想法，打算将帝位禅位给董贤。

哀帝病死后，皇太后让王莽出来主持朝政。王莽极力弹劾董贤，不许他进宫。太后下令免去其大司马的官职，董贤与妻子畏罪自杀，家产被抄没拍卖。

可见，做人、从政，光靠溜须拍马，出卖人格，虽然得宠于一时，但不会得益于一世，而且会给自己带来不好的名声，不亚于拿宝贵的珠玉去换取砖瓦，实在不可取。

“人生芳秽有千载，世上荣枯无百年”。为官者的一举一动，或高尚，或无耻，皆如日月之明蚀，对上至同僚下至百姓影响既深又广。因此，无论何时何地，都应自尊自重，自警自励，切莫忘记做官先做人！

唐朝的郭弘霸，凭借阿谀奉承的本事侍奉武则天，当上了御史。当时御史中丞魏元忠生了病,魏元忠的属下同事都去问候他,而郭弘霸一个人最后才去,他请求察看病人的大小便,并且把手指头伸进去沾了一点,放到嘴里品尝,用来检验病情的轻重程度。他尝后高兴地说:“如果甜味就让人担忧了。现在它的味苦,没有什么大伤害了。元忠因此十分讨厌他的阿谀奉承。”

趋附谄媚现象常常是与趋附谄媚的对象有意无意地鼓励分不开的。他们从中得到一种精神上的尊荣感和满足感,必然会以投桃报李的方式鼓励趋附谄媚者。

封建君主的唯我独尊和独断专行,臣属的奴化意识,野心家的权力欲望,成为趋附谄媚者生存的重要基础。

唐代的官员多有仪表堂堂的美男子。然而宰相卢杞天生异相,像鬼怪一样,为人也十分奸恶,害死了一些人。他当了宰相后,心胸狭窄,睚眦必报。凡是过去取笑他、得罪他的人,没有一个好下场。

有一天,唐德宗问宰相李泌:“你们都说卢杞这个人十分奸邪,可我为什么一点也感觉不到呢?”李泌回答说:“人言卢杞奸邪而陛下不觉其奸邪,这正是他奸邪的地方啊!”李泌的一生和四任皇帝打过交道,历尽沉浮,阅历丰富,忠心耿耿。他告诉皇上说:“佞言似忠,奸语似信。”

苍蝇终日营营,驱开倏忽又重,死了还会复生,令人厌恶,而且常常被借喻为谗佞之徒。李商隐云:“李杜操持事略齐,三才万象共端倪。集仙殿与金銮殿,可是苍蝇惑曙鸡!”诗中说,李白、杜甫写诗的才能大体相当,才华极高,能使自然与社会的万般景象在诗中反映出来,因而频得唐玄宗赏识,分别在金銮殿与集仙殿受到接见。但由于佞人的谗毁,使皇帝淆乱不清,终于未获重用。诗人以苍蝇传染瘟疫比喻李林甫和杨国忠的行为,用曙鸡形容李白和杜甫的雄鸡报晓和啼鸣。

要警惕甜言之后有恶意,蜜糖之中掺砒霜。晚唐的大宦官仇士良是个谄言媚上的反面典型。他曾向太监们传授“经验”:我们侍奉皇上,不要让皇上有闲暇时间。他一有闲暇就会看书,进而去接纳儒臣,再接受他们的意见。这样一来,他就增长了智慧,谋虑也随之深远。他就不会再追求吃喝玩乐了,也不会再宠幸我们这些人了。所以我们要千方百计设法积聚钱财,供皇帝挥霍,让他沉溺于声色犬马,极尽奢侈淫靡之能事,使他乐而忘忧,不去顾及其他的事,万事即可操纵在我们手中。

《宋史·徽宗本纪》说,追寻宋徽宗失掉天下的原因,不是因为像晋惠帝那样愚蠢,不是因为像孙皓那样残暴，也不是因为有像曹氏、司马氏的篡夺政权之人，只是因为依仗自己有点小聪明，心思用偏，疏远排斥正直人士，宠信亲近阿谀逢迎的奸佞之徒。

好酒贪杯者必为美酒所陶醉，喜好奉承者必被花言巧语所迷惑，见钱眼开者必然吞下钓饵而无法脱钩。

法国格朗热说："我们明知道谄媚是毒药，但是它的芬芳仍然使我们陶醉。"面对特别恭维你、拍你马屁的人，不可轻信，不要轻信他也同自己一样善良，千万不要陶醉，要升起你的警戒网，和他保持距离！正如英国作家约·盖伊所言："要蔑视一切阿谀奉承，因为谄媚是一切罪恶的保育员。"

一次唐太宗走到一棵大树下止步，表示出喜爱的意思，这时宇文士有失体面，顺着太宗的意见恭维个没完。太宗严厉地对他说："魏征常劝我远离小人，我不知道小人是谁，心里怀疑是你，现在果然不错！"拍马没拍正，拍到马蹄上去了。但宇文士自有招术。他说："朝廷大臣时常进谏，您常常低下头闷闷不乐。我有幸跟随皇上，若不表示一点顺从，您即使贵为天子，又有什么乐趣呢？"宇文士及的官照样当。

王安石在任宰相时，有一个叫郭祥正的人为了巴结他，给皇帝上了一封奏折，对王安石大肆吹捧，并请求皇帝将军国大事都交王安石决断。他建议，凡是意见与王安石相左者应革职。

宋神宗皇帝看后颇感诧异。有一天，他问王安石："你认识郭祥正吗？他似乎是个可用之才。"王安石说："我在江东时曾了解此人。他的才能接近于纵横家，但说话轻浮，行为不够检点。不知是哪位推荐的？"宋神宗拿出了郭祥正的奏折，王安石以被他吹捧深感羞耻，陈说此人断不可用。

拿破仑曾说过："善于奉承的人，也一定精于诽谤。"拍马者在当春风得意时对你胁肩谄笑，看中的是你的势，一旦你失去这一切，他们便会最先抛弃你。曾被秦始皇信任的赵高，在秦始皇病逝后，搞了宫廷政变，坏事干绝，触目惊心！看来，用什么样的人，关乎事业之兴衰成败。

孔子讲过："巧言令色，鲜矣仁。"——巧嘴滑舌、鬼头鬼脑的人，很少是仁德厚重的。鲁迅说："对下骄者，对上必谄。"那么，对上谄者，对下必骄。在权势面前，溜须拍马者既无灵魂，亦无人格，极尽阿谀奉承，说的都是违心的话，大搞"精神行贿"；在权势之外，他们又排挤别人，整垮对手，施展"厚黑"手段，不顾廉耻，落井下石。被拍马屁的人常常一高兴就忘记了后果。

喜欢当面阿谀拍马的人,常常是善于背后挖苦中伤你的人。马来西亚谚语说:“过分奉承你的人,不是有意哄骗你,就是有求于你。”俄罗斯谚语说:“献媚的人都是自私的,想听这种音乐的人必须付钱。”

这些善于拍马、“抬轿子”、媚上凌下的人大都是不自尊、不注意自己的人格、肯于牺牲自己的独立意志和见解、活得滋润之人。这些人经常窥测“上头”的意向,潜心体察领导的心思,细心揣摩领导的嗜好,看风使舵,不择手段地讨领导欢心,以达成自己不合理、不合规甚至不合法的非分之想;这样的人投其所好,曲意迎合,拉拢腐蚀干部:逢年过节,送点“薄礼”;婚丧嫁娶,凑个“份子”;乔迁新居,递个“红包”;贪恋美色,送上美女;上司病了,早晚侍候;有事没事,往前凑凑;无缘无故,表点“心意”……交易就在这般“无声”的滋润之中完成,予之以精神的饴糖而昏其智,为的是从受拍者那里得到点什么,就像狐狸“赞美”乌鸦的美妙歌声,目的是想得到其嘴里的肉一样。

战国时,楚国宰相春申君,早年一同与太子完(即楚考烈王)一起在秦国当过人质,曾豁出性命帮太子完回国。太子完即位后,任命春申君为宰相,治理国事。春申君礼贤下士,为相长达25年。他为了永享富贵荣华,千方百计媚上。楚考烈王没有儿子,春申君就到处寻找能生育的美女献给他。

赵国人李园得知这件事后,就动了心思。他先当家臣服侍春申君,然后把妹妹献给他。不久,他的妹妹便怀了孕。春申君利令智昏,把李园之妹献给了考烈王,生子立为太子,因此逐渐掌握大权,李园之妹成了王后。

李园因此逐渐掌握大权,担心春申君泄露秘密,就暗中收养武士,谋杀春申君。考烈王病死后,李园令人埋伏于棘门之内,杀死春申君及其全家。春申君为贪恋富贵,不择手段媚上,落得如此悲惨下场。

当年和坤用讨好奉承的手段取得了乾隆的重用,李莲英也靠阿谀奉承、卑躬屈膝取得了慈禧的宠信,安禄山用了十年时间施行“假阳行阴”的计策赢得了唐玄宗的百般信任,结果怎样呢?都给国家造成了巨大损失。正如古罗马培西佗所说:“阿谀奉承是纯真感情的剧毒剂。”也正如英国乔·赫伯特所言:“阿谀奉承者的喉咙是一座敞开着的坟墓。”

纵观历史,君子身上往往有令人难以容忍的缺点,比如不给对方留情面,不注意分

寸。然而君子不会为讨好别人而违心做事，不会为赢得别人认同和接纳而违反原则，不会为牺牲全局利益而出卖灵魂，这恰恰是令人可敬可爱的地方。

小人身上常常有讨人喜欢的“亮点”——“谄”字当先；这些“亮点”的作用不亚于金钱、美色，使己无荡荡公心、谔谔之节，使人不辨忠奸、难识真伪。

有位哲人说过：“如果你想毁掉一个人，最好的办法就是捧杀，把他的优点无限夸大。”历代有识之士多次疾呼：“远佞臣、戒谀言。”

献媚讨好别人，等于玷污自己人格；喜欢别人奉承、拍马，并且同对方打得火热，也就被别人玷污了。《诗经·采苓》告诫人们：“人之为言，苟且无从。舍旃舍旃，苟亦无然。”——有的人专爱说假话，千万不要听从他。莫听，莫听，千万不要理睬他！

“宁拙诚为众所恶，毋巧诈为众所爱”。（朱乾《乐府正义》）“不要光说好听的，因为蜜糖使人讨厌，香料使人晕眩；你听我说：有道理的辱骂我一分钟，胜于阿谀奉承我三个月”。（西班牙巴尔德斯）为了成就事业而不致失败，为政者应做君子而不做小人，应爱君子而不爱小人，应近君子而远小人，切莫相信不该相信的小人，不要排挤不该排挤的君子！

《资治通鉴》记载了齐威王不听信谗言的故事。一次，齐威王召来墨城的大夫，告诉他：你治理墨城以来，毁谤你的言论天天响在我的耳边。可是，我派人去考察，发现那里的荒地开垦了，百姓生活富足了，官府没什么民事纠纷需要处理。说完，给了他万户的封地。

之后，齐威王又召来阿邑的大夫，说：“你治理阿邑以来，赞誉你的言论天天响在我的身边。可是，我派人去考察，发现那里的田地荒芜了，百姓贫困、挨饿。前些日子赵国攻打甄城，你不去救援；卫国攻占了萨陵，你却不知道。这说明你暗中用丰厚的礼物收买我周围的人，以求他们的赞赏。”齐威王一怒之下，统杀了阿邑大夫以及为他说好话的人。从此大臣们都小心谨慎供职，向国君反映真实情况，齐国因此天下太平，国力强盛。

是否可以这样说，人生在世，最大的耻辱是卑贱。恺撒对低三下四的卑躬屈膝者，予以蔑视和愤慨：“谁的腰弯得最厉害，我就向谁的腰眼上猛踢一脚！”

为政者要防备那些向你献媚的人。“有心雄泰华，无意巧玲珑”。（宋代辛弃疾）——有心与泰山、华山争雄，无意阿谀奉承、八面玲珑。“奉承是一枚依靠我们的虚荣才得以流通的伪币”（法拉罗什弗科）。凡是献媚者都是私利的追求者。英国斯威夫特说:"阿谀奉承是傻瓜的食粮,然而智者偶尔也会屈尊吃上几口。"若想防患于未然,必须在拆桥之际,及时掌握信息,识破其面目,予以揭露,使他们无以立足。

二、观人察"实",明辨忠奸

(一)观人之道,以朴实廉介为质

"实",就是朴实、扎实、真实、脚踏实地、实实在在的意思。

曾国藩曾经说过一句话:"军事是极质之事。"带兵打仗,是非常实在的事情,是不能来半点儿取巧的。他的"天道三忌"中,第一忌便是"天道忌巧",天道最忌讳的就是投机取巧。他一生所倡导的,是"朴实"二字。这两个字可以说是充分反映了曾国藩的治军特色,也反映了湘军的基本精神。

曾国藩提倡这个"实"字,一个重要的原因在于他对当时的官场习气深恶痛绝,用他自己的话说,他一生最恶"官气"。他说"大难之起,无一兵足供一割之用",原因就在于"官气太重,心窍太多,漓朴散淳,真气荡然"。太平天国起义以来,清政府的正规军绿营一败涂地,望风而逃,而绿营兵之所以不能打仗,原因就在于官场习气,已经深入膏肓,牢不可破。"巧滑偷惰,积习已深","无事则应对趋跄,务为美观;临阵则趑趄退避,专择便宜;论功则多方钻营,希图美擢;遇败则巧为推诿,求便私图"。人人都想着投机取巧,争功诿过,这样的军队是根本形不成战斗力。在他看来,要想打败太平天围,就必须特开生面,赤地新立,从根本上改变这种习气才行。

为此,曾国藩在编练湘军的一开始,就非常重视避免绿营虚伪浮滑、投机取巧的习气,养成一种朴实纯正的作风。在选人上,曾国藩强调将领要选"质直而晓军事之君子",兵勇则选"朴实而有土气之农夫"。一句话,无论是兵还是将,都是选"朴实之人"。

湘军的军饷在当时是比较高的,所以很多人都愿意应募当兵。在早期湘军招兵的时候,曾国藩往往会亲自面试。他坐在一张桌子的后面,如果一个前来应募的人面色白白净净,眼珠子滴溜溜地转,一看就是"城市油滑之人",曾国藩马上就连连摇头,表示不行。如果前来应募的人面目晒得黑黑的,手脚粗大、脚上恨不得还有泥巴,一看就是刚从田里上来的乡野农夫,曾国藩马上就连连点头,表示可以。用他的话说,他专选那些"朴实而

有农民土气者”，而“油头滑面，有市井气者，有衙门气者，概不收用”。

曾国藩对带兵的军官的选拔，也是以朴实为原则。曾国藩说：

大抵观人之道，以朴实廉介为质。以其质而更傅以他长，斯为可贵。无其质则长处亦不足恃。

大概说来，考察人才的优劣，应当以看他是否具备朴实、廉正、耿介的品质为主。有这样的品质，又有其他的特长，才是最可贵的。如果没有这样的品质，即使有其他的特长，也是靠不住的。

他认为：“军营宜多朴朴实少心窍之人，则风气易于纯正。”大营中多选用一些朴实没有心眼的人，风气容易纯正。所以他特别强调要“于纯朴中选拔人才”，认为“于纯朴中选拔人才，才可以蒸蒸日上”。

曾国藩所说的“纯朴”，就是指朴实、无官气、不虚夸，不是以大言惊人、巧语媚上，而是具有踏实、苦干的作风。他把人才分为两大类：一类“官气多”，一类“乡气多”。官气多的人好讲资格，好装样子，办起事来四平八稳，说起话来面面俱到。实际上却是一点生气都没有。乡气多的人好逞才能，好出新样，办起事来不顾忌别人的看法，说起话来不讲求避讳。因此往往是一件事还没有办成，先招来一大片议论。无疑两者都有缺点，但曾国藩更痛恨的是油滑虚浮、专门讲究媚上工夫、表面功夫的衙门作风，而宁愿选择有乡气的人，提倡选“有操守而无官气，多条理而少大言”的“明白而朴实”的人，而不选官气之人：“凡官气重、心窍多者，在所必斥”，凡是官气重、心眼多、浮滑取巧的人，都坚决摒弃不用。

湘军大将之中，鲍超是一位典型的朴实之人。鲍超，字春霆，在湘军之中与多隆阿齐名，都是响当当的人物。当时湘军里面有一句话，叫“多龙鲍虎”，“多”指的是多隆阿，“鲍”指的就是鲍超。

鲍超是重庆人，人非常实在。他识字不多，很长时间就只会写一个字，就是自己的姓。有一次打仗，鲍超的部队被太平军包围了起来，鲍超便吩咐师爷赶紧给曾国藩写一封求救信，结果这位师爷写了半天也没有写出来。鲍超非常生气，说：“都到了什么时候，你还在那里咬文嚼字！拿过来，我来写！”拿过来以后傻了，不会写字。鲍超想了想，便在一张纸上写了一个大大的“鲍”字，然后在“鲍”字的周围画了无数个小圆圈，说：“行了，送出去吧！”送到曾国藩的大营，曾国藩的幕僚都不明白这是什么意思，曾国藩却哈哈大笑,说:“哎呀,老鲍又让人给围起来了!”赶紧派援兵把他给救了出来。

鲍超后来身体不好,就退休回了老家。人也不能老没有文化啊,他便请了一个先生教他写字。有一次先生教给他写了一个“门”字,结果鲍超写的时候忘了写右边的钩。先生提醒他说:“大帅,门右边这个地方是有钩的。”鲍超非常生气,说:“你胡说八道些什么呀!你看我家里那么多门,哪扇门有钩?”先生一看,这种人没法跟他讲道理。正好鲍超家里有一副曾国藩的字,里面也有一个“门”字。先生赶紧说:“大帅你看,曾大帅写门也有钩。”鲍超一看,扑通一下就给先生跪下了,说:“先生您原谅我,我就是一个粗人。”

曾国藩之所以喜欢用朴实之人,一个原因就是这样的人实实在在,没有投机取巧之心,只要给他布置下任务,他就会往死里打,即所谓的“扎硬寨,打死仗”。他最不喜欢用的,则是轻浮圆滑的将领:

将领之浮滑者,一遇危险之际,其神情之飞越,足以摇惑军心;其言语之圆滑,足以淆乱是非。故楚军历不喜用善说话之将。

轻浮圆滑的将领,一旦遇到危险,他们神情的慌张,足以动摇军心;他们言辞的圆滑,足以混淆是非。所以湘军从来不喜欢用太能说会道的将领。

(二)天下事当于大处着眼,小处下手

管理其实是非常实在的事情,管理的特点就是把那些关键的细节一遍遍地做到扎实的地步。当你把所有的细节都反复做到完美地步的时候,也就奠定了走向卓越的基础。管理最忌讳的就是全无实际而空谈误事。曾国藩认为,治军是“力行”的工夫,也就是一步步做出来的,“凡军事做一节说一节,若预说到几层,到后来往往不符”。带兵打仗的事情,能做到什么地步,便说到什么地步。如果提前说了许多层,到后来却往往与实际不符,因而多说无益,不如实实在在做去。

曾国藩称这个实实在在的工夫为“大处着眼,小处下手”。他说:

近年军中阅历有年,益知天下事当于大处着眼,小处下手。陆氏但称先立乎其大者,若不辅以朱子铢积寸累工夫,则下梢全无把握。故国藩治军,摒弃一切高深神奇之说,专就粗浅纤细处致力。

近年有了几年的带兵经验,越发明白一个道理,这就是天下之事,应该从大处着眼,从小处下手。陆象山只是说“先立乎其大者”,如果不加上朱熹所强调的“铢积寸累”的工夫,那么下半截完全没有把握。所以我治军,摒弃所有那些高深神奇的理论,专门就粗浅纤细的下功夫。

曾国藩所讲的粗处浅处,典型的就是他所制定的《湘军日夜常课之规》。这是他抓着要点,从粗处、小处着手,所制定出来的"日日用得着的"、人人易知易行的规章制度。基本的内容其实非常简单,就是点名、演操、站墙子三项。点名则士兵不能私出游荡,为非作歹;演操则锻炼体魄,熟练技艺;站墙子则日日如临大敌,有备无患。这些都是军队管理的基础。同治年间曾国藩调任直隶总督时,清廷安排他按照湘军的制度训练直隶绿营,曾国藩在给皇帝的奏折中也说湘军"营规只有数条,此外别无文告"。即使在李鸿章已经做了大帅时,曾国藩也一再叮嘱李鸿章要亲自点名、看操、站墙子。曾国藩也亲自做,给将士们做表率。这三样,就是所谓的湘军家法。

在行军过程中,湘军最重视的则是扎营。曾国藩规定,湘军每到一处安营,"无论风雨寒暑,队伍一到,立刻修挖墙濠",要求一个时辰完成。没有完成之前,绝对不许休息,也不许向太平军挑战。首先是挖沟,沟深一丈五尺,越深越好,上宽下窄。挖完沟后开始垒墙,墙高八尺,厚一丈。然后再在最外的一道壕沟之外,树上五尺的花篱木,埋在土中二尺,作为障碍。墙一道即可,沟需要两道或三道,而花篱则要五层六层。为什么要下如此的笨工夫来修工事?用曾国藩的话说,"虽仅一宿,亦须为坚不可拔之计"。哪怕是只住一晚上,也要做好坚不可拔的打算。这就是湘军所谓的"扎硬寨,打死仗"。

湘军这种扎营的笨工夫,实际上最早是跟对手太平军学的。但是后来太平军筑垒掘濠,一天比一天潦草,而湘军修垒掘濠,则一天比一天扎实。曾国藩发现这一现象以后非常高兴,认为从这一件事情上,就可以看出双方的力量消长:太平天国大势已去,而湘军的胜利指日可待了。

的确,湘军的营规,看起来十分粗浅、简单,甚至给人以很笨的感觉,但却是实实在在、脚踏实地地抓住了治军的关键。正因为它是粗浅简单的,士兵才能人人易知易行,成为训练有素的军队。正是这些粗处浅处,奠定了湘军战斗力的基础。用胡林翼的话说:"兵事不可言奇,不可言精,盖必先能粗而后能精,能脚踏实地乃能运用之妙,存乎一心。"用曾国藩的话说:"治军总须脚踏实地,克勤小物,乃可日起而有功。"脚踏实地,一步步从小事做去,才能日积月累,见到成效。

曾国藩对于这些军官的要求,就是办事要从浅和实的地方下手。

张运兰，字凯章，原来是王鑫手下的一个下级军官，因为做事扎实，而为曾国藩一再提拔。有一次曾国藩安排张运兰与宋梦兰配合作战，他专门给宋梦兰写信说：

凯章办事，皆从浅处、实处着力，于勇情体贴入微。阁下与之共事，望亦从浅处、实处下手。

凯章这个人办事，都是从浅处、实处下功夫，对士兵的情况体贴入微。阁下你与他合作，希望也要从浅处、实处下手。

张凯章观察精细沉实，先行后言。阁下与之相处，似可将军中琐事一一研究，总以“质实”二字为主。以阁下之熟于乡土，凯章之老于戎行，又皆脚踏实地，躬耐劳苦，必能交相资益，力拯时艰。

张凯章这个人精明、细心、沉着、朴实。做事都是先做后说。阁下你与他相处，似乎可以把军中的琐事一一加以研究，总起来讲，要以“质实”两个字为主。凭借阁下你对于本地的熟悉，凯章经验的老到，再加上你们两位都脚踏实地、吃苦耐劳，一定能相得益彰，挽救局面的。

（三）不行架空之事，不谈过高之理

曾国藩给曾国荃写信时也说：

古之成大事者，规模远大与综理密微，二者缺一不可。弟之综理密微，精力较胜于我。军中器械，其略精者，宜另立一簿，亲自记注，择人而授之。古人以铠仗鲜明为威敌之要务，恒以取胜。刘峙衡于火器亦勤于修整，刀矛则全不讲究。余曾派褚景昌赴河南采买白蜡杆子，又办腰刀分赏各将士，人颇爱重。弟试留心此事，亦综理之一端也。至规模宜大，弟亦讲求及之。但讲阔大者，最易混入散漫一路。遇事颟顸，毫无条理，虽大亦奚足贵？等差不紊，行之可久，斯则器局宏大，无有流弊者耳。

古代成就大事业的人，规模远大和综理密微两方面缺一不可。老弟你在综理密微方面的精力是超过我的。军中器械，稍微精良的，要另外建立一个账簿，亲自记录注明，选择适当的人授给使用。古人打仗，以铠仗鲜明威慑敌人，常常容易取胜。刘峙衡对于火器勤于修整，对刀矛却完全不讲究。我曾经派褚景昌去河南采买白蜡杆子，又办腰刀，分赏各将士，他们都很爱惜、喜欢。老弟你也可试一试，留心这件事，这也是综理的工夫。至于说到规模要大，老弟你也要讲求。但一讲到大局面，最容易混到散漫的方向上去，遇

事漫不经心,毫无条理,局面再大又何足贵呢?做事轻重缓急,有条不紊,才是行之久远之道。这样才可以保证局面宏大,却没有弊端。

曾国藩认为,最忌讳的就是高谈阔论,而全无实际:"侍近恶闻高言深论,但好庸言庸行。虽以作梅之朴实,亦嫌其立论失之高深。"我近来很厌恶听到那些高谈阔论,只喜欢听实实在在的平实之论。虽然作梅这个人很朴实,我还是觉得他立论过于高深了。陈作梅即陈鼒,是曾国藩的心腹幕僚之一,为人非常朴实,曾国藩仍觉他有大言之嫌。曾国藩对空谈的敏感,可见一斑。

曾国藩认为,"实者,不说大话,不好虚名,不行架空之事,不谈过高之理"。什么是实?实就是不说大话,不求虚名,不做虚浮无根的事情,不谈不着边际的道理;"天下事知得十分,不如行得七分。"天下之事,与其空说到十分,还不如实做到七分。"知一句便行一句,此力行之事。"知道一句就做到一句,这就是实力践行的工夫。李元度以书生领兵,曾国藩对他很不放心,一再叮嘱他禀报军情应当翔实,不要"空说吉祥语"。咸丰十年三月,李元度奉命前往防守徽州,曾国藩与他约法五章,其中第一条就是要他"戒浮",也就是"不用文人之好大言者"。

管理本身就是一种实务,管理要回归到最基本的元素上,这也就是曾国藩所说的"军事是极质之事",也就是胡林翼所说的"能粗而后能精,能脚踏实地才能运用之妙,存乎一心"。粗浅简单的东西都做不好,这样的组织,表面再唬人,也是要出问题的。

甲午战争之前,清政府从德国等购进了大量的军舰,建成了一支号称世界第八、亚洲第一的北洋水师,其中的"定远""镇远"两舰都是排水量达7400吨的铁甲舰,也是亚洲仅有的两艘铁甲舰。日本军国主义早就视北洋水师为眼中钉,但因为国小力弱,买不起像定远、镇远这样的铁甲舰,只能在法国工程师的指导下,造了三艘排水量在3000吨到5000吨左右的军舰,命名为"三景舰",以对付定远和镇远。

即使是这样,日本人对于能否打败北洋水师依然没有信心。但是后来一件事情让日本人意识到可以打败北洋水师,这就是当北洋水师到日本访问,日本海军按照惯例上舰参观时,在北洋水师战舰的主炮上,发现了北洋水师士兵晾晒的衣服。主炮是海军最神圣的东西,怎么能允许在主炮上晾晒衣服呢?日本人由此得出结论:北洋水师内部的管理极其混乱。果然,甲午海战打响后,北洋水师几乎在每一个环节上都出现了问题,整个作战体系很快就陷入了崩溃。甲午海战的结局我们都知道了:北洋水师全军覆没,而日本海军一舰未沉。从硬件上来说北洋水师并不输于日本海军，甚至在其之上，差的就是实实在在的管理。

抗日战争结束的时候，国民党第三十二集团军的总司令李默庵上将担任了中国战区日军的受降工作。作为一名跟日本人打了八年仗、对侵华日军的血腥暴行记忆犹新的中国军人，李默庵的心情非常复杂，一方面他对侵华日军是切齿的痛恨，但另一方面，在受降的过程中，李默庵也留下了很多的感叹。被解除武装的日本侵华军人在回国的途中，始终以正规的队列行走，丝毫没有紊乱的现象，也没有什么事故发生。日军在缴械的时候，将所有武器，包括重机枪、车辆及自佩武器都擦拭得干干净净，并将人员、马匹、武器、弹药、被服、袋具、车辆等物资全部登记造册，交给中国人，所有的数字都是清清楚楚，李默庵非常感慨地说：日本人好像不是在投降，而是在办理移交一样。他后来在回忆录中写道：

"对当时的这一切我至今印象深刻，并颇有感受。透过日军缴武器这个细节，可以看到日军平素的军队管理和训练是严格的，由此也可以看到一个民族的精神面貌。当时我就想，他们的纪律如此严整，行动如此一致，将来如果领导正确，必是一个可以发挥无限潜力的国家。"

饱受日本侵略之苦的中国人，对日本往往抱有一种复杂的情感，但是我们也不得不承认，日本在许多方面确实值得我们学习。我们平常讲追求卓越，很多组织其实就是说说而已，而日本人对于卓越的追求，不是几个人、一时一地的追求，而是整个民族几十年、上百年持续地、整体性地追求卓越。做好每一件事、做好每一个环节、做到精细的地步，已经成为日本民族性的一部分。由此我们也可以理解为什么今天日本的产品是质量的代名词了，而这一点，恰恰是许多中国企业的弱项。如果对于任何产品都抱着一种"差不多就行了"的心态。差不多，就差了很多。

湘军选人、做事都是实实在在的，由此而形成了一种非常朴实的文化。

曾国藩曾说：

楚军水、陆师之好处，全在无官气而有血性，若官气增一分，则血性必减一分。

湘军水师、陆师，最大的好处就是实实在在，没有虚伪的东西、摆架子的东西、面子上的东西。有的只是一种朴素的、实实在在的血性。摆架子的东西多一分，实实在在的东西就会减掉一分。曾国藩警告说："历岁稍久，亦未免沾染习气，应切戒之。"时间长了，任

何组织都会不可避免地沾染上衙门习气，这是一定要切切警惕的，因为正是这种习气会掏空一个组织的基础。他还说：

我楚师风气，大率尚朴实，耐劳苦。老湘营恪守成法，故声名历久不衰。

我湘军的文化，大致说来就是六个字："尚朴实，耐劳苦"，实实在在，吃劳耐苦。老湘军恪守这样的原则，所以能够基业长青。"尚朴实，耐劳苦"，可以说这就是湘军战斗力的来源。湘军靠什么打胜仗？靠的就是这种牢固的、实实在在的文化。而湘军之所以能形成这样的文化，关键就是湘军选募时坚持选实在之人、说实在之话，办实在之事，因而一步步形成了这样扎实的作风，形成这样扎实的战斗力。这种表面笨拙的工夫，恰恰正是曾国藩的过人之处。

治军如此，管理也是如此。柳传志曾经解释自己为什么如此强调管理基础："我为什么这么强调管理基础，是因为经营环境总会发生变化，不管是因为竞争对手还是其他原因。有一段时间联想和戴尔打成这样，不调整行吗？这个时候就看得出管理基础打得扎不扎实了，令旗一举，三军能动，有章有法；打了败仗，队伍阵脚不乱。这是功力。"

联想控股的企业文化是八个字：求实进取，以人为本。柳传志解释这八个字的时候专门强调说"求实"尤为重要，"我们把'求实'放在一个非常高的高度，为什么呢？因为在中国现在这个情况下，求实是一件很困难的事情""求实要真正做到，很不容易"。

（四）惟天下之至拙，能胜天下之至巧

曾国藩的这个"实"字，除了选人、做事之外，还体现在他的待人接物的真心实肠、坦诚相待上。

李瀚章曾经对曾国藩有这样一段评价："推诚布公，不假权术，故人乐为之用。"曾国藩这个人一片真诚，一片公心，从来不跟下属玩弄权术，所以人人都乐意为他所用。

曾国藩曾经说过一句话：

驭将之道，最贵推诚，不贵权术。

诚心诚意地对待别人，渐渐地就能使他人为我所用。即使不能让他们全心全意地为我效力，也必然不会有先亲近而后疏远的弊端。光用智谋和权术去笼络别人，即使是驾驭自己的同乡都是无法长久的。

曾国藩早年带兵的时候，也曾经想用一些权术，但是后来发现效果不好。后来他就开始反思：人为什么要玩权术呢？

人之所以欺人者，必心中别著一物。心中别有私见，不敢告人，而后造伪言以欺人。若心中不著私物，又何必欺人哉？

人之所以玩弄权术，一定是因为有私心杂念。有了私心杂念，不敢告诉别人，所以只好编造假话来欺骗人家。如果心中没有私心杂念，又何必欺骗别人呢？要知道天下并没有真正的傻子。能在一件事上玩弄权术，却不可能在每件事上玩弄权术，玩弄权术的人可能得逞于一时，却不可能永远得逞。想靠着自己的权术来用人，殊不知这个世界上并没有真正的愚人。以权术来驾驭人，只能驾驭那些一般的人才，而真正的人才都是有自尊心的，他们最讨厌的就是受人愚弄。所以从长远来看，玩弄权术的人是得不到真正的人才的。

领导者玩弄权术会带来一个严重的问题：一旦领导对下属使用权术，下属便不知道你的真实想法是什么，也就不敢跟你说实话，于是上上下下就会开始猜忌。而一个组织一旦陷入猜忌之中，这个组织也就要出问题了。曾国藩说：

祸机之发，莫烈于猜忌，此古今之通病。败国、亡家、丧身，皆猜忌之所致。

导致灾祸的原因，没有比猜忌更厉害的，这是古今的通病。败国、亡家、丧身，都是猜忌所导致的。

在曾国藩看来，既然这样，还不如一开始就与下属坦诚相待、一片真心。他对曾国荃讲：

吾自信亦笃实人，只为阅历仕途，饱更事变，略参些机权作用，把自家学坏了。实则作用万不如人，徒惹人笑，教人怀憾，何益之有？近日忧居猛省，一味向平实处用心，将自家笃实的本质，还我真面，复我固有。贤弟此刻在外，亦急需将笃实复还。万不可走入机巧一路，日趋日下也。纵人以机巧来。我仍以含混应之，以诚愚应之。久之。则人之意也消。若钩心斗角，相迎相距，则报复无已时耳。

我自认为也是笃实之人，只是因为看惯世道人心，饱经各种事变，稍稍加了些权谋的手段，把自家学坏了。其实效果根本就不如人意，白白惹人笑话、令人遗憾而已，有什么用呢？近来丁忧在家，突然明白了过来，一心一意向平实之处用心，把自己笃实的本质，还我本来的面目，复我固有的品德。老弟你现在在外带兵，也迫切需要将笃实的面目恢复过来，千万不要走入机巧这一路去，导致自己日趋日下。即使人家带着试探猜测的心计而来，我仍以浑含混沌来对付，以朴诚愚拙来对付。时间一长，人家的试探猜测自然也就消除了。如果钩心斗角，你来我往，那么报复起来，没有穷尽的时候。

曾国藩曾经说过一句话：

惟天下之至诚，能胜天下之至伪；惟天下之至拙，能胜天下之至巧。

只有天下至诚，能够战胜天下的至伪；只有天下的至拙，能够战胜天下的至巧。

其实在这里，曾国藩是把领导力分成了三个不同的层次。

第一个层次，就是所谓的“诚”“拙”，就是比较实在，没有什么心眼。大家都没有什么心眼，这是一种原始的、朴素的状态。但好景不长，慢慢地就会出现一些心眼比较活的人、会玩弄权术的人。这就是所谓的第二个层次，也就是“伪”“巧”。这些有心眼的人、会玩弄权术的人、会专讨领导欢心的人，当然可以战胜那些没有什么心计的人，就会得到利益、捞到好处。慢慢地大家都会效仿这样做法，都开始玩心眼，都开始比心眼，于是一个组织也就开始了钩心斗角，你来我往，花样百出，层出不穷，到了所谓的“至伪”“至巧”的地步，从而带来巨大的内耗。一个组织到了这个份上，已经不是把精力用在对外的运筹帷幄上，而是用在内部的钩心斗角上，这样的组织再大，早晚也要出问题。

要想从这种困境中摆脱出来，就只能用“至诚”“至拙”。所谓的“至诚”“至拙”，就是我知道怎么玩心眼，但我不吃这一套，我不玩这些东西，你也不要跟我玩这些东西，我上来就真心实意、光明磊落、坦诚相待，我也希望你能真心实意、光明磊落、坦诚相待，否则的话就请你出局。

管理的最高境界，是打造一个坦诚的沟通环境。如果说“至伪”“至巧”是一种小聪明，那么“至诚”“至拙”就是一种大智慧。从“至伪”“至巧”到“至诚”“至拙”，需要组织文化的极大突破，需要一个脱胎换骨的过程。许多组织是没有办法完成这一步的，这就是组织无法成就卓越的根本原因。而这种突破，一定是要从领导者放下机心、放下面具、推心置腹以待人开始的。

所以曾国藩说：“真心实肠，是第一义。凡正话实话，多说几句，久之人自能共亮其心。”真心实意、坦诚相待，是领导力的第一条原则。凡是正话实话，多说几句，时间长了，人家自然会体会到你的苦心。“人以伪来，我以诚往，久之则伪者亦共趋于诚矣。”别人戴着面具来，我还以诚心诚意，时间长了，戴着面具的人也会慢慢地向诚心诚意的方向发展了。其实，有谁愿意戴着面具呢？谁不愿意有一种坦荡、痛快、相互信任的环境呢？就看领导者能不能创造出这样一种文化来。“诚至则情可渐通，气平则言可渐入。”只要你诚心诚意，人和人之间情感的隔阂，是可以渐渐打通的。只要你心平气和，你所说的话，别人慢慢地是可以听进去的。

曾国藩对于下属的要求,也是一个"诚"字。他说:

凡道理不可说得太高,太高则近于矫,近于伪。吾与僚友相勉,但求其不晏起、不撒谎二事,虽最浅近,而已大有益于身心矣。

凡是道理都不可以说得太高,太高就近乎做作,近乎虚伪。我与幕僚们互相勉励,只求其能做到"不晚起、不撒谎"两件事。虽然都是最浅近的小事,但对于修身治心已经是大有益处了。

当年李鸿章初入曾国藩幕府时,由于生活习惯懒散,不愿早起,还装病多睡。曾国藩严肃地跟他讲:"少荃,既入我幕,我有言相告。此处所尚,唯一'诚'字而已。"说完拂袖而去,李鸿章"为之悚然",从此以后再也没有犯过这个毛病。

在曾国藩的身体力行和激励之下,湘军确实形成了一种坦诚相待、相互信任、相互支持的文化。用曾国藩的话说,就是"呼吸相顾,痛痒相关,赴火同行,蹈汤同往,胜则举杯酒以让功,败则出死力以相救",就是"齐心相顾,不曾轻弃伴侣。有争愤于公庭,而言欢于私室;有交哄于平昔,而救助于疆场。虽平日积怨深仇,临阵仍彼此照顾;虽上午口角相商,下午仍彼此救援"。这是一个让人身处其中会感到非常坦荡痛快的组织。毫无疑问,这样的组织,一定会对人形成超常的吸引力和凝聚力,并最终转化成惊人的战斗力。曾国藩在分析过湘军成功的原因时便认为,靠的就是这种"拙""诚"的工夫。

对于管理者来说,最大的挑战无过于建立像湘军这样一种坦诚的文化。杰克·韦尔奇曾直截了当地说,"缺乏坦诚是商业生活中最卑劣的秘密""缺乏坦诚精神会从根本上扼杀敏锐创意、阻挠快速行动、妨碍优秀的人们贡献出自己的所有才华。它简直是一个杀手"。

杰克·韦尔奇在担任 GE 的 CEO 之后,在 GE 中大力推广的便是"坦诚"的文化。他说:"我一直都是'坦诚'二字强有力的拥护者。实际上,这个话题我给 CE 的听众们宣讲了足足 20 多年。"在杰克·韦尔奇看来,坦诚之所以能够引导企业走向成功,主要通过以下三种途径:

"首先,坦诚将把更多的人吸引到对话之中。……大家会敞开心扉、互相学习。任何一个组织、单位或者团队,如果能把更多的人和他们的头脑吸引到对话当中,马上就能够获得一种优势。"

"其次,坦诚可以推动速度的加快。大家一旦把想法开诚布公地表达出来以后,就能够迅速地展开争论,进行补充和改进,然后予以落实。"

"最后,坦诚可以节约成本,而且是节约许多成本。……可以想到的是,有了坦诚精神之后,我们可以少开多少形式主义的会议,少费多少精力去完成大家都已经知道结果的报表。再想一想,有了这样的精神,在探讨公司战略、新产品或者个人业绩表现的话题时,我们就可以少画多少用心良苦的幻灯片,少做多少令人昏昏欲睡的演示,少开多少乏味的秘密会议,而用简单真实的对话取而代之。"

杰克·韦尔奇甚至把坦诚精神视为企业取胜的关键性因素。在他看来,坦诚精神并不能一蹴而就,它需要年复一年地坚持下去。GE 便是花了近 10 年的工夫,才使得坦诚精神成为理所当然的事情。而在这一过程中,领导者必须鼓起勇气,从自己开始,坦诚地面对所有的人。只有领导者自身保持高度的坦诚,把这种精神充分展现出来,证明给大家看,才能真正建立一种坦诚的文化。

(五)不自欺,不欺人

在曾国藩看来,坦诚以待,本身就是领导者修养的需要。他说:

豪杰之所以为豪杰,圣贤之所以为圣贤,便是此等处磊落过人。能透过此一关。寸心便异常安乐。省得多少纠葛,省得多少遮掩装饰丑态。

一个人以虚伪之心待人,天天在那里遮掩,其实是非常难受的。豪杰之所以成为豪杰,圣贤之所以成为圣贤,其实就是在这些地方磊落过人。如果能打破这一关,内心里面便会异常的安稳快乐,省得多少纠结,省得多少遮掩装饰的丑态!

曾国藩对自己的评价是:"生平短于才,爱我者或谬以德器相许,实则虽曾任艰巨,自问仅一愚人,幸不以私智诡谲凿其愚,尚可告后昆耳。"我生平最欠缺的就是才略。爱我之人,有时候会误以道德修养与才识度量来期许我。其实我自问就是一个愚人而已。幸亏我从来没有用私心权谋来穿凿自己的愚昧,这是我还可以骄傲地给后来之人讲的。

胡林翼对曾国藩也有一番评价:"吾于当世贤者,可谓倾心以事矣,而人终乐从曾公。其至诚出于天性,感人深故也。"我对于当世的人才,可以说是恨不得掏出自己的心来给人看,唯恐有做得不周到的地方。但是人家最终还是乐于追随曾公。这是因为他的至诚出于天性,所以具有一种打动人心的力量啊。

在当时的著名人物中,曾国藩可能并不是最聪明的人,但他不自作聪明,不自欺,不欺人。不高估自己的智商,不低估别人的智商,一片坦诚以待人。他以自己真诚的品格赢得了下属无条件的信任，而信任正是领导力的前提与基石。

胡林翼是一个远较曾国藩聪明的人，他早期的弱点，在于不免聪明过头。左宗棠对他的评价就是“喜任术，善牢笼”，也就是喜欢用手段来笼络别人。当年为了笼络湘军大将李续宾、李续宜，胡林翼可以说是用尽了苦心，但由于做得太过，反而引起李续宜的怀疑，李续宜曾私下对曾国藩说：“胡公待人多血性，然亦不能无权术。”胡公待人一片血性，但还是在我们身上用了一些权术。曾国藩替胡林翼解释说：“胡公非无权术，而待吾子昆季，则纯出至诚。”胡公并不是没有权术，但对于你们兄弟两个，则是纯粹出于至诚的。李续宜笑着回应说：“然，虽非至诚，吾犹将为尽力也。”你说的对，不过即使他不是出自至诚，我们也会为他尽力的。

李续宜的话引起了曾国藩的深思，以致他专门告诫过李鸿章：“闻渠于阁下不满处在‘权术’二字，昔年希庵不满于胡文忠，亦在此二字。”我听说他（指淮军名将刘铭传）对你的不满处就在于“权术”这两个字，过去李续宜不满于胡林翼，也在于这两个字。

不过，胡林翼知道自己的缺点后，有了很大的改进。曾国藩认为胡林翼在这方面进步是非常大的：

润公聪明，本可霸术。而讲求平实，从日常行事以见至理。开口皆正大之语。举笔则正大之文。不意朋辈中进德之猛，有如此者。其于朋友，纯用奖借，而箴规即寓乎其中。有权术而不屑用，有才智而不自用。有如此襟怀气势，岂与仓促成功名、权宜就事会者比哉！

胡公人极为聪明，本来是可以走上用霸术之路的。但他讲求平实，从日常的行事之中，体现出最高明的道理出来。一张口，说的都是光明磊落的话语；一落笔，写的都是光明磊落的文字。没有想到朋友辈中德行进步之快，有达到这个地步的。他对于朋友，用的全是称赞推许，而规劝之意即包含在其中。有权术而不屑于使用，有才智而不予智自雄。有如此的襟怀、气度、格局，哪里是仓促侥幸得以成功、暂时权变以趋事会者所能比的呢？

选人也好、办事也好、待人也好，从曾国藩和胡林翼这两位伟人身上，可以看得很楚：真正的领导力的核心，不在于权谋，而在于坦诚。美国学者詹姆斯·库泽斯和巴里·波斯纳曾经在世界范围内做过多次名为“受人尊敬的领导者的品质”的调查，每次都有80%以上的人选择了“真诚”，“真诚”在所有的调查中差不多都是占据第一名的位置。在管理中，真实是一种大德，聪明则只能一种是小技。一个“实”字，恰恰是曾国藩能够最终成就“中兴名臣之首”大业的根本之所在，恰恰是一种人生的大智慧。

剪鬚和藥

李世勣

唐太宗

李世勣

剪须和药[①]

【历史背景】

孟子曰:“君之视臣如手足,则臣视君如腹心。”太宗忧心于李世绩之病,以致亲自剪须以疗之,不啻于手足之爱,为臣者又怎能不竭忠尽力,奋死以图报!唐太宗为功臣李世绩剪须和药的事,一度震惊大唐上下。李世民堪称中国历代皇帝中少有的明君。

【原文】

唐史纪:太宗时,李世勣[②]常得暴疾,方云须灰可疗。上剪须为之和药。世勣顿首出血泣谢。上曰:“朕为社稷,非为卿也,何谢之有?”

【张居正解】

唐史上记:太宗时,有功臣李世勣得个暴病,医方上说用人须烧灰,可治此病。太宗只要世勣的病好,遂将自己的须剪与他合药。世勣病愈,感帝之恩,叩头出血,涕泣而谢。太宗说:“朕赖卿以安社稷,卿安则社稷安矣,朕剪须以治卿病,乃是为社稷计,不为卿一人之私也,何谢之有?”孟子曰:“君之视臣如手足,则臣视君如腹心。”[③]太宗忧世勣之病,至亲剪其须以疗之,诚不啻若手足之爱矣。为之臣者安得不竭忠尽力,奋死以图报哉!

【注释】

①此篇出自《旧唐书·李世勣传》,并见《资治通鉴》卷197唐纪十三。记唐太宗体恤大臣的故事。

②李世勣(594~669):本姓徐,名世勣,字懋公,曹州离孤(今山东东明东南)人。最

初参加瓦岗农民起义，后降唐，赐姓李。屡建军功，封英国公。

③见《孟子·离娄下》。意为君主把臣下看作手足那样亲近，臣下就把君主看作腹心那样重要。

【译文】

唐代史书上记载：太宗时李世勣得了暴病，医方说胡须的灰可以治疗。太宗便剪了自己的胡须为李世勣配药。李世勣把头磕出血来哭泣着感谢，太宗说："我是为了国家，不是为了你个人，有何可感谢的呢。"

【评议】

在中国古代，人们认为身体发肤，受之父母，是绝不能轻易伤害的，帝王以万圣之尊超越百姓之常，更是如此。唐太宗不惜破坏明堂之上需要时刻保持的王者仪容，减损胡须来为大臣制药，这是那些没有一颗体爱臣庶的王者之心的一般帝王们所无法做到的。

【镜鉴】

一、圆通的人际关系是当好领导的前提

要做事，先做人。做人成功，才有做事成功的可能。明了舍与得的关系，对彼此的关系就会有更深刻的理解。放下自己的架子，让他人感受到温暖，尊重他人，对自己进行严格要求，人际关系会更加和谐、圆融，而各项工作的开展也就会更加顺利和便捷。

（一）收起冷漠面孔，让员工感觉到来自领导的关爱

冷漠是一把锋利的刀，可以割裂人们之间所有的联系，而一个真诚的笑容，却可以冰释前嫌，再次建立起两者间信任与沟通的桥梁。

如果对人冷漠，在彼此之间划分出一道不可逾越的鸿沟，双方只能互相遥遥观望，即

使偶然感到对方的重要，却也不愿迈出主动的步伐，自己会陷入一片孤立无援之中。对于遭受冷漠的人——员工，即使有一腔激情，却无从表达，无从寄托，受制于身份与地位的限制，只能将自己的思想与情感寄托在狭小空间之内。认可这种冷漠，传递这种冷漠，被冷漠所支配的群体，最终将是毫无生机的。

生活中给家人以关爱，事业中给下属以关爱，能使工作心情变得愉悦；对于被关爱者，自然会体会到这份信任，会努力承担工作的职责，并去顾及工作的各个环节。和睦而信任的团队富有力量，所谓“仁者无敌”。

如果员工能感受到他人的关爱，在每日繁忙而枯燥的工作中突然遭遇一份温暖之后，想必内心会有一份感动，感动之余，是对对方的深深认可与信任。投之以桃，报之以李，一份信任是工作的动力。

黄嘉义是一家服装公司的老板，经营服装公司已有10年之久，因为常年在外出差，黄嘉义很少回公司，公司一直都交给朋友管理。黄嘉义长相很严肃，加之很少回公司，在员工的心目中一直是威严的形象。

年初，公司扩大生产，招聘了一批新员工，因为忙于业务，黄嘉义一直未回公司和新员工见面。黄嘉义这次回来后，特地带了几箱洗发水和沐浴露，趁着员工中午休息的时候，让几名员工把洗发水和沐浴露搬到了车间，亲自给每名员工发洗发水和沐浴露。

黄嘉义说：“平时，我很少回来。这次有空回来和大家一起互动，我感觉很开心，你们别看我长得又黑又壮，其实我内心善良，大家今晚都别着急回家，今晚大家一起去聚餐吧，希望大家把这里当成自己的家。”几句简单的话说得员工都很感动，整个车间充满了欢声笑语。员工们对黄嘉义的印象也从之前的“铁面无私”转为“温文尔雅。”

作为领导者，也许有人会认为，就应该在团队中树立起绝对的威信，自己应该是不苟言笑的，并应与员工保持一段不可逾越的距离，只有这样，员工才会服从自己的管理，起到一个管理者应有的作用，也只有这样的形象，才会符合一个管理者应有的角色。

这样的观点也许没有错误，但在今日的时代背景下，我们也许要做出稍稍的变通，舍去一些威严，去争取获得员工的信任；舍去这份冷漠，换得一份理解，也许最终，自己的人际关系会因此而变得和谐，团队也因此富有活力。

作为松下公司的总裁，松下幸之助的工作非常忙碌，有时公司员工一年里只能见他一两次。但松下幸之助仍然非常关爱自己的员工，他以自己独特的方式，保持着与员工

的交流。

松下幸之助是一个不善言谈的人,但他却深知沟通的重要性,他心里更明白,对员工适当表达关爱,不仅可使企业更加团结,而且能激发大家的工作热情。他常常给员工写信,讲述自己的所见所闻,或是所感所想。每到发工资的时候,这些信件,就随着工资一起发到员工手中。员工们也非常习惯这样的沟通方式。

有一次,松下到美国出差。在一家当地的日本餐馆吃饭,吃了两口米饭时,他突然停了下来。

“怎么,饭菜不好吃吗?”秘书急忙问道。

松下不作声,秘书打算结账离开,这时松下制止了他,说道:“不,米饭太香了,米饭是我们日本主要的食物,但为什么还不如吃面食的美国做得好呢?在电器方面难道也是同样的情形吗?”

秘书无言以对,只是轻轻叹了一口气。

回到住所后,松下立刻把自己的经历和感触以书信的形式传递回公司,在信的末尾,他这样写道:“我们要时刻保持警惕,要努力工作,不要懈怠。”

几十年如一日,松下依然保持写信的习惯,这让员工们非常感动。有些员工还会把信件带回家里,和家人一起分享。

后来,松下公司成为一个跨国性公司,在全世界设有230多家公司,员工总数超过25万人,公司能发展到如此规模,必然与这份特有的管理文化有密切的关系。

大家也许会认为,作为如此庞大国际公司的主要负责人,工作应该非常忙碌,他又怎么会有时间和普通员工进行交流?但事实恰恰相反,松下幸之助不仅这样做了,并且把这个工作坚持了下来。他这样做的原因,在于他认为与员工的交流很重要,对于工作开展有着非常有利的帮助,通过交流,员工能够与公司最关键的核心人物产生联系;通过关心,员工有了更多的归属感,愿意为公司的发展而全心努力。也许正是因为这样,他才成为松下幸之助,正是这样的管理方法与理念,才推动松下电器向着自己的事业目标不断前进。

领导是一门艺术。从事管理工作不应仅仅局限于短期的效益与报酬,要能看透工作关系之后所隐藏的人性内容。如果能从这一层面去思考和看待自己的工作,我们就不难舍去一份冷漠,换以一份关心的态度,而最终管理的效果会比之前好许多,这也正是领导艺术的妙处所在。

（二）给员工表达不满的机会，领导也要学会“受委屈”

抱怨是一种正常的心理情绪，生活中谁都难免遭遇挫折，个人内心中不能接受，难免对周围其他人发出种种牢骚。抱怨是非常有利的，抱怨之后，心情才得以平静，抱怨之后，问题才得以被发现，并有去寻求解决的可能；抱怨又是非常危险的，因为对其处理不当，就有可能造成双方关系的冲突，甚至是最终破裂。

工作之中遭遇抱怨相信会更加频繁。下属抱怨领导的种种不是，领导则会苛责下属的种种不足。对于这样的抱怨，我们必须首先做到正视，在认识的基础之上，有效寻求积极解决的方法。最终，在积极处理之下，抱怨不再是加剧关系恶化的“催化剂”，反而会成为调节彼此关系和谐的一个“中和剂”。

如何认识抱怨，又如何去处理员工的抱怨，可以体现出一个领导的管理水准，更能体现出他的管理是否具有艺术性。

在一些日本企业，会为员工设置专门的发泄室，将公司的老板和一些部门重要领导的画像或卡通塑像放在里边，员工完全可以以它们为对象宣泄自己不满的情绪。

这样做，不仅体现了老板的宽容，员工的情绪与不满也得以疏导。通过这种圆通的方式，管理双方的关系得到了有效的改善。

日本在企业的管理之中，建立起了一个表达不满的渠道，员工的情绪得以宣泄，就可以再次以平和的心态回归到工作之中，通过抱怨的有效解决，提高了工作效率。

但显然，这样的方式还有更大的拓展空间，如果领导能亲自倾听员工的不满，安慰对方的情绪，相信这样的方式不仅能缓解员工的情绪压力，还会额外带给彼此一份信任。

更为聪明的领导，不仅会积极倾听抱怨，更能从抱怨之中发现一些工作中隐藏的问题。员工的抱怨来源于压力，而压力是来自工作的状况，领导在抱怨的倾听中，及时发现其中的问题，反思之后，可对公司经营决策做出及时的调整。

以消极的态度处理抱怨，抱怨只能在个体的情绪中继续被压制，直到一天不能承受，爆发出来，会导致彼此关系的破裂。

以积极的态度处理抱怨，抱怨得以发泄，还可以建立起情感与信息交流的通道，彼此的关系更近一步。这些内容，无疑是一个优秀团队最为需要的。

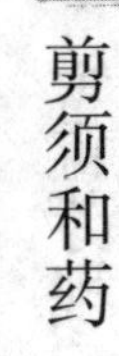

舍得之间，总有微妙的平衡，小舍小得，大舍大得。舍去对抱怨的回避态度，换回员工工作状态的恢复，是彼此关系的改善与工作的有利开展。

对抱怨的认识与态度，能够有效考验出一个领导所具有的管理水平。领导应早早认识到员工抱怨的危害，看到它的存在对团队工作开展的不利，但其中又蕴藏有彼此关系改善的契机，有效利用，可以有力推动团体工作的开展。抱怨出现后，领导要能挺身而出，舍弃一份“小我”的狭隘，积极处理，最终在这份圆通的人际氛围中，有效履行一个管理者应有的职责。

一位广告公司的新任经理，在一个大项目的广告策划中，产生失误，他因为太过强调广告自身的文艺性和特性而使广告脱离现实，最终市场反响非常不好，客户对公司有很大抱怨，甚至声称要终止合作。

这位经理看到自己给公司造成这么巨大的损失，非常过意不去，于是向总经理递交了辞呈。但最终总经理却并没有批准他的申请，总经理只是拉着他的手，说道：“我们已为你的学习交了学费，怎么会轻易放你走，学了可不能白学啊！”这位经理非常意外，双眼中已是热泪盈眶，表示为了挽回自己的过失，他会竭尽全力为公司奉献全部的精力与才华。

在以后的工作中，这位经理发奋图强，他不仅改变了自己不切合实际的想法，还有效利用自身的独立性与艺术性特点，策划出一个个又有市场效益，又有艺术水准的广告作品，为公司赚取了一笔又一笔的利润。

我们必须佩服于那位总经理的眼光与手段，也许他看到了这位广告经理的才华，知道一次失败与挫折之后，他会对自己进行调整，最终也会找到自己的方向。因为这样的判断，面对挫折和委屈，他选择由领导者自己来承担，而给予这位员工继续发展的机会。

那位广告经理在总经理的鼓励之下，不仅调整了工作的方法，并且还有了积极工作的动力，最终为公司做出了卓越的贡献。

领导的“委屈”，并不会白白承受，在这份承受当中，员工得以获得成长与发展的机会，在这份承担之中，显示出领导对员工所寄予的一份期望与厚托，领导虽然在承受这份委屈，但员工却在工作前沿施展出自己最强大的力量。

领导承受委屈只在关键的时刻，一份圆通的包容，会使彼此关系得以改善，并建立起延续的信任，最终在自己的管理之下，也得以获得一个团结、信任并富有活力和创造力的团队.

(三)放下领导的架子,与员工成为知己

“有朋自远方来,不亦乐乎!”在中国古代,人们就明白朋友的作用如此重要。在历史文化中,还有“俞伯牙摔琴谢知音”“八拜之交”等其他典故内容。

朋友,寄托以一份情感,托付以一份信任,在事业上又可相互扶协,共同促进,这种人际交往方式,为何不能为我们今日处理工作关系所用?

若能以朋友方式去处理自己工作中的关系,彼此之间的情感就会递增一份,并会为对方提供更多包容,而工作的内容,也会因为彼此的信任与分担,变得轻松而有效率。领导与员工之间,领导与部门之间,企业与企业之间,如果能彼此以朋友看待对方,那自己的人际关系就会变得通融,一份通融之后,事业会开展得便利与顺畅。

在三国争霸中,刘备以其独特的性格与管理方式给人们留下深刻的印象,并且成为他夺取天下最为有利的武器。

刘备并无军事上的实力,只是拥有一个牵强的皇室血缘背景,他正是凭借平易近人的方式,处理好人际关系,使自己团队拥有无往而不利的气势。

在他早期为官时,平等待人,即使不是身为士人的普通百姓,都可与他同席而坐,同簋而食,不会有所拣择。

在三国的纷争中,桃园结义,与张飞、关羽结拜为兄弟,谋定共赢天下。后两者都成为他手下大将,一生追随。正是自这份情感的维系中,在历史舞台上上演一幕幕关云长“割袍断义”、赵云“长坂坡忠心救主”、诸葛亮“鞠躬尽瘁,死而后已”的感人故事。

从管理的角度对刘备进行分析,他正是将朋友的关系有效地融合到自己的管理之中,并且非常善于经营这种关系,把其效用发挥到了极致。在自己征战天下的过程中,这份寄托以情感的信任,使得手下的人员发挥出超乎寻常的力量,尽忠职守,对自己事业发展形成了最为强大的推动力。

作为领导,我们一定要能放下自己的架子,不能认为只有摆起架子,别人感受你的威严,才能服从你的领导。舍去这份拒绝,舍去这份冷漠,舍去彼此的猜忌,换回的将是彼此的亲近与一份信任,与冷漠所产生的效力相比,这份如朋友般信任的感动,相信会对员工形成更多的激励。

不仅在上下级的关系处理中应该这样，在我们的同事关系处理中，在领导部门之间的关系处理中，在企业外联事务的处理中，我们都要能看到对方情感交流的需要，如果能以知己的方式对彼此关系进行处理，以开放与信任的态度相互对待，相信对我们工作的开展会起到顺畅而富有效率的作用。

一运输公司经理接到一桩大业务，有一批货物需要在半天之内搬运到码头，任务很重。

但经理手下就那么几个伙计，他们速度再快，力量再大也是很难完成的，非常让人头疼。

这天一早，经理亲自下厨做饭，并把饭给伙计们一一盛好，亲手捧到他们每个人手里。

一个小伙子接过饭碗，拿起筷子，正要往嘴里扒，忽然一股诱人的浓香扑鼻而来，他急忙用筷子扒开一个小洞，发现三块油光发亮的排骨捂在米饭当中。

小伙子立即扭过身，一声不响地蹲在屋角，狼吞虎咽地吃起来。

搬货时，小伙子把货装得满满的，一趟又一趟，来回飞奔着跑，干得汗流如雨。

同时，其他的伙计也像这个小伙子一样卖力，个个汗流浃背，最终，在规定的时间里，完成了所有的任务。

晚上，躺在床上，大家谈起了今天的事情，有人就问他："感觉你今天干活特别卖力啊。"

这位小伙子憨厚地笑了笑，说："不瞒你说，早上经理在我碗里塞了三块排骨，我总要对得起他对我的关照吧。"

"哦"，另一个伙计非常惊讶，"我的碗里也有啊！"

大家彼此一询问，才知道，在每个人的碗里，都放了三块排骨。

俗话说得好，"士为知己者死，女为悦己者容"，这三块排骨也许并不重要，但却是经理亲自下厨做的，并且亲手端到每位员工的手里，这就使它意义非凡，相信这样的举动，一定会温暖每个员工的内心。面对具有挑战性的工作任务，又有什么内容比这样的三块排骨更有分量。中国传统文化中，总在强调感恩的精神与内容，若是怀揣有感恩的情怀，那相信面对所有的困难，也会有迎战的勇气。

作为领导，身份的威严是必然需要的，但在一些时刻，一些场合，也要能适当放下自己的架子,要把自己的员工看成是家庭的一员,要看到他们可以和自己共同分担企业发展的责任,他们会和自己为同一目标而奋斗,也可以相互分担情感,并彼此互相鼓励,所有这些来自领导的分享,最终对自己管理工作能圆满完成都会有极大的益处。

放下架子,并不是一件很难的事情,善于比较和思考,就会促使你更倾向于放下这份架子,去主动亲近他人。当你放下架子的时候,你也就赢得了朋友。

(四)不要忽视他人价值,尊重每一位员工

席勒曾经说过:"知道自己尊严的人,就会去尊重别人的尊严!"尊重是双向的,如果你知道维护自己的尊严,你也就会去维护其他人的尊严,如果你去维护了别人的尊严,相信他人也自然会维护你的尊严。

生活中,尊重如此重要。一句礼貌的用语,一句轻声的问候,双方的心情得以开朗,敞开心扉交流彼此的感触与意见。一份尊重,建立起的是双方信任与沟通的桥梁。

工作中,大家见面时展示出一个真诚的微笑,对对方工作进行更多的认可与肯定,这些会让对方在心态上有所释然而变得自信从容,并对对方产生信赖。一份尊重,建立的是彼此的认可与协调。

一次,英国的维多利亚女王和丈夫吵架了,丈夫非常生气,悻悻离开,独自回到卧室,关起了门。傍晚时,女王回到卧室,站在门口,轻轻敲门。

从屋里传出来一个声音:"谁?"

维多利亚大声回答道:"我是女王!"

意外的是,里边没有任何回应,又转为无声无息。等待片刻维多利亚只好再次敲门。

里边又传出来一个声音:"你是谁?"

"我是维多利亚。"这次她的声音柔和多了。

不过,等待片刻,里边依然没有动静。女王自己无处可去,最终只好无奈地第三次敲门。

那个声音再次传来:"你是谁?"

"我是你的妻子。"女王这次乖多了,声音中甚至都渗透出乞怜的气息。

还没有过一秒钟,门却应声而开。门后正站着她微笑的丈夫。

作为英国的女王,维多利亚有着无上的权威,但是作为丈夫的妻子,她却必须在生活中认识自己的角色与位置。她要能体会丈夫的情感与关心,并能平等地给予对方以关爱,只有这样,她的言语和行为才会最为恰当。而那扇背后“隐藏”微笑的大门,也才能为她打开。

工作中,作为领导,我们应该拥有威严,只有这样才能驾驭我们的工作,这种观点是完全正确的。但总是在自己的脸上挂着冷血冰霜,就会让人产生接触的怯懦,缺乏交流也不会对我们的工作产生什么益处。适当的时候我们可以尝试一些改变,要能去认识到每个员工在集体中的位置与作用,认识态度有所转变之后,就会产生不同的行为。一个微笑,一个体贴的动作,一句对对方的赞赏,就会让对方感受无限的满足,工作因此而更有效率,团队因此而更加和谐。

领导也许会认为,自己身上承担着太多的职责,只有那些最为重要的下属与关键人才,才是自己应该注意与关心的,因为他们可以给企业带来效益。但事实不然,螺丝钉虽小,但它可以守候大厦的安危,明星员工能够闪耀,却是有更多员工对其工作的支持。作为一个管理者,应该舍弃掉自己狭隘与局限的认识,在看到局部重要凸显的同时,也能看到整体的结构联系与相互平衡,在抓住重点工作的时候.也要顾及工作的全面开展。最终自己所获得的,是各个部门之间的协调与信息交流顺畅,这也正体现出一名领导者游刃有余的管理艺术。

强生公司的一个业务员,经常去一家药品杂货店推销产品。

每次他进这家店,都总要先和柜台的营业员寒暄上几句,然后才去见店主。一天,他来到这家商店的时候,店主突然告诉他以后不用再来了,因为他认为强生公司的产品是针对食品市场和廉价商店而设计,对于他们这种小药品杂货店并没有好处。这个业务员只好黯然离开,开着车子在镇上转悠,经过一番考虑后,他最后还是决定回到商店,因为他认为有些问题必须解释清楚。

走进商店,他依然和柜台上的营业员打了招呼,然后才进到里边店主的办公室。

没想到,店主见到他却非常高兴,笑着欢迎他回来,并且很爽快地下了订单。业务员十分惊讶,店主指着柜台的营业员说:“是他说服了我。”

他接着说:“我不知道他为什么这么做,不过作为直接面对顾客的销售人员,他也许比我更了解顾客需要什么,他说你们的产品会适合这里社区的居民。”

生意得以达成,业务员十分高兴,他和那位销售员也成了很好的朋友。

推销员最后说："我永远不会忘记，关心、尊重每一个人，这是我们必备的特质。"

也许对方不是关键的决策制定者，但不知什么时候，他就会对决策产生出什么重要的影响，养成一个尊重他人的习惯，这不仅是一个业务员应有的素养，也是我们社会生活应有的素养，而最终他人总会对我们的工作开展产生一些"意外"的推动。

不要小看团队中每个员工的价值，也许他只是默默无闻的一名后勤人员，也许他只是保障团队正常运营的服务人员，也许他只是一名普通的数据收集工作者，但他们也在为团队的前进贡献着自己的力量，他们也需要获得团队对其的尊重，对其工作进行认可。他们的工作内容对集体而言又是不可或缺的，如果对其进行尊重，对其工作进行认可，他们也许会获得更大的工作动力，从而对团队形成更加团结而紧密的影响。

在中国传统文化中，非常强调"合乎于礼，守候以仁"的概念，会描述"君使臣以礼，臣事君以忠""君臣之礼，父子之礼"等内容，这一理念所铸就的群体性格，会非常关注于彼此交往是否对待以礼。如果感受到对方礼貌的对待，自己的心情与态度就会发生相应积极的转变，如果没有感受到应有的尊重，在态度上就会产生消极甚至是逆反的情绪。

在管理工作中，一定要认识到自己所处群体的文化背景，分析在当今时代所呈现的特征，有所了解和把控之后，才能寻找到最为有利的工作开展方式，认可到尊重的作用，并积极寻求尊重的可能，最终将彼此关系融合到通融之中，团队因这份彼此的信任也就会产生出更好的效率。

（五）好领导要学会包容，能够接纳下属的短处

"金无足赤，人无完人，"人生谁能无短？

对于他人的短处，我们该如何看待？唏嘘哀叹，行以自我嘲讽，对于自己的长处，则沾沾自喜，时刻怀揣心中，并会时时盯着他人的不足。最终，我们的短处会使得我们看起来越发矮小，而无形中我们的长处，被自己的认识所局限，也不再那么凸显，这样，当岁月流逝之后，剩下的，就只有平庸了。

工作中，面对一个"一无是处"的下属，我们该如何面对？

比较那些拥有优秀业绩的业务员，他总是业务平平，甚至随时都会丧失掉工作的自信，比较那些敏锐的谈判者，他的反应总是"姗姗来迟"，比较那些思维活跃的"开拓者"，他总是提不出什么自己的意见。面对这些人，我们一定会感到无可奈何，我们一定会抱

怨，如果不是他们存在诸多“不足”，我们也许会创造出更好的业绩。

如果换一个角度思考，也许会对这一问题产生不同的认识。

骆驼和羊为“高”和“矮”的问题争论不休。它们来到一棵大树下，骆驼抬起头就够到了树叶，津津有味地吃了起来；羊伸长了脖子，就是连蹦带跳，也够不到一片叶子，只能吃从骆驼嘴里散落的叶子，骆驼得意地说：“高比矮好吧。”羊却并不服气。

它俩又往前走，来到一座门前，门非常窄小，门里却有许多鲜美的青草。羊大模大样地走进去，开始啃食园里的青草；骆驼尝试了各种办法，屈膝跪腿，低头使劲往里边钻，但就是进不去那道门，最后只能望肥草而兴叹。羊这时骄傲地说：“看到了吧，矮还是比高好。”骆驼也不服气。

这时，老牛过来评理了：“你们只看到自己的长处，不看自己的短处，这是不对的，自己的长处在一定条件下就会变成阻碍，而别人的短处在某些时候也说不定会变成长处。”

我们所认为的短处，也许让我们一时够不着高处的叶子，却可以让我们轻松地经过狭隘的大门，去收获门内的果实。人之长短，只是在于比较之中。

有些人的短处，换一个角度看待，也许就有别人所不能及的优势；有些人的短处只需要变换一个空间，就可以给他提供出施展的机会；有些人的短处，只是因为他处于成长过程之中，经过一段时间之后，也许他就会蕴发出成熟的魅力。反之，我们却要谨慎地看待那些人所谓的长处，今日的长处也许就是明日的短处，某些人的所谓长处之下，也许隐藏着我们还没有发现的致命短处，经历时间考验之后，也许这些短处就会慢慢地暴露出来。

有些员工也许不具备捕捉市场的敏锐眼光，但他具有滔滔不绝，能够“颠倒”是非的口才和一腔的激情；有些员工或许不具有决策的果断，但他却具有敦厚踏实的性格与勇于担当的品质；有些员工也许不善于待人接物，但他却善于应对枯燥而耗费思考的研发工作。即使真的有一个员工一无是处，那他委身于团队之中，也可称为他人自信的“基石”。

作为领导，作为团队的掌控者，要能包容所有的员工，看到短有长之用处，看到长有短之不足。一份包容的胸襟之中，是对团队所有员工的运筹安排，并可以使自己团队发展能经历时间的考验，那短者能寻找到自己的用武之地，那长者能平淡看待自己的优势与不足。帅者，其手下并不尽是勇猛之才，都能为我所用者，才为良帅。

一份包容之下，舍弃是原先的狭隘与对对方不足的抱怨，以包容的胸襟去看待对方的优点与不足。在更为长远的规划中，去协调团队成员与他们工作的关系，而最终他所获得的，是团队每个成员得到了成长，是团队所拥有的高效率。

红顶商人胡雪岩身边，就有许多在别人眼中是一无是处的"败家子"，但这些人在他的手下，都变成了一个个不可多得的人才。这也正是胡雪岩"用人之长，容人之短，不求完人，但求能人"管理观念的具体体现。

陈世龙原本是一个整天混迹赌场的"小混混"，胡雪岩却非常看好他，整天带在身边，因为胡雪岩虽然知道他整日游手好闲，不务正业，却非常灵活，与人结交也从不露怯，打得开场面，还有这小伙子不出卖朋友，靠得住，是个有血性的人，说话从来算数。

由于胡雪岩看到了这些优点，最终将他调教成为自己生意场上的得力助手。

"役其所长，则事无废功；避其所短，则世无弃材。"任用人的长处，则凡事不会不成功；回避其短处，则世界上没有不可用之才。胡雪岩使用人才，正是不拘泥于其短处，并从短处看到他人身上所储备的优点，并加以有效引导利用.最终使他找到自己最恰当的位置，也使自己获得最得力的助手。

下属存在短处，并不是说他就是毫无可用之人，也许在他时、他地，就会拥有发挥的价值。作为领导，我们要能够包容他人一时的不足，甚至在一些时候，要能去"护短"，用自己智慧的眼睛去发掘这个人身上所具有的其他长处，或是帮助他寻找到合适的机会去发挥他的能力。最终，对方得以发展，自己的管理艺术也得以完善。

（六）做领导要舍弃浮躁，懂得忍耐

没有人能够回避浮躁的经历，但关于浮躁，人们却可以以不同的态度来对待。

有人会放纵一时的情绪，宣泄心中的不满，放弃承受的态度，以冲突和决裂的方式去处理所遭遇的问题；而有些人，却懂得忍耐，因为他能看到未来的发展，因为他知道这份守候的重要。最终情势的发展，因为此份担当而有延续的可能，而过程中所呈现的也是个人的智慧与卓越的把控能力。

生活中，我们都会遭遇浮躁。如果我们选择一时的放任，也许自己暂时可以不用承担，但短暂的轻松之后，我们就会面临不利的结果，此时也许就会后悔当初没有做到忍让与坚持。

选择暂时的忍耐，也许对个人来说是对自己的挑战，因为此时各种负面的情绪是那

么的不堪承受，但因为这份忍耐，事业得以发展，信任得以延续，而局势的发展不用多久就可展现出精彩结果。并且这样的忍让与承受也是对个人的一次锻炼与认可，生活因为历练而丰富，生命因为承受而厚重。

工作中，作为领导，相信会遭遇更多的浮躁，因为他掌控着一个团队，团队中各项事务繁杂；因为他身上背负一个团队的责任，稍有差错，都会产生截然相反的结果。面对浮躁，他们有资格去宣泄与表达不满，但是作为一个优秀的领导，作为一个有着艺术水准的领导，他却必须去选择忍耐。忍耐以自己，忍耐以他人，从情绪之中发现那些理性的线索，去寻找自己发展的有利契机，最终使得事情的发展得以延续，而自己的管理职责也得以圆满完成。

美国著名总统林肯就是一个很有耐性的人。

在南北战争时期，有一位叫麦克里兰的将军，他对林肯总统就非常傲慢无礼。

在战争刚开始的时候，麦克里兰打了几场小仗，并取得胜利，在国内形成广泛的影响，人们称他为“小拿破仑”。

美国“牛径溪”之役失败后，麦克里兰将残兵败将加以训练，准备再战，一切准备就绪。林肯一再催他出击，但他就是不肯出动，他拖延，耽搁，寻找各种借口，硬是不肯前进。最后麦克里兰竟说马儿累了，舌头疼，因此无法行动。

麦克里兰对林肯还十分过分。

总统来看望他，他竟让总统在前厅里等了半个钟头。有一次，他晚上 11 点才回到家里，佣人说林肯已经等了数小时要见他。没想到麦克里兰走过房门，径直上楼，去睡觉了，并让佣人告诉林肯，他已经上楼睡觉了。

这件事被报纸大肆宣传，人们议论纷纷。林肯太太泪流满面地请求林肯撤换掉“那个叫人感到害怕的空谈专家”。林肯回答她说：“我知道他不对，但这种时候，我不能顾及自己的情绪。只要麦克里兰能打胜仗，我愿意替他提鞋子。”

林肯对麦克里兰可谓是耐性十足。在彼此的交往当中，麦克里兰已经完全超出了自己作为一个将军对待总统所应有的礼貌，但是，对于这样的无礼行为，林肯还是选择了包容，即使他的太太对他提出异议时，他也依然坚持自己的观点。他这样做的原因在于，他知道麦克里兰对于战争的胜利有很大的作用，而战争的胜利则可以左右自己的政治生命。最终，林肯成全了麦克里兰，也造就了胜利，在林肯的领导之下，取得了最好的战绩，因为博大的胸怀，我们也记住了这位最为著名的总统。

作为领导，特别是一个有艺术水准的领导，面对浮躁，他一定要能做出很好的取舍。舍弃一时的浮躁，舍弃一份放任的可能，甚至如林肯一般舍弃掉自己作为总统应有的尊严，而他却会去履行自己应尽的职责，维护团队的团结，维护事情发展的延续，最后他所收获的，是事业得以超越性发展，更是自身管理能力的不断提高与广泛认可。

李沆是宋朝真宗时的宰相。一天，在途中被一个儒生拦下上书。书生慷慨陈词，历数其短，但李沆却丝毫没有发怒，反而向他致谢，说："等我回家，一定会慢慢地看。"

儒生以为李沆怠慢于他，十分不满，一路跟随，并大声斥责道："你身居高位却不能兼济天下，还不愿意引退，堵塞贤人上进道路，你心里就一点也不愧疚吗？"

李沆在马上恭敬地回答："多次请求引退，主上都没有应允。"

尽管被这样一位不知名姓的儒生当街斥责，李沆脸上始终没有一点怒色。

其实，李沆并非是儒生所说的"居大位不能济天下"的宰相。

李沆办事，从来以国家利益为重，即使真宗有错，也敢于抗争。一次真宗手诏欲立刘氏为贵妃，李沆当着使者的面，用蜡烛焚烧了诏书，并附上奏言："臣以为不可。"最终真宗果真听从了他的意见，此事作罢。

宋真宗对他的评价是："沆为大臣，忠良纯厚，始终如一。"

李沆所遭遇的情形，如果放在今日，恐怕任何一个领导都会火冒三丈，被一个无名小生毫无缘由，如此无礼指责自身不足，即使有着极大的耐性，也不足以承受。陷入浮躁之中，情绪极易被激怒，如果态度激烈，如这位儒生一般，可能会因诽谤而获罪，即使面对耐性较好的领导，也不会再给予更多理会，更不要希望能获得尊重。

而这恰恰体现出李沆的不同于常官之处，谦逊之下，自己只是低调地进行解释，反而让人们感觉这位儒生欠缺稳重而太过轻狂。但李沆并不是一个懦弱之人，在面对皇帝的异议时，他又能如此不顾及自身利益，及时表达出自己对于问题的见解与看法，最终使事情向着有利的方向发展。

管理并不是一个中规中矩的过程，也不是可以遵循统一的工作方式来完成的，因为人们认识不同，掌控不同，相信人们会有不同的判断，坚持不同的行为规则。

面对于浮躁，如果能认识到自身责任的重要，如果能对自身的情绪做出极大的掌控，那自己人际关系的处理，就会圆通许多。而在这份圆通之中，情绪的影响得以降到最低，而事物可以得到正常的发展，最终，众人不得不承认这位领导管理手段的高明。

（七）摒弃对完美的过分追求，不要求全责备

人生都会追求完美，但过分地追求完美，却并不会给一个人带来多大的益处，自己整日纠缠于细节中不说，还会让对方感到无所适从，语言与行为无从寻找可依据的标准。

生活中我们会追求完美，也许可以对我们形成最大的激励，我们为了这一目标而努力奋斗，并最终有所收获，但对完美过分地追求，却有可能使我们陷入发展的困境。因为一份极致的完美，已经超越了现实，如果人们在意识中对此不能有客观的认识，如果不能将自己从这份完美中解脱，那自身的精力要在这一目标的纠缠中耗费殆尽，自己的情感也要为这一目标的不可获得而倍感悲伤。

工作中，我们也会追求完美，我们希望公司的业绩目标总能在确定的时间里，得以圆满完成，希望自己员工的表现总如自己所期望的那样满意。但稍有实践经验的领导，都会知道这样的情况更多的是一种主观的期望，我们工作总是在现实与目标之间徘徊，而我们的员工，也总在不断发生改变。只有舍弃掉一份对完美的极致追求，才能使自己的领导工作具备一份现实性，也才能更好地完成自己的管理工作。

远藤是一家日本企业的技术员，远藤的工作效率很高，可是远藤有个缺点，上班时，喜欢将用过的文件全部堆在桌子上。远藤的直接领导是个尽善尽美的领导，在他的眼中揉不得沙子，领导和远藤说过几次了，可是远藤过几天老毛病又犯了。这样一来，领导感觉自己的威严受到了挑衅。

有一天下班的时候，领导把远藤叫到办公室里，将远藤教训了一顿，远藤站在办公室里像犯错的孩子，没有半句反驳。领导教训完了之后，远藤心情特不愉快地下班了。之后的几个月，远藤和领导的关系一直不温不火。

公司年底聚会上，要选举当年最受欢迎的领导干部，选举的模式是淘汰制度，到最后，只剩下远藤的领导和另一部门的总监了。

最关键的时候到了，最后一轮投票开始了，当最后只剩下远藤一人还未投票时，远藤的领导和总监都有些许紧张起来，总监担心远藤将珍贵的一票投给自己的领导，领导担心远藤记恨在心，将一票投给总监。

最后，远藤将珍贵的一票投给了那位和他不是很熟悉的总监。

作为领导，如果只是认可员工的完美表现，而不能放下其行为中的任何瑕疵，那最终的结果呈现，即使他是一个有着无限潜力的员工，也会因为这份苛责的态度而丧失自信，对工作进展造成阻碍。与其相对，如果我们能以包容的态度去看员工的不足，在其出现错误的时候，依旧能给予信任和鼓励，那么，相信他会全力以赴地做好工作，个人潜能也能得到进一步的发挥。

作为领导，我们要舍弃对完美的过分追求，要认识到完美的不现实性，要认识到对它的过分追求，对彼此双方都会产生一种危害。以这些认识去调整我们的行为，就会呈现更多的对对方不足的包容与接纳。其最终的结果是，我们自身的情绪会轻松许多，对待工作也能客观地看待，在领导的包容之中，员工就会获取更多的发展空间去施展自己的才华。

放弃掉完美的过分追求，是一种圆通人际关系理念的体现。在领导与员工的关系中，在部门的关系中，在企业与外联的关系处理中，给对方以一份包容，一定也可换回对方的一份感激，谁能无错，当自己有一天也出现同样失误时，必然也会被对方所容纳接受。

在圆通的关系之中，我们彼此获取到一份信任，这份信任是最难以获取的，也是最为宝贵的财富。

曾国藩的家族中有件代代相传的有趣故事。曾国藩在京城为官，一天，湖南老家来信，原来为盖新宅，与邻居为一墙之隔的地界发生了争执，闹得非常不快，来信寻求在朝中为官的曾国藩帮助。

收到此信后，曾国藩写了一封长信给弟弟曾国潢，附上一首诗："千里修书只为墙，让他三尺又何妨，长城万里今犹在，不见当年秦始皇。"

家族中人收到信，读了诗后，一时警醒，胸襟豁然开朗。"让他三尺又何妨"，毅然主动将地退让三尺，没想到曾家的这一举动，竟然感动了邻居，不再与曾家争执，也自行退让三尺，于是就有了历史上著名的"六尺胡同"。

在人们的印象当中，最为优秀的领导，一定有着比常人更为宽阔的心胸，俗话说"宰相肚里能撑船"，当所有是非内容都在自己的掌控之下，当所有的残缺与完美，都不能对自己形成过多的牵绊，自己才能对影响事物发展的各种因素进行最好的掌控。

以一份包容圆通的态度去对待和处理彼此之间的关系与遭遇到的问题，问题方才得

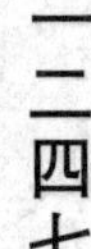

以圆满解决，双方也得以退让出更多空间，并且还成就出曾国藩为官艺术的好名声。

反之，假设双方总是过分追求完美，一定要在这墙壁的界线上争个你死我活，而曾国藩又没有如此超然的态度施以影响，那最终结果恐怕就不是现实所能想象的了。

（八）领导要严格要求自己，宽容对待员工

“严于律己，宽以待人”，虽是极为浅显且人所共知的道理，但要真正做到也并不是件容易的事情，此处将所有内容论述出来，希望对大家理解有所帮助。

对自己一份严格要求，才能延续一份事业与能力的精进，以积极而不懈怠的态度面对生活，在经历以时间之后，才能感受到自己不为落后；反之，对待自己以一份放纵与随意态度，那恐怕其最终，可能会获取一时的快乐，但不用多久，就会发现自己已陷入一份难堪的困境之中。

宽容对待他人，不要去苛责对方的一份欠缺，不要去过分强调别人的一份不足，反之以微笑和开阔的胸怀来处理彼此的交往，在一份释然的态度中，对方对自己自然是一份信任与依赖。反之，总以苛责的态度对待他人，那结果就会给工作带来极大的不利，总是计较于得失，总是反复于信任，最终，失去对方的信任不说，最终可能使双方关系也走向破裂。

工作中，我们应该严格要求自己，宽容对待他人，作为领导更应如此。

严格要求自己，才能使自己在业务与管理能力上不断精进，自己管理水平不断提高，在自己领导之下，整体业绩才会不断发展。同时，严格要求自己更是以身作则的一种表率，领导能够对自己进行严格要求，团队成员必然会仰视其行为，在这份尊崇之中，自然会自主学习，团队整体风气也就得以改善。

宽容对待他人，是对对方的一份包容与信任，也是自身性格厚重与包容能力的体现，在自己的宽容当中，成就对方，让其获得继续发展的机会，最终因为此份不足对个人成长却形成一次很好的促进；成就自己，对方必然会对自己心存一份感激，在工作中，必然会得到更加默契的配合。

彭德怀是中国人民解放军的创建人和领导者之一。在新中国的诞生过程中，创造了丰功伟绩，1955 年被授予元帅军衔。他是一个严于律己的人，堪称人民的楷模。

1939 年，日军对五台山、太行山、恒山以及华北平原等地实行严密的“囚笼”政策，一天,八路军转战到了砖壁村。进村的时候,彭德怀一再告诫部队要严格遵守“三大纪律八项注意”,可没想到,一进村彭德怀就打碎了房东家的大瓦盆。

那天听说八路军来了,躲起来的老百姓纷纷回到了村里。彭德怀知道后,立即找到对方要赔瓦盆,拿出钱后,老百姓硬是不肯收。由于日军封锁,老区缺少食糖,最终彭德怀叫警卫员把自己的一碗白糖,作为赔偿。房东很感动,把自己遇到的事向大家细细描述,彭老总得到了百姓的普遍拥戴,最终,这个村庄成了八路军的“铁杆根据地”。

当了元帅以后他仍然保持革命老传统。一次去东南沿海检查工作,当地的一位负责人将一坛黄酒送到了彭老总的驻地,请参谋转交彭老总。彭德怀知道后,脸霎时阴沉,询问参谋是否付了钱。听说没付,他立刻严厉批评了参谋:“这种作风要不得,如果不制止,它就会像瘟疫一样泛滥成灾。”于是,一回到北京,参谋马上把酒钱寄还。

彭德怀对自己严格要求,对亲属也是同样的要求严格。1955年,彭德怀的大侄子考进一所军事院校,彭德怀心里高兴,但他不是表扬侄子,而是给他上了一堂保持艰苦朴素优良传统的教育课,不允许侄子有高干子弟的特殊待遇。

作为领导,要能以身作则,严于律己,从我做起,才能为大家所敬仰和信任;反之,做事总是缩头缩尾,放任自己,毫无原则,总是计较个人得失,那便是犯了作为企业领导的大忌,最终也必定无法在下属面前建立威信。没有一定威信的领导,又岂能管人?

作为领导自己要严格要求自己,但是对待员工,却需要有一颗包容的心。

在一个寺院,戒律森严,无特殊情况不允许外出,一到晚上,寺院大门就会关闭。在这个寺院,住着一位德高望重的住持和一群小和尚。

一天傍晚,吃过斋饭后,住持一人独自在寺院里散步。走到南墙下时,他突然发现了一把椅背斜靠在墙上的椅子,他心里明白不知道哪个贪玩的小和尚又翻出墙去玩耍了。

住持并没有离开,也没有拿走椅子,只是默不作声地站在椅子不远处静静等待。

等啊等,一直等到午夜时分,才从墙头上探出一个小和尚的脑袋,只见他四处观望了一下,就翻过墙,踩着椅子,跳到地上。

小和尚拍去身上的泥土,正要回头,却发现了站在不远处的住持,一时间惊慌失措,不知道如何应对,心里已在等待住持的责备或打骂。

谁知,住持只是微微一笑,没有责怪这位小和尚,只是心平气和地说:“外面危险,我只是想知道你是否安全回来了,我就可以放心睡觉。”说完,住持回过身,就离开了。

从此以后，小和尚再也没有偷偷翻墙，而是更加努力地修炼。过了多年，他也成了一位造诣深厚的有道高僧。

设想我们生活中遇到类似情形，孩子一定会受到责骂甚至体罚，领导也可能会严厉地批评员工，而这位住持显然采取了一种不同的方法。他将对方的过错完全隐忍到自己的内心，在对方完全认识到自己过错的情况下，更多去顾及对方的情绪，最终选择释然，没有给予任何的苛责，而是让他对自己的行为进行一次反思和改正。最终结果证明，这种方式远比一场训斥好得多。

严于待己，宽以待人，就会使自己的人际关系处理进入到一种圆通之中，对自己的严格，会形成群体中的榜样，会获得对方的认可和信任，自己各项工作的安排，在这份威信当中就会获得更好执行；宽容对待他人，就可以给对方更多的反思与改正的空间，在一份包容之中，对方可以用更从容的态度来对待自己所面临的工作，又因为这份信任，自己也可以获取更为强大发展的动力。圆通之中，成就彼此，也成就自己管理的艺术。

管理工作，归根到底是管人的工作，是否具有一个良好的人际关系，会决定我们管理工作的成败。我们要尊重员工，放低自己的姿态，倾听他人的声音，戒除自己的浮躁之气，对他人以宽容，更多借鉴禅理中包容与平等的理念，这样，在我们的人际关系处理中，才能更多融入圆通的内容，最终为我们开展管理工作也就建立起有效的平台。

二、领导的激励艺术：让员工自己奔跑

（一）最有效的 13 条激励法则

员工是企业生存与发展的基石，企业要发展，就必须依赖员工的努力。因此，激励员工发挥所长，贡献其心力，是领导者的首要责任。

以下介绍 13 种激励法则，帮助员工建立信任感，激励员工士气，使员工超越巅峰，发挥他们的创造力、热情，全力以赴地工作：

（1）不要用命令的口气。好的领导者很少发号施令，他们都以劝说、奖励等方式让员工了解任务的要求，并去执行，尽量避免直接命令，如“你去做……”等。

（2）授权任务而非“倾倒”工作。“授权”是管理的必要技巧之一。如果你将一大堆

工作全部塞给员工去做,便是“倾倒”,这样员工会认为你滥用职权;而授权任务则是依照员工能力派任工作,使他们得以发挥所长,圆满地完成。

(3)让员工自己做决定。员工需要对工作拥有支配权,如果他们凡事都需等候上司的决策,那么他们就容易产生无力感,失去激情。不过员工通常并不熟悉做决定的技巧,因此领导者应该告诉员工,不同的做法会有哪些影响,然后从中选择。

(4)为员工设立目标。设立目标比其他管理技能更能有效改善员工表现,不过这些目标必须十分明确,而且是可以达到的。

(5)给予员工升迁的希望。如果公司缺乏升迁机会,领导者最好尽量改变这种情况,因为人如果有升迁的希望,可激励他努力工作。假如你不希望以升迁机会提高人事成本,起码也要提供一些奖励办法。

(6)倾听员工的意见,让他们感觉受到重视。尽可能每周安排一次与员工聚会,时间不用很长,但是借此机会员工可以表达他们的想法与意见,而领导者则应用心记录谈话内容,以便采取行动。

当然,你未必同意每位员工的要求,但你不妨用心倾听,因为员工会因为你的关心而努力工作,表现更好。

(7)信守诺言。好的领导者永远记得自己的承诺,并会采取适当行动。如果你答应员工去做某些事,却又没有办到,那将损失员工对你的信赖。

因此,你不妨经常携带笔记本,将对方的要求或自己的承诺写下来,如果短期内无法兑现,最好让员工知道,你已着手去做,以及所遇到的困难。

(8)不要朝令夕改。员工工作需要连贯性,他们希望你不要朝令夕改,因此如果政策改变,最好尽快通知,否则员工会觉得无所适从。

(9)及时奖励员工。每当员工圆满完成工作时,立刻予以奖励或赞美,往往比日后的调薪效果好。赞美与惩罚比例,应该是4:1。

(10)预防胜于治疗,建立监督体系。每天检视公司动态与员工工作进度,以便在出现大问题以前,预先了解错误,防患于未然。

(11)避免轻率地下判断。如果领导者希望员工能依照自己的方法工作,必然会大失所望。因为,每个人处理事情的方式不同,你的方法未必是唯一正确。所以,最好避免轻率地断言员工犯错误,否则会影响对他们的信任感,甚至做出错误的决策。

(12)心平气和地批评。批评也是激励的一种方式,然而批评必须掌握方法,激烈的批评只会让员工感染到你的怒气,并产生反抗情绪,只有心平气和的批评才能让员工了解自己的失误,并感受到你对他的期待,才能对员工产生激励的效果。

(13)激励员工办公室友谊。让员工们在工作中有机会交谈,和谐相处。因为许多人愿意留在一个单位工作,是他们喜欢这个环境与同事。因此。不妨经常办些聚会,增进员工间的感情。员工们在人和的气氛下工作,必然会更有创造力,更有活力。

(二)建立完善有效的激励机制

强化工作动机可以改善工作绩效,诱发出员工的工作热情与努力。这里强调的是领导者所做的一切努力只是一个诱发的过程,能真正激励员工的还是他们自己。

要想冲破员工们内心深处这道反锁的门,你必须要好好地谋划一番,为你的激励建立一个有效的机制。那么,一个有效的激励机制应该具备哪些特征,符合什么样的原则呢?

(1)简明。激励机制的规则必须简明扼要,且容易被解释、理解和把握。

(2)具体。仅仅说"多干点"或者说"别出事故"是根本不够的,员工们需要准确地知道上司到底希望他们做什么。

(3)可以实现。每一个员工都应该有一个合理的机会去赢得某些他们希望得到的东西。

(4)可估量。可估量的目标是制订激励计划的基础,如果具体的成就不能与所花费用联系起来,计划资金就会白白浪费。

一个高效激励机制的建立,企业的领导者需要从企业自身的情况,以及员工的精神需求、物质需求等多方面综合考虑,更新管理观念与思路,制定行之有效的激励措施和激励手段。具体来说,应该做到以下几点:

1.物质激励要和精神激励相结合

领导者在制定激励机制时,不仅要考虑到物质激励,同时也要考虑到精神激励。物质激励是指通过物质刺激的手段来鼓励员工工作。它的主要表现形式有发放工资、奖金、津贴、福利等。精神激励包括口头称赞、书面表扬、荣誉称号、勋章……

在实际工作中,一些领导者认为有钱才会有干劲,有实惠才能有热情,精神激励是水中月、镜中影,好看却不中用。因此,他们从来不重视精神激励。事实上,人类不但有物质上的需要,更有精神方面的需要,如果只给予员工物质激励,往往不能达到预期的效果,甚至还会产生不良影响,美国管理学家皮特就曾指出:“重赏会带来副作用,因为高额的奖金会使大家彼此封锁消息,影响工作的正常开展,整个社会的风气就不会正。”因此,领导者必须把物质激励和精神激励结合起来才能真正地调动广大员工的积极性。

2.建立和实施多渠道、多层次的激励机制

激励机制是一个永远开放的系统,要随着时代、环境、市场形式的变化而不断变化。因此,领导者要建立多层次的激励机制。

多层次激励机制的实施是联想公司创造奇迹的一个秘方。联想公司在不同时期有不同的激励机制,对于20世纪80年代的第一代联想人,公司主要注重培养他们的集体主义精神和满足他们的物质需求;而进入90年代以后,新一代的联想人对物质要求更为强烈,并有很强的自我意识,基于这种特点,联想公司制定了新的、合理的、有效的激励方案,那就是多一点空间、多一点办法,制定多种激励方式。例如让有突出业绩的业务人员和销售人员的工资和奖金比他们的上司还高许多,这样就使他们能安心现有的工作。联想集团始终认为只有一条激励跑道一定会拥挤不堪,一定要设置多条跑道,采取灵活多样的激励手段,这样才能最大限度地激发员工的工作激情。

3.充分考虑员工的个体差异,实行差别激励的原则

企业要根据不同的类型和特点制定激励机制,而且在制定激励机制时一定要考虑到个体差异:例如女性员工相对而言对报酬更为看重,而男性员工则更注重提升能力、得到升迁;在年龄方面也有差异,一般20~30岁之间的员工自主意识比较强,对工作条件等各方面要求比较高,而31~45岁之间的员工则因为家庭等原因比较安于现状,相对而言比较稳定;在文化方面,有较高学历的人一般更注重自我价值的实现,他们更看重的是精神方面的满足,例如工作环境、工作兴趣、工作条件等。而学历相对较低的人则首先注重的是基本需求的满足;在职务方面,管理人员和一般员工之间的需求也有不同。因此企业在制定激励机制时一定要考虑到企业的特点和员工的个体差异,这样才能收到最大的激励效力。

4.领导者的行为是影响激励机制成败的一个重要因素

领导者的行为对激励机制的成败至关重要,首先,领导者要做到自身廉洁,不要因为

自己多拿多占而对员工产生负面影响；其次，要做到公正不偏，不任人唯亲；再次，领导者要经常与员工进行沟通，尊重支持员工，对员工所做出的成绩要尽量表扬，在企业中建立以人为本的管理思想，为员工创造良好的工作环境。此外，领导者要为员工做出榜样，通过展示自己的工作技术、管理艺术、办事能力和良好的职业意识，培养下属对自己的尊敬，从而增加企业的凝聚力。

建立有效的、完善的激励机制，除了做到以上几点之外，还要注意两方面的问题：

(1)要认真贯彻实施，避免激励机制流于书面。

很多领导者没有真正认识到激励机制是其发展必不可少的动力源，他们往往把激励机制的建立“写在纸上，挂在墙上，说在嘴上”，实施起来多以“研究，研究，再研究”将之浮在空中，最终让激励机制成为一纸空文，没有发挥任何效果。领导者一定要避免这种情况的发生，将激励机制认真贯彻实施。

(2)要抛弃一劳永逸的心态。

企业的激励机制一旦建立，且在初期运行良好，领导者就可能固化这种机制，而不考虑周围环境的变化和企业的变化，这往往会导致机制落后，而难以产生功效。领导者应该根据时代的发展、环境的变化不断改革创新激励机制。

人才是企业生存与发展的关键，如何在企业有限的人力资本中调动他们的积极性、主动性和创造性，有效的激励机制是必不可少的。因此，领导者一定要重视对员工的激励，根据实际情况，综合运用多种方式，把激励的手段和目的结合起来，改变思维模式，真正建立起适应企业特色、时代特点和员工需求的有效的激励机制，使企业在激烈的市场竞争中立于不败之地。

(三)靠“竞赛机制”说话

在管理员工时，适当运用“竞赛机制”，可以调动员工的积极性。毕竟每个人都希望自己的价值能得到大家的肯定，而竞赛这种机制给员工提供了一个可靠的平台，在这个平台上，任何一个员工，只要他有能力，都可以得到相应的奖励，同时大家的尊重和敬佩还会强化其工作成就感。竞赛透明度越高，员工的公平公正感就越强，所受到的激励也就越强。

对于领导者来说，使用竞赛这种机制，不但可以调动员工的情绪，还可以解决一些平时想解决的发展“瓶颈”问题。

2008 年底,深圳某公司受金融危机影响,在 9~12 月生产任务不足,工人们若不减员就得减薪。公司董事长一筹莫展,裁员和减薪都是他不愿意走的路,怎么办呢?最后。他决定开办一场节能降耗的劳动竞赛。竞赛举办期间,生产成本骤降。董事长又决定改革劳动竞赛的形式和竞赛奖金发放办法,将劳动竞赛纳入行政管理中,竞赛奖金半个月一发放。这一劳动竞赛机制不仅解决了企业面临的问题,推动了企业发展,也为一线职工增加了收入.可谓一举多得。

竞赛机制的作用由此可见一斑。但并不是所有的竞赛都能起到激励作用,这就要看领导者制定的竞赛条件如何。那么,作为一名领导者,应该如何制定一种合理的竞赛规则呢?

(1)竞赛要得到大多数下属的认同。

竞赛要能体现组织目标与个人目标的统一,使下属真正从思想上接受,从而激励他们为达到目标的要求而努力奋斗。因此,竞赛条件要交给下属去讨论,使之得到大多数人的认同。

(2)竞赛条件要具有可比性,参与竞赛的人的条件应大致相同,这样才能反映出各自的努力程度,才能起到激励作用。

在体育竞赛里,举重比赛按参赛运动员的体重不同来分级,女子为 7 个级别:48 公斤级、53 公斤级、58 公斤级、63 公斤级、69 公斤级、75 公斤级、75 公斤以上级等几个级别。同样,组织里的竞赛机制也需要在一定的级别内进行比较,以免让下属觉得不公平而不愿意参加。比如,没有任何经验的新员工如果被安排与经验丰富的老员工一起竞赛,那么就有失公平。

(3)竞赛条件要定得适当合理,使人们通过一定的努力就可以达到。

竞赛要符合以下条件:每一位有能力的人都可以奖励,即使暂时没有能力的人,只要通过努力同样可以得到相应的奖励。这样,所有的人都会信任这样的竞争,而不会心里有不平衡的感觉,不会抱怨“不给我机会,却怪我没有本事”。

为了满足这个条件,领导者可以适当多开展一些竞赛活动,因为每个能够进入组织的人肯定都有自己的一技之长,如果每个人在经过努力之后都能得到奖励,那么这种激励就会大受欢迎,而且同时会促进下属的工作积极性。领导者还可以拉长某项竞赛活动

的时间，比如，前面说的节约成本竞赛，可以作为一个长期的项目，每个月按照相应的标准进行考核，按奖金方式进行发送，这会在下属中间形成一种节约成本的风气。

(4)根据形势的变化随时改变竞赛的条件，要能随着社会的进步而提高，从而使其能持续地发挥激励作用。

总之，竞赛机制是领导者调动下属工作积极性的一种有效手段，只是要想让其有效地发挥激励作用，提高整个团队的工作效率，领导者还需要不断地研究改革举办竞赛所需要满足的条件，以便把所有的下属都团结在自己的工作观念里。

"竞赛机制"是目标激励的一种具体形式。竞赛在任何一个组织内部或组织之间都是客观存在的，它所包含的利益驱动可以极大地调动下属的工作积极性。当然，这种利益驱动必须要建立在下属的劳动智慧和热情之上，而不是下属无法达到的其他的条件之上，否则，竞赛机制就会失去其特性。

(四)试一试"蘑菇管理"法

"蘑菇定律"指的是初入职场者因为特长没有显现出来，只好被安排在不受重视的部门干跑腿打杂的工作，好比蘑菇总是被置于阴暗的角落，要受到无端的批评、指责、代人受过；好比蘑菇总是莫名其妙地被浇上一头大粪，得不到必要的指导和提携；好比任蘑菇自生自灭。据说，"蘑菇定律"是20世纪70年代由一批年轻的电脑程序员"编写"的，这些独来独往的人早已习惯了人们的误解和漠视，所以在这条"定律"中，自嘲和自豪兼而有之。

卡莉·费奥丽娜从斯坦福大学法学院毕业后，第一份工作是在一家地产经纪公司做接线员，她每天的工作就是接电话、打字、复印、整理文件。尽管父母和朋友都表示支持她的选择，但很明显这并不是一个斯坦福毕业生应干的工作。但她毫无怨言，在简单的工作中积极学习。一次偶然的机会，几个经纪人问她是否还愿意干点别的什么，于是她得到了一次撰写文稿的机会，就是这一次，她的人生从此改变。这位卡莉·费奥丽娜就是惠普公司前首席执行官，被尊称为世界第一女首席执行官。

可见，其实有这样一段"蘑菇"的经历，并不一定是什么坏事，尤其是当一切刚刚开始的时候，当几天"蘑菇"，能够消除我们很多不切实际的幻想，让我们更加接近现实，看问题更加实际。

“蘑菇”经历对成长的年轻人来说，就像蚕茧，是羽化前必须经历的一步，如果将这个定律落于实处，需要从企业和个人两方面着手。

1.企业

(1)避免过早曝光：他还是白纸，有理论难免会纸上谈兵。过早对年轻人委以重任，等于揠苗助长。

(2)养分必须足够：培训、轮岗等工作丰富化的手段是帮助人力资本转为人力资源的工具。

2.个人

(1)初出茅庐不要抱太大希望：当上几天“蘑菇”，能够消除我们很多不切实际的幻想，让我们更加接近现实，看待问题也会更加实际。

(2)耐心等待出头机会：千万别期望环境来适应你，做好单调的工作，才有机会干一番真正的事业。

(3)争取养分，茁壮成长：要有效地从做“蘑菇”的日子中汲取经验，令心智成熟。

总之，“蘑菇管理”是一种特殊状态下的临时管理方式，领导者要把握时机和程度，被领导者一定要诚心领会，早经历早受益。

(五)与员工共享成果

人人都有名利心，这是无可否认的事实，领导者也是凡人，也会向往名利，这也无可厚非。关键是在追求名利的过程中不要超过“度”，不要把员工的功劳据为己有。

领导者向上请功时，正确的做法是与员工分享功劳，分享成功的幸福和喜悦，而不应该独占功劳。假如领导者是个喜欢独占功劳的人，相信他的员工也不会为他卖力。因为喜欢独占功劳的人，往往会忽视员工的利益，让他的员工一无所获。这样的领导者，其行为可能会激起民愤。

有人常在私下里会说领导者：“功劳是他的，荣誉是他的，好房由他住着，而我们什么也没有得到。”

这种情况很普遍.现代企业中一些领导者把员工的工作成果占为己有，又不能适当奖励他们，让员工觉得领导者偷取了他们的工作成绩。其实人人做事都希望被人肯定，即使工作未必成功，但终究是卖了力，都不希望被人忽视，不希望自己的果实被别人占取。

一个人的工作得不到肯定，是在打击他的自信心，所以作为领导者，切勿忽视员工参与的价值。

例如：在某大公司的年终晚会中，经理刻意表扬了两组营业成绩较佳的团队，并邀请他们的主管上台。第一位主管，好像早有准备似的，一上台便滔滔不绝地畅谈他的经营方法和管理哲学，不断向台下展示自己在年内为公司所做出的贡献，令台下的经理及他手下的员工，听了非常不满。

而第二位主管，一上台便多谢自己的员工，并庆幸自己有一班如此拼搏的员工，最后还邀请他们上台接受大家的掌声。当时台上、台下的反应如何不言而喻。

同样的管理，不同领导者的表现却有如此大的差别，像第一位那种独占功劳的主管，不但员工对其不满，经理也不会喜欢这种人。而第二位主管能与员工分享成果，令员工感到受尊重，日后有机会自会拼搏。而经理也会尊敬、敬重这种人。其实功劳归谁老板最清楚，不是你喜不喜欢与他人分享的问题。

因此，领导者应该经常轻松地提供令员工满意的回馈，如一句简短的鼓励或一句赞美的话。然而在许多例子中，有些领导者根本不愿意提供给员工任何工作表现良好的回报。当领导者不能给予员工适当的回馈时，员工便无从设计未来，他们会问自己的贡献受到肯定了吗？他们应该继续为这位领导者贡献心力吗？他们是否需要改善工作态度或能力，怎样才能有所改善等。

正如某公司的员工所说："我不觉得受到了重视。我的领导从不会对我斥责，也不批评，即使在工作中做出了很大的贡献，他也从来不会赞美只把功劳占为己有。有时我怀疑他是否在乎我的感觉。我不能确定工作做得好坏有何影响，只能混天度日，拿死工资，这严重影响了我的工作情绪。"

可见，让员工分享企业的成功，把他们的利益与组织的成败直接联系起来，让他们对组织产生一种归属感，这是领导员工的高境界，也应该是每个领导者都遵循的原则。因此，领导者要尽量做到：

1.当上司表扬时。不忘举荐手下员工中的有功之臣，在上司面前赞扬他们

一句衷心的赞扬，不仅使上司感觉到本公司英才比比皆是，也会让他认为你不居功自傲，懂得体贴下属，无形中，加深了其对你的好感，以后对你会更加关注，同时你的员工也会很感激你。

2.在员工面前，一定要谨慎谦虚，不可张扬

一旦有成绩便居功自傲，必然会被员工讨厌，不愿再为你拼命效力。分享是对员工的最大激励。领导者一定要牢记此训，把成果与员工共享。这样做，一方面可以鼓舞员工的积极性，一方面还可以向所有的人展示自己的高风亮节，淡泊名利。赢得了崇高的威望，你的工作无疑也会更加出色。

（六）培养员工的自信心

作为一名聪明的领导者，要想让自己的团队保持团结一致，高效运转，就要调动员工的积极性，就要让员工在能够培植自信心的气氛中工作。因为自信心是一个有良好素质的员工不可或缺的创造源泉，也是影响一个人工作能力高低的重要因素。

自信心是一种奇妙的东西，它的提高会在人的内心产生一种能动的力量，促使个人发展完善，并因此让人把握住一条正确的途径。一个人如果丧失了自信心，那他整个人就会显得萎靡不振、毫无活力，而且是永无长进。

安东尼是一个性格内向的小伙子，平时沉默寡言，不擅长交际。参加工作后仍然如此，不管领导给他任何工作或任务，他的表现都不尽如人意。安东尼的经理为了恢复他的自信心，在对他进行一番详尽的了解后，经常对他进行鼓励和夸赞，并用心去发掘他不易被察觉的长处。

“你很不错，只是你自己没有发觉，你以前曾做过××事，那时候你的表现真是好极了。”

“不要管别人对你的看法，只要你不感到愧对自己就行，要堂堂正正地挺起胸膛来。”

正是经理经常找出安东尼的优点，激励他勇往直前。安东尼才慢慢恢复了自信，工作也做得有声有色。

作为一名领导者，在培养员工的自信心时，最大的“阻碍因素”莫过于员工的自卑感了。不论哪个公司，总是存在着两三位有自卑感的员工。一旦自卑感作祟，他们就会丧失自信，使其本身能力降低。有自信的人会不断地提出方案，积极主动地面对工作。而有自卑感的人，因过于注重他人的言论，总顾忌着自己的一举一动是否惹人注意，会不会受到他人耻笑，因此总是不敢发表意见。他们总是跟着自信者的脚步，以他人的意见为意见，于是对自己愈来愈丧失自信，愈来愈自卑，最后竟然完全没有了个人思想。这样的

员工是很难在工作上有所突破,很难干出优异的成绩来的。

因此,领导者要指导员工克服自卑心理,产生自信心。要在本单位、本部门消除上述现象,必须从以下几个方面加强训练:

(1)使其早日适应工作与团体组织。如果无法适应就无法产生自信,这点对新进员工尤为重要。

(2)赋予他较高的目标,让其独立完成。他如果成功了,从此便会信心大增。

(3)训练他们掌握自动解决问题的方法。只有依靠自己的力量解决问题才能产生信心。

(4)训练他们从事较高水准的工作。他们完成高水准的工作后,在兴奋之余就会产生自信心。

(5)称赞他。当人受到称赞时就会产生信心。当然,这种称赞应当是切合实际的,否则会起到相反的作用。

自信,可提高个人的工作意念。领导者一定要努力培养员工的自信性格,从而帮助员工时刻保持轻松的心情,敢于直面各种困难的考验和挑战。

(七)按员工的性格秉性进行激励

在企业中,每一个员工都有自己的性格特点——有外向的、喜交际,有内向的、爱独处;有的安于熟练化、按部就班的岗位,有的偏好高风险、高挑战性的工作;有的长于管理团队,有的精于技术性工作……企业的领导者在日常管理中要花精力去了解和判断员工的性格特点、兴趣爱好,在进行激励的时候,要尽量与其性格、爱好和特长相匹配。这样既能激发员工的工作兴趣和热情,又能充分发挥其所长,取得事半功倍的成效,实现员工与企业的"双赢"。

某公司的何经理采取了许多提高员工工作动力的方法,如赞扬、发奖状、为员工提供更多的休息时间、公费旅游、发放奖金等方法激励员工的干劲。虽然何经理如此煞费苦心,但是员工并没有买他的账,没有因为他的奖励而提高工作动力。主要原因就是何经理犯了激励管理中的一个通病:没有因人而异地激发员工的动力,没有考虑员工性格特点的差异。

最后,何经理专门抽出两天的时间和每一个员工面对面地交谈,详细了解每个人的兴趣爱好、性格特点，非常认真地询问每个员工希望从工作中获得什么，最后确定每个员工在工作中寻找到的最有意义的动力源泉。他发现：××辛勤工作的最大动力是能够有机会不断提高自己的技术水平，而并不是多拿100块钱的奖金；××希望有自主决定工作方式的权力，这样他才会有更大的动力，而公费旅游对他没有任何吸引力；××不仅喜欢自己从事的工作，还喜欢与工作有关的社交活动……

何经理在收集了各种信息后，就针对不同的员工制订了不同的激励计划，采取了不同的激励手段。现在，他所领导的团队具有非常高的工作动力与热情。

由此可见，领导者在对员工进行激励时，要根据他们的性格特点选择不同的激励方式。只有“对症下药”，才能事半功倍。

对于那些有主见，喜欢按自己想法做事的员工，领导者要对他们的正确意见给予积极的肯定和赞扬，并且对他们进行充分的授权，给他们广阔的、自由的空间去施展才华，从而激发他们的主人翁精神，让他们更有干劲。

对于那些自卑感比较重，很少发表自己的意见的低调员工，领导者要多给予他们一些关注和鼓励。如果领导者长期忽视他们，他们就会渐渐消沉下去，甚至觉得自己在公司是可有可无的，就更谈不上任何积极性、主动性了。所以，领导者对这一类型的员工要多多关心和鼓励，例如经常询问一下他们的工作进度，经常对他们说：“你肯定能干好的！”“继续努力！”

从本性来说，人是一种合群的动物，喜欢在某一个群体中生活。公司是一个群体，办公室也是一个交际的平台，在这里，领导者应该鼓励那些内向的、喜欢独来独往的员工进行交流，培养他们的团队精神，让他们产生归属感，让他们不再是寂寞的“独行侠”，从而增强他们的工作动力。

有些员工天生喜爱张扬，希望自己的知名度越高越好，对待这样的员工，领导者要积极创造机会，给他们提供展示自己的机会。例如，福特汽车与美国电报电话公司用他们的员工担任电视广告的角色；大西洋贝尔电话公司的移动电话部用优秀员工的名字，作为中继站的站名。

有些员工自恃能力过高，对上司的意见、命令常常有抵触情绪。面对这样的员工，领导者要恰当地使用反激的方式，鼓励他们去做原来自己未打算做、不情愿做的事。

诸葛亮率师平定南蛮叛乱时，刚到蛮地便受到十五万敌军的阻击。他令人把赵云、魏延喊来,可是当他们来到大帐后,他却摇了摇头,又令人把王平、马忠叫来说:“现在蛮兵分三路而来。我本想遣赵云、魏延前往迎敌,可他二人不识地理,未敢擅用。你们俩可兵分两路,左右出击迎敌。”诸葛亮见赵云、魏延在一旁极不自在,便对他俩解释说:“我不是不相信你们,蛮地山险难窥,地形复杂,你们是先锋大将,若令你们涉险入深,一旦被敌军暗算,会挫伤我军元气的。你们要谨慎从事,不可乱动。”赵云、魏延俩人越想越不是滋味,心想自己是先锋,如今却让晚辈去迎敌,这岂不是太伤面子了,不如先捉几个当地人问明路径,今晚就去破敌营寨。当二将手提敌将首级向诸葛亮请罪时,诸葛亮不但没有责备他俩违反军令,反而哈哈大笑:“此乃吾激遣你二人之计也,若不如此,你们肯细心打探路径吗?”

除了以上这些激励方式之外,还有很多方法可供领导者选择。关键是要做到因人而异,使激励方法符合员工的性格特点。

(八)经常制造一些令人兴奋的事件

你知道为什么讨厌做家务事的孩子会在新年到来时乐意帮助做家务事吗?知道为什么员工到了快发年终奖金,或是公司举办犒赏活动时,他们的工作情绪最高,最有干劲吗?

孩子虽然平时不喜欢做家务事,但是新年到来时,他们可以拿到压岁钱,可以跟小朋友一起玩……因为有那么多有趣的事,于是平时看来烦琐的家务事也不是那么令人讨厌了。同样,在公司上班的人,会在那时工作最为起劲,当然,他们不仅仅是为了多拿点奖金,而是拿到奖金以后,也许可以去外地旅行,也许可以凑够房子首付的费用,或者可以购置几套漂亮的衣服……几乎所有的梦,所有的理想,都寄托在那个奖金上了。那份奖金,就不仅仅是钱了,而是成了梦想实现的象征,说得明确一点,与其说他们是为奖金而起劲工作,不如说他们是在为梦想而奋斗。

其实,这种发奖金、举办犒赏活动就是领导者制造的令员工兴奋的事件。这些事件会激发员工的工作积极性,极大地调动他们的工作热情。制造兴奋事件的方式比较多,例如公司举办郊游、同乐晚会,过年放假……这些都是提高员工情绪的重要动因。可能领导者在平时会经常听到员工说:“主管答应让我中秋节回家,现在我工作得挺起劲的。”是的,这就是举办犒赏活动产生的效果了。可能你会有所担心,如果我给他们放假,他们会不会乐不思蜀,以至于假后上班时心不在焉呢?

答案是“否”! 你知道美国的公司制度吗? 一年给员工们 20~30 天的长假,人们可以利用长假到国外旅行、观光……而当他们再回到工作岗位时,却斗志昂扬,更加全心地投入工作。原因何在? 用一位年轻人在接受记者采访时的话来回答吧:“虽然我很渴望能有假期旅行,公司也确实给了我 5 天假期去玩,但是我却在旅行的时候想到我的工作……”确实如此,人工作久了便会想玩,玩过火了又会想工作,所以,你绝对不必担心你的下属。当他们玩够了以后,自然又会卖命地工作了。

要提高工作效率,领导者就得提高员工的情绪,并激励这种情绪维持下去。以下两种方法可做参考:

(1)在大家同心协力完成某项工作时,除了发给下属你所承诺的奖金外,还可考虑搞个小型的庆祝会之类,或许就是一些饮料,一些糕点,但只要和员工们在一起,相互间说些鼓励和祝贺的话语,就能相互沟通感情,利于在今后的工作中共同努力。

(2)每年发放 4 次奖金,按季度发放。如果在某个季度超额完成了任务,或者说是某项工作完成得特别出色,领导者可以考虑给员工增发奖金,这会令下属感动,从而更加卖命地工作。

当然,如果同样的措施一再重复,会令人觉得没有意思,也起不到激励的效果,使人高兴的方法要因人而异。所以领导者在准备某些娱乐节目之前,可以听听不同人的看法,做个调查,尽量搞得多姿多彩,使员工总是能很愉快地工作。

令人兴奋的事件有很多,甚至在员工对你有所不满时,你可以给他一些娱乐激励,也可以取得很不错的效果。

(九)适时给员工一份意外的荣誉

当一个人生活需求得到满足之后,就会寻求更高层次的需求,比如荣誉。对于能干的下属而言,他们的基本需求都已经得到了满足,这时候,笼络员工的心单靠物质奖励还不行,有些时候精神奖励更重要。

古往今来,大凡政治家或事业上的成功者无不把精神奖励当作激励员工的重要手段。给能干的员工配备一些值得炫耀的资本,让他们有一种极大的荣誉感和自豪感,当他们得到这种奖赏后,就会感到很有面子,而接下来他们就会为了维持这种面子和回报给他面子的人,像以前一样甚至是比以前更加勤奋地工作。这也正是奖赏的本意。清朝后期的封疆大吏曾国藩就曾经用这种方法激励过自己的将士。

曾国藩从太平天国军手中夺回了岳州、武昌和汉阳后,取得了建军以来第二次大胜利。为此,曾国藩上书朝廷,为自己的属下邀功请赏,朝廷也恩准给这些人封官。

但是,曾国藩并不认为这样做就够了,还必须给那些最勇敢的下属配备一些值得炫耀的资本,鼓励他们在作战时更加勇敢。同时,因为这些下属有了值得炫耀的资本,其他的将士肯定也希望得到这样的奖赏,如此一来,全体官兵就会同仇敌忾,奋勇作战。

为了能为下属配备真正值得炫耀的资本,曾国藩思来想去,决定以个人名义赠送有功的将士一把腰刀,这既表达了自己与对方的特殊感情,又鼓舞了湘军的尚武精神。于是他派人锻造了50把非常精致美观的腰刀。

这天,曾国藩召集湘军中哨长以上的军官在湖北巡抚衙门内的空阔土坪上听令。这些军官都穿着刚刚被赐予的官服,早早等候在那里,不知道曾国藩要发布什么命令。

正在大家胡乱猜疑的时候,曾国藩迈着稳重的步伐从厅堂里走出来。这一天他穿得格外庄重,让聚集的军官们鸦雀无声。

曾国藩走上前台,说:“诸位将士辛苦了,你们在作战过程中英勇奋战,近日屡战屡胜,皇上也封赏了大家。今天召集这次大会,是要以我个人名义来为有功的将士授奖。”

直到这时,湘军军官们才知道最高统帅曾国藩是要为他们发奖,奖什么呢?大家都在暗自思忖。

只见曾国藩一声招呼,两个士兵抬着一个木箱就上来了。几百双眼睛同时盯住了那个木箱,士兵把木箱打开,只见里面装着精致美观的腰刀。曾国藩抽出了一把腰刀,刀刃锋利,刀面正中端正刻着“殄灭丑类、尽忠王事”八个字,旁边是一行小楷“涤生(曾国藩的号)曾国藩赠”。旁边还有几个小字是编号。

曾国藩说:“今天我要为有功的将士赠送腰刀。”接着一一亲自送给功勋卓著的军官。

顿时,在场的军官们心中涌动着不同的感受,有的为获得腰刀而欣喜;有的为腰刀的精致而赞叹;有的在嫉妒那些得到腰刀的人;然而更多的人则在暗下决心,在以后的战争中一定要冲锋陷阵,争取也获得一把象征荣誉的腰刀。

就这样,曾国藩给他能干的下属配备了值得炫耀的资本,这使受刀者受到了激励,同时,没有接受腰刀的将士就会向这些获得腰刀的军官看齐,在以后的战斗中奋不顾身,曾国藩用腰刀达到了他激励将士的目的。

历史上还有很多领导给能干的下属增加一些值得炫耀的资本，而现代社会也不乏这样的事情。老板给自己的员工配备手机，配备轿车，这都是为了给下属足够的面子，给他们一份意外的荣誉，让他们认为值得炫耀，从而达到激励下属的目的。

（十）实行"末位淘汰制"

所谓"末位淘汰"，就是指对某一范围内的工作实行位次管理。规定在一定期限内，按照一定的标准对该范围内的全部工作人员进行考核并据此排出位次，将位次列在前面的大多数予以肯定和留任，而将位次居于末位的一个或几个予以否定和降免职。简单地说，"末位淘汰"是将居于末位的人员予以"淘汰"。

实行末位淘汰制能给员工以压力，能在员工之间产生竞争气氛，有利于调动员工的积极性，使公司更富有朝气和活力，更好地促进企业成长。具体来说，实行这种"末位淘汰"的作用有以下几个方面：

可以促使人们竞争、向上。实行"末位淘汰"，意味着末位者就要遭淘汰。在这种压力下，人们为了免遭淘汰，继续得到原有的工作岗位，从事原有的工作，得到原有的待遇，就会加倍努力。同时，可以增加工作业绩，提高工作质量。人人都加强努力，就会多做工作，做好工作，多创业绩，创造佳绩。末位淘汰，可以直接地、单纯地优化工作团队。但是淘汰末位者不是孤立的，而是同时保留比被淘汰者合适的、优秀的人员，又让出位置给新的比被淘汰者合适的、优秀的人员。

"末位淘汰"的标准是"末位"。这一标准与对上岗人员淘汰的正确标准大不相同。上岗人员只要达不到岗位所要求的基本素质和基本目标，即对于岗位不胜任、不合格，就要淘汰。

所以"末位淘汰"的标准要合理，否则"末位淘汰"会出现意想不到的后果。末位者有胜任、合格者，或全部都是胜任、合格者，或部分胜任、合格者由于其标准的不合理，使得淘汰末位时，会有胜任、合格者被淘汰，对这部分人有失公正，使他们得不到肯定且没有安全感，这就容易引发一系列负面效应，甚至导致企业和社会不稳定。

但这些不能阻止末位淘汰制的实行，因为它确实使得企业充满活力，保证企业可持续发展。

末位淘汰要注意一些问题。末位淘汰制这种强势管理方式虽然有不足之处，但是对于市场竞争日趋激励的今天，对那些管理水平还不高的企业而言，有其可行性。一些企业家认为，强势管理对一些企业可能有效，如企业规模较大，管理层次较多，员工有人浮于事的现象，通过强势管理强行淘汰一些落后的员工。

当然，不管是哪一种业绩管理，都不是以员工流失为目的，而是在组织的帮助下，每个员工都能完成业绩。其实每个员工的潜力是很大的，关键是怎么管理和开发。有人曾看到国内一家有上百家营业部的证券公司实行末位淘汰制，但只针对业务人员，被淘汰人数只有3~5人，淘汰下来的也不是让其回家，而是给调换一个适合的岗位。这个企业这么做效果是不错的，既调动了员工的积极性，又不会给整个企业形象造成负面影响。

末位淘汰制要跟目标管理连在一起，目标一定要合理。首先目标要明确，并且这个目标应该是员工通过努力可达到的，如果领导者定出的目标让员工感到绝不可能，就不叫做目标了。目标定得过高，员工可能会感到"你这是让我走人"，马上产生消极情绪，会做出对企业不利的事情。其次，目标应是可行、具体和清晰的。在目标已定的情况下，企业领导者一定要经常帮助员工，如提供一些资源和条件，组织培训。如果最后由于员工自身的原因做不好，员工自己就会萌生退意，自然实现了优胜劣汰。员工由于自己的原因而业绩不好被淘汰，大家都会理解和接受，不会产生什么负面影响。

末位淘汰制是被企业采用最多的优化人员结构的方式。越来越多的企业随着规模的扩大，管理层次的增多，普遍存在员工人浮于事的现象。通过末位淘汰制这种强势管理，能够给员工以压力，建立严格的员工竞争机制，有利于调动员工的工作积极性，使公司更富有朝气和活力，更好地促进企业成长。

（十一）巧用"高帽子"

常言道："十句好话能成事，一句坏话事不成。""高帽子"谁都爱戴，这也是一种赞美方式。恰如其分地适当恭维不仅会让对方精神愉悦，赢得他们的信任和好感，也能起到激励人的作用。

清代大才子袁枚，从小就聪慧过人，二三十岁就名满天下，步入仕途，官拜七品县令，赴任之前，作为人之常情，袁枚去向他的恩师——清乾隆年间的名臣尹文端辞行，顺便看看老师还有何教诲。尹文端见学生登门，自然十分高兴，就问他："你此去赴任，都准备了些什么?"袁枚见老师垂询,就老老实实地回答:"学生也没有准备什么,就准备了一百顶高帽子。"尹文端一听就有些不高兴,说你年纪轻轻,怎么能搞这一套,还是要讲究勤政务实呀!袁枚说:"老师您有所不知,如今社会上的人大都喜欢戴高帽子,像您老人家这样不喜欢戴高帽子的人真是凤毛麟角呀!"尹文端听罢此言,很是受用,觉得他没有白培养袁枚。

袁枚不愧为才子,对世事洞明如镜,在不知不觉中,就将一顶高帽子送给了尹文端,尹文端戴上了这顶高帽子,又怎么能不喜形于色呢。

作为领导者,如果能恰到好处地给员工戴上一顶"高帽子",一定能给上下级关系带来意想不到的好处,有力地赢得员工的好感和信任。更重要的是,它有时还能激励那些不太自信的员工,让他们精神抖擞、自信地去完成上级交给他们的任务。

玫琳凯所经营的美容、化妆品公司在全世界都享有盛誉。有一次,从另一个公司跳槽新来的业务员在跑营销屡遭失败后,几乎对自己的营销技能丧失了信心。玫琳凯得知此事后,找到这位业务员并告诉他:"听你前任老板提起你,说你是很有闯劲的小伙子。他认为把你放走是他们公司的一个不小损失呢……"这一番话,把小伙子心头那快熄灭的希望之火又重新点燃了。

果然,这位小伙子在冷静地对市场进行了研究分析后,终于给自己的营销工作打开了一个缺口,获得了成功。

其实玫琳凯并没有跟什么前任老板谈过话,但是这顶"高帽子"一戴,却神奇地让这位业务员找回了自尊与丢失的自信。为了捍卫荣誉与尊严,他终于振作起来,做了最后的一搏,最终以成功来增强自己的自信心。

戴"高帽子"确实有神奇的功效,但戴"高帽子"也有技巧,要讲究方法:

(1)戴"高帽子"要有一个度,不要夸大其词,过度的不切实际的"高帽子"只会起到适得其反的效果。

比如员工对电脑业并不是特别了解,而你却对他说:"听说你对电脑有研究,你能给我谈谈近期电脑业的发展状况吗?"他心里一定会非常反感,认为你是在揭他的短。

(2)有时戴"高帽子"也可以用间接的方式,如果你是位新走马上任的领导者,对你的一位员工说:"我听安娜说,你这个人人缘很好,爱交际,做事稳重,咱们做个朋友吧,一起为部门出力。"听者心里一定觉得甜甜的,即使他并不如你口中所说的那么好,但他一定会尽力朝着你所说的那个方向努力。

(3)采取新颖的形式戴“高帽子”。如果一个领导者,一再提及一个员工,对他是一种莫大的鼓励和恭维,提起某人以前讲过的事,也是对他的一种激励,因为这表示你认真听过他讲的话,并牢记在心。

总之,管理中的戴“高帽子”并不是那种不切实际的夸大、阿谀奉承、溜须拍马。在某种程度上,若是你能巧用“高帽子”,定能让你的员工重新重视自己,树立一个自信的新我,这绝对是一种有效的激励方法。

(十二)赞美是一种很好的激励

人们之所以工作,是为了能够更好地生存和发展,因此我们会有拥有金钱和提升职位等方面的愿望。除此之外,人们更加追求个人的荣誉。一份民意调查结果表明,89%的人希望领导能给自己以好的评价,只有2%的人不在乎领导的赞美,认为领导的赞美无所谓。当被问及为什么工作时,有92%的人选择了“个人发展的需要”。人对发展的需要是全面的,不仅包括物质利益方面,还包括名誉、地位等精神方面。在公司里,大部分人都能兢兢业业地完成本职工作,每个人都非常在乎上司的评价,而上司的赞扬是下属最需要的激励。

领导者赞美下属有下列三个作用:

(1)领导者的赞美可以使员工认识到自己在群体中的位置和价值。

在很多公司,员工的工资收入都是相对稳定的,人们不会在这方面费很多心思。但人们都很在乎自己在上司心目中的形象,对上司对自己的看法非常敏感。上司的赞美往往具有权威性,是确立自己在同事中的位置的依据。

有的领导者善于给员工就某方面的能力排座次,使每个人即使按不同的标准排列都能名列前茅,可以说这是一种皆大欢喜的激励方法。

比如,齐立阳是本单位第一位硕士生,赵然是单位计算机专家,王瑞是本单位“舞”林第一高手等,人人都有个第一的头衔,人人的长处都得到肯定,整个集体几乎都是由各方面的优秀成员组成,能不说这是一个人才济济、奋发向上的集体吗?

(2)领导者的赞美可以满足员工的荣誉和成就感,使其在精神上受到激励。

领导者的赞美是最有价值的激励,它不需要冒多少风险,也不需要多少本钱或代价,

就能很容易地满足一个人的荣誉心和成就感。

比如某位员工经过一个多星期的昼夜奋战,精心准备和组织了一次大型会议而累得精疲力竭时,或者经过深入调查取得了关于企划案丰富的调查报告时,或者经过深思熟虑而想出一条解决双方纠纷的妥协办法时,他最需要什么?当然是上司的赞美和同事的鼓励。

如果某位员工很认真地完成了一项任务或做出了一些成绩,虽然此时他表面上装得毫不在意,但心里却默默地期待着上司来一番称心如意的嘉奖,而领导者一旦没有关注、不给予公正的赞美,他必定会产生一种挫折感,对上司也产生看法,"反正他也看不见,干好干坏一个样"。这样的管理怎能调动起大家的积极性呢?

领导者的赞美是员工工作的精神动力。同样一个员工在不同领导者的指挥下,工作劲头判若两人,这与领导者善用还是不善用赞美的激励方法是分不开的。

(3)赞美员工还能够消除员工对领导者的疑虑与隔阂,有利于上下团结。

有些员工长期受上司的忽视,上司不批评他也不表扬他,时间长了,下属心里肯定会嘀咕:上司怎么从不表扬我,是对我有偏见还是妒忌我的成就?于是同上司相处不冷不热,注意保持距离,没有什么友谊和感情可言,最终形成隔阂。

领导者的赞美不仅表明了对员工的肯定和赏识,还表明领导者很关注员工的事情,对他的一言一行都很关心。

人都喜欢听赞美的话,聪明的领导者应该大方一点,不要吝啬自己对员工的赞美:"这个意见非常好,就照你说的做吧!""真有你的,你给我提供了一个好办法!"这样,下一次员工便会更努力地去工作,为公司创造更大的价值。

(十三)适当的时候泼一盆冷水

作为一名出色的领导者,不仅要懂得正向激励员工,还要善用负向激励,用"泼冷水"的方式激发员工的工作激情。

某位成功人士在回忆自己的成长经历时充满深情地提到以前的××老师,很有感慨地说如果没有老师当年讲的话,可能他就没有今天。人们在心里暗自猜想:老师当年讲的可能是很深情很有鼓动性的话吧,哪知事实让人出乎意料。

成功人士说自己从小调皮捣蛋,无心学习,整天打架……总之是劣习成性,没有哪个

老师能把他驯服。后来,一位老师当他的班主任,在一次期末考试考了倒数第五名时,那位老师怒气冲冲地对他说:"我看你确实是扶不起来的'阿斗',没有什么出息了。要是你以后能做出什么成绩,我的名字倒过来写!"

他说老师的话对年少的他刺激很大,他没想到老师会这样瞧不起他,会如此讽刺他。于是,他决心改掉所有的劣习,好好学习……最后,他终于成功了。那时,他才明白老师话中真正的含义……

作为企业领导者,当你发现某位员工不思进取、混沌度日时,或者看到某位工作杰出的员工,因为多次出色地完成任务而有点飘飘然时,你就应该适当地给他泼一盆冷水,对其进行适当的"刺激"。例如可以对他说:"我看你一辈子也不会有什么出息,就只能当一个最低等的小职员!""你以为你很优秀了吗?其实和××比起来,你差远了……"当下属受到这样的刺激时,他们往往会积极改进自己的工作,努力进取。

不过,"泼冷水"的程度要视员工的态度和他的心理承受能力而定。否则,如果员工的心理承受能力较差,那你泼的冷水会把他冻成"感冒""发烧"……甚至让他一蹶不振,那时,激励就会成为打击了。所以,领导者应该注意"泼冷水"的技巧。

对于那些没有压力,很容易满足现状,没有取得过什么出色成绩的员工,领导者应该给他泼泼冷水,并且把一些重要的工作交给他。这时可以这样对他说:

"××,这项工作只能交给你了,虽然你平时工作不是非常努力,工作记录不是很出色,但是我希望你能尽心尽力地完成它……"

听完这话后,××肯定会觉得心里不舒服,甚至会有不服气的感觉,心里会想:凭什么说我工作不出色呢?我要让你看看!我是个很优秀的员工。这样,他会把怒气转化为工作的力量,全心全意地去工作……所以,"泼冷水"不仅让他提高了效率,而且也让他在出色完成工作后有种成就感,从而对工作更有激情。

对于那些虽有才华,但是比较自卑的员工,领导者如果还狠狠打击他,就会让他更加怀疑自己的能力,甚至因此而消沉。所以,给这种员工泼冷水时,要采取"唱双簧"的方式,就是找个人配合,一个唱黑脸,一个唱红脸。

只有"黑脸"和"红脸"巧妙配合,才能发挥"泼冷水"的最佳效果。例如,当你唱黑脸,严厉地斥责一名年轻的员工时,应该安排助理——"红脸"上场,对受批评的员工进行安抚、劝慰,可以告诉他:"其实老板是想用激将法激励你,说实在的,他一直以来都非常欣赏你的才华,非常希望你能做出一番成绩……”这样,被泼冷水的员工会感觉到上司对他的期望,心里不免有点高兴,同时也感受到一定的压力,所以会很认真地、更加自信地工作。

企业的领导者,当你发现“正激励”不起作用时,不妨逆向思维一下,适当地给你的员工泼泼冷水,也许会起到意想不到的好效果。

(十四)赞美得越具体,效果越显著

我们每个人对赞美的声音都有着强烈的渴望,无论是身居高位还是位处卑微,也无论是刚入公司的年轻的员工,还是晋升无望即将退休的老员工。赞美能化解百年冤仇,赞美能使古板的脸增添笑容。然而赞美也要掌握技巧,如果运用不适反倒会使下属心生反感。因此,在谈话中赞美下属时应斟酌词句,要明确具体。一般认为,用语越是具体,表扬的有效性就越高,因为下属会因此而认为你对他越了解,对他的长处和成就越尊重。

克莱斯勒公司为罗斯福总统制造了一辆汽车,因为他下肢瘫痪,所以不能使用普通的小汽车。工程师钱柏林先生把汽车送到了白宫,总统立刻对它表示了极大的兴趣,他说:“我觉得不可思议,你只要按按钮,车子就开起来,驾驶毫不费力,真妙。”他的朋友和同事们也在一旁欣赏汽车,总统当着大家的面夸奖:“钱柏林先生,我真感谢你们花费时间和精力研制了这辆车,这是件了不起的事。”总统接着欣赏了散热器,特制后视镜、钟、车灯等。换句话说,罗斯福总统注意并提到了每一个细节,他知道工人为这些细节花费了不少心思,于是他坚持让他的夫人、劳工部长和他的秘书注意这些装置。这种具体化的表扬,难道下级会感觉不出其中的一片真心实意?

有经验的人会深深抓住别人在某方面的细节,直接赞扬和感谢,法国总统戴高乐就是如此。

戴高乐访问美国时,在一次尼克松为他举行的宴会上,尼克松夫人用心地布置了一个美观的鲜花展台:在一张马蹄形的桌子中央,鲜艳夺目的热带鲜花衬托着一个精致的喷泉。精明的戴高乐将军一眼就看出这是主人为了欢迎他而精心设计制作的,不禁脱口称赞道:“女主人为举行一次正式的宴会要花很多时间来进行这么漂亮、雅致的计划与布置。”尼克松夫人听了,十分高兴。事后,她说:“大多数来访的大人物要么不加注意,要么不向女主人直接道谢,而他总是想到和讲到别人。”可见,一句简单的赞美,会带来多么好的反响。

戴高乐贵为元首,却能对他人的用意体察入微,这使他成了一位受到尊敬的人,也是他外交上获得成功的不可或缺的一面。面对尼克松夫人精心布置的鲜花展台,戴高乐没有像其他大人物那样视而不见,见而不睬,而是即刻领悟到了对方在此投入的苦心,并及时地直接对这一片苦心表示了特别的肯定与感谢。戴高乐赞美的言语虽然简短,但很显然,很明确,尼克松夫人受到了深深的感动。

领导者要善于发现别人哪怕是最微小的长处,并不失时机地予以赞美。一般来说,赞美语言越翔实具体,说明领导者对员工越了解,对他的成绩越看重。让别人感觉到领导者真挚、亲切和可信,距离自然会越拉越近。领导者如果只是很含糊其词地赞美员工,说员工很出色或者很优秀,就很难引起员工对领导者谈话内容的关注,有时候还会引起员工的清疑,甚至产生不必要的误解。

(十五)彼得定律:晋升激励,适得其反

彼得定律是美国管理学家劳伦斯·彼得,在对组织中人员晋升的相关现象研究,从大量失败案例中总结出的一个结论:在各种组织中,由于习惯于对在某个等级上称职的人员进行晋升提拔,因而员工们总是趋向于晋升到其不称职的地位。彼得指出,每一个员工由于在原有岗位上工作成绩表现好,就会被提升到更高一级的职位上;其后,如果他继续胜任则将进一步被提升,直至到达他所不能胜任的职位。因此彼得定律有时也被称为"向上爬"原理。这种现象在现实生活中无处不在:许多企业为了挽留人才,或为了鼓舞士气,常常开设新职位,并且轻易地晋升员工,让大家意识到晋升的可能,这个出发点可能是好的,但做法却不一定妥当,因为这样做很容易出现一些管理问题。

要知道,晋升并不是理想的激励措施,有时候,晋升激励会适得其反。让我们来看一个较为常见的事例。

一位成功的销售人员,学历虽然不高,但是工作非常努力,加上口才了得,客源网络广阔,因而个人销售表现好,多年来都是公司最佳销售员。公司因此提升他到主管职位,领导一整队销售人员。

他到任后,问题出现了,由于他的领导及执行能力不强,而下属又不认同他的做事方式及政策,公司也不满他未能提高整体销售业绩,因此面对很大的压力,他渐渐地失去了

信心,工作士气低落。更大的问题是,他发现自己无路可退,降级再担任原来的销售员职位,等于抹杀了自己以往的成就。去别的公司求职,自己的学历及近年表现又不出色。更糟的是,在经济不景气的情况下,公司计划裁员,自己变成了高危一族,惶恐终日,工作表现更加不济……

在企业里,类似的情况比比皆是。专业人员借着论资排辈的升迁制度,累积了多年的工作经验后,晋身管理阶层,但是他们的专业知识和经验并不能确保他们可以成为出色的上司。有时,他们自恃事业有成,没有进一步进修及提升自己的专业知识及管理能力,到了机构要进行"瘦身"及改革时,他们便感到有很大的压力,担心饭碗保不住。结果,本来可以在低一级职位施展优秀才华的人,现在却不得不处在一个自己所不能胜任的但是级别较高的职位上,并且要在这个职位上一直耗到退休。这种状况对于个人和组织双方来说,无疑都没有好处。对于员工而言,由于不能胜任工作,就找不到工作的乐趣,也无法实现自身的价值。对组织来说,如果员工被不恰当地晋升到一个他们所不能胜任的职位上来,一方面,组织得到的是一个蹩脚的领导者;另一方面,组织也失去了一个能够胜任较低一级职位的优秀人才。因此,彼得定律告诉我们:不要轻易地进行选拔和提拔。

解决这个问题,可采取以下几个有效措施:

(1)提升的标准更需要重视潜力而不仅仅是绩效。应当以能否胜任未来的职位为标准,不仅在现在的职位上是否出色。

(2)不要把能上能下当做一句空话,要在企业中真正形成这样的良性机制。一个不胜任经理的人,也许是一个很好的主管,只有通过这种机制找到每个人最胜任的角色,挖掘出每个人的最大潜力,企业才能人尽其才。

(3)考察时最好采用临时性和非正式性提拔的方法进行,以尽量避免降职所带来的负面影响。比如设立经理助理的职位,在项目小组这类组织中赋予更大的职责,特殊情况下可先让他担任代理职位等。

成功的企业在进行员工激励时,要注意选择适当的方法,更要看重个人的能力,而不要一味地盲目使用晋升激励。

(十六)切勿只有"苦劳",没有"功劳"

古罗马皇帝哈德良曾经碰到过这样一个问题:他手下有一位将军,跟随自己长年征战。有一次,这位将军觉得他应该得到提升,便在皇帝面前提到这件事。

"我应该升到更重要的领导岗位,"他说,"因为我的经验丰富,参加过10次重要战役。"

哈德良皇帝是一个对人才有着高明判断力的人,他并不认为这位将军有能力担任更高的职务,于是他随意指着拴在周围的驴子说:"亲爱的将军,好好看看这些驴子,它们至少参加过20次战役,可它们仍然是驴子。"

其实工作也一样,人在工作中没有苦劳,只有功劳。经验与资历固然重要,但领导者并不能把这当作衡量能力的标准,如果只讲"苦劳"不看"功劳",就会出现论资排辈的现象。

俗话说:革命不分先后,功劳却有大小。企业需要的是能够勤奋工作并能解决问题的员工,而不是那些曾经做出过一定贡献,现在却跟不上企业发展步伐,卖老资历,不干活的员工。

在现在这个凭实力说话的年代,讲究能者上庸者下,没有哪个领导者愿意拿钱去养一些无用的闲人。

企业要永远保持创业状态,就要让"每一个细胞都充满活力",而这就要求领导者更看重成绩,不能只有"苦劳"没有"功劳"。

作为一个发展多年的企业,海尔集团内的每一个员工都充满了激情,那么海尔集团的领导们是如何保证那些创业元老不失去创业激情的呢?

海尔集团董事局主席张瑞敏回答说:"我认为对待元老还是要看开始是否对企业做出贡献,如果你因为照顾他,导致企业没有饭吃了,那么这种照顾就是对所有员工的不照顾。不论是元老还是年轻人,你到底怎样做才算真正的照顾呢?我认为不是表现在小恩小惠上,而是让他自己具有竞争力。"

在海尔,不讲过去,不论过去为海尔发展做出过多大贡献,包括"海尔功臣"(海尔最高奖励),只要不胜任今天的工作,就绝对没有任何客观原因和情面可讲。"昨天的奖状,今天的废纸",海尔人不欣赏昨天的荣誉和脚印,永远只能从零开始。不讲关系,个人收入和升迁只与效益相联系，与个人出生和社会关系无关，一律都以效益来衡量。

海尔不看学历和资历，只看业绩，以绩效论英雄，真正做到“能者上、平者让、庸者下”。

每年年终，海尔总有一部分中层干部因完不成市场任务而降职，又总有一批超额完成市场任务的新秀走上领导岗位，“能者上、平者让、庸者下”在海尔司空见惯，习以为常。

创业有创业英雄，守成有守成的好汉，但无论是“英雄”，还是“好汉”都应该是那种会运用智慧工作的人，绝不是整天喊“没有功劳也有苦劳”的人。

领导者如果承认苦劳，就会为企业带来严重的危害性，承认苦劳就承认低效率，迁就懒汉。只有承认功劳才会有进步，承认苦劳的后果只能是退步。

（十七）把你的激情传递给员工

人际交往中，一个人的心理与行为很容易影响和改变他人。一个企业，领导者的言行也很容易影响和改变员工的心理与行为，使之纳入整体活动目标轨道。

领导者对工作的激情和狂热，然后把这种激情传递给员工，就会在企业内部形成一种努力工作的气氛，这样的气氛就可以视为一种非权力影响力，虽然会给员工带来压力，但是更能激发员工工作的热情，使之更好地为企业效力。

激情使人产生成就，也会影响感染别人，优秀的领导者都有着自己的管理方法，在他的带领下，员工渴望在某一领域做出成绩，领先他人，这也是那些一流企业能充分发挥一流人才才能的奥秘。

众所周知，世界著名的微软公司内部就营造出一种“气氛”，那就是“工作第一，以公司为家”。员工们对工作饱含激情，都是没日没夜地干，一连几天不休息，公司里整天充满了开放和相互忠诚的气氛。员工随时可以给公司的任何人发送电子邮件，不论他们的地位高低，人们经常可以看到盖茨在公司内外同员工聊天、交谈，盖茨喜欢在公共场合同员工讨论公司的生产计划，并鼓励他们突破障碍，努力前进。

在公司，盖茨本人对工作的狂热，给予了员工压力，带动了员工工作的激情。由于盖茨本人对微软公司员工的期望很高，员工一旦出现错误，他绝不手软；但对于表现出色的员工，盖茨则给予高度的外在物质福利与内在动机的满足，以示鼓励，员工的工作热情提高了。不过，盖茨表现出来的这种狂热，让人们觉得他是在微软公司做榜样培养一种工

作狂的气氛。

在微软公司，工作压力很大。刚来微软公司的员工，很少在晚上9点以前回家。一位员工这样评价盖茨："他不但是个工作狂，而且要求很严格，如果部下认为办不到的事，他会自己拿回去做，且迅速而准确地做到几乎完美的地步，让大家佩服得没话说。在他手下工作，如果没有真本事，还真难做。"因此微软公司的全体员工，也能够以一种"日也操劳、夜也操劳"的工作方式毫无怨言地努力工作。他们厌恶好逸恶劳的人，尤其对那些没有什么才能的人更是一点都不客气。

在盖茨的带动下，员工们相互追赶，夜以继日地为"电脑"奋斗着。在微软，业绩和成功是衡量工作的尺度，所以人们很愿意在此工作。这很像运动员向往加入城市代表队的情形，运动员价值也由他们的业绩和运动队的成功决定。在这个因素诱导下，人们来到微软，努力工作，并因此而心情舒畅，更热爱本职工作。在提高产品质量和小组劳动生产率方面，良性循环是一件令人难以置信的强有力的工具。

因此，在微软，比尔·盖茨爱批评的做法实质就是一种积极的压力，他的魅力就在于为员工制造一个紧张而富有竞争意识的工作氛围。微软的员工努力工作，一方面是因为比尔·盖茨本人的榜样魅力，另一方面也是因为微软能让这些人才实现自己的理想，在这里他们能使自己的梦想成真，这对那些重视自我价值实现的人才而言，比什么都来得重要。

领导者必须通过自己的行为来感染员工。员工往往对领导者的能力行为表示钦佩，进而产生无条件的服从和信赖。因此领导者要注重自身魅力的培养，虽然不能做一个伟大的人，但是一定能做个行为高尚、富有责任感的人。

（十八）让员工参与决策工作

我们每个人都是一个独立的个体，都有自我意识，这是一个不争的事实。每个员工都希望能够得到领导者的重用，希望上级能够听取自己的意见。如果领导者忽略这一点，必定会使聪明的员工感到失望，让他们觉得自己满腹经纶却无所作为。

对于一项有重大意义的任务，员工大都渴望能够参与，这确实是一个展现自己能力的机会。能力平平，不计功名的员工对这项任务看起来倒无所谓，但如果有能力有好胜心的员工希望参加却参加不了，那他就会感到非常失望，有时出于报复，还会加以破坏。

有人说:“一个新的计划,参与的人越多,支持的人就越多;参与人的自豪感便越高。”所以,领导者在做决策时最好让员工参与,给予他们自豪感和荣誉感。

在著名的英特尔公司就使用被称之为“参与式决策”的决策方式。他的这种决策方式,给员工充分的权力去参与公司的决策。事实已经证明,这一做法取得了骄人的成果。英特尔公司的上层领导者经常会与员工们公开交换意见,提出讨论并采纳各种观点,最后得出最好的解决方案。

1984 年,英特尔公司正忙于研究 386 的设计,原计划是要在设计当中加入快取记忆体,但工程部门在处理上有些困难,而公司认为快取记忆体是提升处理器性能非常重要的因素,因此坚持要求这一小组无论如何也要找出解决的方案。

这时有几位员工不同意公司决策层的见解,跑去找总裁。他们指出,由于摩托罗拉当时已经抢先推出了新的产品,所以公司应该尽可能赶快让 386 上市,以免丧失商机。如果公司坚持要加入快取记忆体,就会延误产品上市的时间,386 晶片的体积也会更大。最主要的一点是,由于过去从没有将快取记忆体放入微处理器,公司得花更多的时间去说服客户采纳,这样一来,等于给竞争对手提供更充裕的时间,去取得市场占有率。

总裁听完他们的意见后,立刻通知决策层开会讨论,最后决策层很快就采纳了这个将 386 的快取记忆体拿掉并尽快上市的建议,后来事实证明这是明智的决定。386 较原先计划更早上市,英特尔公司也因此在微处理器的竞争中,将摩托罗拉甩在了后面。

正是由于这些具有不同意见的人积极主动的参与公司的决策,细致切实地向决策层分析解释他们的理由,公司才终于做出最正确的决定。相反,如果当时他们没有提出与上司不同的见解,这段英特尔与摩托罗拉较量的历史可能就要改写。

让员工参与决策工作,就会使更多的人参与其中,从而减少办事的阻力。同时,由于参与者有一种主人翁意识,他就会为这件事的进展尽一分力量。没有什么能比做主人的积极性更高。

(十九)为你的员工喝彩

拿破仑说过,不想当将军的士兵不是好士兵。同样的道理,一个不会夸奖员工的领导者也不是一个好的领导者。称职的领导者会懂得何时去认可员工的工作,并会给予他们发自内心的真诚赞美。

古时候，一位王爷手下有个著名的厨师，他的拿手好菜——烤鸭，深受王府上下的喜爱，尤其是王爷，更是赞赏有加。不过这个王爷从来没有给予过厨师任何鼓励，使得厨师整天闷闷不乐。

一天，王爷家来了一位贵客，于是设宴招待，点了数道菜，其中一道是贵宾最喜爱吃的烤鸭。厨师奉命行事，然而，当王爷挟了一条鸭腿给客人时，却找不到另一条鸭腿，他便问身后的厨师："另一条腿到哪里去了？"

厨师说："禀王爷，我们府里养的鸭子都只有一条腿！"王爷感到诧异，但是碍于客人在场，也不便问个究竟。

客人走后，王爷便跟着厨师到鸭笼去查个究竟。时值夜晚，鸭子正在睡觉。每只鸭子都只露出一条腿。

厨师指着鸭子说："王爷你看，我们府里的鸭子不全都是只有一条腿吗？"

王爷听后，便大声拍掌，吵醒鸭子，鸭子当场被惊醒，都站了起来。

王爷说："鸭子不全是两条腿吗？"

厨师说："对！对！不过，只有鼓掌拍手，才会有两条腿呀！"

可见，身为领导者，要懂得为员工鼓掌喝彩，才能使员工感悟到工作的意义，得到被尊重时的满足感。

员工需要精神激励，渴望被认可。因此，作为领导者，如果你认可他，就不妨为他喝彩。当你用真诚的心为他喝彩时，你会发现自己的精神也受到了鼓舞。员工则更会感觉自己受到了欣赏，得到了应得的荣誉。

现实中，有些领导者在管理过程中往往对赞扬员工存有一丝担心，认为赞扬个别员工会使他们自我陶醉，滋生懒惰，不思上进。同时也害怕其他员工在背后议论自己不能一视同仁，对员工不平等。其实这种担心是多余的。每个人都渴望得到赏识，听到喝彩声，无论是身居高位还是地位卑微，也无论是刚入公司的新员工还是已工作数年的老员工，人们普遍地希望能得到别人的喝彩，而且对于鼓励他的人，他们也会在内心深处产生好感。

所以说，要使员工始终处于施展才干的最佳状态，唯一有效的方法，就是领导者的喝彩和奖励，没有什么比受到领导者的鼓励更能激励员工工作的积极性了。

尤其在员工情绪低落时，为员工喝彩是非常重要的。当然，有时喝彩不一定需要语言。作为领导者，你可以亲切地拍拍员工的肩膀，这样会让他们感到自己很特殊。

刘备在为下属喝彩方面就颇有建树。《三国演义》中，当阳长坂坡之战是曹操、刘备两军的一次遭遇战，骁将赵云担当保护刘备家小的重任。由于曾军来势凶猛，刘备虽然冲出包围，但是家小却陷入曹军围困之中，赵云拼死冲杀，七进七出终于找到刘备的儿子阿斗，赵云冲破曹军围堵，追上刘备后把阿斗交给他。刘备接过儿子，一把扔到地上，生气地骂道："为了你一个小小孩童，几乎折损了我一员大将！"赵云抱起阿斗感动得哭了，连连下拜说："云虽肝脑涂地，也难以报答主公的大恩啊！"

刘备成功地"燃烧"了赵云。这对赵云来说，那份感动就像一把火点在心里，再也没有熄灭过。

身为领导者，要经常在公众场所为那些表现突出的员工喝彩，激励他们继续奋斗。一点小投资，可换来数倍的业绩，何乐而不为呢？

遇物教儲

唐太宗

太子

遇物教储①

【历史背景】

在中国古代的封建王朝，太子，又称为储君，即皇位继承人。对于家天下的封建王朝而言，培养一位理想的皇位继承人，无疑是“国之根本”，这关系到王朝基业的长治久安。因此，唐太宗自立晋王李治为太子以后，对如何把他培养成一个理想的皇位继承人不敢掉以轻心。

【原文】

唐史纪：太宗自立太子，遇物则诲之。见其饭则曰：“汝知稼穑之艰难，则常有斯饭矣。”见其乘马则曰：“汝知其劳而不竭其力，则常得乘之矣。”见其乘舟则曰：“水所以载舟，亦所以覆舟。民犹水也，君犹舟也。”见其息于木下，则曰：“木从绳则正，后从谏则圣。”②

【张居正解】

唐史上记：太宗自立晋王③为太子，凡遇一物一事，必委曲诲谕之，以启发他的意志。如见太子进膳，就教之说：农夫终岁勤苦，耕耘收获，种得谷成，方有此饭，汝若用饭之时，即念稼穑艰难，此饭不容易得，推此心去体恤农夫，节省用度，则上天必监汝有惜福之智，而多降天禄，使汝常得用此饭矣。如见太子乘马，就教之说：马虽畜类，亦具知觉之性，所当爱惜，汝若乘马之时，即念此马之劳，驰驱有节，不尽其力，则上天必监汝有爱物之仁，而贵畀万乘，使汝常得乘此马矣。如见太子乘舟，就教之说：水本以载舟，故舟借水以运，然而水亦能覆舟，则舟不可倚水为安，那百姓们就譬之水一般，为君上的譬之舟一般，君有恩德及民，则民莫不戴之为君，若是暴虐不恤百姓，则人亦将视之为寇仇而怨叛之。譬之于水，虽能载舟，亦能覆舟，不可不惧也。如见太子息阴于木下，就教之说：木生来未免有弯曲处，惟经匠氏绳墨，则斫削的端正，可为宫室器物之用。人君生长深宫，未能周知天下之务，岂能件件不差，唯虚心听从那辅弼谏诤之臣，则智虑日明，历练日熟，遂能遍知广览而成圣人矣。这是《书经》上的说话，不可不知也。唐太宗之教诲太子，其用心谆切如此。盖太子乃天下之本，欲成就其德，唯在教诲周详，所以唐太宗特加意于此，其深谋远虑，真可为万世法矣。

【注释】

①此篇出自《资治通鉴》卷 197 唐纪十三，贞观十七年。并见《贞观政要》卷 4，教戒太子诸王。

②见《尚书·说命上》，意为：木以木匠的绳墨可以校正，国君听从规劝就可成为圣人。后，古代指国君与诸侯。

③晋王：即唐高宗李治(628~683)，唐太宗第九子，贞观五年(631)封晋王，贞观十七年废太子承乾后，立晋王为太子。

【译文】

唐代史书上记载：太宗自从立太子以后，遇到事物就要给以教诲。看到吃饭时就说："你知道种庄稼的艰难，就会常有这样的饭吃。"看到乘马时就说："你知道马的劳顿，不要使尽它的力气，就会常有马骑。"看到乘船时就说："水能够载船运行，也能够把船打翻，老百姓就好像水，国君就好像船。"看到在树荫下休息就说："木用绳墨可以校正，国君听从规劝就可以变成圣人。"

【评议】

史载，唐太宗时，自从立晋王李治为太子后，太宗改变教育方法，摒弃照本宣科的教条讲授，采用"遇物必有诲喻"的生动教育法，每每遇到什么事物，总要联系实际予以教诲，可见他对太子培养的用心良苦。例如，见到太子进膳，太宗就教导他说："农夫一年到头辛劳，耕耘收获，种出粮食，我们才会有饭吃。你在吃饭的时候，应该想到稼穑之艰难，这饭食来之不易，体恤农夫，爱惜节约，那么你就会常常有饭吃。”若看见太子骑马，就教导他说：“马虽然是牲畜，也会有劳顿的时候，你应当爱惜。你在乘马的时候，应该想到马的劳苦，驰驱有节，不能用尽马的全力。这样你的马才能随时让你骑乘驾驭。”看到太子乘船出行时，就教导他说：“水可以载舟，也可以覆舟。黎民百姓就像河水一样，君主就像这船一般，君主有恩德施与百姓，百姓就会爱戴君主；君主若是暴虐不体恤百姓，那么百姓就会把他当作敌人而叛变于他。就好像是水，虽然能载舟，也能覆舟，不能不谨慎啊！”如果看见太子在大树下纳凉休息，就教导他说：“树木生来就有弯曲的地方，木匠用绳墨可以取直，将其修理端正，做宫室器物之用。人君生长在宫中，不可能知道所有的事物，一定会有差错。只有虚心听取直臣的进谏，才可以博采众长，改过正身，成为贤明的圣君。”

在古代，太子，又称储君，皇位的继承人。对于家天下的历代王朝而言，培养出一个理想的皇位继承人，无疑是“治国之本”，这关系到王朝基业的长治久安，因此，唐太宗对此非常谨慎。唐太宗既是太子的父皇，又是严师，他抓住日常衣食住行的琐事，寓以深刻的为君治国的哲理，生动活泼，浅显易懂，煞费苦心地对太子进行孜孜不倦的教诲。

在太宗的精心培养下，太子李治不负众望，即位后遵循太宗的教诲，勤勉执政，顺应民心，邀良臣共同辅政，深化了“贞观之治”的局面，在政治、经济、文化等方面均取得突出的成绩，被后世称为“永徽之治”。所以说，唐太宗找到了合适的接班人，他的言传身教取得了成功。

【镜鉴】

认真做好年轻干部的培养与锻炼工作

（一）必须高度重视培养锻炼年轻干部工作

注重年轻干部培养，是我们党的优良传统。加紧培养造就一大批适应新形势要求的年轻领导干部,是我们的事业后继有人、不断发展的重要保证,也是中国能不能在未来激烈的国际竞争中赢得主动的关键所在。

党的十七大提出要把加大培养优秀年轻干部力度作为一项战略任务,当前,我国实现科学发展,促进社会和谐,不断推进中国特色社会主义伟大事业,既面临难得的历史机遇,也面临许多严峻的挑战。越是在机遇与挑战并存的关键时候,就越要有战略眼光和战略思维,越要重视抓好培养年轻干部这个事关长远的战略举措。只有年轻干部不断地成长成熟起来,大批政治上靠得住、工作上有本事、作风上过得硬,能够善于正确判断形势和把握大局,在错综复杂的条件下卓有成效地开展工作的优秀年轻干部涌现出来,我们的队伍才有可能始终保持蓬勃生机与活力,我们就有了战胜各种困难的组织保证,就可以始终抓住机遇乘势而上,使我们的事业长盛不衰,永远立于不败之地。

(二)不断增强年轻干部培养锻炼工作的针对性和实效性

当前和今后一个时期,要把培养锻炼年轻干部放到更加突出的位置,以提高思想政治素质、坚定理想信念为根本,以增强党性、改进作风为重要内容,以实践锻炼、提升能力为关键,不断增强年轻干部培养锻炼工作的针对性和实效性。

1.要坚定理想信念

崇高的理想信念是共产党人的立身之本,是永葆先进性的精神动力,是增强年轻干部政治鉴别力和敏锐性的关键所在。邓小平指出:"我们这么大一个国家,怎样才能团结起来、组织起来呢?一靠理想,二靠纪律。"

我们党之所以能够历经千难万险,战胜重重困难,带领人民取得革命、建设和改革的一个又一个伟大胜利,靠的就是坚定的理想信念和为实现理想不懈奋斗的崇高精神。不可否认,新形势下一部分年轻干部在理想信念方面存在不少值得重视的问题:有的对马克思主义科学真理产生了疑惑,对社会主义经过长期发展必然代替资本主义产生了动摇;有的思想空虚,精神萎靡,甚至到封建迷信活动中寻找精神寄托;有的价值取向功利化,人生选择被市场行情所引导,在各种诱惑面前随波逐流,甚至堕落为腐败分子。

要正视年轻干部理想信念方面存在的问题,把坚定理想信念作为培养锻炼年轻干部的一项根本任务来抓。要加强年轻干部马克思列宁主义、毛泽东思想和中国特色社会主义理念体系的学习,注重用马克思主义中国化最新成果教育和武装年轻干部,坚定他们对马克思主义的信仰、对中国特色社会主义的信念、对改革开放和社会主义现代化建设的信心。作为年轻干部，在任何时候都必须具有远大的理想和坚定的信念，坚信社会发展的必然规律，对党的事业充满必胜的信念。

在改革开放的新时期，不管形势和任务有什么变化，不管政策、体制有什么变化，不管国际形势多么错综复杂，年轻干部都应当不改革命的初衷，不丧失必胜的信心，坚定不移地走中国特色社会主义道路，高扬共产主义理想风帆勇往直前。

2.要加强党性修养

面对各种腐朽落后思想文化的侵蚀，面对形形色色的诱惑，年轻干部要想在大是大非面前旗帜鲜明，在大风大浪之中站稳脚跟，经受住各种挑战和考验，始终保持理想不变、信念不失、宗旨不忘、传统不丢、本色不改，成为中国特色社会主义事业的可靠接班人，就必须坚持不懈地加强党性修养，把它当成人生的必修课，学到老，改造到老。

首先，必须加强政治修养，切实增强大局意识。要自觉维护中央的权威，真正做到有令必行、有禁必止，当局部利益和全局利益发生矛盾时，要自觉服从大局，以维护党的整体利益。决不能口头上拥护，执行中却打折扣，更不能搞“上有政策，下有对策”。

其次，要加强道德修养，提升道德境界。要见贤思齐，见不贤而内省，自觉地在改造客观世界的同时改造主观世界，牢固树立科学的世界观、人生观、价值观和正确的权力观、地位观、利益观。要坚持自我教育、自我约束，做到自重、自省、自警、自励，管住自己的嘴、管住自己的手、管住自己的腿，坚决抵御各种落后思想和腐朽文化的侵蚀，追求积极向上的生活情趣，养成良好的生活作风，永葆共产党人的高风亮节。

此外，还要加强组织纪律修养，自觉规范从政行为。年轻干部切不可自我膨胀，放松对自己的纪律约束，甚至只用党纪管别人，而不让别人用党纪来约束自己，更不能在党纪问题上亲疏有别、内外有别、宽严有别。要带头执行民主集中制原则，增强领导班子的团结和活力，积极开展批评与自我批评，察微知著，防微杜渐，做到自重、自律、自警、自励。

3.要保持优良作风

年轻干部要大力弘扬密切联系群众的作风，始终坚持马克思主义的群众观点和党的群众路线，自觉摆正与人民群众的关系，不断增进对人民群众的真挚感情，经常掂量掂量“我是谁，为了谁”，想问题、做决策、办事情要把满足人民群众日益增长的物质文化需要作为根本目标，充分调动和发挥广大群众的积极性、主动性和创造性。

要坚持求真务实,坚决克服浮躁情绪和急功近利心理。要切实按照客观规律谋划发展,察实情、讲实话,鼓实劲、出实招,办实事、求实效,不为私心所扰,不为名利所累,不为物欲所惑,努力做出经得起实践、人民、历史检验的实绩,实践共产党人高尚的人生价值。要大力发扬艰苦奋斗精神,崇尚节俭,厉行节约,反对浪费,坚持廉洁从政、廉洁奉公,决不能滥用职权,奢侈浪费。要坚持量力而行,精打细算,严格把关,讲求实效,不搞"中看不中用"的"形象工程",杜绝"花钱赚吆喝"的"政绩工程",始终坚持用节俭的标准来衡量和检验自己的工作,使有限的财力、物力,为人民群众发挥最大的效益。

年轻干部领导干部只有不断发扬解放思想、实事求是的思想作风,一切从建设有中国特色社会主义的实际出发,学习和运用马克思主义的基本原理,并在理论与实践的结合中勇于创新;只有大力弘扬脚踏实地、埋头苦干的工作作风,处处想群众之所虑,急群众之所难,谋群众之所求;只有带头发扬艰苦奋斗、勤俭节约、清正廉洁的生活作风,反对铺张浪费和大手大脚,抵制腐朽没落的思想观念和生活方式的侵蚀,才能始终保持先进性,永葆共产党人的蓬勃朝气、昂扬锐气和浩然正气。

4.要强化实践锻炼

"宰相必起于州郡,猛将必发于卒伍。"实践出真知,实践出人才。在实践中锻炼、考验和提高干部,始终是培养年轻干部的一个基本途径。要坚持把年轻干部放到有利于其成长和发挥作用的工作岗位进行锻炼,帮助他们在工作中扬长避短、健康成长。

要立足实际,提高实践锻炼的针对性。一方面要考虑年轻干部的实际情况,做到因材施教:对于学校一毕业就到机关工作的"三门"干部,可以安排到农村、企业、社区等基层组织了解情况;对于一直从事文稿起草等业务工作的干部,可以安排到基层单位或者重点工程进行下派锻炼;对于主要从事综合协调工作的干部,可以通过实践走访和课题调研,进一步提高文字能力。要着眼实用,拓展实践锻炼的新途径。

总体上应坚持纵向交流、横向培养、交叉发展、整体推进的方针,积极探索上挂学习、下派锻炼、岗位交流、以老带新等形式多样、内容丰富的各种层面的实践教育方法,多层面、多角度为年轻干部提供实践锻炼的平台,激发他们分析解决实际问题的能力和提高工作技能的水平,以达到增强能力、丰富经验、提高水平、磨炼意志的目的。要注重实效,提高实践锻炼的效果。通过建立良好的沟通机制,实现党组织与年轻干部的充分沟通,交换思想,获取信息,进一步了解他们的学习需求;通过建立科学的管理办法,有效调动年轻干部自觉学习，主动提高能力锻炼的积极性；通过建立有效的激励机制，为实践锻炼中脱颖而出的有能力、有才干的年轻干部提供充分发挥才能的空间，真正形成干部到基层锻炼、人才从一线选拔的良性循环机制。

培养锻炼年轻干部工作，是全党全社会的一件大事。需要通过全社会的共同努力，让广大年轻干部认清时代的要求，认清党和人民寄予的希望，认清肩负的历史重任，朝气蓬勃、满腔热忱地投入全面建设小康社会和实现中华民族伟大复兴的社会实践，努力把自己锻炼成为中国特色社会主义事业的合格接班人。

遣歸方士

唐高宗

李勣

遗归方士[①]

【历史背景】

唐高宗李治(公元628年~公元683年),庙号高宗,谥号天皇大圣大弘孝皇帝。贞观二年六月十三日出生,卒于弘道元年,享年五十六岁。太宗第九子,母文德顺圣皇后长孙氏。贞观五年(公元651年)封晋王。贞观七年,遥授并州都督。太宗晚年,太子李承乾和魏王李泰间发生了争夺皇位继承权的斗争。贞观十七年,承乾谋杀泰未遂。事发,太宗废太子承乾,黜魏王泰,改立晋王李治为太子。贞观二十三年五月,太宗去世,李治即位,是为唐高宗,时年二十二岁。次年(公元650年)改元永徽。起初四五年间由顾命大臣长孙无忌及褚遂良等掌握朝政。

太宗女高阳公主嫁房玄龄子遗爱。高宗即位,贬遗爱为房州刺史。永徽四年(公元653年),房遗爱、荆王李元景及吴王李恪等谋反。事发,遗爱被杀,元景、恪及高阳公主等均被赐死,高宗帝位由此得到巩固。

高宗即位不久,西突厥阿史那贺鲁破乙毗射匮可汗,自号沙钵罗可汗。永徽六年,唐遣程知节西击沙钵罗可汗,从此连年用兵西域。至显庆二年(公元657年),唐大将苏定方等大破西突厥,沙钵罗奔石国(今乌兹别克斯坦塔什干一带),被擒。西突厥亡。高宗以其地分置昆陵、蒙池二都护府。次年,徙安西部护府于龟兹(今新疆库车)。唐代的版图,以高宗时为最大。

高宗即位后纳武则天入宫为昭仪,不久欲废王皇后,改立武氏为后。对此,长孙无忌及褚遂良等元老重臣表示反对。李义府、许敬宗等却迎合帝意,表示赞成;宿将李勣则奏称:"此陛下家事,何必更问外人。"高宗在李义府等人的支持下,终于在永徽六年废王皇后,立武氏为皇后。长孙无忌及褚遂良等均遭贬斥,不久,无忌被迫自缢。显庆(公元656年~公元661年)末年,高宗患风眩头重,目不能视,难于操持政务,皇后武则天得以逐渐掌握朝政,朝廷内外称他们为"二圣"。从此武则天成为掌握实权的统治者,高宗则处于

大权旁落的地位。

弘道元年(公元685年)十二月,高宗去世。葬于乾陵。

【原文】

唐史纪:太宗时,天竺[2]方士娑婆寐[3],自言有长生之术,上颇信之,发使诣婆罗门[4]诸国采药,药竟不就,乃放还。高宗即位,复诣长安,上复遣归,谓宰相曰:"自古安有神仙,秦始皇汉武求之,卒无所成,果有不死之人,今皆安在?"李勣对曰:"此人再来,容发衰白,已改于前,何能长生。"竟未及行而死。

【张居正解】

唐史上记:太宗时,西域天竺国有个方外的道士,叫作娑婆寐,自己说他有长生不老的药方,太宗初信其言,发人去往婆罗门诸国采取药物,着他制药,竟不能成,乃遣他还归本国。及至高宗即位,这方士又到京师,以其方术见上,高宗不纳,仍复遣还,因与宰相说道:"自古生必有死,神仙之说都是虚诞,昔时秦始皇汉武帝为求神仙,费了一生心力,到底没一些效验,若使世界果有长生不老之人,今皆何在?"李勣对曰:"此人这一番来,容貌衰老,发尽皓白,与前次不同,他若有仙方,何不自家服食延年,而衰老如此,其荒诞可知矣。"后果不及还家而死。由此观之,神仙之说,原是谄谀之人干求恩宠,见得天子之富贵已极,无足以动其意者,唯有长生一事,不可必得,遂托为渺茫玄远之说,以歆动人主之意。是以为秦皇求仙药者,有徐福[5]辈,人海不返,为汉武求仙方者,有栾大[6]等,无功被诛。即此二事,可为明验,然惟清心寡欲,节慎于饮食起居之间,自可以完固精神,增益年寿,如五帝三王,享国长久,垂名万世,不亦美乎。

【注释】

①此篇、出自《旧唐书·西戎天竺国传》。记印度方士妄言有长生不老之术被唐高宗遣归的故事。

②天竺:古印度的国名。

③娑婆寐：唐代前来中土的印度僧人。

④婆罗门：印度四大种姓之首，宗教贵族，因政教合一，所以古印度也被称为婆罗门。

⑤徐福：即徐市，秦代方士。曾上书秦始皇，言海中有仙人居住，可以求得仙药，长生不老，秦始皇派徐福率童男童女千人入海求仙，徐福去而未归。据传至日本定居。

⑥栾大：汉武帝时方士，胶东人，向汉武帝诡称，可得不死之药，被封为五利将军，后整装入海求药，没有结果，被汉武帝处死。

【译文】

唐史载：天竺国方外道士娑婆名自称他有长生不老的药方，太宗很是相信，派遣使者到婆罗门诸国寻访，叫他制药，始终没成，便放他回去。高宗即皇帝位后，他又来到长安，高宗再遣送他回去。对宰相说："古往今来哪有什么神仙呢，秦始皇汉武帝寻求它，最终都没结果。要是真有不死的人，现在他们在哪里呢？"李绩回答说："这个人这次再来，面目衰老，头发已白，和前次大不相同，哪有什么长生？"还没来得及走，就死了。

【评议】

在古代的时候，巫术盛行，尤其是道教的炼丹一类的兴起，所谓的什么长生不老之术在当时获得了很多人的追崇。特别是在皇族当中，极为兴盛。各代皇帝都希望自己能够长生不死，自己的功业可以千秋万代，所以好多皇帝都加入了寻访仙药的行列，在这里面圣明的君主也不少，比如汉武帝和唐太宗就是其中的代表。在那些时候，方士特别得到皇帝的尊重和厚待，原因就是皇帝们都希望通过这样的一个人可以达到自己梦寐以求的延年益寿之方，但凡是这样的，结果都落空了。有的帝王还因为接受了不良方士的药剂来服用而一命呜呼。其实，这些方士无非是为了自己个人的私欲蒙蔽君王而已。实际上从来就没有那样的神药，这只是他们心中永远无法实现的愿望罢了。高宗在故事当中所表现出来的理性与圣明在那个时候的确是值得称赞的。长生不老只是人们的愿望而已，即使是在科学高度发达的今天也仍然没有发现这样的药方，所以从这个故事里我们可以看到古代那充满讽刺意味的方士和没有被愚弄的高宗，更应该得到一个道理，遇到当和你的愿望极其契合的东西的时候，人们也该学会分辨而不要盲目地追求。

【拓展阅读】

高宗李治

唐高宗李治是大唐王朝的第三位皇帝,他成长于一个和平稳定的生活环境中。祖父和父亲为他打下和坐稳了唐朝的江山基业,他只需守好这份家业,做一个“无为”的守成之君。事实证明,李治的这个守成君主还是做得不错的。

仁孝的太子

在小时候学习《孝经》时,太宗问李治书中的要义,他回答说:“夫孝,始于事亲,中于事君,终于立身。君子之事上,进思尽忠,退思补过,将顺其美,匡救其恶。”太宗十分满意,夸他说:“能够做到这一点,足以事父兄,为臣子矣!”可见李治从小的期望就是做一个宽友仁孝的人,这点也正是他最终获得太宗认可而登上太子之位的原因。

李治对父亲李世民极其孝顺,又和执掌朝政大权的舅舅长孙无忌关系特别要好。他之所以能够被立为太子,则得益于他两个哥哥对储位的争夺。魏王李泰对太子李承乾步步紧逼,逼得太子李承乾企图以发动政变来解决问题,而魏王李泰的夺嫡行动更加明目张胆,这些都使太宗心里难过至极。太宗晚年犹豫再三,为保全李承乾、李泰、李恪诸子,最终决定立仁孝的晋王李治为太子。

李治性情温和,很听话,对父亲的教导都能虚心接受。唐太宗为了尽快把他培养成一个合格的储君,费了很大的心血。为了锻炼李治的政治才能,太宗经常让他陪自己上朝,观看平常的政务处理,有时还让他对一些问题提出处理意见。为了提高太子的威信,太宗下令全国的军队都要服从太子的调遣,大将军以下的官员都要听从太子的处分。而且让朝廷的重臣都兼任东宫的官职,名义上是让他们教育太子,实际上是培养太子的官僚队伍。

生活中,李治也时常受到太宗循循善诱的教育。李治吃饭,太宗就教育他要知道稼穑的艰难,不违农时的道理。李治坐船,太宗就告诉他“水能载舟,亦能覆舟。百姓如水,君主如舟”的道理。李治每听到这样的教诲,总能洗耳恭听,并表示永不忘记。太宗晚年还亲手撰写《帝范》一书赠给李治，让他明白修身治国、安危兴废的帝王之道。

太宗东征高句丽时，让太子监国，李治表现得很出色。对于李治的孝顺，太宗还是挺满意的。李治自贞观十七年(公元643年)立为太子到贞观二十j年(公元649年)登基称帝，一共做了6年的太子。贞观二十三年(公元649年)四月，太宗病重。太宗在病重期间，还是放心不下，最后为李治做了一次人事安排。他对李治说："李勣才智过人，但你对他没有任何恩惠，恐怕今后难以为你所用。我现在把他贬到外地，如果他在长安流连不走，你就把他杀了；如果他立刻启程赴任，你日后就把他召回来，他可能就会对你感恩，为你效力。"太宗临死前把积极支持李治做太子的长孙无忌和褚遂良叫到床前托以后事。太宗死后，22岁的李治即位，他就是唐高宗。

贞观遗风

唐高宗即位后，在顾命大臣长孙无忌、褚遂良等贞观旧臣的辅佐下继续沿着贞观时期的路线政策治理国家，开创了具有贞观遗风的永徽之治，使这一时期的社会生活更加安定富足。

这一时期的经济状况有所改善。全国人口贞观时期不足300万户，到永徽三年(公元652年)短短的四年时间一下增加到380万户。永徽五年(公元654年)全国粮食大面积丰收。

这一时期的法律建设也是向前推进的。永徽四年(公元653年)，唐高宗命长孙无忌等在《贞观律》的基础上修成《永徽律》，并让对它作了疏和议，即流传至今的《唐律疏议》。它成为唐代之后制定法律的蓝本，而且这一时期的执法也比较宽平，人民违法犯罪的特别少。有一次，大理寺卿唐临向高宗报告说，监狱中在押的犯人有50多个，其中有两个需要判死刑。可见此时的社会稳定，人们安居乐业，违法犯罪的现象特别少。

此外，随着国力的增强，民族关系的改善，高宗继承太宗的未完之业，继续对周边地区用兵和安抚，取得了巨大成功。显庆二年(公元657年)，高宗派大将苏定方率兵进击西突厥。苏定方击败西突厥，擒获其首领沙钵罗可汗。唐在西突厥故地设置濛池、昆陵二都护。龙朔二年(公元662年)，契苾何力在薛仁贵大败铁勒诸部的基础上，安抚铁勒九姓，使他们归顺唐朝。龙朔三年(公元663年)，李治派苏定方、刘仁轨等打败百济及倭兵，平定百济。在高宗时期，唐朝的疆域拓展到最大。

自从欧阳修撰《新唐书》以来，就把李治当作昏懦之主，但这是不公平的。前有唐太宗，后有武则天，在这两位光芒四射的帝王之间，唐高宗确实容易被人忽视。但从唐高宗的所作所为来看，说他昏懦实在是有些过分。其实，李治在对重大事情的处理上，不仅没有昏庸和懦弱，有时甚至刚决得令人难以置信。

永徽三年（公元652年），太宗的女儿高阳公主与驸马房遗爱（房玄龄之子）、巴陵公主与驸马柴令武、高祖女儿丹阳公主的驸马薛万彻、高祖六子荆王元景等人联合起来准备发动政变，但事情很快败露。高宗命长孙无忌负责调查此事，房遗爱声称太宗三子吴王李恪是主谋。高宗果断下令，将房遗爱、柴令武、薛万彻斩首；命吴王李恪、荆王元景、高阳公主、巴陵公主自尽。此事受牵连被贬和被流放的人甚多。可见高宗的宽友仁孝也是有限度的，对威胁皇帝权威和危及皇位稳定的事情，他丝毫没有昏庸之态，绝对不会心慈手软。

如果说此事的处理可能有辅政大臣长孙无忌的影子，那废立皇后可真是唐高宗一个人的决定。高宗的王皇后出身太原王氏，她的从祖母是同安长公主。王氏由晋王妃到太子妃，再做到皇后，可以说，她这一路走来都挺顺利，对她来说，美中不足的就是不能生育，以至于渐渐失宠。

太宗晚年由于身体病弱，太子李治经常在他身边侍奉汤药。贞观二十年（公元646年）三月，太宗再次病倒，需要静养，李治就在太宗的寝殿旁的一处院落安置下来，以便就近照顾父亲。李治这次在父亲的寝宫外陪住了不少时日，就在这个时候，他和同时侍奉太宗的才人武则天有了私情。李治即位后，萧淑妃受宠，王皇后为了排挤萧淑妃，答应李治让身在感业寺的武则天续起头发，重新纳入后宫。但事与愿违，武则天进宫后得到李治的专宠，王皇后反而更受冷落。王皇后又联合萧淑妃，把攻击的矛头指向武则天。

为了巩固自己的地位，王皇后听从舅舅柳奭的建议，谋立高宗长子燕王李忠为太子。李忠的母亲刘氏，地位低贱，王皇后此举意在让他们母子二人对自己心存感激，从而巩固自身地位。为了达到目的，王皇后让舅舅柳奭四处活动，说服了众大臣，并最终由长孙无忌向高宗提出了这一建议：高宗见大臣们众口一词，又因为李忠是长子，遂同意立10岁的李忠为太子。此后不久，武则天为高宗生下一子，取名李弘。

李忠被立为太子后，王皇后心里仍然不踏实，她和母亲魏国夫人在宫中秘密进行巫祝厌胜活动，诅咒武则天。高宗知道后大怒，下令魏国夫人今后不准再出入后宫，并罢免

了柳奭的中书令之职。高宗开始有废王皇后之意。不久,被封为昭仪的武则天又生下一个女儿,却在王皇后探视过后,不明不白地死在摇篮里。这件事情使高宗下决心废掉王皇后,另立武昭仪为后。

但废立皇后事关国家大体,高宗首先与辅政大臣等们协商,想得到他们的支持。但没想到却遭到他们的一致反对。几次内廷会议讨论都没有结果。辅政大臣们对改立武昭仪为后比废掉王皇后更加反对。但高宗决心已定,打算借废立皇后这件事来彰显自己的决断力。就在双方相持不下的时候,几次内廷会议都借口称病的李勣突然来见高宗,巧妙地说:"废立皇后是陛下的家事,何必要先问外人呢?"高宗立即明白李勣是支持自己的,而且此事只要自己拿主意就可以了。因此高宗便在朝见群臣时突然宣布封武昭仪为宸妃,以示特宠,以此提高武则天的地位。

这时,皇帝要废立皇后的意图已为百官所知。被外调的中书舍人李义府公开上表要求废掉王皇后,改立武宸妃为后。高宗十分高兴,立即召见他,给予了赏赐,并升他为中书侍郎兼知政事。由此朝廷上一些善于经营的大臣也纷纷见风使舵,支持高宗立武则天为后。于是,高宗在永徽六年(公元655年)冬,正式下诏废王皇后、萧淑妃为庶人,立武则天为皇后。随后,贞观时期留下来的元老派大臣除李勣外,大部分被贬、被流放或被罢免、被杀。朝廷中由支持武则天做皇后的李义府、许敬忠等组成新的统治核心。

高宗在废立皇后这件事上力排众议,独断专行,我们能看出他的丝毫懦弱吗?可见他是下了决心要摆脱顾命辅政大臣的羁绊,他要跳出贞观遗命的政治包围,做一个真正君临天下的皇帝。

三立太子留遗憾

武则天做皇后之后,让许敬忠上表给高宗,建议依据嫡长子继承制的原则更换太子,李治采纳。在显庆元年(公元656年),废太子李忠为梁王,立武后5岁的儿子李弘为太子。

武则天至此可以说已经上升到古代社会妇女能达到的最高地位,她只需循规蹈矩,就可以顺利地升到皇太后的位置,然后寿终正寝。然而这并不是这个女人所想要的。她对政治的热情超过一般人,她对政治的独特眼光和处理方法很得高宗的认同。由于高宗的信任,武则天对朝政介入越来越深。高宗渐渐发现,他无时无事不受到武则天的掣肘,这使他心里开始后悔，并再次有了废后之心。

麟德元年（公元664年），高宗便想借武后进行厌胜之术废掉她，便召宰相上官仪商量，并由上官仪草拟了废后诏书。但这件事立即被武则天得知，武则天找高宗质问，高宗只好把责任推给上官仪。结果上官仪和儿子被杀，连梁王李忠也被牵连进来一同处死。这次废后行动失败后，高宗已经无力改变什么了，只好把这个强势的女人推向政治前台。此后，高宗上朝，武后垂帘听政。无论政事大小，高宗都与武后商议，谓之“二圣”。不过这时，还以高宗执政为主。上元元年（公元674年），高宗称“天皇”，武后称“天后”，真正形成了帝后同尊的“二圣”格局。此时，高宗病重，目眩头痛，不能视物，朝廷以武后执政为主。直到高宗去世，这种“二圣”政治格局才被打破。

上元二年（公元675年），24岁的太子李弘突然死去。高宗非常悲痛，谥李弘为“孝敬皇帝”。李弘死后，高宗立武后的二儿子李贤为太子。李贤聪慧，办事能力很强，被人们所称道。高宗很高兴，但李贤与武后的嫌隙却越来越大。调露二年（公元680年），武后派人在东宫搜出李贤谋反的罪证，说他私藏叛变用的铠甲、武器等，于是李贤被废为庶人。高宗只得另立武后的三子李显为太子，不久，又立李显之子李重润为皇太孙，为他的接班人加了双保险。

弘道元年（公元683年）十二月，高宗病死在洛阳的贞观殿，时年56岁。遗诏令太子即位，让宰相裴炎辅政，凡军国大事有疑难处可听从天后处置。文明元年（公元684年），高宗的灵柩运回长安，葬于乾陵。

唐高宗李治前半生受父亲太宗李世民的影响深远，后半生无处不渗透着武则天对他的影响，尽管这个女人是他亲手推向政治前台的。高宗总是想跳出这种影响的包围，最终他发现自己错了，因为当他跳出贞观遗命的政治包围之后，却悲哀地发现自己又进入了一个二圣格局的政治包围之中。他还想再努力一次，但很遗憾的是，这种努力失败了，所以他只好顺其自然。

褚遂良叩血阻废后

唐高宗李治为太子时，喜欢上其父唐太宗的才人武则天。太宗驾崩后，武则天被命入感业寺为尼。一次，高宗于父亲的忌日前往感业寺上香，巧遇武则天，二人重逢都流下了眼泪。当时，皇后王氏与淑妃萧氏正在争宠，王皇后因未生儿子而渐处劣势。她听到高宗对武则天未忘旧情,便暗中让武则天留起头发。过了一段时间,王皇后便劝高宗把武则天接入了后宫。她想以武则天隔断高宗与萧淑妃之间逐渐亲密的关系,以巩固自己的地位。没有想到这位后来的更工于心计,很快她便集高宗的宠爱于一身,王皇后、萧淑妃等都坐了冷板凳。

武则天拜为昭仪以后,野心日盛,处心积虑地想爬上皇后的宝座。永徽五年(654年),她先设法诬陷王皇后。她刚生了个女儿,没有小孩的王皇后看了很喜爱,常常来她这里逗弄她女儿。一天,王皇后来过后刚离开,武则天便狠心掐死了女儿,又用被子盖好。等到高宗来时,武则天故作欢喜的样子,掀开被去抱女儿。一看女儿已死,她立即号啕大哭起来。她又赶忙询问仆人谁曾来过,都回说皇后刚走。高宗大怒道:"是皇后杀了我女儿。"高宗虽然冷落王皇后,却并没打算废她,但此后,他废后之心立决!

高宗想废王皇后,却顾虑大臣们反对,于是与武则天一起驾临太尉长孙无忌府第。长孙无忌既是朝中具有影响力的重臣,又是高宗的舅父,只要他附和废后之议,事情就顺利多了。长孙无忌盛宴款待天子与昭仪,君臣频频举杯酣饮,气氛极为融洽。席间,高宗又封长孙无忌宠姬所生的三个儿子为朝散大夫,还命人送来十车珍宝、金钱、锦缎。然后,高祖才婉转地说及王皇后无子事,暗示长孙无忌主动提出废立之事。然而长孙无忌居然顾左右而言他,高宗和武昭仪悻悻而回了。

次年,中书舍人李义府知高宗的废立之心,便上表请废王皇后,立武则天。高祖阅表后很高兴,特地召见他并赏珠一斗,武则天也秘密派人犒赏他。不久,他被提拔为中书侍郎,与卫尉卿许敬宗、御史大夫崔义玄、中丞袁公瑜一起,成了武则天的心腹。

这一年九月的一天,高宗退朝后,召长孙无忌、李勣、于志宁、褚遂良入内殿。李勣心知为废立事,就假称不舒服未进去。其他几个进去后,高宗说道:"皇后无子,武昭仪有子。我想立武昭仪为皇后,你们觉得怎么样?"褚遂良反对道:"王皇后出身名家,又是先帝为陛下所娶。先帝临崩,曾拉着陛下的手,对臣等说道:'今天我就把佳儿佳妇托付给诸位了。'这是陛下所听到的。如今,先帝之言犹在耳际,王皇后又未犯过错,岂可轻易废掉!臣不敢曲从陛下,上违先帝的遗命。"高宗很不高兴地让他们各自回府。

第二天,高宗又召见这几位大臣议起废立之事,褚遂良还是不赞成立武则天为后,他说道:"陛下一定要废王皇后,就恳请陛下选择天下名门望族的女儿为后。武昭仪曾经侍奉过先帝,此事众所周知,无法掩盖。万代之后,人们会怎样议论陛下啊!务请陛下三思！臣现在冒犯了龙威,该当死罪。”于是他把朝笏放在宫殿的台阶上,解下冠巾,叩头流血道:“朝笏还给陛下,请放臣回归乡里。”高宗很是恼火,叫人把他拖了下去。武则天在帘幕之后咬牙切齿地高声叫道:“何不扑杀此獠!”幸亏长孙无忌求情,褚遂良幸免于死。

过了几天,李勣入见高宗,高宗问道:“我想立武昭仪为后,褚遂良坚决反对。他是顾命大臣,难道立后事就此作罢吗?”李勣巧妙地回答道:“此乃陛下的家事,何必要问外人。”高祖心领神会,立即决定立武则天为皇后。许敬宗把高宗的决定散布于朝,并且劝大臣少管闲事道:“乡下佬种地多收了些麦子,还想换个媳妇呢,更何况天子想更立皇后了。这事与诸位毫不相干,诸位不要妄加异议!”武则天终于当了皇后。

【镜鉴】

一、君子要过小人关

——谨防小人

纵观朝代沧桑变迁,亲贤人、纳忠言、远小人,社稷兴也;亲小人、听谗言、远贤人,江山险矣。因此,借鉴历史经验和教训,区别并警惕小人,对我们避免失败,有其特殊的意义。

大千世界,勇士与懦夫同在;诸多官场,君子与小人并存。提起小人,使人想起蝇营狗苟、忘恩负义、过河拆桥之辈,搬弄是非、诬良栽赃、兴风作浪者流,使人想起鲁迅笔下的走狗——见了阔人就摇尾巴,见了穷人就狂吠。

历史的回音壁向我们诉说历史上有一种奇异现象——有些人勇于改革、仗义执言、披坚执锐、杀敌建功,结果不如奸佞小人几句谗言、几次拍马……到头来竟是小人赢而君子输,小人吃香而君子受气。

君子的言行,要顾大局,要重信誉,受到各种各样的限制;小人为了满足自己的私欲,可以不顾一切,无所不为。君子追求的是理想、事业;小人追求的是权力、实惠。有权力、有实惠、环境混乱的地方,小人趋之若鹜。昏君无不爱奸佞,这是小人之幸、奸佞之幸,而非国之幸、民之幸。

有的明君像秦始皇、齐桓公也曾被奸佞小人迷惑。正如李世民所言:“朕观前代谗佞之徒，皆国之蠹贼也。或巧言令色，朋党比周；若暗主庸君，莫不以之迷惑……”

纵观朝代沧桑变迁，亲贤人、纳忠言、远小人，社稷兴也；亲小人、听谗言、远贤人，江山险矣。因此，区别并警惕小人，对我们避免失败，有其特殊的意义。

处事奸猾，长于窥测，谄媚逢迎，败坏纲纪，玩弄权术，谋害忠良，是小人之徒、狡诈之辈最有代表性的特点。

小人没有自己确定的观点和主张，所做的事是时时窥测方向，掂量实力消长，谁有用、谁“好使”，就投向谁。

在势均力敌时，“脚踏两只船”，同时讨好对立的两面，见人则说人话，见鬼则说鬼话。人赢则帮人，鬼胜则帮鬼，没有骨气，就像当年宋之问那样，太平公主弄权，他媚事太平公主；武三思主事，他投靠武三思；安乐公主得意，他依靠安乐公主……甚至不要廉耻，为武则天的男宠张易之捧尿壶，目的就是为自己捞“一杯羹”。

秦始皇对赵高信任有加，可赵高由于权力欲望的恶性膨胀和对权力、美色等的极度自私地追逐，使他对秦王有二心。且不说有人推测秦王死于出巡路上，是赵高下的手，单说他诬陷害死秦王的长子扶苏、大将军蒙恬、丞相李斯等人，就可以看到小人的卑鄙、阴险、残忍的嘴脸。

敬业无心，钻营有术，寡廉鲜耻，损人利己，落井下石，恩将仇报，是小人们的惯常伎俩。

小人对名利禄位，如蛆之粪秽，如蚁之附膻；对权势者一副躬腰媚态，对弱者却面目狰狞。曾国藩说：“所谓小人者，识见小耳，度量小耳，井底之蛙，所见几何？唯利是图而已。”

小人为了自己的利益干些缺德的坏事，迷失了本性，在自己的人生画卷上留下了败笔。君子只能在受骗蒙冤时感叹，在受欺侮时忍气吞声，在遭诬陷时有口难辩，在受攻击时头痛如焚。

《三国》中的杨松是个典型的小人：先是们诬陷马超，逼得马超投奔刘备；接着与曹暗中相应，将大将庞德设计除去；又与曹里应外合，将主子挡在城外，让曹生擒。按说，此人有功，曹操应该重赏吧，却“唯有杨松卖主求荣，即命斩于市曹示众”。《三国》中还配了几句诗笑话他：妨贤卖主逞奇功，积得金银总是空。家未荣华身受戮，令人千载笑杨松。

唐代张易之惯于献媚取宠，加上他相貌白嫩，深得武则天的宠爱和器重。张易之平步青云、掌握大权之后，奸诈、阴险，常进谗言，陷害忠良，遭到大臣们的鄙视和痛恨，最后招致杀身之祸。

大凡小人少廉耻、丧天良、无人格、昧大义。“君子日孳孳以成辉，小人日快快以至辱”。——君子天天孜孜不倦而成为众人景仰的人，小人天天为所欲为终于落到受辱的地步。

唐代大奸臣卢杞，天生异相，半边脸是青的，善于伪装，讨好别人，不为人识破，害了别人还装出慈悲的样子。卢杞任宰相的几年里，嫉贤妒能，每有反对他的人，必置于之死而后快。他以阴险手段害死了杨炎、颜真卿等人。群臣恨之入骨，六军思食其肉，唐德宗不再起用卢杞。不久，卢杞短命而亡。正如英国笛福所言：“要给别人脸上抹黑不是件好说的勾当，一不小心，害人者自己会弄得满身污秽，臭不可闻。”也正如伊索所言：“阴谋陷害别人的人，自己会首先遭到不幸。”

“巧言令色，鲜矣仁”。“趋贵附势的小人，不可共患难！”（英国拜伦）可是有些秉权者恰恰欣赏、支持这类小人。因为这类小人能想方设法满足秉权者花天酒地、声色犬马的生活，能满足其得小利、用不正当途径攫取财富的欲望（邪恶）。这也正是小人专宠擅权的客观条件。有了这种欣赏和支持，小人便可为所欲为，兴风作浪。

南宋初年，宋高宗赵构曾向宰相赵鼎征求另一名宰相的人选。赵鼎当时还没有认清秦桧的嘴脸，于是建议由秦桧接任。秦桧得知后，感激涕零，一再向赵鼎打躬作揖。

赵鼎对秦桧的卖国乞降的主张不肯附和，遭到了秦桧忌恨与排挤，赵鼎被迫辞职。那些捧秦桧臭脚、看秦桧脸色行事的官吏乘机落井下石，于是赵鼎竟被贬到大海之边的泉州，最后一撸到底，被置于死地。他的两个儿子在这期间先后死去。

大奸臣严嵩一生贯穿着“奸”字，凭着“奸”发迹，最后也因“奸”而破败：被抄没家产，靠乞讨为生，死在墓室里。

历史上许多正直之士，都对小人鄙之、唾之、骂之、揭之、除之，可是几乎每个朝代都有小人得势，这是个值得深思的事情。

能干事的君子流眼泪，会钻营的小人有市场——小人以及小人之术在一些地方、场合盛行不衰。讲虚伪乖巧处世之术、阴险谋权为官之术的东西大行其道。据说，有一本《厚黑学》曾畅销。不以当小人为耻，反以当小人为荣。为达目的而不择手段，成了一些人的行为准则。

在色彩斑斓的大千世界里，美与丑、阴与阳、奸与忠、正与邪，无时不在共同的时间和空间中存在和延续。搞阴谋诡计之人不会随着善良的人们的揭露、批评而绝种。善良的人们要在充满险滩暗礁的激流中，驾驶生命之舟航行而不被颠覆，就必须具有识破暗礁的眼力和绕过险滩的本领。

今天，为了使中华民族全面复兴，为了使我们的事业获得成功，一定要谨防小人，识别小人，勿用小人，教育小人。不让小人得势，不为小人干扰，“开直臣忠谏之路，杜小人幸进之门”，让小人四面楚歌，惶惶度日。

警惕小人、防范小人，首先在与人相处时，注意尊重每一个人，不要随意蔑视人，减少得罪人的几率，减少小人对自己的伤害。朱德说过：“在革命军队中不应有亲、疏、厚、薄之分，不应有爱、恶、生、熟之别，不应有小团体观念和本位主义。”

“小人”往往比“君子”敏感，心里也较为自卑，因此你不要在言语上刺激他们，也不要在利益上轻易得罪他们，有时吃些小亏，就忍着吧。

别和小人们过度亲近，保持淡淡的同事关系就可以了。与小人说话适可而止，千万不可敞开胸怀、全抛一片心，说些“今天天气暖和啊”的话就可以了。如果谈了别人的隐私，谈了某人的不是，或是发了某些牢骚不平，这些话绝对会变成他们兴风作浪和有必要整你时的资料。

“小人可以为君子，君子可以为小人”。（《荀子·情恶》）意谓品德不好的人可以修养成道德崇高的人，有德行的人也可以堕落成为行为恶劣的人。一些事实说明，君子变小人易，小人变君子难。

要警惕自己一不小心也会变成“小人”。如邹忌讽齐王纳谏之士，可谓君子，当任宰相后嫉妒田忌之才，行小人之举。秦丞相李斯，帮助始皇帝取天下，未曾无忠心，后来始皇帝驾崩，投靠赵高和胡亥，落个父子俱殉的下场。周勃诛诸吕，可谓忠臣，至文帝时谗毁贾谊，充当了小人的角色。他们在求功名和处危难之时，尚可仗义而行，一旦功成名就，大权在握，唯恐失去既得利益，瞻前顾后，贻笑后人。

二、必须注重良好心理素质的培养

健康的心理是正常生活、学习、工作和交往的前提与保证。如果一个人经常地、过度地处于焦虑、郁闷、孤僻、自卑、暴怒、怨恨、猜疑等不良的心态中，轻则妨碍潜能开发，重则导致心理变态。毫无疑问，生活在现代文明社会的人，需要心理健康的保障。处于社会管理层者，对其心理素质和心理健康方面的要求应该比普通人更高。对于领导干部自身来讲，保持良好的身心健康状态，沉着应对来自各方面的困难和问题，积极主动地缓解和克服心理障碍，无论是对于自己所从事的事业，还是个人的成长进步，都具有十分重要的意义。

（一）心理健康的标准是什么，领导干部心理健康的主要特点是什么

不同的时代、不同的文化、不同的学者从自己的研究角度出发，就心理健康的定义与内涵从不同角度阐述过。早期的精神病学家门宁格认为："心理健康是指人们对于环境及相互之间具有最高效率以及快乐的适应情况。不仅要有效率，也不只是要有满足之感，或是能愉快地接受生活的规范，而是需要三者的同时具备。心理健康者应能保持平静的情绪，有敏锐的智能、适于社会环境的行为和令人愉快的气质。"第三届国际心理卫生大会（1946年）对心理健康这样定义："所谓心理健康是指在身体、智能以及情感上与他人的心理健康不相矛盾的范围内，将个人心境发展成最佳状态。"1958年，心理学家英格里斯指出："心理健康是一种持续的心理状态，当事人在那种情况下，能做出良好的适应，具有生命的活力，而能充分发挥其身心潜能。这乃是一种积极的、丰富的情况。"英国《简单不列颠百科全书》（中译本，1985年）将心理健康定义为："心理健康是指个体心理的本身及环境条件许可范围内所能达到的最佳功能状态，但不是十全十美的绝对状态。"尽管目前国内外还没有一个公认的定义，综观各类定义，不难看出心理健康包括狭义和广义、消极和积极两个层面：从广义上讲，心理健康是指一种高效而满意的，持续的心理状态，个体在这种状态下能做良好的适应，具有生命的活力，能充分发挥其身心的潜能；从狭义上讲，心理健康指人的基本心理活动的过程完整、协调一致，即认识情感、意志、行为、人格完整和协调，能顺应社会，与社会保持同步。从消极层面看，心理健康是指没有心理障碍和疾病，这是心理健康的起码标准；从积极层面看，心理健康是指一种积极发展的心理状态，这是心理健康最本质的内涵，它意味着不仅要减少一切不健康的心理倾向，更要使一个人的心理处于最佳状态。

界定心理健康的标准一般都是从智力水平、自我认知、情绪状态、意志品质、行为表现等方面提出的。1946年，第三届国际心理卫生大会提出了具体明确的心理健康的四个

标志：身体、智力、情绪十分协调；适应环境、人际交往中能彼此谦让；有主观幸福感；在工作和职业中，能充分发挥自己的能力，过着有效率的生活。1951年，美国心理学家马斯洛和米特尔曼提出的心理健康的十条标准，被公认是心理健康的“最经典的标准”：①充分的安全感；②充分了解自己，并对自己的能力作适当估价；③生活的目标切合实际；④与现实环境保持接触；⑤能保持人格的完整与和谐；⑥具有从经验中学习的能力；⑦能保持良好的人际关系；⑧适度的情绪表达与控制；⑨在不违背社会规范的条件下，对个人的基本需要做恰当的满足；⑩在不违背团队的要求下，能做有限度的个性发挥。

毫无疑问，心理健康是适应社会环境的客观要求，是保持认知水平和思维能力的必要条件，是人的整体健康发展水平的重要标志，是保证事业成功的基本素质。心理健康是领导干部赖以生存发展的最积极的内在资源，是正常工作和学习的前提，是全面和谐发展的基础，也是事业成功、生活幸福的保证。一般来说，领导干部心理健康的特点主要包括这样几个方面：一是具有健全的人格和努力学习、不断完善自己的进取精神；二是善于将心理健康的有关理论和技巧融入自己的思想和评价中（比如，了解情绪的“传染性”，懂得用积极的情绪影响和感染同事和下属；在制定新的政策和制度，采取新的改革措施时，考虑大多数人的心理承受能力，积极稳妥地推工作，等等）；三是在工作中与他人建立起良好的事业缘型人际关系；四是家庭生活幸福和谐；五是身体健康、睡眠良好、精力充沛。

（二）领导干部尤其要有高度镇定的心理素质

领导干部作为一个特殊的社会群体，担负着发展与稳定的双重任务，肩负着工作、社会、家庭等多重角色，面临着发展与责任、人际关系、多重诱惑等方面的压力。如何在日益纷繁复杂的工作中胜任本职工作，能否在各种突如其来的事件中保持高度镇定已成为领导干部事业成败的关键。

人是情绪化动物，领导干部也不例外。事实反复证明，只有能够克制自己的情绪的人才能做好领导。管理学家梅比尔说过，有一个宁静的心情，才能完全控制你的情绪；有一种沉着的精神，才能把握你的自我。一个能够包容别人冒犯的领导干部，不仅可以化解攻击和冲突，避免两败俱伤，更能赢得周围人对领导干部的尊重与佩服，对于树立自己的形象具有不可低估的作用。

领导干部要培养高度镇定的心理素质，首先要在危机中保持冷静。“沧海横流，方显英雄本色”，危机是领导干部大显身手的舞台，危机可以锻炼人，也可以毁灭人。工作中的危机和个人的危机，都是对领导干部的考验。领导干部面对危机最重要的是不可慌乱。尽晓危难于心，镇静坦露于态，这是危机中需要的领导品格。其次，要全局在胸，增强理智，不为情绪所干扰。领导干部在做工作时，涉及的都是具体的人，而且常常处于矛盾的焦点。领导干部要站得高看得远，不做情绪的奴隶。以怒制怒，以怨报怨，不仅无助于化解矛盾，反而酿酒成醋。不如退而结网，“猝然临之而不惊，无故加之而不怒”，耐心细致，情理结合地去解开“疙瘩”。再次，要有雅量，不可“迁怒”。一名优秀的领导干部，必须具有雅量。在现实生活中，上下级之间，班子内部，因工作发生磕磕碰碰在所难免，若相互谦让一下，便会“海阔天空”“烟消云散”，甚至结下深厚友谊。要做到遇事讲雅量，就要学会宽容人、体谅人、理解人，要拿得起、放得下，尤其是自己心情不好时，不能拿下属当“出气筒”。

(三)领导干部常见的心理问题

领导干部的心理对其思想和行为影响是巨大的。有的领导干部出现一些亟待解决的不良心理问题，如果让这些不良心理任意发展，则不但会对领导干部自身及家庭产生不良的影响，还可能给党和国家以及人民群众带来不必要的损害。而根据领导干部职业和行为特点，领导干部的心理健康问题分为不良心理反应和心理疾病两个层次。

不良心理反应，主要体现在心理过度紧张、嫉妒心理、不良情绪、对挫折的不良反应四个方面。领导干部产生职业性紧张的原因是：权力欲望和对职务升迁的期望；目标脱离实际；人际关系矛盾。现代医学研究证明，紧张症会降低人体抗病免疫能力，使吞噬细胞作用减弱，抗体及干扰素生成减少，免疫功能发生障碍，以至引起各种疾病，如脱发症、多汗症、肌肉痛、紧张性头痛、神经性呕吐、神经性厌食症、植物神经功能紊乱、假性缺氧症、原发性高血压等。所谓嫉妒，就是那种“只要你过得比我好，我就受不了”的心理。不是见贤思齐，不是喜欢别人也过得好，没有共赢共荣的心态，最终害人又害己。领导干部的嫉妒心理主要表现在两个方面：一是对同级领导干部的嫉妒；二是对下属的嫉妒。不良情绪是指领导干部受到某种刺激产生的一种身心激动状态，主要体现在冷漠、急躁、消沉、抱怨。所谓挫折，是指个人的欲望和目的在实现过程中受到阻碍和干扰后产生的一种不愉快的情感体验状态。在人生的道路上每个人都会遇到各种各样的挫折,领导干部由于所处的社会地位不同,其工作、学习、生活较常人更为繁忙,因此会遇到更多的不顺利和挫折情境。领导干部遇到挫折的不良反应有以下特征:一是攻击特征,二是退化,三是逃避,四是自我处罚。

心理疾病包括各种神经病、精神病和环境适应不良等。对心理疾病的几种常见状态的认识和了解,将会对领导干部的心理健康有很大的帮助。常见的几种心理疾病是:人格障碍;神经症;精神分裂症;心身疾病,包括心血管系统疾病、消化系统疾病、内分泌系统疾病、泌尿、生殖系统疾病、皮肤病、神经系统疾病及其他疾病。

(四)如何增进领导干部的心理健康

尽管心理健康问题比较普遍,但人的心理状态是可以改变的,只要掌握正确的方法,增进心理健康的目标是完全可以实现的。

1.要搞好自我调适

(1.)清醒地认识自我

自知是一切快乐的基础,如果连自己都不认识了,那么就难以认识别的了。不断提高自我修养,要对自己的性格、气质、能力等有较全面的、客观的了解,要根据外界评价积极调整自我认识。要正确认识自己的社会角色、严格要求自己,注意自己的形象;要正确认识和看待自己的优缺点、长短处。不少领导干部在成绩面前,在众人的吹捧之下,逐渐忘记或看不见缺点短处而得意忘形、目空一切;也有的领导挫折心理的产生只看到自己的短处而看不到自己的长处。而事实上,一名领导干部只要能够正确认识自己的优缺点,客观看待和评价自己,就能够保持平和的健康心态。

(2.)注重磨砺百折不挠的意志

现实生活中,一些有知识、有能力的领导干部并不一定能成为优秀的领导人才,只有那些有知识、有才干,而且意志坚强,去克服和战胜那些看起来无法克服的困难的领导干部,才能成为优秀的领导人才。领导工作的性质,要求领导干部必须具备很强的意志力,目标始终如一,信念坚如磐石。

(3.)切实培育坚定的人生信念

信念是人的心理活动的内在表现之一,坚定的人生信念是成就事业的基础,是增强心理承受能力的前提,没有坚定的人生信念,就不可能有对事业执着的追求,强烈的献身精神。一个人一旦树立了正确的世界观、人生观,知道为什么而活才有意义,为什么而活才有价值,他就会在内心深处产生一种强大的、持久的、永不衰竭的抗挫折力。

(4.)注意保持快乐的心境

理顺人际关系,是领导干部保持快乐心境的重要条件。要积极倾听,将心比心,善于沟通。要树立信心,懂得取舍,不盲目与人攀比,做到知足常乐,必要时还要学会自我放松、自我减压。

2.要正确对待心理失调和心理疾病

(1.)要克服恐惧心理

首先要明确,患有心理失调或心理疾病并非可耻。当患了这种病时,不要觉得有难言之隐而讳疾忌医,这样会使疾病更加严重。

(2.)要采取预防措施

主要办法是搞好自我心理保健和心理卫生辅导咨询。

(3.)要树立信心

保持乐观态度,并早日求医,配合治疗,心理疾病或者有可能“不医而愈”;或者经过医治,根除疾患。而恢复原有的适应行为和健康心态。

焚錦銷金
唐玄宗

焚锦销金①

【历史背景】

唐玄宗李隆基(公元685年~公元762年),又称唐明皇,唐睿宗李旦第三子,母昭成窦皇后(窦德妃)。李隆基与太平公主合谋发动政变,杀死韦皇后,拥其父李旦即位,被立为太子。延和元年(公元712年),受禅即位,改年开元。唐玄宗开元年间,社会安定,政治清明,经济空前繁荣,唐朝进入鼎盛时期,后人称这一时期为开元盛世。唐玄宗后期,他贪图享乐,宠信并重用李林甫等奸臣,终于导致安史之乱发生,唐朝开始衰落。公元712年至756年在位,在位四十四年。

李隆基出生的时候武则天还在当权,所以他小的时候就经历了无数次险恶的宫廷变故,或许正是这一点促成了他日后的坚定意志与果断性格。他小时候就胸怀大志,在宫里自诩为"阿瞒",虽然当时掌握重权的武氏族人完全没有看重他,但他一言一行都很有主见。在祖母武则天死后,皇帝唐中宗懦弱无能,朝政大权被当时的韦皇后和安乐公主所掌握,后来这两个残酷的女人又用毒饼害死了唐中宗。为了夺回大唐的皇权,李隆基和姑姑太平公主联手处治了韦皇后一派的人。为此,李隆基被封为太子,而太平公主认为自己在这次行动中功劳巨大,于是就执掌朝政大权,完全不把李隆基放在眼里。公元713年,唐玄宗李隆基亲自率领兵马果断地除掉了太平公主和她的手下,将支持太平公主的官员全部罢官废黜。唐玄宗终于掌握了皇帝应有的权力。这一年,唐玄宗把自己的年号改为开元,表明了自己励精图治,开创唐朝伟大功业的决心。唐玄宗很注重人才的任用,如当时著名的宰相姚崇、宋璟、张九龄等都是唐玄宗时期的宰相或者大臣。正是由于唐玄宗知人善任,赏罚分明,办事干练果断,才最终开创了开元盛世的繁荣景象。唐玄宗时期对内政采取了有效的治理,同时对于边疆也进行了重新整顿,将原来丢失的领地重新夺了回来。

【原文】

唐史纪：玄宗以风俗奢靡，制[2]："乘舆服御、金银器玩，令有司销毁，以供军国之用，其珠玉、锦绣，焚于殿前，后妃以下，皆毋得服珠玉锦绣，天下更毋得采珠玉、织锦绣等物。罢两京[3]织锦坊。"

【张居正解】

唐史上记：玄宗初年，因见当时风俗奢侈华靡，心甚恶之，欲痛革其弊，乃诏：凡上用服御器玩，系是金银装饰打造的，令有司尽行销毁，却将这金银就充朝廷军国的费用。其内府[4]所积珠玉锦绣，都取在殿前用火烧了，以示不用。又以后宫不先禁止，外面人未免效尤，乃诏后妃以下，勿得用珠玉锦绣为服饰。又诏天下官民人等，再不许采取珠玉织造锦绣等物。两京旧日，有织锦坊，也命撤去了，不复织造。盖珠玉锦绣，徒取观美，其实是无益之物，人君喜好一萌，必至征求四方，劳民伤财，无所不至。又且天下化之，习尚奢侈，渐至民穷财尽，贻害不小。玄宗初年刻励节俭如此，所以开元[5]之治，大有可观，到后来还不免以奢取败。可见靡丽之物，容易溺人，而人主持志不可不坚也。

【注释】

①此篇出自《资治通鉴》卷211，唐纪二十七，玄宗开元二年(714)。记唐玄宗即位之初，反对奢侈浪费，销毁金银器玩和禁服珠玉锦绣的故事。唐玄宗(685~762)名隆基，唐睿宗李旦第三子。一先封临淄王，中宗景龙四年(710)发动政变杀韦后，拥立其父即位，延和元年(712)受父禅即皇帝位。

②制：唐玄宗即位时，尊睿宗为太上皇，上皇命曰诰，皇帝命曰制、敕。

③两京：指当时的京城长安与京都洛阳。

④内府：皇帝宫内的仓库，储存皇家器用。

⑤开元：唐玄宗即位后的第一个年号，共29年(713~741)。

【译文】

唐代史书上记载：唐玄宗即位后，因为社会上有奢侈浪费之风，下命令说："皇帝的车马服用，凡是用金银制造的玩赏器物，命令有关衙门销毁，作为国家军需之用。那些珍珠玉石、精美华丽的丝织品，都集中到大殿前烧掉。皇后与妃子以下，都不许戴珠玉、用锦绣，全国再不许采买珍珠美玉和织造锦绣等物。撤销长安和洛阳的织锦坊。"

【评议】

唐玄宗作为历史上赫赫有名的君主，在即位之初就明确提倡节俭，反对浪费，以树立自己励精图治的决心。在故事当中他之所以要将皇帝乘坐的车马、穿的衣服、系的腰带以及摆设器皿当中有金银装饰的集中销毁来充实国库，就是为了警醒群臣不要贪图享受。从中可见唐玄宗当时复兴唐朝大业的决心之坚定。正是这样才最终开创了"开元盛世"的大好局面，但也就是从那个时候开始，唐玄宗忘记了自己当初的这份节俭的作风，为了自己的享乐，铺张靡费，任意挥霍国家的财物，致使政治黑暗，奸贼佞臣祸害国家，最后发生了使唐朝再也无法崛起的安史之乱。从唐玄宗与大唐王朝命运的关系中我们也很容易理解"成由勤俭败由奢"这句话的含义。物质追求越强烈，生活奢侈，那么对人的意志的消磨就越大。作为一国君主或者是执政者都要时时刻刻提防奢侈腐败的侵袭。

这对于我们现今的生活来说同样具有教育意义，虽然我们的消费可以拉动需求，从而促进经济的发展，但是太过奢华的生活会消磨我们的斗志，会让我们不思进取，整天缩在安乐窝里，坐在功劳簿上，就会坐吃山空，将原来的努力付之东流。

【拓展阅读】

唐玄宗

唐玄宗前期重用贤臣，励精图治，社会经济继续发展，出现了封建社会前所未有的盛世景象。但他在位的后期，沉湎酒色，荒淫无度，重用奸臣，政治腐败，终于爆发了安史之乱，唐朝由此转衰。

荣登大宝

武则天死后，中宗懦弱无能，结果朝政大权落到了韦皇后和安乐公主之手，原来发动政变恢复唐朝的功臣、宰相张柬之也被他们贬官驱逐，太子李重俊被杀。公元 710 年，中宗最终也死于韦皇后和安乐公主之手，被她们合谋毒杀。然后，韦皇后便想学习武则天，做第二个女皇帝。一直静观时变的李隆基和太平公主发动兵变，率领御林军万余人攻占了皇宫，把韦皇后一派全部消灭。然后，由睿宗李旦重新即位，李隆基也因功被立为太子。公元 712 年，李旦把帝位让给了儿子李隆基。李隆基终于掌握了皇帝应有的权力。当年，唐玄宗把年号改为开元，表明了自己励精图治，再创唐朝伟业的决心。

盛世危情

开创了盛世之后，唐玄宗逐渐开始满足了，沉溺于享乐之中。没有了先前的励精图治的精神，也没有改革时的节俭之风了。正直的宰相张九龄等人先后被罢官，小人李林甫爬上了相位。李林甫病死后，又有杨国忠掌权，致使政治更加黑暗，以致引发了历史上著名的《安史之乱》。

宠爱杨贵妃

公元 736 年，唐玄宗宠爱的妃子武惠妃病死，玄宗日夜寝食不安。听人说他和武惠妃的儿子寿王李瑁的妃子杨氏美貌绝伦，艳丽无双，于是不顾什么礼节，就将她招进宫里。杨妃懂音律，也很聪明，还擅长歌舞，很得玄宗欢心。为了掩盖自己夺儿媳的丑恶行径，唐玄宗让杨妃自己请求进宫做女官，住进南宫，又赐号“太真”。为了安慰儿子寿王，唐玄宗又给他娶了个妃子作为补偿。

安史之乱

唐朝天宝十四年十一月初九（公元 755 年 12 月 16 日），身兼范阳、平卢、河东三节度

使的安禄山趁唐朝内部空虚腐败，联合同罗、奚、契丹、室韦、突厥等民族组成共15万军队，号称20万，以“忧国之危”、奉密诏讨伐杨国忠为借口在范阳起兵。当时唐代承平日久，民不知战，河北州县立即望风瓦解，当地县令或逃或降。

长安失守

唐玄宗于十一月十五日派使毕思琛前往东都洛阳募兵防守。安禄山的大军虽然遇上阻碍，但由于杨国忠的无能，使安禄山于同年十二月十二就攻入洛阳。负责守卫洛阳的安西节度使封常清、高仙芝采以守势，坚守潼关不出。可是因为唐玄宗听了监军宦官的诬告，以“失律丧师”之罪处斩封常清、高仙芝。天宝十五年正月初一，安禄山在洛阳称大燕皇帝，改元圣武。玄宗改任命哥舒翰为统帅，率领20万大军出战，最后以失败收场。潼关一破，都城长安震惊，失陷在即。唐玄宗于六月十三日凌晨逃离长安，到了马嵬坡(今陕西兴平市西北23里)。途中将士饥疲，六军不发，龙武大将军陈玄礼请杀杨国忠父子和杨贵妃。杨国忠被乱刀砍死，玄宗命令高力士缢死杨贵妃。后兵分二路，玄宗入蜀。后郭子仪被封为朔方节度使，奉诏讨伐，次年郭子仪上表推荐李光弼担任河东节度使，联合李光弼分兵进军河北，会师常山(河北正定)，击败安禄山部将史思明，收复河北一带。

平定叛乱

唐肃宗至德二载正月，安庆绪杀父安禄山，自立为帝，年号载初。命史思明回守范阳。同年，长安为唐军收复，安庆绪战败被杀，其部队被范阳史思明收编。上元二年，叛军内讧，史思明为其子史朝义所杀，内部离心，屡为唐军所败。宝应元年十月，唐代宗继位，并借回纥兵收复洛阳，史朝义奔莫州(今河北任丘北)。仆固怀恩率朔方军追击史朝义。

宝应二年(763年)春天，田承嗣献莫州投降，送史朝义母亲及妻子于唐军。史朝义率五千骑逃往范阳，史朝义部下李怀仙献范阳投降。史朝义无路可走，于林中自缢而死，历时七年又两个月的安史之乱结束。

【镜鉴】

勤俭奢靡两个结果

《墨子·辞过》里面说:“俭节则昌,淫佚则亡。”意思是节俭就会昌盛,淫佚享乐就会败亡。在先秦诸子之中,墨子以乐于过类似苦行僧的生活而闻名。他痛恨统治者的骄奢淫逸、靡费财物,提倡节俭。唐代李商隐在《咏史》一诗中写道:“历览前贤国与家,成由勤俭破由奢。”纵观历史,大到邦国,小到家庭,无不是兴于勤俭,亡于奢靡。古往今来,成功的创业者大都经过艰苦奋斗的阶段,所以比较注意勤俭节约。但是对守业者来说则正好相反,他们没有经历过创业的艰辛,容易贪图奢侈享乐,最终的命运必然是事业的衰败,国家的灭亡。这是几千年的历史所昭示的真理。

(一)勤劳节俭国运昌盛挥霍奢侈秦朝亡国

勤俭就是勤劳节俭,包括努力工作和节约用度两个重要方面。我国自古就以勤俭作为修身治家治国的美德。《尚书》说:“唯日孜孜,无敢逸豫。”《左传》引古语说:“民生在勤,勤则不匮。”《周易》提出“俭德辟难”之说。古人认为能否做到勤俭,是关系到生存败亡的大事,不可轻忽。勤俭作为一种美德,作为一种工作态度、生活作风或治国方针,还是要大力提倡的。

《周易》中说:“君子以俭德辟难。”意思是君子用俭朴的德行来避免危难。这句话就有辩证的思想。一方面,阐明俭朴的德行有助于防患于未然,防止奢靡腐化等行为;另一方面,在面临危难的时候,特别是在面临物质匮乏的困难时,具备俭朴的德行有助于克服危难。

《尚书·大禹谟》中说:“克勤于邦,克俭于家。”意思是在国家建设上要勤劳,在家庭生活上要节俭。克勤克俭,是我国人民的传统美德。传说中的古代圣贤都是这样做的,他们对于国家大事尽心尽力,但对于自己的生活却十分节俭,经常穿着粗布衣裳,吃粗米饭,喝野菜汤。

《左传·庄公二十四年》记载了大夫御孙劝谏鲁庄公节俭的话:“俭,德之共也;侈,恶之大也。”意思是,节俭是善行中的大德;奢侈是邪恶中的大恶。鲁庄公命人在庙堂的柱子上涂红漆,在椽子上雕花纹,这都是奢侈而不合礼法的事情。大夫御孙劝谏他时,说了这句话,并指出这样做实际上是在先人的“大德”中注入了“大恶”,不但不能取悦先人,反而是辱没了他们。可见,古人是从礼的规范和德的大小的高度来看待节俭,而把奢侈浪费看作一种恶行。在物质极大丰富的今天,戒奢以俭,不靡费财物,仍是值得我们崇尚的美德。

秦建国初期,只是西部的一个小国。面对战国诸侯割据,战乱频频的局面,秦先祖克勤克俭,奋发图强。不仅广揽人才,而且采取了一系列变法措施。尤其是取消了贵族特权,实行“有功者给其荣华,无功者虽富也没有政治地位”。对宗族人民,如果没有军功,也便不算贵族。同时,采取在法律面前人人平等的制度、重农抑商制度郡县制度等等,提高了君王的权威,发展了生产,使秦国迅速成为战国七雄中举足轻重的国家。

追求奢华,好大喜功,不懂得节用爱民,珍惜物力,一味满足个人的私欲,必然会使社会风气败坏,浮华攀比之风盛行,从而盘剥百姓,引起民众不满,自掘坟墓。武力强大、盛极一时的秦王朝就是这样灭亡的。

秦国的历代君主经过长期的励精图治,奋发图强,埋头苦干,秦国的百姓也是力农勇战,付出了多少代人的辛勤与努力,终于一举灭掉了六国,建立了强大的大秦帝国。

但是盛极一时的秦王朝只存在了短短的十来年便灰飞烟灭了。这是因为秦王朝经过长期的战争以后,没有清醒地看到因为长期的战乱使社会经济凋敝,人民生活困苦不堪,秦朝统一以后,更没有休养生息,恢复社会经济,改善人民生活,而是被胜利冲昏头脑,自我欲望极度膨胀,自以为前无古人,后无来者,超过了历史上任何圣君明主,自称皇帝,无限度地满足自己的虚荣心理,好大喜功,漠视民生,滥用民力,马不停蹄地修建无数耗资巨大的工程,这是一种奢侈,也是一种极大的浪费,是对国家和民众的不负责任。

一是大兴土木,滥用民力,大搞形象工程,满足自己的享受和虚荣心。

秦始皇没有统一六国之前,就已经有不少宫殿,而在统一六国期间,更是大兴土木,每灭一国,便要将该国的宫殿建筑在咸阳附近仿造一遍,总面积达到了惊人的程度。整个关中地区,自渭河以北,雍门以东,直到泾河一带,全部都是宫殿群。

统一之后,开始在渭河南岸修建后世皆知的阿房宫(亦名朝宫,阿房为其前殿名),每年动用民工七十多万人。虽然有人辩称这些都是有罪之人,但七十万这个数量相比于当时全国总人口不过2000万来说,这个比例也是很惊人的。朝宫可以容纳十万人,在里面运送酒菜都要用车和马才行,仅一个前殿的面积就达到了东西长693米,南北宽116米,台基高达11.65米,上面可以坐上万人。

此外,阿房宫里还修建了长廊、卧桥、祭地坛、川道、烽火台、南山双阙门等气势恢宏锦绣壮观的建筑。这些宫殿群楼阁辉映,花木扶疏,水波碧翠,钟鼓交鸣,朝歌暮舞,歌舞升平。

据《三辅旧事》记载:秦国有"表中外殿观百四十五"。据《史记·秦始皇本纪》记载:秦国有"关中计宫三百,关外四百余",另外,"咸阳之旁二百里内",还有"宫观二百七十"。这样浩大的工程,在当时的生产力条件下,需要多少劳动人民的汗水与心血?又使多少家庭倾家荡产、家破人亡?使多少民众精疲力竭、葬身荒野?

除修宫殿苑囿之外,还大修陵墓。秦始皇即位不久,便开始派人设计建造秦始皇陵。

骊山墓从秦王登基起即开始修建,统一六国后,征发所谓罪人七十余万人到骊山服役。坟墓高五十余丈,周围五里余,掘地极深,灌入铜液。坟墓中有宫殿及百官位次,珠玉珍宝,不可计数。用水银造江河大海,机械转动,水银流注。又用人鱼膏(据说是一种四脚鱼,生东海中)做烛,在墓中燃烧。令工匠特制弓弩,有人穿坟入内,弓弩自动放射。秦始皇尸体入墓,没有生子的宫女,全数殉葬。不待工匠出来,封闭墓门,工匠都被活埋在里面。秦始皇陵建造前后历时三十余年,现在留存的墓从外围看周长2000米,高达55米,极其高大辉煌。

除宫殿陵墓外,秦始皇还修了许多耗资巨大的工程,如万里长城、直道、驰道。这些耗资巨大的工程,在当时并没有起到多大的作用,但却给人民大众造成了巨大的痛苦和灾难。民间传说中的孟姜女哭长城的故事,尽管并不可信,却是对秦始皇残暴统治和不恤民力的控诉。

曾有人做过统计,修筑长城所用的砖石,如果用来修建一道厚1米、高5米的长墙,这道长墙足以环绕地球一周;而如果用来铺筑宽5米、厚35厘米的马路,则可以环绕地球三周以上。但今天的人们在感叹长城浩大伟岸的同时,不知还有多少人能够体味出其背后的辛酸。修筑长城耗费了大量的人力物力财力,给平民百姓造成了无法估量的损失。在生产力尚不发达的秦代,修筑长城对黎民苍生来说,则是一场彻头彻尾的灾难与浩劫,同时也为秦始皇修筑长城为秦帝国的最终灭亡埋下了祸根。

二是迷信武力,自以为是。

秦始皇在完成统一大业之后的第二年,也就是始皇二十七年(前220年),便开始不断地巡幸天下。他巡游的地点先是选择在秦国境内,试行一年之后,逐步推广到秦国以外的领地。始皇二十八年,他从咸阳出发,经齐地(也就是今天的山东)到达海边,封禅泰山,树碑立传,以示纪念。又转经江苏、湖南、浙江、湖北返回咸阳,其行程几乎遍及整个中国。即便是在交通高度发达的今天,他的旅程仍然漫长得令人生畏。此后仍然经常性出巡,兴师动众,沿途车马仪仗队伍庞大,地方尽力供应当地特产,不胜烦扰。但秦始皇自我感觉良好,乐此不疲,而且觉得自己超迈古代圣君明主,私欲极度膨胀。

为了自己永享富贵,秦始皇还荒唐地相信方士的鬼话,妄想长生不老。当他巡游到齐地时,对齐地流行的方术产生了兴趣,使他对求仙问道以及寻求长生不老之术产生了浓厚的兴趣。为了寻求不死药,秦始皇花费了大量的精力财力物力,求仙、封禅无所不用其极,最为典型的是派徐福带三千童男童女到东海求仙,规模之大史无前例,但却一去杳无音信。徐福两次出海,耗资巨大,加重了人民的负担。

据研究,秦时全中国人口约二千万左右,被征发修造宫室、坟墓共150万人,守五岭50万人,蒙恬所率防匈奴兵30万人,筑长城假定50万人,再加其他杂役,总数不下300万人,占总人口百分之十五。使用民力如此巨大急促,实非民力所能胜任。而且刑法苛暴,很多农民被罗织罪名去服各种劳役,秦朝的暴虐统治使人民大众没有喘息之机,完全忘记了老百姓像水一样,既可载舟,亦可覆舟的道理。结果,不可一世的秦王朝在人民大众的反对下很快灰飞烟灭了,成了历史的陈迹,正如一首诗所写:

渭水桥边不见人,摩婆高冢卧麒麟。

千秋万古功名骨,化作咸阳原上尘。

盛极一时的大秦帝国就在短短的几年中土崩瓦解了,教训深刻,所以连稍后的贾谊、司马迁也清醒地认识到秦的灭亡源于没有解决长期战乱之后的民生问题,而是一味地好大喜功,贪图奢华。唐代诗人杜牧在著名的《阿房宫赋》的最后说:"秦人不暇自哀而后人哀之,后人哀之而不鉴之,复使后人而哀后人也。"这些话说得再明白不过了。

（二）文帝节俭打造盛世荒淫奢靡灵帝亡汉

在中国历史上，凡是节俭的君主，大多对社会情况与民间疾苦有较多了解，懂得体恤民力，节用爱民，在他们的治理之下，大多会民富国强，民众拥护。开创了中国历史上著名的"文景之治"的汉文帝就是一个典型的代表。

汉文帝刘恒生活非常节俭，每日吃饭食不重味，住的宫殿以实用为主，不事奢华。最有名的是他"履不借以视朝"，就是穿着草鞋上朝办公，会见群臣。草鞋最早的名字叫"屦"。由于草鞋材料以草与麻为主，非常经济，且取之不尽，用之不竭，平民百姓都能自备，汉代称之为"不藉"。在汉文帝时，已经有了布鞋，草鞋已经沦为贫民的穿着，而汉文帝刘恒穿着草鞋上殿办公，做了节俭的表率。不仅是草鞋，就连他的龙袍，也是用"绨"这种很粗糙的色彩暗淡的丝绸做成的。就是这样的龙袍，他也是一穿多年，旧了，让皇后给他补一补，再穿。汉文帝自己穿粗布衣服不说，后宫也是朴素服饰。当时，贵夫人们长衣拖地是很时髦的，而他为了节约布料，即使对自己最宠幸的夫人，也不准衣服长得下摆拖到地上。宫里的帐幕、帷子全没刺绣，不带花边，用旧了也舍不得扔掉，补补再用。

古代皇帝住的宫殿，大都要修又大又漂亮的露台，好欣赏山水风光。汉文帝本来也想造一个露台，他找到了工匠，让他们算算该花多少钱。工匠们说："不算多，一百斤金子就够了。"汉文帝听了，吃了一惊，忙问："这一百斤金子合多少户中等人家的财产？"工匠们粗粗地算了一下，说："十户。"汉文帝听了，又摇头又摆手，说："那就不要造露台了。现在朝廷的钱很少，还是把这些钱省下吧。"

有一次，有人给文帝献了几匹千里马，文帝赶紧推辞说："皇帝出行前后，总有大队的车马仪仗，一天不过走三五十里，我哪用得上千里马呢？"便下令把马退了回去。同时，他深感这种奢侈之风不可开，便立即下诏"令四方毋求来献"，断然制止了这种浪费钱财之事。

还有一次，文帝出行，坐在车帐中听到四处马的嘶叫声，却没有任何人的言语。他走出车帐，远远望见有几匹马跑到了附近的农田里，马仆正忙着将马牵回，只是不敢大声言语。文帝问是怎么回事，近侍回答说是备用的马走脱了，文帝就责怪说："一次出行，哪里用得上这么多备用之马，真是太浪费了！"立即下诏清点皇宫和中央各部门的公用马匹，除必需之外，多余的一律送到驿站使用。他还严令以后出行不必摆排场，更不准骚扰百姓，并严责各地各级官员也要节省，不得扰民。因为文帝节俭，当时国家的财政开支有所节制和缩减，贵族官僚也不敢肆意搜刮、奢侈无度，从而大大减轻了人民负担。春耕时，汉文帝亲自带着大臣们下地耕种，皇后也率宫女采桑、养蚕。

司马迁在《史记》中记载：文帝"即位二十三年，宫室苑囿狗马服御无所增益"。宫室就是宫殿建筑，苑囿就是皇家园林以及供皇室打猎游玩的场所，狗马就是供皇帝娱乐使用的动物、设施等，服御就是为皇帝服务的服饰车辆仪仗等。这些都是皇帝们讲排场、显威严、享乐游玩必不可少的，皇帝们大都十分重视。然而文帝当皇帝二十三年，居然没有盖宫殿，没有修园林，没有增添车辆仪仗，甚至连狗马都没有增添。文帝刚当皇帝不久，就下令：由国家供养 80 岁以上的老人，每月都要发给他们米、肉和酒；对 90 岁以上的老人，还要再发一些麻布、绸缎和丝绵，给他们做衣服。

在文帝死前，他还安排了一次节俭的活动——他的丧事。他在遗诏中痛斥了厚葬的陋俗，要求为自己从简办丧事，对待自己的归宿"霸陵"，明确要求："皆以瓦器，不得以金银铜锡为饰，不治坟，欲为省，毋烦民。""霸陵山川因其故，勿有所改"，即按照山川原来的样子因地制宜，建一座简陋的坟地，不要因为给自己建墓而大兴土木，改变了山川原来的模样。他还颁布了一道感人至深的遗诏，其中要求吊孝时头系的麻巾、脚扎的麻绳，宽度都不要超过三寸，也不要在车辆和兵器上套戴丧服标志。为体恤百姓，令天下吏民三日皆释服，脱掉丧衣，不要禁止娶妇嫁女等活动。其部署详细，简省至此，便民至此。作为一个皇帝能做到这样，特别是在"海内殷富"的"文景盛世"能做到如此俭省，如此克己，如此体恤百姓，实在是可贵的。像这样一生为民、俭朴勤政，并不断改进政策，为强国富民孜孜以求的皇帝，历史上实不多见。由于汉文帝这种廉洁爱民的精神和励精图治的实践，才造就了"文景之治"的盛世。据历史记载，当时国库里的钱多得数不清，穿钱的绳子都烂了；粮仓的粮食一年年往上堆，都堆到粮仓外面了。

168 年，汉桓帝去世，刘宏即位，为汉灵帝。汉灵帝是中国历史上一位极为荒淫的皇帝。他 17 岁亲政时，对政事一窍不通。他把大权委任给亲信宦官和母亲董太后，自己专心变着花样玩乐，贪图享受，生活很是奢侈。

汉灵帝刘宏原来被封为解渎亭侯，他是汉桓帝的堂侄，因汉桓帝死后并无子嗣，年轻的窦皇后（桓帝死后被尊为太后）及其父亲窦武为了把持朝政，便立刘宏为帝，这样，刘宏便懵懵懂懂地由一个皇族旁支已经落魄了的亭侯子弟，摇身一变而为万乘之尊。汉灵帝刚入宫时,由于窦太后的缘故,生母董氏留在了河间。在建宁元年(前168年)的宫廷政变中,窦武被杀,窦太后被囚。第二年,汉灵帝将董氏接进了京师,住进永乐宫,称为永乐太后。永乐太后相当贪婪。她于178年在上林苑设置了卖官的机构,按官位等级明码标价。卖官所得的钱,收藏在西苑仓库内。卖官鬻爵的钱多了后,汉灵帝在西苑修了个万金堂,以储金钱用。他还用搜刮来的钱在殿内铸了四个铜人,四个黄金钟,四个铜蛤蟆,用来看守自己聚敛来的财富。他还时常像个农村地主一样,时不时来看看,摸摸看看自己的钱还在不在。

汉灵帝随着年龄的增长,对女人的兴趣也随之增加。汉灵帝规定,宫女中年纪在14岁以上18岁以下的都要浓妆艳抹,穿着开裆,而且里面什么都不能穿,为的就是“临幸”起来方便,这种荒唐的行为实在令人瞠目结舌。灵帝同时的大儒郑玄,就曾就在《周礼》注中为皇帝精心制出过一份日程表:“女御八十一人,当九夕。世妇二十七人,当三夕。九嫔九人,当一夕。三夫人,当一夕。后,当一夕。十五日而偏。”也就是说,皇帝要在短短的半个月里要和这一百二十一个女子颠鸾倒凤。汉灵帝如此荒淫、如此贪恋美色,还能有何时间关注民生呢?等待他的当然只能是亡国的命运了。

184年,张角领导了黄巾大起义,以“苍天已死,黄天当立,岁在甲子,天下大吉”为口号,给了腐朽的东汉政权以沉重的打击。189年,年方34岁的汉灵帝刘宏一命呜呼,结束了他贪婪奢侈荒淫无度的一生。东汉王朝,就这样一步步走向灭亡了。

(三)立志为民清贫自守满足私欲难得寿终

范丹,东汉名士,中国古代廉吏典范。

范丹曾就学于东汉通儒马融。桓帝时为莱芜长,因为母亲守丧而未到任。后在太尉府任职,自知性格狷急,不能从俗,常佩戴皮绳上朝以自警。遭东汉党锢之祸后,遁逃于梁沛之间,以“不得匡世济时”为憾,常常用小车推着妻子,徒行敝服,卖卜为生,或寓息客庐,或依宿树下,如此十多年,乃结草屋而居,所居单陋,有时绝粮断炊,但穷居自若。在汉末年乐府古诗中,有首民谣赞颂范丹:“甑中生尘范史云,釜中生鱼范莱芜”,成为廉吏典范。后来,汉灵帝解除党锢,太尉、司徒、司空三府交相举荐,他坚辞不就,于中平二年(185年)卒于家,年74岁。按其遗嘱“敛衣足蔽身,棺足周体”进行薄葬。因其享有很高声望,送葬者达两千多人。灵帝诏谥其为“贞节先生”,刺史郡守各为其立碑表墓。明清

两朝,莱芜为其建祠,并崇祀为名宦。

反观历史上很多的统治者,不知体恤民力之艰辛,醉生梦死,挥霍无度,无休止地满足个人的贪欲,最后落得个天怒人怨,国破家亡的下场。

五代时后蜀国君孟昶,934~965 年在位。孟昶爱好文艺辞赋,他十六岁时,曾命人在石头上刻《论语》《尔雅》《周易》《尚书》等十经,历时八年才刻成。又怕刻石经流传不广,就刻为木板,以便于流传。后世用木本刻书,即是始于后主孟昶。孟昶亲政初始,还能励精图治,但随着国家政局的稳定,他便开始松懈起来。纨绔子弟王昭远好说大话,善于逢迎,孟昶很喜欢他,便加以重用,凡一切政务,都任由王昭远办理。自己则酣歌恒舞,日夜娱乐。他为了打球走马,强取百姓的田地,作为打球跑马场,并命宫女穿五彩锦衣,穿梭来往于场中,好似蝴蝶飞舞。孟昶嫌后宫妃嫔没有绝色美女,便广征蜀地美女以充后宫。青城有一姓费的女子,生得风姿秀逸,且擅长吟咏,精工音律。后主闻其才色,选入宫中,十分嬖爱,并封费氏为花蕊夫人。从此以后,后主与花蕊夫人日日歌舞,夜夜笙歌,尽情享受着,全然不顾朝政民情,国安民危了。不仅如此,后主每次御辇出宫,还带上无数的宫嫔女官,一个个锦衣玉貌,珠履绣袜。每逢宴余歌后,后主同着花蕊夫人,将后宫的佳丽召至御前,亲自点选,拣那身材婀娜、姿容俊秀的,加封位号,轮流进御。就在这一片歌舞升平中,孟昶浑然不知灾祸将至。这一年,宋朝王全斌率师进犯边境,后主总以为天佑神庇,加之蜀道险远,以为定能使宋师无功而返。可宋军节节进取,王全斌等人连取兴州等地,一路深入,并修治被蜀军烧掉的栈道,直取天险大漫天寨。王昭远前来迎击,三战三败,狂跑至利州。后主孟昶只好备齐亡国之礼,跪于军门,送上降表。自宋军发兵汴京,到孟昶归降,总共才 66 天,后蜀便灭亡了。孟昶家族被迁至汴京,于明德门外素服待罪。宋太祖下诏释罪,赐孟昶冠带、袭衣,并封他为开府仪同三司、检校太师兼中书、秦国公。七天后,这位后蜀降王就暴卒于家。当初孟昶终日沉湎酒色,不理朝政,奢侈无度,连夜壶都用珍宝制成,称为“七宝溺器”。北宋灭后蜀后,有人将孟昶精美无比的夜壶呈给了宋太祖,宋太祖见了孟昶的溺器,不敢享用,感叹道:“溺器要用七宝装饰而成,那用什么东西贮食呢?奢靡至此,安得不亡!”命侍卫将它打得粉碎。这位以奢侈腐化闻名后世的孟后主,最终落得个国破家亡的下场。

(四)心忧天下范公留名荒淫误国似道受诛

宋代张载曾说:“为天地立心,为生民立命,为往圣继绝学,为万世开太平。”这是中国古代士大夫最为豪壮的誓言,也只有具备这种抱负和胸怀的人才能为生民的福祉而殚精竭虑,只有胸怀远大、志存高远的仁人志士才能为黎民百姓的幸福为己任。所谓“天下兴亡,匹夫有责”,一个人在社会上的地位越高,权力越大,对于国家民族和人民所负的责任就越大,古代的明君贤相莫不如此。传说中的大禹治水三过家门而不入,胫毛为之不生,其辛劳可想而知。他们对民众付出了更多的辛劳和社会责任,而没有任何超出一般人的利益和特权。只有抱负高远、胸怀天下的人,才能够不计个人得失与荣辱,甘于清贫和淡泊,这对于一个人来说是很不容易做到的。

宋朝的名相范仲淹是甘于清贫、以天下为己任的一代名臣,他早年发愤苦读,心系天下,不计个人荣辱,说出了“先天下之忧而忧,后天下之乐而乐”的豪言壮语,成为传诵千古的名句。他的所作所为也为这句话做了最好的注解。

范仲淹两岁时,父亲范墉病逝,只靠母亲为人家缝补来勉强维生,常常一天只能吃两顿粥,但是他很有志气。有一次他跟母亲到庙里烧香,他在神前祷告,问菩萨:“我将来能做宰相否?能做宰相就要做好宰相,不能做宰相就做个好医生。”良相和良医都能造福于人类。所以范仲淹从小读书就非常认真、刻苦。

范仲淹当时在咒钵庵里读书,因为贫困,每天只好烧一锅粥。冬天将粥盛在盆里,等到凝冻后再划成一块块,一顿两块。吃饭时,就一根农家常吃的雪里蕻,这就是后来人称的“断虀划粥”的故事。后来他娘去世,他就在咒钵庵里守孝。由于失去了生活的唯一依靠,因此他的生活更是艰难到了极点,但是他却安身乐命,发愤苦读。范仲淹有一个同窗好友叫石梅卿,父亲是做官的,家里很富裕。看到范仲淹安贫苦读的情景,十分感动。一天石梅卿带了一些酒肉和一些其他的好菜要和他聚聚,实际上是有意周济他,不料被范仲淹一口回绝了。范仲淹说:“你带来这么好的酒菜,真是谢谢你。你的心意我领了,但是我苦日子过惯了,每天断虀划粥也不觉得苦,要是吃了你的饭菜就过不惯苦日子了,这倒会害了我。”一席话说得石梅卿更加佩服范仲淹了。

范仲淹在睢阳醴泉寺读书的时候,有一天宋真宗路过那里。听到这个消息后,全校师生甚为轰动,都认为普通老百姓能亲睹“天颜”,这是千载难逢的好机会,所以蜂拥上前

围观，只有范仲淹一人留下来继续读书。人家问他这么难得的机会，你为啥不去看看，范仲淹回答说："将来再见他也不迟。"正是由于自己的勤学好读，所以范仲淹学到了很多真才实学，成了国家的栋梁。

贫贱中，范仲淹不为利欲所动。据史书记载，他在醴泉寺读书的时候，常常读到天明才和衣而睡。有一次偶然发现自己的房中埋藏着一锭白银，他一声不响地仍把它掩盖好。后来范仲淹做了大官，寺里僧人向他募捐，他写了封信去，果真在他原来住的房中找到了白银。僧众纷纷竖起大拇指赞扬范仲淹的品质可贵，说"他做官百姓放心了"。

范仲淹在苏州做官时，曾买下南园一块宅地，准备造屋居住，风水先生一看便贺道："此乃宝地，在此兴建住宅家中定会公卿辈出。"范仲淹笑说："与其独占宝地，不如让出办学，岂不出更多的公卿将相之才？"于是他创设学府，研读名师讲学，一时盛况空前，各地纷纷仿效，故有"苏学天下为第一"之誉。

当时，很多人都认为只要读了书便可以做官了，所以一时学堂里人满为患，村里的许多年轻人都去读书了，导致很多田地荒芜，秋天一过连粮食也没有吃了。范仲淹看到这个情况后，便去劝说，讲清了"学而优则仕"和"民以食为天"的关系，很多人知难而退，仍旧高兴地回到家乡务农去了。家乡父老无不感谢范仲淹对他们子女的教诲。

贾似道，浙江天台藤桥松溪人。贾涉之子，生母胡氏是贾涉的小妾。贾涉死时，贾似道年仅 11 岁。南宋端平元年(1234 年)贾似道以父荫为嘉兴司仓、籍田令。嘉熙二年(1238 年)，登进士，为理宗所看重。淳祐初又以宝章阁直学士为沿江制置副使，任江州知州，兼江西路安抚使，再调京湖制置使，兼江陵知府。宝祐二年(1254 年)，加同知枢密院事，临海郡开国公。

贾似道在任期间，不顾国家安危，穷奢极欲，于西湖边葛岭起楼台亭榭，作半闲堂，建多宝阁，淫乐其中。大小朝政，委决于馆客廖莹中、堂吏翁应龙。时蒙古攻围襄樊甚急，皆秘不以闻；有言边事者，辄加贬斥。宋理宗以"师臣"相称，百官都称其为"周公"。但贾似道以玩乐为首，把国事根本不当一回事。更荒唐者，贾似道还带蟋蟀上朝议政，廷上不时传出虫鸣声，甚至曾发生蟋蟀自水袖内跳出，竟跳黏到皇帝胡须上的闹剧。而襄阳被元军围困一事，却被贾似道一一隐瞒。

德事占元年(1275 年)，宋理宗派贾似道抽诸道精兵 13 万出师应战元军，大败，贾似道乘单舟逃奔扬州。群臣请诛，乃贬贾似道为高州团练副使。不久，贾似道被其仇人郑虎臣杀死。

（五）颜回清贫人人景仰石崇奢靡时运不长

颜回（前521～前481）春秋末鲁国人。孔子的得意门生，也是历史上以清贫苦修而人品高尚的代表之一，深受孔子的赞赏与后人的敬仰。

颜回素以德行著称，常常严格按照孔子关于“仁”“礼”的要求，“敏于事而慎于言”。故孔子常称赞颜回具有君子四德，即强于行义，弱于受谏，怵于待禄，慎于治身。颜回终生所向往的就是出现一个“君臣一心，上下和睦，丰衣足食，老少康健，四方咸服，天下安宁”的无战争、无饥饿的理想社会。公元前481年，颜回先孔子而去世，葬于鲁城东防山前。孔子对他的早逝感到极为悲痛，不禁哀叹说；“噫！天丧予！天丧予！”

政治志向上，颜回以舜为志。他很赞赏舜的“无为而治”，即后来儒家所倡导的以“民”为本的“王道”政治思想。他尝曰：“昔舜巧于使民，而造父巧于使马。舜不穷其民，造父不穷其马；是舜无失民，造父无失马也。”就是说，从前舜很巧妙地使用人民，造父很巧妙地使用马匹，舜不把人民逼到尽头，造父也不把马逼到尽头，所以舜手下没有逃跑的人民，造父手下也没有逃跑的马匹。在颜回看来，唯以此志施行于天下，方能实现孔子所谓“老者安之，少者怀之，朋友信之”的社会理想。由此可见，颜回在政治志向上不仅有淑世济人的人世情怀，而且颇具民本主义精神。

颜回一生，大多为追随孔子奔走于六国，曾有多次入仕的机会而未入仕。在他看来，安贫乐道才能保持操守和气节，才能不为世俗和物欲所吞噬，所以他一生甘于穷居陋巷。他生活于天下大乱、礼崩乐坏的乱世，儒家的仁义之志、王者之政常被斥为愚儒，讥为矫饰，但就在这“世以混浊莫能用”的社会环境中，颜回仍丝毫不愿改其志。孔子赞其：“用之则行，舍之则藏；唯我与尔有是夫！”“一箪食、一瓢饮，在陋巷。人不堪其忧，回也不改其乐！”。颜回这种注重志气、追求真理并以之为乐的精神，与孔子本人“饭疏食饮水，曲肱而枕之，乐亦在其中”实同一旨趣。

颜回刚入孔门时，在弟子中年龄最小，性格又内向，沉默寡言，才智较少外露，有人便觉得他有些愚。颜回的忠厚与内向，掩盖了他的聪颖善思，就连孔子一时也难以断定颜回的天资究竟属于哪个层次。经过一段时间的深入观察了解，孔子才指出颜回并不愚，甚至对学生子贡说：“我和你都不如颜回！”

颜回聪敏过人,虚心好学,使他较早地体悟到孔子学说的精深博大,他对孔子的尊敬已超出一般弟子的尊师之情。他以尊崇千古圣哲之情尊崇孔子,其亲若父与子。《论语·子罕》曰:“颜渊喟然叹曰:‘仰之弥高,钻之弥坚。瞻之在前,忽焉在后。夫子循循然善诱人,博我以文,约我以礼,欲罢不能。既竭吾才,如有所立卓尔。虽欲从之,末由也已。’”其大意是:颜回曾感叹地说:“老师的道,越抬头看,越觉得它高明;越用力钻研,越觉得它深奥。看着它似乎在前面.等我们向前面寻找时,它又忽然出现在后面。老师的道虽然这样高深和不易捉摸,可是老师善于有步骤地诱导我们,用各种文献知识来丰富我们,提高我们,又用一定的礼来约束我们,使我们想停止学习都不可能。我已经用尽我的才力,似乎已能够独立工作。要想再向前迈一步,又不知怎样着手了。”所以少正卯与孔子争夺弟子,使“孔子之门三盈三虚”时,唯有颜回未离孔门半步,因而后人评价说:“颜渊独知孔子圣也。”

颜回随孔子在陈、蔡期间绝粮七天,子贡费了许多周折才买回一石米。颜回与子路在破屋墙下做饭,有灰尘掉进饭中,颜回便取出来自己吃了。子贡在井边远远望见,很生气,以为他偷饭吃,便跑去问孔子:“仁人廉士也改变自己的节操吗?”孔子说:“改变节操还叫仁人廉士吗?”子贡说:“像颜回,也不改变节操吗?”孔子说:“是的。子贡便把自己看到的情况告诉孔子。”孔子说:“我相信颜回是仁人已非止一日,你虽如此说,我仍不会怀疑他,这里边必定有缘故。你等等,我将问他。”孔子把颜回叫到身边说:“日前我梦见先人,大概是启发佑助我。你把做好的饭端进来,我将祭奠先人。”颜回对夫子说:“刚才有灰尘掉进饭里,留在锅里不干净,丢掉又太可惜,我就把它吃了,不可以用来祭奠了。”孔子说:“是这样,我也一起吃吧。”颜回出去后,孔子环顾了一下身边的弟子说:“我相信颜回不是从今天开始的。”从此以后,大家更加信赖颜回。

颜回的远大理想和高尚人格是仁人志士的表率,而他甘于清贫、追求理想、不为名利所左右的淡泊态度,正是成就他高尚人格的保障。

好逸恶劳,贪图享受,这是人性的弱点。一个人要主动克服这类弱点,需要强大的道德自制能力,殊为不易。帝王将相也是俗胎肉身,除了少数一些筚路蓝缕、历经艰难而打下江山的开国皇帝深知守业不易,一些能遵循儒家道德的高官能做到自我克制外,多数帝王和高官,很难抵抗住权力所带来的种种诱惑,其中最难克服的便是肉身的享乐。而且权力越大,权力带来的财富越多,掌握权力的人,其生活越可能堕入无节制的奢靡状态。

晋代的石崇在做荆州刺史的时候，曾经叫部下拦路抢劫，把很多大商人的财物归了自己。他被免了官以后，住在洛阳西北郊的家园里，大伙儿把那儿叫作“金谷园”。园子里面亭台楼阁、珍宝古玩，应有尽有。

石崇经常在金谷园开宴会请客。酒席上吃的、喝的，不用说都是一般老百姓闻所未闻的好东西。石崇的客人们一边吃喝，一边听女乐工唱歌弹曲。石崇还让那些长得好看的女奴对客人们劝酒。他说：“哪位客人不喝酒，就是劝酒的美人儿不好，不招客人喜欢。我就要把那个劝酒的美人儿杀了，表示抱歉。”客人们听了这话，只好一个劲儿地喝酒。有一回，有一个客人硬是一口酒也不喝。劝酒的美人儿怎么劝也不行。美人儿急了，流着眼泪央告他，可他还是不喝。石崇生气了，真的把那个美人儿杀了，又换了另外一个。旁边的人都劝那个客人多少抿一口，免得这个美人儿遭罪。谁知道那个客人绷着脸，冷冷地说：“他杀他家的人，有我什么事呐？”结果就一直没喝，石崇就连着杀了三个美人儿。

石崇这么摆阔气耍威风，别人倒还没觉出什么，就是晋武帝的舅舅王恺觉着挺别扭。王家做过几辈子的官，又是皇帝的亲戚，当然也有的是钱。王恺心里想：“你石崇这么摆阔，我王恺也不能让你压下去。你能随便杀人，我也不是没这个胆量。”这么着，他也开宴会，在宴会上他叫美人儿弹曲唱歌；有个美人儿吹笛子吹错了，他立刻就把她杀了。

王恺为了摆阔气，让家里人用麦芽、谷芽做的糖洗锅，还故意地把这件事吹到石崇的耳朵里。石崇听说了，笑了笑对家里人说：“哪能值几个钱！咱们家有好些白蜡，以后，你们生炉子不要用柴了，就烧白蜡吧！”白蜡本来是做蜡烛用的，石崇把它当柴火烧，这一下把王恺比输了。

王恺还不服气。他让全家人跟他一块儿出外游山逛水，事先叫人在要路过的道上，用紫色的丝布做成“步障”，就是用丝布把路挡起来，成了一条“胡同”，一共有四十里长。王恺一家人在步障里一边走一边玩儿，别提多神气了。老百姓在外边看着步障，听着里边的声音，夸的也有，骂的也有，都说像他这么花钱，真是天下少有。这事让石崇知道了，他说：“这有什么了不起，看我的！”他比王恺还厉害，带了几个小老婆也出去玩儿，后面有一大群的仆人跟着。他也命人拉上“步障”。他这“步障”可不是丝布的了，而是用五彩锦缎做的，足有五十里地长。不用说，这比王恺的步障更长、更漂亮。王恺又输了。

王恺耷拉着脑袋，哭丧着脸去找晋武帝，对他说：“我这皇上的舅舅白当了，连个什么都不是的石崇也比不过。丢我的脸倒不算什么,您脸上也不好看,是不是?”晋武帝想了想说:“这么办,我帮你一点忙。”他叫两个宦官从里面抬了一件宝物出来,王恺一看,愣了!这是什么呀?它和一棵树似的,有三尺来高,分出好几个“杈”,还像宝石似的那么有光泽。王恺正琢磨这是什么,晋武帝说:“这叫珊瑚树,产在海里,一般人不容易得到,这还是外国进贡来的呐。现在我把它给了你。你可小心点儿,拿去给石崇看,他一定会甘拜下风了。”

王恺乐滋滋地把珊瑚树拿回家,装到一个雕花的盒子里。然后,他叫人抬着,亲自到石崇家去拜访。石崇当然又摆上了酒席,两个人就喝起来。王恺伸出大拇指说:“您的豪富真是天下第一,没有人敢比呀!”石崇乐得满脸都是笑纹,说:“哪里哪里,国舅的气派更大,谁还敢不让您三分呐?”王恺说:“我最近得了一件宝贝,知道您经得多见得广,就拿来想请您鉴赏鉴赏。”

说着,他叫左右的人打开盒子,把珊瑚树抬出来,放在桌子上。他瞟了石崇一眼,瞧石崇摸了摸珊瑚树,一声不言语,心想:“这回你可得认输了吧!”他想乐,又怕乐出声来,就假装要咳嗽,掏出手绢来捂住了嘴,那么“唔唔”了几声,连眼泪都流出来了。

万没想到,石崇拿起一把铁如意对准了珊瑚树用劲打下去,“哗啦”一下,珊瑚树全散了,碎块儿、碎渣儿,蹦得满地都是。王恺气得跳起来,手指着石崇,喊着说:“你……你忌妒我有宝贝,简直是穷疯了。无耻!无耻!”石崇倒不生气,哈哈大笑说:“您何必发这么大的火儿?我马上就赔您一个,好不好?”他转身对、丫头们说,“快去,把咱家的珊瑚树都抬到这儿来!”不一会儿,十几个丫头抬出来好些珊瑚树,一棵挨一棵,整摆了两大片。仅那里面三四尺高的就有六七棵,跟王恺的那棵差不多高的就更多了。这一来,满屋里红的红,白的白,富丽极了,王恺看了这个又看那个,眼睛都花了。这回,王恺还是输给了石崇。

虽然石崇最后死于“八王之乱”中的权力斗争,但其真正的死亡原因还是财富害了他。等到石崇被押赴刑场时,他才明白过来,感叹说:“这帮奴辈是贪图我的家财啊”。押送者说:“知道是财富害了你,为何不早把财富散了?”石崇无言以对。石崇纵然富可敌国,但财富最终也救不了他的命。